SAN TIAGO DANTAS

Escritos POLÍTICOS

1929 – 1945

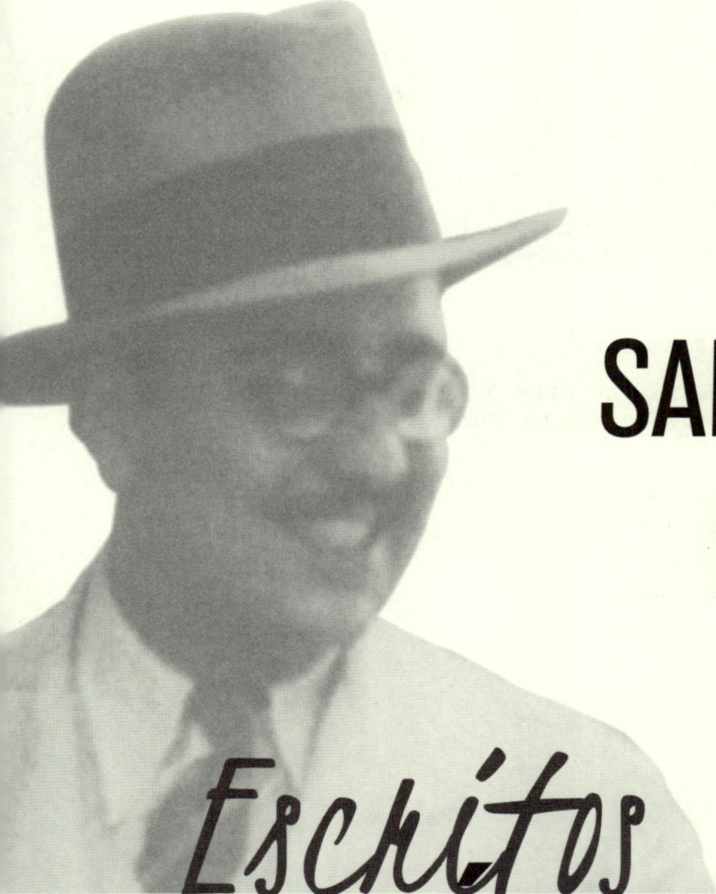

SAN TIAGO DANTAS

Escritos POLÍTICOS

1929 – 1945

Organização e Apresentação: **PEDRO DUTRA**

Posfácio: **JOSÉ CASADO**

EDITORA SINGULAR

E748 Dutra, Pedro (Org.)

Escritos políticos 1929-1945. / San Tiago Dantas. Pedro Dutra (Org.). Posfácio: Jose Casado. São Paulo: Singular, 2016.

544 p.

ISBN: 978-85-86626-83-8

1. Dantas, San Tiago, 1911-1964. 2. Político, Brasil. 3. Política externa, história, Brasil. I. Dutra, Pedro (Org.). 2. Título.

CDU: 32:929

Revisão: Paola Morsello
Capa e Diagramação: Brandão Design

Editora Singular Ltda.
Tel/Fax: 55 11 3862-1242
www.editorasingular.com.br
singular@editorasingular.com.br

À memória de meu Pai, aluno de San Tiago,
dedico este livro.

"A Política pode ser definida como a arte de assegurar ao mesmo tempo o bem e o êxito, ou melhor, a arte de assegurar o êxito do bem"

DANTAS, Francisco Clementino de San Tiago Dantas. *A saudação a um professor*. 1942.

SUMÁRIO

APRESENTAÇÃO

Pedro Dutra

Da defesa de uma direita radical de aberta inspiração fascista ao início da Revolução de 1930, à defesa incisiva de uma democracia a ser renovada pela experiência traumática da Segunda Guerra, os textos aqui reunidos registram o trânsito ideológico de San Tiago Dantas, nesta fase inicial - entre 1929 e 1945 - de sua excepcional carreira de professor, jurisconsulto e político, descrita no primeiro volume de sua biografia, *A Razão Vencida I.*[1]

Aos dezoitos anos San Tiago publica seu primeiro artigo, a propósito de um livro de Alceu de Amoroso Lima, havia pouco convertido à fé católica e em pregador da doutrina social da Igreja. Menos de dois anos depois, já um crítico radical do ensino universitário e conhecedor, como poucos em seu tempo, da doutrina fascista, é apresentado por Oswaldo Aranha, um dos líderes da Revolução de 1930, ao seu primo, Alfredo Egydio de Souza Aranha; este convida San Tiago a editar *A Razão*, um diário nacionalista, que fundaria em meados de 1931 em São Paulo.

Entre junho e setembro daquele ano San Tiago publica sessenta e três artigos em *A Razão*, ao lado do romancista Plínio Salgado. Neles se tem um vivo painel do início da Ditadura do Governo Provisório, chefiado por Getúlio Vargas. De volta ao Rio de Janeiro, e concluído o curso de Direito aos vinte e dois anos incompletos, San Tiago ingressa na Ação Integralista Brasileira, fundada em outubro de 1932 por Plínio Salgado.

Um militante disciplinado porém logo descrente da filiação extremada do líder integralista à doutrina social da Igreja, e assim da sua vocação revolucionária, San Tiago não esconde a sua admiração pela ação política de Mussolini e pela configuração institucional de seu regime, como

1. DUTRA, Pedro. *San Tiago Dantas*: a razão vencida. São Paulo: Singular, 2014. v. 1. O Ideólogo (1911-1945).

se vê em suas contribuições à redação da Constituição de 1934 e nos artigos publicados no principal jornal integralista, *A Offensiva*. Ao mesmo tempo, afirma San Tiago ser falsa a doutrina racial nazista e registra a determinação imperialista alemã ao analisar a trajetória de Hitler, em artigo publicado seis dias depois de sua subida ao poder, em janeiro de 1933.

Mas a admiração por lideranças carismáticas e regimes autoritários de direita, em franco confronto com os de esquerda, mostra sinais de arrefecimento; à primeira das quatro cátedras de direito, em 1936, seguiu-se outra, em 1938, na então criada Faculdade de Ciências Econômicas. Ao mais jovem professor coube a aula inaugural, e San Tiago, ao acentuar a relevância do novo curso para o país, cita a obra de Max Weber, ainda pouco conhecida no Brasil. E um ano depois credita à Revolução Francesa - verberada pelos conservadores e católicos - a fixação, no léxico político ocidental, do "seu grito de desespero pela liberdade".

Em agosto de 1940, ao assumir a cátedra de Direito Civil na Faculdade Nacional do Rio de Janeiro, vê no "direito a disciplina do equilíbrio social", e a seguir pede a sua renovação, dizendo não poder o direito ser "um museu de princípios e praxes", inerme diante das transformações sociais.

No plano político, em entrevista ao *Diário de Notícias*, do Rio de Janeiro, em 1942, San Tiago, então diretor da Faculdade Nacional de Filosofia, conclama seus antigos companheiros integralistas a romperem seus "compromissos ideológicos com a direita" e filiarem-se a um movimento de união nacional, à qual os comunistas não poderiam faltar; e a união assim formada deveria apoiar os estados aliados em guerra contra o nazismo, em defesa da "liberdade de escolhermos e determinarmos as nossas instituições e ideais de vida".

Os três anos seguintes extremam a agonia do Estado Novo, imposto pelo golpe de Getúlio em 1937; e ao início de 1945 raiava o fim do regime ditatorial. Porém Getúlio resistia; e propôs uma norma eleitoral que lhe permitisse influir decisivamente nos pleitos cuja realização já não mais podia evitar.

A Faculdade Nacional de Direito reagiu, e seus catedráticos designaram àquele mais moço redigir um parecer sobre a proposta do ditador. Em pouco mais de 48 horas San Tiago analisa a estrutura constitucional do Estado Novo e dela retira os argumentos com os quais evidencia a falta de fundamento jurídico à medida proposta, e reclama a imediata instauração do estado de direito no país. Em novembro de 1945, o ditador é deposto do poder pelos militares que nele o haviam investido.

No mês seguinte, paraninfando sua turma de 1945, San Tiago indaga denunciando: "De onde vem a maior e mais séria ameaça ao prestígio do Direito, no mundo em que vivemos? Por mim, não hesito em afirmar que vem da própria cultura jurídica".

O Direito – afirma San Tiago arrematando sua jornada iniciada publicamente aos dezoito anos – deveria renovar-se para ser capaz de atender "a reforma a que a sociedade moderna aspira: o deslocamento do centro de equilíbrio social da propriedade para o trabalho".

***

Nos *Escritos* o leitor não encontrará apenas o registro público do trânsito ideológico de San Tiago Dantas – em si fascinante, e a ocorrer antes da redemocratização iniciada em 1946, fato raro verificado na cena política nativa –, mas também a análise, duramente crítica, de outros temas então presentes na vida nacional, muitos deles ainda hoje irresolvidos.

São versados pelo jovem publicista, sucessivamente, o ensino universitário; os dias tumultuados do inverno paulistano de 1931, ao início do Governo Provisório, prenunciando a Revolução Constitucionalista do ano seguinte; a Carta de 1934, efêmera, derrogada pela ditadura do Estado Novo, três anos depois; o fascismo italiano, o comunismo russo, o nazismo e a Revolução Francesa; a Lei de Segurança Nacional; regimes eleitorais; políticos – de alguns, um fino traço de seus perfis – e a classe política; o Direito, a sua função e a sua (contundente) crítica. Mostram os *Escritos* o Autor, ainda muito jovem, senhor de um texto refinado e preciso, por diferentes gêneros – artigos, breves ou não, conferências, ensaios, discursos, aulas, pareceres.

***

Assim prosseguiria San Tiago, suscitando admiração e controvérsia. Essa dupla qualidade o acompanharia sempre, e ele mesmo reconheceu a sua postulação ao cargo de Primeiro-Ministro, em junho de 1962, ser feita em "meio ao aceso de uma controvérsia". Antes, em 1953, San Tiago acendera outra; já um dos advogados preferidos pela elite empresarial do país, em debate público com o economista ultraconservador Eugênio Gudin, afirmara que, no Brasil, "conseguimos chegar a essa verificação terrível, de que as elites brasileiras estão mais atrasadas, como elites, do que as massas brasileiras como massas".[2]

O seu retorno à ação política em 1956 seria ainda mais controvertido. Elege-se deputado federal em 1958 pelo Partido Trabalhista Brasileiro, PTB, o braço partidário de Getúlio agora liderado pelo seu herdeiro, João Goulart, em boa parte responsável pela voragem populista que iria engolfar a cena política nacional. San Tiago confiava ser capaz de renovar o trabalhismo nativo e simultaneamente ser uma alternativa à crescente radicalização de Leonel Brizola.

Defende a promoção de amplas reformas estruturais a serem votadas pelo Congresso, e denuncia a resistência de uma "empedernida classe proprietária", cevada em seus privilégios, e ataca a "esquerda negativa", como ele alcunhou os radicais inconsequentes que exigiriam reformas a serem feitas na "marra", Brizola o mais ativo entre estes.

À frente do Ministério das Relações Exteriores, entre setembro de 1961 e junho de 1962, San Tiago defende a permanência de Cuba, já liderada por Fidel Castro, na Organização dos Estados Americanos, enfrentando dura oposição dos Estados Unidos. E promove o reatamento das relações diplomáticas com a União Soviética, rompidas dede o início do governo Dutra, quando este proscreveu os comunistas da vida política brasileira. Em meio a uma crise econômica sem precedentes, em janeiro de 1963 San Tiago assume o Ministério da Fazenda e busca enfrentar uma inflação em níveis inéditos e crescentes. Defende abertamente a contenção dos gastos públicos, entre outras medidas de ordenação da economia. Mas se vê duramente combatido pelo seu próprio partido, capitaneado por Leonel Brizola, este estimulado pela tibieza política do presidente João Goulart.

Em julho de 1963 deixa o ministério, e pelo fim do ano, enquanto cogita resistir a um eventual golpe liderado por Brizola, San Tiago negocia com todas as correntes partidárias uma saída capaz de vencer a crise política. Porém a hesitação de Jango à frente de um governo em decomposição e o

2. A trajetória de San Tiago, de 1946-1964, será descrita no segundo volume da sua biografia, *A Razão Vencida – Homem de Estado*, a ser lançada no final de 2017.

radicalismo inconsequente de Brizola açulam as forças de oposição e acabam por precipitar o desfecho da frágil República de 1946, dando início, em abril seguinte, a outra ditadura, mais duradoura, mais cruel do que a anterior.

Em seu instigante posfácio, José Casado vê nos *Escritos* as ambiguidades dos personagens, e do próprio San Tiago, em um tempo de certezas provisórias, revelando as sutilezas da ação política de uma época cujo estudo só recentemente começa a ser feito com a profundidade e a isenção crítica devidas.

A morte levou San Tiago em setembro de 1964, aos cinquenta e três anos incompletos. Mas o debate de ideias, que ele elevou a um nível raramente alcançado entre nós, é um legado perene à cultura política brasileira.

***

À exceção de um dos cento e treze textos, todos os demais aqui reunidos foram publicados em jornais e em revistas, o primeiro deles há oitenta e sete anos.[3] Não foram coligidos nesses *Escritos* textos sobre crítica literária, arte, cinema, economia e ensino jurídico, temas os quais San Tiago tratou com notável propriedade também.

Os textos aqui presentes e não designadamente políticos - aqueles sobre direito e economia, ou sobre Camões - têm, contudo, clara conotação política e assim figuram nestes *Escritos*. Alguns artigos só agora puderam ser localizados e, portanto, não integram a relação inscrita na *A Razão Vencida I*, primeiro volume da biografia de San Tiago. Em sete artigos há trechos ilegíveis (apontados no texto), os quais todavia não comprometem o seu sentido; e seis textos não puderam ser incluídos por estarem, exceto por uns poucos trechos, ilegíveis as cópias disponíveis.

Os textos foram integralmente transcritos, atualizada a ortografia. As notas ao pé de página tem o propósito único de sucintamente informar

---

3. Não foi possível estabelecer se a conferência "Camões e a Raça" foi publicada. Os artigos "Discurso de posse da cadeira de Direito Civil da Faculdade Nacional de Direito da Universidade do Brasil"; "A Renovação do Direito"; Discurso de posse na Faculdade Nacional de Filosofia, da Universidade do Brasil; "Os estudos filosóficos e a sua significação no mundo moderno"; "Saudação a um professor" e "Novos rumos do direito", foram republicados em: DANTAS, F. C. de San Tiago. Palavras de um professor. Rio de Janeiro: Forense, 2001.

o leitor sobre personagens e obras citados; os políticos mencionados por San Tiago são referidos apenas pelo nome pelo qual se fizeram conhecidos, e são identificados quando surgem no texto pela primeira vez. Em *A Razão Vencida I* encontrará o leitor a análise da maioria dos textos destes *Escritos* e a descrição do contexto histórico em que eles foram elaborados.

***

Aos sobrinhos de San Tiago Dantas, agradeço o generoso apoio à publicação destes *Escritos.*

Uma vez mais, vali-me da crítica construtiva de Alberto Venâncio Filho e da interlocução de Nestor Goulart Reis, sempre seguras e prontas. O inesgotável conhecimento linguístico de Ricardo Coelho Salles dirimiu dúvidas surgidas do texto de San Tiago. E Eduardo Muylaert, mestre da imagem, opinou sobre o projeto visual do livro.

Agradeço a José Casado, que se dispôs a fazer o posfácio desses *Escritos*; a Elio Gaspari as valiosas sugestões editoriais; e a José Mário Pereira seus certeiros comentários.

Selma Carneirinho cuidou dos trabalhos de preparação dos *Escritos,* com a sua habitual eficiência. E Wilson Basílio operou meios eletrônicos com competente desembaraço.

Claro está, eventuais falhas e omissões verificadas nestes *Escritos* são de responsabilidade exclusiva do seu Organizador.

Registro, agradecido, a aventura do editor José Carlos Busto pela obra de San Tiago Dantas.

ESCRITOS POLÍTICOS DE SAN TIAGO DANTAS

1929

1930

1931

1933

1934

1935

1936

1937

1939

1940

1941

1942

1943

1944

1945

O GRANDE LIVRO DE TRISTÃO DE ATHAYDE

Há livros que, mal surgem, tomam posição definitiva na cultura de um povo. E quando se trata de um povo em formação, como o nosso, assinalam rumos muitas vezes definitivos. É da cultura sociológica, principalmente, que eu quero falar; porque o problema mais sério da formação brasileira é a definição do pensamento sociológico das elites nacionais.

Desde muitos anos que a nossa pesquisa nos vem conduzindo a soluções de problemas parciais. Desde tempos que alguns espíritos indagam – no campo teórico da sociologia, é verdade – as fontes remotas dos nossos males, e induzem regras políticas que os venham solucionar. Vai-se formando, assim, no pensamento brasileiro, uma cultura ainda imprecisa e difusa, que aos poucos lhe vai ensinando a ver e compreender as nossas coisas. Têm-nos faltado, porém, os críticos dessa cultura. Tem faltado quem nos diga a que caminhos ela nos poderá levar, e quem precise em seus exatos contornos a inteireza do sistema que aos poucos vai criando. Mesmo os sociólogos mais aplaudidos não são assim inteiramente compreendidos. E sua influência ainda incerta sobre as nossas ideias não forma de fato um sistema de cultura.

Sem dúvida a sociologia não é uma ciência cujas bases propedêuticas estejam indiscutivelmente resolvidas. E as várias, às vezes grandes, tentativas que se têm feito (mesmo aqui), para lhe constituir uma teoria geral, refletem ainda apenas a face pessoal de uma doutrina, e não os princípios básicos de uma ciência. O que há é talvez uma preparação da definitiva ciência, que por certo surgirá do mundo de observações, tendências e atitudes que nos dão a legítima impressão de haver quase tantas sociológicas.

Não podia porém a sociologia deixar de sofrer, como aliás também aconteceu à história, uma influência inicial, definitiva, dos seus verdadeiros sistematizadores positivistas. E, aparecendo sob a designação de física social, como um último estágio positivo das indagações políticas sobre o ser humano, forçosamente haveria de manter esse caráter antimetafísico, que repelia toda investigação filosófica ligada ao estudo da sociedade humana. Vieram depois tendências várias que a levaram por caminhos diversos. Mas em geral nunca se apartou da sociologia esse caráter de ciência física.

E por ele se chegaria ao extremo contemporâneo de identificá-la uma vez por todas às ciências naturais.

A nossa cultura vai se orientando também assim. E, ainda que sem definições doutrinárias acentuadas, vamos formando uma sociologia antimetafísica, meio empírica e determinista. Não se ouve sequer a palavra de um crítico que ponha ante os nossos olhos a precariedade filosófica do que tomamos por científico. E que nos faça sentir a parcialidade conceitual da nossa formação sociológica, que vai sendo absorvida por uma tendência e perdendo assim a sua plenitude. Pondo-nos por costume, num ponto de vista materialista e determinista, e habituando-nos a tudo reportar à ordem natural, vamos fatalmente nos convencendo de que esse prisma limitadíssimo é toda a sociologia.

E, olhando com relação a essa falsa tese que se vai identificando ao pensamento brasileiro, o livro agora publicado do sr. Tristão de Athayde,[1] *Esboço de uma Introdução à Economia Moderna*,[2] é um livro de revolução para as verdades parciais que possuímos, e uma palavra de ordem na confusão desse pensamento. O que nós nos habituamos a conhecer como sociologia na prática dos nossos sociólogos, ganha as proporções verdadeiras de tendência ou de escola, e alargam-se aos nossos olhos os horizontes da ciência até onde nos íamos esquecendo aos poucos de olhar. Porque o livro de Tristão de Athayde mostra-nos antes de tudo que há tantas sociologias e logo tantas políticas quantas forem as metafísicas, e quando praticamos uma delas o nosso espírito, consciente ou não, parte de uma atitude filosófica em face do homem e de Deus. O que vale mostrar que a ciência passada, pretendendo buscar a verdade fora dessas questões iniciais, conduziu o espírito humano ao pior dos seus erros, dando uma resposta antecipada às mesmas questões que pretendia abandonar. E fazendo dessa "resposta" o ponto único de partida, obrigou-o a tomar a parte pelo todo, roubando-lhe a inteireza conceitual da sociologia.

1. Themístocles Brandão Cavalcanti (1899-1980), jurista.
2. LIMA, Alceu Amoroso. *Esboço de uma introdução à economia moderna.* Rio de Janeiro, 1930.

O sr. Tristão de Athayde esboçou uma introdução à Economia moderna: e ao problema social de hoje, que – ao menos nas suas causas próximas – é antes de tudo um problema econômico. Se porém toda a moderna sociologia, mais ou menos elevada do materialismo histórico, vai buscar nos próprios fatos econômicos a fonte legítima dos atuais problemas, o autor preferiu ir ver nas atitudes do homem em face da divindade que o transcende a causa real e primeira de todos esses males. Quis, como ele mesmo afirma na introdução do livro, buscar à história do homem a sua significação extra-humana, reportando a casualidade primeira à própria causa de todo ser. Onde o materialismo histórico vê como condição primária da vida social o desenvolvimento econômico, ele vê a espiritualidade que prende o homem à sua existência sobrenatural e o integra verdadeiramente no universo. "Ao contrário do materialismo histórico, e de seus adeptos, que consideram os fenômenos espirituais como simples epi-fenômenos, considera-os como fundamentais a doutrina da verdade a que me filio, e a cuja sabedoria sacrifico alegremente todas as pretensões de um inútil individualismo" (pág. 32).

E aí está para a parcialidade da nossa cultura a primeira lição que, a meu ver, este livro encerra. O nosso espírito sociológico, educado à sombra das filosofias naturalistas que tanto nos influenciaram no século passado e que ainda hoje nos influenciam, aos poucos se fora esquecendo dos problemas supremos que encerram a diretriz inicial de cada cultura, e o livro do sr. Tristão de Athayde para eles nos leva novamente o olhar. Esta tese para uma cadeira de Sociologia da Escola Nacional do Rio de Janeiro não contém realmente um estudo erudito ou uma observação feliz. Contém mais a revolucionária concepção sociológica que agora existe no nosso pensamento, porque, substituindo a base metafísica da sociologia naturalista de hoje por uma base espiritualista inteiramente outra, veio mostrar um rumo novo à nossa cultura principalmente. E trazer para a sociologia a renovação católica que já atingiu até a nossa vaga problemática sociológica.

Um livro destes não basta ser lido, é preciso ser pensado. Pois de uma primeira leitura ficam-nos mil sugestões, mas só uma segunda dará uma síntese verdadeira e forte. Ainda estou no período das sugestões. E das que me ocorrem ao espírito, preocupam-me as que dizem com a solução política do problema contemporâneo. Porque hoje em dia, o "economismo", como diz o autor, de tal modo se erigiu em regra e finalidade da vida social, que todas as soluções, teóricas ou práticas, desse problema, na economia se fundam exclusivamente. E a metafísica marxista, espalhando no pensamento humano um conceito de sociedade em que as forças instintivas do desenvolvimento econômico se tornavam a causa de qualquer outro fenômeno, mais ainda fortificou essa ideia que o mundo moderno parece propiciar. Ora, se há uma conclusão que pareça saltar de cada página deste livro, é que dentro da simples economia não se achará nunca uma solução total dos problemas materiais que assoberbam e ameaçam a civilização moderna. Pois que o erro histórico cujas consequências nós sofremos foi justamente cindir a ordem econômica dos demais aspectos sociais, e, pela eliminação crescente de toda a sobrenaturalidade que impregnava a civilização medieval, vir chegar a isolá-la como única realidade, em plena civilização naturalista do mundo em que vivemos. E assim só a reconstituição do todo orgânico, social, em que economismo e espiritualidade se harmonizavam pode verdadeiramente solucionar o problema, que dentro do economismo encontra apenas soluções parciais. "O problema, entretanto, para nós como para sempre, é o mesmo. Não é um problema de exclusão do econômico ou mesmo do predomínio sobre ele, e sim do equilíbrio. A sociedade é um produto das forças espirituais e econômicas, como a natureza do homem é um produto de forças racionais e instintivas" (pág. 123). E mais adiante (pág. 124): "O homem que se abandona torna-se facilmente um animal. Mas só o homem que se vence pode tornar-se um herói ou um santo. A sociedade que se liberta das forças morais cai naturalmente no egoísmo, no luxo, na dissolução e no predomínio das preocupações materiais e econômicas, pois estas tendem naturalmente a expandir-se. Ao contrário, só as sociedades que se disciplinam e obedecem a uma subordinação laboriosa dos instintos individualistas conseguem construir a sua personalidade e a ordem, e isto porque as forças do nosso espírito tendem à inércia e só pela vontade e pela ação podem vencer o seu declive natural à negação".

É essa, a meu ver, a segunda grande lição que este grande livro nos dá a meditar. Pois que ele nos mostra o inútil esforço e o grande perigo de aceitar facilmente as soluções parciais. Para o Brasil sobretudo isso dá seriamente que pensar. Nós nos vamos habituando a acreditar que o verdadeiro caminho da nossa realização política seja o da integração econômica nacional. E, salvo os comunistas e alguns poucos, pensamos na nossa grandeza econômica como elemento condicional e quase único do nosso progresso de povo. O modelo são os Estados Unidos. É verdade que os pioneiros não surgiram. Mas o espírito vai-se formando.

O interessante seria justamente cotejar num estudo demorado esse espírito primário da nossa cultura e o espírito definido e experimentado que a cultura católica lhe propõe hoje em dia, do modo mais radical. A luta desses espíritos é um aspecto dramático da nossa formação. E o grande livro de Tristão de Athayde tem nessa luta um papel fundamental. Se para uns abre um rumo novo de cultura, para os outros, ao menos, é uma crítica dura que obriga à definição.

As verdades parciais já não contentam. Nós estamos cansados de relatividade.

O Jornal, 1929.

A EXTINÇÃO DO LEGALISMO

> *"Nós estamos à beira da catadupa dos destinos nacionais, e diante dela é tão impossível ouvir a voz dos partidos, como seria impossível ouvir o zumbir dos insetos atordoados que atravessam as quedas do Niágara."*[1]

Ficou célebre na história da tribuna parlamentar brasileira essa frase de Nabuco sobre a insignificância dos partidos nos momentos culminantes da vida nacional. Diante de certos caminhos, a alternativa em que nos colocamos é tão decisiva, tão trágica, que não há lugar para considerar aspectos limitados de doutrinas ou de métodos. É como se fosse a oposição entre a luz e a treva absoluta, entre a vida e a morte, entre o ser e o não ser. Para a vida política esses momentos trazem uma tão categórica afirmativa, que os partidos se amesquinham, as contendas pessoais desaparecem, os escrúpulos vaidosos assumem proporções ridículas e na imediata imposição de dois caminhos, todas as estradas de repente se reúnem.

São épocas de liquidação de partidos. Em que cada um se despoja do que no seu Partido é acidental, e inutilmente divisório, e vai juntar-se aos seus inimigos de ontem, fundir-se aos seus contendores de lutas políticas passadas, humilhar-se aos seus vencedores, ou igualar-se aos seus vencidos, para tornar o Partido único, o partido da adesão ou do combate a uma transformação, a uma reforma, a um problema, que eminentemente se destaca no destino nacional.

---

1. Joaquim Nabuco (1849-1910), historiador e político pernambucano.

O Brasil já teve momentos desses. E aquele mesmo que Nabuco deixou marcado com a sua frase admirável - o momento da *abolição* - foi para a história da nossa política idealista um desses instantes em que um problema sobe, e arrebata os partidos na alternativa suprema da sua solução. Mas certamente na nossa história pouco densa não houve momento ainda em que isso se pusesse de maneira tão aterradora, como este em que o Brasil, à sombra escassa de um liberalismo em ruínas, vê esboçar-se a grande revolução econômica que marcará a extinção da sua burguesia inútil e enfraquecida.

Momento em que se põe aos nossos olhos a trágica alternativa de conservarmos a personalidade e a vocação histórica que como nação recebemos, e os direitos que como homens nos cabem, ou de desaparecermos num organismo econômico indistinto, onde pereceremos como homens e como povo.

Foi essa dura alternativa que nos trouxe nas suas consequências imprevistas (mas não imprevisíveis), a Revolução,[2] que, realizada num instante de desequilíbrio econômico absoluto, de *chômage*,[3] de insegurança interna, enfraqueceu o poder de que se apoderou, desiludiu o messianismo do povo que nela confiara, e não trouxe uma fórmula de equilíbrio, nada criou ou revolucionou no campo teórico ou no campo prático, e renovou-se no serôdio liberalismo com que afinal sempre se agitam as massas revoltadas. Mas as massas, que, sob a forma de não importa que ideologias, sempre quiseram e pediram o mesmo - ordem, trabalho, bem-estar -, as massas, para quem o voto tem um sentido bem pragmático que só os compêndios liberais não conhecem, - o cidadão - vota para ser bem governado e, portanto, se de outro modo o puder ser melhor é escusado que vote as massas não se podiam contentar com o espetáculo dos funcionários indefesos perderem os seus cargos e cartórios, e a Revolução baixou de fórmula salvadora ao nível de uma simples e inútil substituição de clientela.

Mas no mundo moderno as Revoluções mal ganhas são concessões vultosas ao comunismo.[4] Estão nos costumes e no pensamento da sociedade

2. San Tiago se refere à Revolução de 1930, liderada por Getúlio Vargas e deflagrada a 3 de outubro de 1930.
3. Vocábulo francês: desemprego.
4. Alusão à Revolução Russa de fevereiro de 1917, que levou Kerensky ao poder, sendo este derrubado pelos comunistas liderados por Lênin em novembro de 1917.

moderna, mesmo a brasileira, que rompeu com todas as suas fontes espirituais de vida, as premissas que, desenvolvidas nas suas conclusões extremas, levam, primeiro ao capitalismo, e depois ao socialismo. O tradicionalismo, que pesa mesmo nas sociedades novas, mal formadas, é a única força positiva, conservadora, nessa evolução. Quando uma Revolução destrói, mais do que cria, como na presente se deu, há um enfraquecimento desse tradicionalismo e um ritmo mais acelerado dessa evolução.

E isso todo mundo sente lendo os jornais oficiosos e não comunistas de São Paulo, hoje, que se vão criando lugares comuns acentuados com a linguagem e as atitudes comunistas, sem esposarem abertamente o programa, mas fazendo o jogo franco do partido. E nem o catolicismo brasileiro tem a força e a vida para entrar como força ativa nesse encontro de fatores sociais. Vale como resistência. E talvez mesmo o eixo desse tradicionalismo, já que o sentimento de nacionalidade entre nós é tão fraco, que mal conta no reacionarismo atual. O fascismo continua mascarado, para a opinião brasileira, pela capa que lhe lançaram os seus detratores – de terrorismo e violência individual. Não se quebra facilmente um tabu que a ignorância nacional e o veneno dos *fuorusciti*,[5] uma conserva, o outro alimenta.

De modo que nós ficamos desarmados de armas mais eficazes e prontas, e precisando entrar na luta em defesa desse patrimônio espiritual e político que a nossa vida nacional já criou. Restaurando os Direitos do Homem, não porém pela cartilha liberal. Mas ligados todos apenas pela necessidade de defesa, pelos laços do espírito cristão, pela vaga, mas real comunidade de consciência nacional, e divididos por todos os ódios, marcados pelo estigma dos partidos, que a Revolução próxima não fez mais que acentuar.

E é aqui que eu quero falar de uma extinção do Legalismo. Nós estamos num instante de rigorosa intransigência, de um reacionarismo extremo e exaltado. Numa hora de personalismo, em que os homens serão vetados pelas ideias que representam. Em que no nosso combate a comunistas não podemos e não devemos conhecer quartel. Não transigiremos em nada, porque somos por natureza diferentes, porque para cada fórmula ou solução comunista possuímos uma simétrica que não podemos abandonar.

5. Vocábulo italiano: exilados políticos. No sentido empregado aqui por San Tiago, exilados em razão do governo fascista de Mussolini; exilados antifascistas.

Mas entre nós, nas dissidências que nos separam, é preciso ver nuances mínimas que não podem desirmanar o esforço comum.

Não cedamos ao capitalismo e aos seus teorizadores senão o que realmente não ofender os princípios nacionalistas e espiritualistas em que nos temos de acastelar. Mas venha uma reação do governo revolucionário ou de fora dele, venha dos que ontem caíram do poder pela força, ou dos que por ela lá se implantaram, não é mais hora de ouvir os "melancólicos zeladores do superconstitucionalismo", nem de seguir com eles numa atitude de abstinência e de silencioso protesto. Está diante de nós uma alternativa trágica em que se debate o nosso destino. É este o momento das grandes e heroicas humildades, em que os vencidos se identificarão aos vencedores, os vencedores se igualarão aos vencidos, e só pode haver lutadores de uma mesma causa superior e comum.

Os legalistas não podem parar no culto de uma legalidade extinta. É rompendo os laços com o passado transitório e apertando os que nos unem ao passado que perdura, que podemos caminhar. E depois não é mais tempo de ouvir partidos.

"Nós estamos à beira da catadupa dos destinos nacionais, e diante dela é tão impossível ouvir a voz dos partidos, como seria impossível ouvir o zumbir dos insetos atordoados que atravessam as quedas do Niágara".

Mundo Ilustrado, 1930.

ORGANIZAÇÃO UNIVERSITÁRIA

O problema da organização universitária é um problema fundamental da nacionalidade. As universidades são os centros de formação das elites de um povo, e, portanto, os verdadeiros focos da sua orientação social. Universidades dispersivas, como a nossa, sem um caráter, sem um sentido construtor, preparam gerações indefinidas, sem unidade realizadora na sociedade em que vivem. Gerações que mais parecem multidões desordenadas, que falanges coesas ordenadas e fortes.

Nossas gerações universitárias lembram esses aglomerados amorfos, sem unidade de cultura e de espírito. A universidade, longe de lhes infundir essa unidade, exacerba lhes o individualismo. E rompe com os laços orgânicos, mesmo difusos, da sua mentalidade, raramente propiciando o espírito de criação individual, e frequentemente fomentando o diletantismo. Para quem pensa, portanto, no problema da Organização Nacional, um aspecto inicial importantíssimo é o da nossa formação universitária. Formação que poderá ser o mais seguro corretivo à desordem estéril do pensamento atual, ou poderá pelo contrário, se a descuramos, ser o veículo mais propiciatório dessa crescente desorganização.

É preciso assim, é urgentíssimo, que a geração universitária moderna se concentre em torno desse problema. E que não se limite - como até aqui se limitou - à improdutividade das lamúrias e das recriminações à incúria oficial. É preciso que se estude. Que se vá formando um modo nacional de ver e discutir o problema, através do qual as gerações vindouras já possam atingir as soluções por nós inalcançadas. Porque as gerações universitárias são efêmeras, e aqui mais do que em qualquer parte, é preciso achar a continuidade na tradição.

Dentro mesmo do continente, sem ir até a suprema perfeição norte-americana, qualquer paralelo nos será desfavorável. Universidades se formam e se reformam por toda parte, e mesmo as imperfeições, os erros, as tendências parciais apaixonadas, indicam a ligação íntima que vai subsistindo entre a organização universitária e as tendências da mentalidade nacional. O México revolucionário já nos deu a sua Universidade. E conquistada num choque exasperado de espíritos diversos, com uma vitória sempre admirável da mocidade. Toda a América Latina afinal vem criando dentro da cultura acentuadamente socialista, para que se oriente a sua formação, um tipo de universidade, ainda impreciso, mas radicalmente ligado ao seu espírito político e social.

Nós, no Brasil, não temos ainda verdadeiramente a consciência da Universidade. Ainda não sentimos a sua existência nacional, o seu papel inelutável na formação do povo, dispersando e desorganizando os espíritos como hoje, ou organizando-os e concentrando-os numa verdadeira unidade espiritual. Temos da Universidade apenas um conceito abstrato, administrativo, incapaz de nos dar dela a noção concisa, e que inexpressivamente só se pode traduzir na inocuidade dos aparatos legais. A Universidade se criou, sem que entre ela e a mentalidade brasileira se estabelecesse a relação precisa. Consequência mais da hipertrofia orgânica do nosso sistema administrativo, que de um real conhecimento do seu valor concreto nacional, não nasceu bafejada por nenhuma tendência por nenhuma escola ou opinião. Veio do ecletismo doutrinário do Estado Liberal; não nos deu até hoje a consciência do seu papel. E com o exemplo estrangeiro diante dos olhos, nós por enquanto reagimos sem saber ao certo por que.

Compreenderá, entretanto, o Brasil de hoje, o que seja *espírito universitário*, unidade de opinião e de doutrina, às vezes, numa coletividade de alunos e professores? A mocidade que se acostuma ao individualismo independente das cátedras compreenderia essa outra feição? Penso que não. Para o nosso problemático universitarismo ainda seria difusa a compreensão. A universidade sem opinião coletiva, eclética, sem sentido, ainda nos impede de compreender exatamente o que seja *espírito universitário.* E a falta de rumos da nossa cultura, ainda mais nos coíbe de facilmente pesquisá-lo. Porque é nos caracteres da nossa formação cultural, principalmente, que nós temos de inspirar a organização universitária nacional. Ora, no Brasil, a formação cultural ainda não tem verdadeiramente um sentido concreto e brasileiro. Têm-se formado movimentos, têm-se esboçado tendências, mas nada se arraigou, nada sequer dominou; e todos esses movimentos e tendências gravitaram sempre em torno de uma individualidade isolada, ou refletiram um novo estado da cultura alienígena.

Se não há assim cultura formada - de que a universidade seria a expressão natural -, o assunto da formação universitária ganha para nós um sentido inicial ainda mais profundo. Não se trata apenas de pôr em relação dois termos (*universidade nacional e cultura nacional*), dos quais um se conhece. Mas de pesquisar um e outro. De descobrir para uma diretriz de cultura preestabelecida, o tipo de universidade que melhor o exprima e realize. É, portanto, problema sutilíssimo, e que envolve toda a discordância do nosso espírito, cujo caráter incerto tem de ser, por ora, mais ideologia que realização. E olhando apenas em face das duas diretrizes sociológicas mais definidas, que eu vejo abertas ao pensamento brasileiro, ela pode seguir dois grandes rumos que a nossa consciência deve examinar. Por um, ou por outro, é que nós vamos decidir.

A sociologia moderna, fazendo da sociedade um organismo de que o homem é um simples elemento e despindo o mesmo homem de toda finalidade própria superior, chegou necessariamente à consequência de fazer da sociedade a última finalidade do universo. Dentro do seu espírito forçadamente antimetafísico, reduziu toda investigação sobre o homem a um sistema de conhecimentos empíricos, a que fosse de todo alheia qualquer observação filosófica. E, portanto, negou ao homem toda finalidade metafísica inspirada em qualquer conceito filosófico do ser humano, reduzindo-o a um simples fenômeno na ordem natural que o cerca e domina. O homem, porém, se integra na sociedade; e esta, sendo superior a cada um dos elementos que a compõem, necessariamente transcende o próprio homem, sobrepondo-lhe os seus interesses e finalidades. Fica assim o homem vivendo para a sociedade, e não mais a sociedade para o homem, como quisera o humanismo. A melhor política será a que melhor regule a vida de todos, em benefício da vida social. E, portanto, a melhor cultura: a que tornar cada indivíduo mais apto a ser útil à sociedade.

Sob essa orientação naturalista, que pauta quase toda a sociologia de hoje, tem-se formado no espírito das nações uma mentalidade realmente socialista. Aliás tanto no socialismo como no capitalismo moderno, já Sombart[1] observou essa mesma tendência comum à socialização. E se há países onde ela se acentue, tanto na sua concepção teórica como nas consequências práticas, são os de mais tradicional liberalismo, como a Inglaterra e os Estados Unidos.

---

1. Werner Sombart (1863-1941), sociólogo alemão.

Ora, se estudarmos a organização universitária dos Estados Unidos, por exemplo, veremos a concordância absoluta entre esse espírito de socialização, e o critério da divisão de cultura por especializações técnicas, que põe em prática o seu vastíssimo aparelho universitário. A extensa vida econômica americana autorizando essa minuciosa especialização, os homens se educam para formar elites técnicas que se ajustam às necessidades sociais. Vai-se criando assim uma cultura universitária que obedece a um fim essencialmente social, pois é o beneficio da sociedade que ela realiza, e não propriamente o aperfeiçoamento humano. Dá-se a cada um o que precisa para ser útil, e não o que filosoficamente o aperfeiçoaria como homem. E cerrando conclusões devemos então crer que o critério da multidivisão técnica da cultura é o corolário de um espírito político informado pela sociologia naturalista de hoje. É uma consequência, e das mais sérias, da mudança do eixo da vida social, que depois de ter sido tantos séculos o homem, passou a ser a sociedade.

Ora, é precisamente contra esse espírito, contra essa socialização, que no Brasil hoje em dia se esboça, à sombra do novo humanismo que desponta na sociologia, uma forte reação espiritual. E consultando essa tendência somos levados a uma quase inversão de rumo nos setores vários da nossa cultura. Porque já não se trata de erigir a sociedade em finalidade de toda a vida, mas de restituir ao homem esse lugar, onde o amparam a filosofia e a religião. A sociedade é que passa a viver para o homem, e não mais este para aquela. Sem que isto, contudo, de forma alguma, signifique uma volta ao individualismo. Explico. Só a sociologia católica aliás distinguiu este assunto com a clareza precisa, diferenciando no homem a individualidade e o que chamou de personalidade. A individualidade, como ensina Maritain, é comum a tudo, ao átomo, ao vegetal, ao corpo bruto. A personalidade é o que há no homem de superior, e é assim definida por Santo Tomás:[2] "Persona significat id quod est perfectissimum in tota natura".[3] O indivíduo, assim, vive para a sociedade, como a parte vive para o todo, mas a finalidade extrema de toda a vida há de ser forçosamente a personalidade.

Ora, se nós reconhecemos no homem uma finalidade superior à natureza que o cerca, e para a qual deve tender o seu aperfeiçoamento, em matéria de educação e de cultura, temos de obedecer a esse mesmo pensa-

2. Santo Tomás de Aquino (1225-1274), religioso e filósofo católico.
3. Expressão latina: "A pessoa é o que há de mais perfeito em toda a natureza".

mento. E buscando no aperfeiçoamento do homem não um meio de aperfeiçoar a sociedade em que vive, mas um meio de aperfeiçoar a ele próprio, não poderemos transigir com as parcializações da cultura que reduzem as inteligências a *quanta* da capacidade técnica, e nada mais. Teremos de ver nas universidades exatamente centros de preparação de homens, de um escol eugênico e espiritual, onde se apurem as qualidades do meio. E em vez de limitar a cultura à especialização técnica, caminharemos da especialização para a integração num círculo maior de cultura, de modo a simultaneamente educar o indivíduo e a pessoa. Ao primeiro dando o contingente de valor técnico, com que ele se integrará na sociedade de que é parte. A segunda elevando, pela compreensão geral do universo em que vive, para os seus destinos morais e metafísicos.

Teríamos assim de chegar a um tipo de universidade diferente, que na prática se traduziria em minúcias várias estruturais, dentro, contudo, destas mesmas linhas: uma cultural geral e uma especialização parcial. O que seria o estudo conjunto de um sistema e o aperfeiçoamento no detalhe, enquanto hoje, no plano americano, por exemplo, todos se limitam a conhecer um detalhe. Basta às exceções eletivas - que vocacionalmente o fazem - conhecer em conjunto o que cada um conhece em parte.

O Brasil, que anda ainda projetando a sua cultura, e que hesita entre tendências ainda mal seguras, criará por certo num destes rumos o seu sistema universitário. Não caberia neste ensaio concluir entre eles. Porque nem adiantaria à orientação nacional, num depoimento pessoal limitadamente doutrinário. Mas se eu hoje relembro esses dois rumos é para mostrar a indefinição do nosso pensamento de classe, a complexidade dos caminhos e a necessidade inadiável de nos definirmos. Optando primeiro, muito antes de cogitar da nossa organização, por uma tendência, por uma doutrina onde ela se possa inserir com rigor, porque já é tempo de não sermos incoerentes e absurdos, por causa desta preguiça de aprofundar problemas. Preguiça funesta, que anarquiza o pensamento da nossa já desorganizada e inquieta geração, onde há católicos com ideias rousseauistas e comunistas com ares liberais.

Revista de Estudos Jurídicos, n. 1, maio de 1930.

CONCEITO DE SOCIOLOGIA

Se há hoje um estudo que magnetize a inteligência brasileira, no que ela tem de mais elevado e mais puro, é o estudo da Sociologia Brasileira pregado por tantos com fé messiânica. Essa identificação nacional que nos desnorteia é a causa verdadeira dessa fé. Nós vivemos ainda, como sobejamente se tem dito, num obscuro conhecimento de nós mesmos, em que os traços apagados da nossa fisionomia indecisa mais se adivinham na ânsia temerária das generalizações. Somos um povo, ou melhor, somos uma mocidade que anseia por se redimir ao cultismo que cegou os olhos das gerações passadas e as impediu de ver e compreender o Brasil.

Os mestres que agora nos vão formando procuram, antes do mais nada, fazer-nos sentir a inutilidade dos ideais teóricos em que se vêm perdendo as gerações sucessivas desde o Império até à República e a necessidade de substituí-los por ideologias concretas, firmadas na realidade viva dos problemas nacionais. Vão assim nos ensinando o caminho do objetivismo político, como o da redenção. E expondo aos nossos olhos a Sociologia como a ciência que nos iniciará nas realidades e cujas consequências na ordem política chegarão à fixação de regras normativas de adaptação social.

Os sociólogos nacionais desde Tavares Bastos[1] calcam nessa orientação todo o seu estudo. Olhando mais ou menos a sociedade como um complexo de fatos regidos por leis constantes como as leis físicas, procuram fazer desaparecer da sua observação todo princípio filosófico, toda compreensão mais egocêntrica dos fenômenos sociais; sua política, firmada nesses dados de pura observação, há de ser necessariamente uma política de simples *organização*. Isto é, sem ver nos homens uma finalidade religiosa ou filosófica qualquer, apenas chegará a fixar normas de organização, para que eles melhor se adaptem a uma determinada vida social.

1. Tavares Bastos (1839-1875), escritor.

Vem-se formando assim uma Sociologia, que, com maior ou menor rigor científico, educa o espírito para a observação objetiva, e o afeiçoa ao método indutivo como o mais rigoroso e esclarecedor nas pesquisas sociais. Pontes de Miranda,[2] que é uma das maiores eminências do pensamento moderno no Brasil, chega mesmo a formular na "lei da evolução do conhecimento", o juízo de que há uma fase necessariamente racional, subjetiva, do conhecimento, sucede uma fase positiva de ciência indutiva e exclusivamente objetiva. Demonstrada para as ciências naturais, essa lei de epistemologia foi por ele estendida às ciências sociais, que assim passarão do racionalismo em que ainda mais ou menos se encontram à sua fase verdadeiramente positiva.

Por mais científica que parece a quem a lê no grande sociólogo,[3] essa conclusão é exclusivamente filosófica. Não se poderia adotar tal solução sem primeiro renunciar a toda crença nos princípios metafísicos que regem a vida humana, e admitir que as relações sociais não guardem entre si relações de outra natureza que as dos fatos psiconaturais. E é contra essa concepção mesma que o Comtismo[4] preparou e o Spencerianismo[5] difundiu ao mundo todo, que hoje uma enorme reação se inicia, fortalecida mais pelas correntes ortodoxas do pensamento católico, que se lhe constituem na oposição mais radical. Jacques Maritain,[6] criticando o pensamento político de Maurras,[7] o grande debatido chefe da *Action Française,*[8] faz uma observação que o põe em oposição total a qualquer Sociologia, e, pois, a qualquer Política que se firme no mero objetivismo indutivo e organizador. O método objetivo, que não é só de Maurras, mas de Le Play[9] e tantos outros, e que foi sempre como eu há pouco dizia, o dos sociólogos nacionais, parece-lhe correlato de uma

---

2. Pontes de Miranda (1892-1979), jurista.
3. Pontes de Miranda, *Introdução à sociologia geral.* Rio de Janeiro, 1922. (Nota do autor no texto original).
4. Sistema filosófico desenvolvido pelo filósofo e matemático francês Augusto Comte (1798-1857).
5. Corrente de pensamento deduzida da obra Herbert Spencer (1820-1903), filósofo inglês.
6. Jacques Maritain (1882-1973), filósofo católico francês.
7. Charles Maurras (1868-1952), principal ideólogo da A Ação Francesa.
8. A Ação Francesa. Movimento contrarrevolucionário monarquista francês fundado em 1898 por Maurice Pujo e Henri Vaugeois, e cujo principal ideólogo foi Charles Maurras.
9. Le Play (1806-1882), sociólogo francês.

concepção empírica da Sociologia, de uma concepção que deixa essa ciência muito aquém dos grandes e transcendentes problemas que de fato lhe cabe investigar. Maurras, "procédant d'une manière tout empirique et inductive, demande à l'observation et à l'histoire de répondre à la question suivante: y a-t-il des conditions générales et constantes, et quelles sont elles, entraînant la décadence du corps social? Y en a-t-il, et quelles sont elles, qui soient lieés à sa santé et a sa prospérité? Bref, qu'est-ce qui conditionne le succès d'un organisme politique? Cette recherche est parfaitement raisonnable".[10] Mas nesse empirismo, que se desprende de tudo que é abstrato e metafísico, nesse "empirismo organizador" como lhe chama, Maritain não vê mais que uma ciência elementar, incompleta, limitada à pesquisa das causas eficientes dos fenômenos, que apenas representa uma fase preparatória na constituição definitiva da Sociologia. Só pela integração do conceito das verdadeiras finalidades humanas ele atingirá a sua plenitude conceitual e se constituirá realmente em ciência prática da Cidade Humana.

Eis por que eu acredito que diante da Sociologia, modernamente, nós temos dois caminhos. A um nos leva a educação científica positiva, que o século XX recebeu como herança do século passado, o outro nos leva, principalmente, à renascença espiritualista que agita o pensamento das elites modernas, e se concretiza em sistemas vários e em inúmeros movimentos, restaurando a metafísica onde ela parece definitivamente abatida. Não há sem dúvida incompatibilidade entre o objetivismo sociológico e qualquer metafísica. Mas enquanto Maritain vê no empirismo organizado uma fase incompleta, preparatória, da Sociologia, um Maurras (ou aqui, por exemplo, um Oliveira Vianna[11]) nele vê a sua forma mais alta e evoluída. O Professor Pontes de Miranda chega mesmo a encarar a questão como de pura Criteriologia.[12] Mas o aspecto da questão, vista por esse prisma doutrinário, interessa muito menos que se a encararmos diante das tendências do pensamento moderno ocidental. Porque tudo isso está revelando o choque imenso das

10. "Procedendo de uma forma totalmente empírica e indutiva, pede à observação e à história resposta à seguinte pergunta: há condições gerais e constantes, e quais são elas, que estejam ligadas à sua saúde e à sua prosperidade? Em resumo, o que condiciona o êxito de um organismo político? Essa pesquisa é perfeitamente razoável".

11. Oliveira Viana (1883-1951), sociólogo.

12. Estudo dos meios dos sistemas pelos quais o pensamento humano busca a determinação da verdade.

correntes mais sérias de ideias que dividem esse pensamento. Cientismo[13] do século passado que herdamos, e que nos leva a implantar na ordem social os princípios da ordem natural, e de outro lado, Espiritualismo[14] que reage em formas várias, talvez de todo independentes, e que restaura no lugar antigo os valores metafísicos. Mas desta tendência é principalmente a "revolução religiosa" católica, na expressão de F. J. Sheen,[15] que pela sua solidez filosófica e desassombrado antimodernismo, será na agitação e na incerteza modernas a força mais viva e mais tenaz.

Dentro dessa incerteza, chocado por essas tendências, o pensamento vai decidir. E o que já me parece previsível é que indiscutivelmente ele não ficará no objetivismo atual. Pois já não nos pode iludir mais o Cientismo que reveste essa orientação, certos como estamos de que ele mesmo parte de uma concepção filosófica, metafísica da matéria social.

Todo conhecimento parte de uma concepção do ser. O que vale dizer que a intersecção da ciência e da realidade é sempre uma metafísica.

Mas se é fácil, de um lado, aos que conservam como base doutrinal da Sociologia o conceito do seu absoluto objetivismo, se é fácil para esses levar tal ciência às suas conclusões teóricas e práticas, para os que partem de uma concepção filosófica diversa a obra ainda está distante e mal esboçada. Uma outra sociologia ter-se-á que fazer. E inspirada nela, uma Política surgirá com moldes e finalidades superiores aos de simples medidas de organização.

É exatamente nessas consequências que é curioso cotejar o pensamento sociológico tomista[16] e toda a sociologia moderna difundida no nosso pensamento. Por exemplo, na questão hoje tão ventilada, graças às condenações da *Action Française*, das relações entre a Política e a Moral. Ao primeiro, a Política se apresenta ligada por laços de absoluta dependência à Moral, cujas finalidades superiores lhe tem que ser logicamente impostas. Ao

13. Concepção filosófica de matriz positivista que afirma a superioridade da ciência sobre todas as outras formas de compreensão humana da realidade.
14. Denominação comum a várias doutrinas filosóficas e/ou religiosas, e tem como fundamento básico a afirmação da existência do espírito (ou alma) como elemento primordial da realidade, bem como sua autonomia, independência e primazia sobre a matéria.
15. Fulton Sheen (1895-1979), pensador católico norte-americano.
16. Escola filosófica teológica derivada do pensamento de Santo Tomás de Aquino (1224-1274), religioso e filósofo católico.

segundo, pelo contrário, aparecem livres de qualquer dependência, antes, a Política incorporando a Moral aos seus *meios* de ação social, e mantendo-a sob sua própria eminência. Porque agora a Política já não visa à realização de quaisquer fins, ela mesma contém em si suas próprias finalidades, que são logicamente superiores às de seus simples *meios*. Vê-se assim a que arriscado utilitarismo pode levar o objetivismo exclusivo em Sociologia, a doutrina da Política pela Política. A organização sendo o seu fim, o único fim político a que se pode propor uma ciência que se limita a investigar nas sociedades a causa próxima dos fenômenos, a Moral, o Direito, a Religião mesmo, necessariamente lhe aparecem como aparecem ao Professor Pontes de Miranda, meros fatores de adaptação social, que a Política deve ter sob seu controle, e que não encerram qualquer finalidade própria, mas são correlativos de um estágio de adaptação, e portanto instáveis e variáveis.

Ainda caberia aqui fazer algumas considerações sobre essa concepção objetiva de Moral, Religião e Direito. Concepção que vê apenas a Moral *atual*, a moral *de fato*, como também a religião e o direito. Mas eu apenas quis salientar em um breve paralelo, essa diversidade de situação em que se colocam os demais sistemas, a Política e a Moral. E mostrar que para quem situa os fins Morais como fins humanos supremos é inadmissível uma orientação sociológica que possa chegar àquelas conclusões.

E por isso já é tempo de tirar a Sociologia dessa indecisão de tendências, e definir os sistemas dentro de cada filosofia, uma vez que nós já podemos ter certeza, contra todo o Cientismo que ainda há por aí, de que toda ciência começa numa metafísica.

A Ordem, junho de 1930.

DEMOCRACIA UNIVERSITÁRIA

Para quem examina hoje as manifestações do pensamento de classe em matéria de organização universitária, uma conclusão é inevitável. Há uma única medida que parece interessar aos estudantes brasileiros: fazer-se representar na administração das escolas. De modo que o caminho aberto à definição da mentalidade nacional é o da democratização do regime universitário, da adoção integral dos princípios de governo representativo.

A primeira tentativa oficial e adiantada de criação de uma Universidade, em Minas, perfilhou indecisamente a ideia, e deu-lhe uma certa realização. O primeiro movimento de classe que se organizou aqui fez dela o ponto central do seu credo, e o grande escopo do combate. E assim é uma consequência irremediável do exame dos fatos, que no Brasil o que se entende por Organização Universitária é antes de mais nada Democratização.

Adiando, mesmo por ora, a discussão doutrinária dessa certeza, já é interessante observar o sucesso da ideia, num meio como o nosso, que se vai tornando cada vez mais hostil a todo programa liberal. Que se acha dominado por ideais bem mais modernos, dividido por outras causas, que fundamentalmente separam as diretrizes de cultura. O que estatisticamente talvez não se veja, mas é indiscutível pelo menos para o que ele possui de representativo e combativo, que forma essa pequena, reduzida minoria, a que historicamente se chamará – "a geração".

Essa mais ou menos se agrupa numa facção católica, extensa mas apenas com uma superelite entusiasta, e numa facção comunista, reduzida mas militante. Entre as facções mais chegadas a esta ou aquela, monarquistas, fascistas, yankistas, mas muito raramente – um liberal. E, entretanto, se perguntarmos a essa geração o seu programa, em matéria de Reforma Universitária, verificaremos que ela combate por uma causa essencialmente democrática, nas suas consequências e nos seus fundamentos.

Explica-se porém perfeitamente. Há necessidades tão prementes e claras que imploram uma solução. E quando uma surge, concretizando de algum modo a aspiração coletiva, a ela todos se apegam como a uma fórmula de salvação. Foi o que se deu aqui. Onde a mais pitoresca regulamentação legislativa criou, em matéria de Universidade, uma desorganização difícil de conceber. Fazendo assim com que uma necessidade imperiosa surgisse, e se traduzisse em problemas multiformes, cujas soluções se foram apresentando parcialmente aos espíritos e criando a necessidade de uma intervenção. Formando assim, não uma "mentalidade de classe", concretizada num programa, mas um tumulto de sugestões pessoais, de decalques, de regulamentos infusos, a que se precisava de algum modo emprestar projeção oficial. Veio então o projeto Bruno Lobo.[1] Que era de proporções irrisórias, e tomou uma estrutura de Evangelho. E que repercutiu com todo esse sucesso primeiro, porque dava corpo a essa ideia latente e incerta - Reforma Universitária: segundo, porque parecia vir constituir a palavra ao discente amordaçado pelos regimentos e cujo ânimo construtor viria "renovar e acelerar a velha máquina da administração".

Realmente, uma intervenção dos discentes seria hoje em dia proveitosa. A triste situação que os conduziu a ineficiência dos regulamentos fez com que entre eles surgisse um espírito reformador e estudioso, mais ou menos disposto a cuidar das próprias falhas, que apesar de sua inevitável descontinuidade seria intensamente renovador. Foi aliás o que se deu em Montevidéu, e em um grande número de universidades sul-americanas. Onde a reforma nasceu das campanhas e movimentos de classe, contra o passadismo conformista das cátedras e dos ministérios.

Nos estados normais de organismo, porém, quando as instituições se ajustam às necessidades, é natural que desapareça essa função, por assim dizer "política" do discente. E que extinta a função que o criara, o órgão se inutilize e atrofie. Ou melhor, que extinta uma das suas funções, ele se especialize e se aperfeiçoe na obra; e assim o estudante, afastado naturalmente de toda função política universitária, mais se aperfeiçoa na sua função discente principal.

De modo que a intervenção dos estudantes na organização das Escolas não se me pode afigurar mais que uma necessidade transitória, correspondente às deficiências atuais e que ainda assim seria vantajosamente preterida por outra qualquer medida reformadora.

1. Bruno Lobo (1884-1945), professor na Universidade Federal do Rio de Janeiro.

Aliás, toda a defesa da democratização assenta nos mesmos princípios de toda organização liberal. E não em motivos e vantagens de ordem técnica que consigo traria a intervenção dos discentes. Mas discuti-la nessas bases é trazer à baila toda a argumentação antiliberal que meio século de cultura vem acumulando. E demonstrar, contra o aforismo de que a vontade profunda das sociedades corresponde às suas necessidades, que o exame dos fatos nos prova que a "verdade" não coincide senão ocasionalmente com a "vontade" e que são antes as elites diferenciadas das massas, que melhor conhecem e realizam a verdade. Para no fim de tudo concluir que a Universidade deve se organizar sobre bases puramente técnicas, e que o seu governo deve assim caber a técnicos, os quais logicamente nunca poderão ser estudantes, a quem cabe um diversíssimo papel.

O que porém é evidente – e portanto indispensável a considerar – é o papel da classe universitária, com o seu conjunto de interesses, preconceitos e ideias, cuja força não poderá deixar de contar na atividade administrativa escolar. Sem que isso obste para a fazer "dirigir", é preciso que pese na "direção" que lhe é dada. E que assim se equilibre a liberdade de iniciativa técnica dos dirigentes com a irredutibilidade dos interesses de classe. O que a meu ver se resolverá pela atribuição a um órgão de classe, de competência consultiva e mesmo deliberativa, em matérias definidas em regulamento. Órgão esse, que poderá ser no estado atual da organização brasileira o Diretório escolar eleito e em funcionamento sob a fiscalização dos diretores de Escola.

Hoje, que os estudantes preparam e discutem com tão admirável insistência planos de reforma total ou parcial, parece-me que é um ponto seríssimo esse da discussão das ideias democratizadoras. Ideias que nos vêm prestigiadas pelo seu Triunfo das Universidades da América Latina, e que em tudo se afastam das diretrizes da cultura e da própria Organização Nacional. Que atrasam o espírito de construção técnica que deve orientar o nosso sistema universitário. E que por si não vejo em que adiantariam à nossa atual desorganização.

Renovando-se em argumentos destruídos, é ridículo formular programas. E é sobretudo preciso que o bom senso não deixe perder-se em uma falsa pista esta mocidade ansiosa por uma orientação.

Novidades Literárias, 01.06.1930.

A DIVISÃO POLÍTICA E O PROBLEMA DA UNIDADE

As relações entre o problema da forma unitária ou federal e o problema da unidade política brasileira estão patentes hoje em dia aos olhos de quase todos os doutrinadores. No Brasil esse problema da unidade foi aos poucos transcendendo todos os outros. E dele depende realmente toda concepção particular de organização política, como da própria existência do objeto depende a existência do que se queira a ele aplicar.

Não está, entretanto, no espírito do debate sobre Federalismo e Unitarismo a compreensão dessa relatividade extrema do assunto. E, quando falo assim, não me refiro certamente às ideias e argumentos postos em jogo, mas à atitude intelectual em que se discute; aos argumentos, digamos, imanentes à própria natureza da discussão. Pois, de fato, o erro maior da nossa maneira nacional de resolver a questão é um erro que podemos chamar de visão do assunto, historicamente fora dos seus termos verdadeiros.

Nunca se compreenderá bem o Federalismo brasileiro se não se tiver em mente que ele foi um ideal por que se apaixonaram as massas, e uma das reformas exigidas pelos republicanos e liberais. Daí vem uma parte considerável da formação da nossa mentalidade constitucional, tão profundamente federalista.

Pois nós não tivemos o Estado federal – como o tiveram outros povos – e em consequência da aproximação de estados distintos, que na forma composta guardaram as marcas e os limites da sua distinção. Tivemos até, na ordem histórica, a marcha inversa, da unidade para a Federação. E nem tampouco tivemos a diferenciação política de certas províncias, cujo isolamento de interesses se teria oposto ao centralismo. Era, ao contrário, acusando o Estado unitário de sufocar a vida e o desenvolvimento das províncias que Nabuco se batia pela Federação.

O Federalismo foi um movimento que se formou no terreno teórico da nossa cultura política, que assimilou ao seu plano todas as teses anticentralistas que com ele essencialmente não se confundiam, e que, pairando acima de exigências sociais objetivas, tornou-se "moda, entusiasmo, cegueira, palavra mágica", tese constante dos publicistas liberais. Torna-se ideologia por um lado; e, por outro, encarnando a tendência a assegurar as autonomias locais e regionais a tornar a união mero agente de equilíbrio, de controle entre as províncias livres, adquiriu uma base jurídica exclusiva e mais ou menos irredutível em princípio nas velhas doutrinas de autonomia local que viam as entidades locais como "instituições fundamentais, das quais o próprio Estado teria tido origem", dando-lhes assim um caráter de preexistência natural a que o Estado não teria direito de se sobrepor.

E daí ficou-nos uma visão puramente jurídica do problema, em vez da visão política que seria a natural. O antigo ideal federalista tornou-se uma categoria do espírito liberal, e não será um exagero pensar que o que transparece nas reivindicações exaltadas da autonomia dos Estados de que foi abundante até hoje a República é um conceito efetivo dessa autonomia como direito natural dos Estados.

Não creio que a moderna feição unitarista dos estudiosos e das gerações de hoje tenha porém restituído ao debate a sua verdadeira natureza. É em nome de um antidemocratismo que arrasta as elites, e das lições práticas da nossa experiência federal em curso que mitigaram os extremismos doutrinários, que essa feição unitária vai surgindo. E se os primeiros, antidemocráticos de direita, conservam a errada visão jurídica dos líderes federalistas, e buscam a base jurídica inflexível de sua tese unitária nas concepções modernas do Estado forte e uno, os segundos, advertidos pela lição da República (os segundos, que se confundem tantos com os primeiros), lançando o unitarismo como o corretivo necessário ao processo de secessão a que a Federação nos vai conduzindo, geram um novo erro e maior, pois absorvem a causa do Estado unitário na própria causa da unidade nacional. E nada mais errado que essa absorção. Com ela o unitarismo torna-se uma ideologia, como o Federalismo o fora nos últimos anos do Império. E não se faz mais que assinalar o ideal federalista um antônimo, como ele ideal jurídico absoluto e irredutível.

A distinção entre Unitarismo e unidade é quase imediata, porém o unitarismo é uma simples forma orgânica de Estado, a unidade é problema fora dos limites do Direito Público, de natureza social, essencialmente.

O Unitarismo pode favorecer e realizar a unidade, ser como na Argentina, no dizer de Sarmiento,[1] uma condição política quase derivada da configuração física. Pode também se opor categoricamente à unidade por sufocar e apagar diferenças e liberdades ditadas pela natureza da terra e do meio.

Posta a questão da forma de Estado em função da unidade, que é a sua determinação natural, tirada assim do terreno dos princípios jurídicos, onde fora artificialmente colocada, desaparece a irredutibilidade entre a forma federativa e a forma unitária que domina o espírito dos publicistas.

Onde havia dois princípios, há duas tendências. Duas tendências simultâneas, graduáveis, capazes de se harmonizar no mais simples e no mais complexo dos organismos. Pois nenhuma é por si, por natureza, contrária à existência do Estado, mas qualquer desequilíbrio entre elas pode trazer-lhe a desordem total.

Parece, porém, chegado esse ponto em que as velhas denominações no seu rigoroso sentido não se justificam. De fato, Federalismo e Unitarismo designam a adoção sistemática e, por princípio do critério de descentralização e de centralização política e administrativa.

Todo critério sistemático no assunto foge porém a um sadio realismo. Eis por que o Estado moderno, infinitamente plástico na sua infraestrutura social, não será por certo federal nem unitário; mais, adotará entre esses extremos a medida que lhe convém, fazendo-a várias, de instituto para instituto, de região para região, de acordo com as exigências da variedade social.

Encontra-se em pensadores modernos, entretanto, uma corrente de ideias largamente objetiva, que, aceitando a necessidade de adaptar os institutos políticos à variedade social, considera a forma federalista um grão de passagem para a forma unitária, de que o Estado se vai aproximando à medida que aquela variedade desaparece e que a sociedade nacional se vai tornando homogênea. O que é crer ainda que todo progresso social tende a realizar a igualação dos costumes e formas de vida, pela aproximação de um padrão em que se realizam as condições naturais da existência em comum. Postulado falso, mas de que a grande maioria ainda não se esquiva à influência, e de que

1. Domingo Faustino Sarmiento (1811-1888), presidente da Argentina de 1868 a 1874.

está impregnado o nosso conceito moderno de civilização. De fato, porém, as formas políticas devem ter a adaptabilidade social das normas jurídicas. Estas, já notava Giambattista Vico,[2] encerram um elemento fixo e um elemento variável: o primeiro é o princípio, imutável, de natureza filosófica; o segundo é a própria conformidade com a relação a que a norma jurídica se aplica. Pois também nos institutos políticos há um elemento fixo, filosófico, e outro variável, social. E a unidade política de um povo não exige que os institutos que o regem sejam os mesmos em todos os lugares, mas apenas que tenham o mesmo fundo, que participem da mesma base filosófica e jurídica, embora variem de ponto em ponto como varia a sociedade.

O Brasil é um país descontínuo socialmente. Toda igualdade de formas políticas nele será artificial e precária. Uma voz da Segunda Constituinte declarou que a comunhão de Direito era para nós tão forte como a comunhão de língua. De fato, porém, a própria comunhão de Direito, a própria unidade jurídica, não pressupõe igualdade das normas de Direito dentro dos nossos confins. O Brasil não pode ter uma só legislação adjetiva, mas sobretudo não pode ter uma só legislação substantiva, nem civil, nem operária, nem pessoal, talvez somente obrigacional e comercial. Mas um mesmo espírito jurídico deve unir na sua base as formas múltiplas do nosso Direito. Porque "a unidade é uma variedade harmoniosa". E não pode ter continuidade jurídica quem não tem continuidade social.

Eis por que eu penso que é fora da Federação e do Unitarismo exclusivos, como os discutem os nossos legisladores, que se encontra a nossa fórmula de organização do Estado Uno. O plano harmônico da unidade brasileira é de uma complexidade imprevisível. E não quero terminar este ensaio preliminar ao estudo da divisão política sem lembrar a importância do município dentro do Estado brasileiro.

Porque o município será aqui mais que uma divisão administrativa sem dúvida. É, antes, um elemento natural da formação política, uma célula no sentido exato, onde se verifica a continuidade social mais precisa, ou, para usar os termos de uma lei espanhola de 1907, é "a comunidade natural de famílias e casas" com jurisdição política própria e exclusiva.

No Brasil, o município é um elemento político no Estado. Em tudo difere da comuna italiana, por exemplo, reformada pelo Governo fascista.

2. Giambattista Vico (1668-1744), filósofo italiano.

Este é um departamento administrativo, móvel, em contínua demarcação de limites, na mesma medida em que várias as necessidades administrativas. O município, pelo contrário, tem limites históricos e naturais; é essencialmente grupo político espontâneo, descendente dos patriarcas rurais. A fórmula famosa "accentrato in politica, deccentrato in amministrazione",[3] usada na Constituinte de 91, sob outra forma, por Júlio de Castilhos,[4] nada significa a meu ver para a política brasileira. Pois aqui não seria grande absurdo o contrário. Em todo caso seria preciso não concentrar senão no que fosse preciso, sem a pretensão juridicista de pôr os estados e os municípios em pé de igualdade ente si.

Hierarchia, janeiro de 1931.

3. "Centralizado em política, descentralizado na administração (pública)".
4. Júlio de Castilhos (1860-1903), político gaúcho.

CATOLICISMO E FASCISMO

> *«... au delà de ces organismes essentiels qu'il faut substituer à d'autres radicalement viciés, la plus grande part des institutions sociales modernes peut rester à peu près intacte en sa structure or même rendre plus de services à l'avenir à condition seulement d'en changer l'esprit animateur.* » (Toniolo)[1]

Essas palavras de Toniolo[2] devem ter uma importância extraordinária para os sociólogos católicos de hoje, que já se animaram a examinar na ordem prática os seus programas de reconstituição da ordem social cristã. No terreno da filosofia social o problema se debate e se resolve, mas todos sentem a gravidade, a complexidade, com que, em torno da tese proposta, os mil problemas políticos se vão alarmadoramente formando. Não será, por certo, com uma simples política econômica revalorizadora de um conceito ético da propriedade e harmonizadora de interesses divididos, que uma sociedade se vá restabelecer nas suas bases cristãs. Têm os católicos toda razão quando confiam mais nessa transformação interior, transformação pelo homem, que acompanhará e regulará todo processo de cristianização. O homem espiritualmente cristianizado cristianizará a sociedade em que vive,

1. "... Além desses organismos essenciais que devem substituir outros radicalmente viciados, a maior parte das instituições sociais modernas pode remanescer razoavelmente intacta em sua estrutura, ou mesmo prestar mais serviços futuros, à condição de apenas substituírem o espírito que as anima".
2. Giuseppe Toniolo (1845-1918), sociólogo católico italiano.

já que nós afirmamos, contra o materialismo histórico dos nossos tempos, que os fenômenos econômicos são simples epifenômenos dos fenômenos espirituais. O que só não é uma fórmula rigorosamente exata por ainda estar ligada a vida econômica ao meio físico, que não a determina, mas que a condiciona.

Pode-se assim contar com uma política cristã onde houver uma sociedade de homens cristãos. Mas quem reduzir desse modo a um valor passivo, o fator político da intervenção social, inutiliza, ou pelo menos imobiliza, o agente mais pronto e seguro de que se poderia valer qualquer reforma social. É necessário, pois, que a sociologia católica não perca de vista o lado prático do problema que ataca, e que defina sobre o material complexo de fatos sobre que deve agir, as regras exatas de uma sua ação política.

E não o têm esquecido os sociólogos. Dos trabalhos de Toniolo, de Pottier,[3] de muitos mais, mas especialmente dos de La Tour du Pin,[4] podemos tirar exatamente aquele conjunto de princípios que se tem tornado comum aos sociólogos católicos, e que em trabalhos recentes coletivos se vem sistematizar ("Codice Sociale", Rovigo,[5] 1927). Até que ponto, porém, esses princípios se aproximam das normas políticas dos estados contemporâneos? E a que correntes do pensamento político moderno vão eles buscar subsídios? Posto que se responda a estas teses, e que se descubra no individualismo, no socialismo ou no fascismo uma fonte de subsídios práticos para a doutrina social cristã, ainda é interessante examinar até que ponto essa coincidência prática é seguida na ordem teórica, o que será examinar o grau de proximidade ou de afastamento em que se encontram os estados modernos do espírito cristão. E o interesse pelo debate cresce ainda entre nós, agora que o senhor Tristão de Athayde acaba de realizar um curso de sociologia católica, onde o assunto foi abordado, e com rigor. E são as considerações desenvolvidas à margem da tese na sua segunda conferência, pelo grande doutrinador da *Introdução à Economia Moderna*,[6] a propósito da doutrina fascista e cristã em conflito de classes, que agora me fazem

3. Eugène Pottier (1816-1887), poeta francês.
4. Município francês na região administrativa de Ródano-Alpes, no departamento de Isère.
5. Município italiano da região do Vêneto.
6. LIMA, Alceu Amoroso. Esboço de uma introdução à economia moderna. Rio de Janeiro, 1930.

examinar aquelas questões acima formuladas, mas do ponto de vista apenas das relações entre fascismo e catolicismo.

Preliminarmente, não me parece que se possa concordar com o senhor Tristão de Athayde, quando coloca o fascismo dentro das diretrizes socialistas. Anti-individualista, certamente, favorecendo e robustecendo o intervencionismo do Estado, o fascismo não pode ser olhado como doutrina socialista, salvo se estendermos esta categoria a qualquer forma de coletivismo, o que comprometeria na denominação a própria sociologia católica. Realmente, na hipertrofia do Estado fascista não há a absorção de nenhuma manifestação da iniciativa privada, que continua a agir livremente, dentro dos limites de coexistência harmônica que o Estado lhe impõe. E o que o Estado chamou a si, além desse poder coordenador, não foi mais que os serviços de ordem pública, de interesse público, que a organização liberal abandonava à iniciativa particular. (O que era exagero dessa iniciativa, obrigada por fracas responsabilidades e apta a negligenciar, em qualquer tempo, tais serviços de interesse geral.) É o que se pode exemplificar com as leis de socorro popular em caso de catástrofe, com as que regulam os transportes marítimos, terrestres e aéreos, e muitas mais. Mas na esfera econômica, a iniciativa privada é a fonte primordial de toda atividade, em que traveja toda a estrutura econômica do Estado Corporativo. E uma intervenção direta do Estado só em última hipótese se admitiria, e isso mesmo quando estivessem em jogo interesses políticos nacionais. Leia-se, aliás, a própria *Carta del Lavoro*,[7] artigos sétimo e nono: "Lo Stato Corporativo considera l'iniziativa privata nel campo della produzione, come lo strumento piú efficace e piú utile nell'interesse della Nazione". E adiante: "L'intervento dello Stato nella produzione economica ha luogo soltanto quando manchi o sia insufficiente l'iniziativa privata, o quando siano in giuoco interessi politici dello Stato. Tale intervento può assumere la forma del controllo, dell'incoraggiamento e della gestione diretta".[8]

---

7. Carta do Trabalho. Editada em 1927, um dos documentos fundamentais do fascismo.

8. "O Estado Corporativo considera a iniciativa privada no domínio da produção como o instrumento mais eficaz e mais útil ao interesse a Nação. ... A intervenção do Estado na produção econômica só ocorre quando falte ou seja insuficiente a iniciativa privada, ou quando estão em jogo interesses políticos do Estado. Essa intervenção pode assumir a forma de controle, de incentivo e da gestão direta".

Não é isso positivamente socialismo. E quando o Senhor Tristão de Athayde diz: "tanto o fascismo italiano como o hitleriano alemão têm um caráter nitidamente socialista, estatista e anti-individual" eu tenho vontade, para me repetir o que é o estadismo fascista, de me valer das suas palavras, quando, mais adiante, para falar da sociologia cristã, diz: "Nessa vida, porém, compete ao Estado uma função muito mais eminente que na concepção abstencionista em que viveu por muito tempo a nossa civilização. Na sociedade cristã - e na sociologia integralista que representamos -, a função primordial do Estado é a de coordenador das classes sociais".

E é sobretudo aqui, comparando a organização do Estado fascista com a doutrina cristã, em face do conflito de classes, que eu sinto como uma evidência enorme que o fascismo está mais perto dessa doutrina que de nenhum outro sistema social contemporâneo. Vamos examinar primeiro a semelhança prática, a identidade quase das fórmulas fascistas e daqueles princípios de ação política, que os sociólogos cristãos deste e do século passado vêm acumulando, e que são o patrimônio comum de sua doutrina. E para os termos mais de perto, ouçamo-los do próprio senhor Tristão de Athayde, continuando a citação começada: "a lei de convivência das classes é a cooperação. A pluralidade das classes é um bem. Deve persistir. Corresponde à própria natureza das coisas. Não pode ser negada nem deve ser contrariada. Mas por outro lado, dada à natureza do homem, é impossível a concorrência livre entre as classes, que não degenere numa exploração dos mais fracos pelos mais poderosos, de modo que uma sociedade cristã se deve basear numa multiplicidade de classes, na variação e graduação entre elas, mas regulamentada por um poder superior a todas, que é o Estado".

Ora, quem conhece na sua estrutura política e econômica, o estado corporativo, a disciplina jurídica sobre as relações coletivas de trabalho, o articulado organismo sindical, cujas extremidades radiculares mergulham nos menores centros de vida do país, certamente reconhecerá nesse aparelho político, tudo o que os sociólogos cristãos têm reclamado para a sociedade. É o próprio Mussolini[9] quem mostra a formação natural e necessária das classes, quem regula a drenagem das suas forças social nos sindicatos, mais tarde nas corporações, e que anuncia: "A organização sindical fascista fez aceitar o princípio da colaboração das classes" (Mussolini - La Riforma Sin-

9. Benito Mussolini (1883-1945), fundador e líder do Partido Nacional Fascista. Governou a Itália de 1922 a 1943.

dacale, in *Discorsi*). E, assim, no estadismo fascista pouco mais se poderá ver que no estadismo cristão. Se o círculo da atividade privada se estreita mais naquele, e neste se dilata, é o que o fascismo não conta com o fator moral, unificador e harmonizador, na medida em que contraria o Estado cristão. E tem de compensar em violência política o que não está controlado pela força moral. Mas, tirando as relações de trabalho no terreno da luta natural em que as deixara o liberalismo, e onde sucessivamente as dominaram o capitalismo e o comunismo, para tratá-las no terreno jurídico, condenando toda violência e estabelecendo os meios judiciários de dirimir conflitos de trabalho, bem se pode dizer que o Fascismo fez obra cristã – pelo menos de um ângulo todo objetivo em que podemos pôr a questão. E é o caso de relembrarmos aquela frase inicial de Toniolo, e de perguntarmos se o cristianismo não integraria toda a reforma social fascista, "à condition seulement d'en changer l'esprit animateur".[10] Mas se o fascismo conduz a soluções tão próximas das católicas, se leva a concordâncias práticas tão acentuadas, é indispensável observá-lo à luz da filosofia social e da crítica histórica, para descobrir a concordância teórica que aproxima as duas concepções sociais. E não espantaria que se descobrisse no fascismo italiano um fundo espiritual cristão, que nele se acolheu e vicejou, no clima propício à civilização moderna. Propício com a sua volta a um modo de vida gregário e a um senso absoluto religioso das coisas que só o socialismo e o cristianismo lhe podem dar (Berdiaeff).[11] E onde o Fascismo, por isso talvez, ficou como um ponto de apoio seguro no vazio.

Mas não seria assim, em poucas linhas, que se poderia fazer todo um estudo histórico e filosófico sobre o fundo cristão do fascismo. Estudo em que o material a examinar seria vastíssimo, mas nem sempre genuíno. E onde seria imprescindível descer aos movimentos que, com o mazinismo, influenciaram e dominaram a Itália pré-fascista (V. Giovanni Gentile,[12] *L'essenza del fascismo*). Onde se teria de examinar principalmente, como um sistema político amadurece, expõe-se às controvérsias doutrinárias, desdobra-se em conclusões afastadas, e remonta a princípios fundamentais, sem discutir os seus alicerces metafísicos, o seu direito natural, os próprios princípios éticos com que faz repousar a sua norma política. E tudo isso subentendendo uma

10. Expressão francesa: "Com a única condição de mudar seu espírito incentivador".
11. Nikolai Berdiaeff (1874-1948), religioso e filósofo político russo.
12. Giovanni Gentile (1875-1944), teórico fascista italiano.

metafísica e uma ética que informam a doutrina social, e que não serão mais que o patrimônio filosófico com que o cristianismo formou o espírito da Europa ocidental. Mas se esse estudo do fundo filosófico oculto, - digamos do fascismo, exige as proporções de um ensaio especial o fundo filosófico, confesso, pode muito bem ser aqui analisado. Porque o fascismo não prega a cooperação de classes sem um fim, evidentemente, e é esse fim, a nação, que é preciso ver se não se choca contra quaisquer princípios cristãos.

É também de Toniolo, creio eu, a afirmação de que as nações são portadoras de uma vocação histórica, isto é, de que o patrimônio material e espiritual que lhes toca, imprime-lhes uma personalidade por cuja existência e expansão têm o direito e o dever de lutar. Em limites assim moderados o nacionalismo é uma virtude, que corresponde a um valor positivo - a pátria, e que cerca, defende e guia o grupo social. Só o ultranacionalismo (que foi, por exemplo, o de Fichte,[13] nos seus célebres *Discursos à nação alemã*), que explica o homem pela nação, os direitos da nação, vem por certo colidir com os princípios cristãos, deslocando o núcleo da vida social do Homem para o Estado. Mas essa concepção filosófica social, pelo menos como a examinamos em Fichte, é quase sempre um corolário de um princípio absoluto anterior que a justifica. É assim, para Fichte, a noção da superioridade racial e moral do povo alemão, cuja missão imperialista seria portanto uma missão de educação, e que só em nação adquiria essa suprema superioridade de "Cultura". Mas não é perto desse ultranacionalismo que nós temos de olhar o fascismo italiano, e nem mesmo o alemão. Se toca por esses excessos, muitas vezes, a eloquência dos Chefes, nisso não vai mais que uma vaga mais agitada de um mar cujo nível está muito mais baixo. A nação é aqui mesmo o produto histórico que adquiriu a personalidade e com ela o direito à expansão e à vida. Os indivíduos pertencem a ela, no sentido de que são unidades econômicas e políticas de um grande corpo que os excede, tanto no tempo como no espaço.

Encontramos assim, nesse finalismo nacional, o fundo doutrinário do fascismo. Mas nele está talvez o que há de efêmero, de contemporâneo, na sua filosofia social. E ainda mais se sente a relatividade, que ainda encerra essa fórmula, diante do absoluto da fórmula cristã: "O indivíduo existe para a sociedade, a sociedade para a pessoa, e a pessoa para Deus".

Ora, se tivermos de diferenciar desde já o finalismo nacional fascista do finalismo sobrenatural cristão, podemos dizer que a fórmula fascista abran-

13. Johan Gottlieb Fichte (1762-1814), filósofo alemão.

ge o primeiro destes três termos, e invade praticamente o segundo, fazendo inteira abstração do termo final. E digo que invade o segundo, porque em toda a legislação fascista, mesmo econômica, não é difícil descobrir, além do fim nacional, um aperfeiçoamento espiritual do homem, que eu mostraria, por exemplo, nas leis de restrição ética da propriedade privada, e mesmo, de um certo modo, nas obras como a "balilla"[14] e o "dopo lavoro",[15] embora exista para elas um fim próximo nacional.

E é aqui, nessa dilatação da fórmula finalista que eu vejo para a sociedade cristã o processo fácil de integrar o fascismo. O socialismo, e com ele o ultranacionalismo, subordina indivíduo e pessoa à sociedade. O individualismo segue a ordem inversa. Mas o fascismo restaura no seu primeiro termo a fórmula cristã, e encaminha o segundo, o que permite dizer dele que é o mais cristão dos sistemas políticos modernos. Para a sociologia católica todo o trabalho será de exceder o finalismo fascista incorporando-lhe os demais elementos da sua própria fórmula. O que certamente ao mesmo tempo em que a faz integrar os princípios políticos fascistas, lhe dá alça para atingir mais longe na intervenção social.

Ainda há poucos dias, Mussolini, falando à Câmara dos Deputados sobre a crise econômica mundial, dava aos problemas suas cores verdadeiras, e mostrava a impotência do próprio "Fascio"[16] para o resolver. Uma crise destas estaria liquidada na história, se da economia de produção a que o liberalismo nos conduziu passássemos a uma economia de consumo, que conduziria naturalmente ao justo preço e reajustaria as forças produtoras mundiais. Mas uma reforma destas só moralmente se poderia começar. E é aí que o fascismo para. É aí também que o cristianismo poderia começar, para continuar.

A Ordem, ano XI (Nova Série), n. 11, janeiro de 1931.

---

14. Balilla (Opera nazionale balilla), organização criada em 1926 pelo governo fascista italiano com o objetivo de educar moralmente, psicologicamente e fisicamente os futuros fascistas, meninos e meninas entre seis e dezoito anos.

15. Expressão italiana: Literalmente, depois do trabalho: instituição criada na Itália fascista que promovia diversas atividades recreativas voltadas aos trabalhadores urbanos e do campo.

16. Vocábulo italiano: Nesse contexto, o movimento fascista, o governo fascista de Mussolini. Literalmente, feixe; símbolo, de origem romana, do movimento fascista italiano.

ORGANIZAÇÃO UNIVERSITÁRIA E AS DIRETRIZES DA CULTURA

"O tecnismo rompe com a unidade filosófica da cultura e conduz à fragmentação e à desordem espiritual contínua" – diz o acadêmico San Tiago Dantas. (Entrevista a Aluízio Barata).

A nova educação é caminho amplo para todos os pensamentos. Emprestando a cada um o mero valor de uma experiência a mais da vida, ela busca o desenvolvimento total e harmonioso do indivíduo, para o exercício da sua liberdade.

Esta "Página de Educação", que, desde o seu aparecimento, tem buscado trazer à tona as ideias dos nossos estudantes sobre assuntos educacionais, publica, hoje, uma entrevista com o Sr. San Thiago Dantas, quarto-anista de Direito e ex-presidente da Federação Acadêmica do Rio de Janeiro.

Embora o seu ponto de vista não tenha o cunho de realidade moderna que os maiores espíritos do mundo hoje defendem, é com o maior prazer que a publicamos, porque faz parte da orientação educacional que seguimos fazer contemplar o aspecto de verdade que cada espírito observa em cada instante.

Só por essa tolerante contemplação é que resultará finalmente uma visão clara do conjunto das ansiedades humanas, que ainda esperam dias sinceros e sem restrições, para atingirem a sua plena realização.

Edifício Glória, 3.º andar, sala 14. Eis o escritório do acadêmico San Tiago Dantas, quarto-anista da Faculdade de Direito da nossa Universidade.

Espírito brilhante, dedicado apaixonadamente aos estudos, San Tiago Dantas possui já uma cultura admirável. Durante o ano passado, ainda cursando o terceiro ano, viu-se eleito presidente da Federação Acadêmica do Rio de Janeiro, que muito deveu à sua gestão esforçada e inteligente.

Da palestra que com ele entretivemos, destacamos os seguintes principais pontos, em que aborda problemas referentes à organização universitária e passa em revista o ambiente universitário do Rio.

San Tiago Dantas fala fácil e espontaneamente, e é com clareza e precisão que expõe as suas ideias.

A organização universitária

Os problemas que dizem respeito à organização universitária - diz San Tiago Dantas - *são tão variados e se dispõem com tanta minúcia dos lados mais teóricos aos lados mais práticos da questão, que seria impossível tratar de todos, mesmo resumidamente, em poucas palavras, ditas numa rápida palestra. Quando se cogita de reforma universitária, geralmente os reformadores se perdem na multidão de institutos, de regras, de detalhes pedagógicos e esquecem que toda a construção, por mais complexa, parte de um ou dois princípios simples, que quase no terreno da filosofia é que se deveriam discutir.*

Realmente, é de um conceito sobre o fim da cultura que sempre se parte numa organização de ensino, e a variedade desse conceito tem orientado através da história a organização das universidades pelos caminhos mais diversos. Quando, hoje em dia, o aparelho universitário norte-americano nos seduz, muitas vezes não examinamos até que ponto divergências doutrinárias dele nos podem radicalmente separar. Sou dos que veem na profissionalização crescente do ensino superior um dos males mais graves de que nos precisamos salvar.

Um esclarecimento

Perguntando se poderia conciliar esta sua última ideia com a opinião daqueles que se batem pela difusão cada vez maior do ensino técnico profissional, assim respondeu San Tiago Dantas:

- *Não vejo, realmente, nenhuma incompatibilidade entre a cultura profissional mais especializada e o plano de cultura humanista que me parece ser o ponto fundamental de uma reforma do ensino. O mais está no "tecnis-*

mo", no ensino exclusivamente técnico, que rompe com a unidade filosófica da cultura e conduz à fragmentação e à desordem espiritual contínua.

A fragmentação do ensino universitário

Na Idade Média – continua San Tiago Dantas, – *quando se mantinha a unidade de metafísica mais perfeita em todos os campos do conhecimento, as universidades não conheceram essa fragmentação, que anarquiza o pensamento contemporâneo.*

Assim como todas as ciências se iam naturalmente unificar na filosofia, os diferentes ramos do ensino partiam do tronco filosófico comum, que tudo organizava e disciplinava.

A fragmentação do ensino universitário moderno (norte-americano, em especial) nada mais é do que a consequência na ordem pedagógica da ruptura de unidade que está na base da nossa cultura moderna.

Se o único remédio para esse mal da cultura é a volta integral à metafísica, também no domínio do ensino é por aí que temos de começar, restabelecendo uma unidade lá de onde o individualismo inteiramente há de se pôr.

Penso, portanto, que, sem partir dessa questão fundamental, é inútil atacar problemas de ensino, pois estaremos apenas sendo levados pelo ambiente histórico que nos cerca, e não reagindo contra ele na posição que nos caberia.

Universidades ecléticas ou partidárias?

San Tiago Dantas fez uma pausa e a conversa desviou-se para outros assuntos. Queríamos, entretanto, mais algumas palavras suas sobre questões educacionais. Propusemos-lhe, então, esta pergunta: devem as universidades ser ecléticas no seu ensino ou assumir uma feição partidária?

– *Em tese* – satisfez-nos o entrevistado – *não hesitaria em afirmar que as universidades devem ser partidárias, pois eu as concebo como corporações que guardam e defendem um patrimônio de doutrinas e de orientação espiritual. Diria mesmo que a universidade eclética é a aberração da universidade. Mas a feição particular por que o problema muitas vezes se coloca, altera essa aparência e determina a aceitação da resposta contrária. Seria de maior interesse examinar precisamente o caso brasileiro.*

A admitir que se conserve a universidade de Estado, universidade oficial, com programas ditados pelo governo, não nos poderemos furtar à universidade eclética. Seria inadmissível que um Estado liberal - e confessional portanto em questões puramente doutrinárias - tomasse partido filosófico ou científico e o imprimisse ao seu ensino. Mas seria também de perguntar se nesse caso não se faria iníqua a conservação exclusiva do tipo de universidade oficial. O ecletismo já é um partido, ou pelo menos a proibição de todos os outros partidos. E nesse caso o Estado teria de tornar livres as suas universidades, se quisesse se manter fiel aos princípios que o criaram. No Estado liberal democrático, que ainda é o nosso, esse ponto de vista seria inevitável, mas contra ele razoavelmente se pode argumentar com os males talvez maiores de um ensino superior inteiramente livre. Penso por isso que só uma solução de equilíbrio poderia resolver a questão. Em princípio o Estado reconhecendo autonomia plena às universidades; na prática opondo à concessão dessa autonomia os rigores de uma fiscalização prévia e das suas inscrições estritamente policiais.

Resolver-se-ia assim a questão mais dignamente e mais eficientemente para o Estado, que não abandona o tabu da sua liberdade.

O ambiente universitário do Rio

O ambiente universitário do Rio de Janeiro – prossegue o acadêmico San Tiago Dantas - *está cheio de virtudes, mas contaminado de inúmeros vícios. Destes pode-se dizer que o maior é a falta de continuidade, a dispersividade, que inutiliza toda a energia e a ação dos chefes de boa vontade. Mas, sobretudo, se o compararmos ao meio acadêmico de alguns anos atrás, o atual está numa fase que se pode dizer preparatória de uma melhor organização de classe e mesmo de uma compreensão mais exata do espírito e dos ideais acadêmicos. A Federação Acadêmica do Rio de Janeiro, que durante o ano passado tive a honra de presidir, contém em si todos os elementos precisos para se tornar um órgão realmente poderoso e soberano, capaz de representar ativamente a totalidade dos estudantes. Não seria aqui o lugar próprio de tratar dos nossos problemas de organização de classe. Mas todos eles, desde a extinção do "espírito de escola", até a solidificação da disciplina de classe, podem, na Federação Acadêmica, encontrar proximamente solução. Nem em melhores mãos pode ela estar do que nas do seu atual presidente, o acadêmico Gustavo Senna e Silva Filho, portador de longa e brilhante carreira política, já na Universidade, já na Escola Politécnica.*

O Centro Acadêmico de Estudos Jurídicos

San Tiago Dantas interrompe a palestra para se despedir de um amigo, e retoma assim a palavra:

– Quanto à melhor compreensão do espírito universitário, de que lhe falei, onde eu o vejo realizado de um modo que bem se pode dizer grandioso e excepcional, é no Centro Acadêmico de Estudos Jurídicos da Faculdade de Direito.[1] *Nesse Centro, que é a criação e a obra do espírito mais organizador e poderoso que passou pela Universidade nestes últimos anos, o Sr. Vicente Chermont de Miranda,*[2] *realiza-se verdadeiramente um "seminário" de estudos, na acepção técnica que se dá a essa palavra. A "Revista de Estudos Jurídicos", que o Centro edita, é bem o testemunho do trabalho, da dedicação e do idealismo desses moços, que, inteiramente desabrigados de qualquer proteção oficial, vão realizando hoje em dia na Faculdade a obra de que ela mais se pode orgulhar.*

Diário de Notícias, 10.03.1931.

1. Fundado em 1927 por alunos da Faculdade de Direito do Rio de Janeiro.
2. Vicente Constantino Chermont de Miranda (1910-2000), advogado, colega de faculdade de San Tiago.

POSIÇÃO DOS MOÇOS

Senhores estudantes da Universidade de Minas Gerais

A mocidade tem os seus endeusadores, que cobrem de aplausos os seus menores atos, e que lhes cercam os passos de todos os estímulos, traçando-lhes rumos eternos de glórias. Tem, entre moços e velhos, os que não faltam com louvores, onde quer que o grupo de moços se esteja congregando, para uma campanha de ideias. Vós vos passais, e de certo com muito gosto, de que eu me venha agora somar a esses louvadores que redizeis as frases com que outros vos têm sagrado, nesta nova batalha em que travais a histórica mocidade das escolas. Preferis por certo que eu venha acompanhar não a glorificação do vosso passo, mas os momentos interiores de críticas, em que cada um examina à luz da inteligência a posição que assumiu e as responsabilidades que também fez recair sobre uma geração, cujo pronunciamento, na hora política presente, acabastes de definir e consumar. E eu me sinto melhor, por mim, em vir convosco examinar e criticar a vossa posição, do que em juntar-me aos voluptuosos do panegírico, que louvam o simples entusiasmo como uma virtude, que aplaudiram até hoje todos os ideais, como altas aspirações de insatisfeitos e inquietos. Vós achareis em mim alguém que não se enche de admirações por qualquer movimento de moços, que teme a irreflexão como inspiradora possível dos nossos gestos, e não dá mérito a qualquer ideal pelo simples fato de o ser.

Não vos quero, por isso, fazer elogios. Quem apenas deitou braços a uma obra por ora com a intenção somente de terminá-la tem diante de si, pelo caminho, mil perigos de renúncia, de derrota, de desânimo. E quaisquer desses perigos que vos assaltarão, e que vós, espero, vencereis, inutilizaria o início, e de todo, a obra que hoje apenas se esboçou. Quando houverdes chegado ao termo da obra, eu estarei ao vosso lado, para aplaudir.

Hoje, estou apenas para participar das apreensões e problemas e para convosco medir e definir a posição e os altos deveres de que vos revestistes neste instante.

I

Porque eu não posso ver este movimento como uma simples agitação de estudantes patriotas. Quero vê-lo como um daqueles movimentos com que a *mocidade das escolas* esteve presente a todas as transformações sociais e políticas da Pátria. Quero vê-lo como um ciclo ideológico que se inicia comparável ao da Abolição, com a só diferença de que maior e mais alto, nos destinos nacionais. Pois nunca, a meu ver, essa *mocidade das escolas* foi chamada a se pronunciar num instante tão grave, tão decisivo, como este em que nos achamos. O que não permitirá que o seu pronunciamento fique na habitual espetaculosidade e na inócua turbulência em que de há uns anos para cá terminam os seus movimentos.

Por isso, srs. estudantes, é que eu sinto a necessidade, que certamente vós sentis, de meditar no que foram e no que devem ser agora as agitações da mocidade. Pois deveis sentir com amargura que nos aplausos que vos cercam o que existe é principalmente a benevolência sorridente com que há muito vos julgam e olham. E precisais reagir neste movimento contra essa despreocupada benevolência, para que ela se transforme em respeito para uns, em temor para outros, e para que todos vejam numa campanha que surge nas escolas a fase inicial e segura de uma verdadeira renovação.

Além disso, compreendo que ao vosso juízo crítico se depara, uma observação alarmante, que é tempo de confessar. É a justiça, a profunda e irrefutável justiça, que contém em si esse julgamento desatento com que tradicionalmente se medem os nossos esforços. Pois esses esforços de fato não têm valido nada. Essa mocidade tem sido uma vanguarda sem orientação e sem doutrina, tão pronta em acender calorosamente a luta, como em abandoná-la na hora de mais fragor. E é contra isso, antes de tudo, que vós tendes de lutar. Antes mesmo de pensar nos objetivos ideológicos do movimento que se prepara neste instante. Pois com os grandes erros que têm acompanhado no passado as nossas iniciativas, não vos será possível levar a termo qualquer obra.

Para resumir esses grandes erros, que desvalorizaram no passado os movimentos dos moços, poderíamos talvez apontar duas ordens deles, sobre que mais atentamente nos precisamos firmar: A falta de um espírito construtor nos ideais acadêmicos, e a transitoriedade desses ideais.

II

O idealismo da mocidade foi até hoje, pode-se dizer, um idealismo negativo. Sentiu-se sempre nele a falta de um sentimento construtor, completando a tendência reformadora, negativista, que é sempre a face superficial das campanhas e dos movimentos.

A mocidade perfilhou sempre os *ideais avançados*. Um revolucionarismo constante, sistematicamente, a vem impelindo no sentido de todas as transformações ideológicas, que a cultura humana vai demarcando. Pode-se dizer assim que é um paradoxo, para nós, a ideia de uma mocidade conservadora. Pois a mocidade tem sido por tradição, na história brasileira e, quase sempre, na história moderna, o elemento destruidor dos valores formados, sem nenhum senso da conservação desses valores, pronto a aderir às diretrizes novas transformadoras, que revolucionam as organizações sociais e as culturas. Todo o seu idealismo tomou sempre esse aspecto destrutivo. Feita a revolução para que contribuíra a mocidade, operada a derrubada de valores, a mocidade se ausentava do movimento, desinteressada espiritualmente da reconstrução.

Foi o que se deu na Abolição, na República, em todos os movimentos, a que a "mocidade escolar" sinceramente se incorporou. A Faculdade de Direito de São Paulo, a Faculdade de Direito do Recife foram os focos da propaganda abolicionista, como anos mais tarde as escolas do Rio e, principalmente, a Escola Militar da Praia Vermelha iam ser os focos da propaganda republicana, de onde a Proclamação saiu pela mão dos professores e tribunos. Feita a abolição, porém, acabada a escravatura, iam ter os políticos de enfrentar a obra construtiva da reconstituição da economia nacional sem o braço negro, e dessa obra decisiva para a evolução brasileira ficou desinteressada a mocidade. E depois, na propaganda republicana, essa mocidade que esteve vibrante nos "meetings" e nos comícios populares, que usou com ruído as insígnias do partido, viu terminada a sua atividade com a queda do trono, indo logo dividir-se para outras causas e outros partidos. Como que *ser republicano*, para aqueles moços, era apenas ser *pela proclamação*. Derrubada uma ordem, constituída a base inicial de outra, já não havia senão partidário na sua antiga atitude. Quando na realidade, agora, mais que nunca, seria o momento das forças continuarem coesas para a verdadeira obra do espírito republicano, que teria sido organizar a República, e não formalmente proclamá-la.

Vem daí, senhores estudantes, esse *sentido negativo*, que, há pouco, atribuíamos ao idealismo da mocidade.

Todo ideal de reforma, todo ideal que pressupõe uma criação e não apenas uma conservação, está em oposição a alguma coisa que participa da ordem vigente, a alguma coisa com que ele não pode subsistir. Daí haver sempre, num ideal qualquer, dois elementos constantes: um, que é a destruição do que existe em contraposição a esse ideal; outro que é a sua própria consumação. O primeiro é o elemento negativo a *carga revolucionária* que encerra sempre um ideal moral ou político; o outro é a sua *parte construtiva*. Pois bem, se nós seguirmos as maiores campanhas da mocidade brasileira, não como foram pregadas nos manifestos e nos comícios, mas como foram organizadas e realizadas, sentiremos que faltou sempre o segundo elemento, o elemento construtivo, realizador, e isso deixou à mocidade uma justa fama de *inconstância ideológica*, e de incapacidade prática de ação.

A opinião pública se habituou a julgar os moços das escolas como grupos exaltados e revolucionários, bons dissolventes de velhos valores, e fracos criadores de novos. Os chefes políticos começaram a olhá-los como uma força útil e fácil de captar, força que vibra e irradia na hora revolucionária das transformações políticas, e que se extingue na hora das constituições de novos regimes.

Restou à mocidade uma posição insensata e inútil. E a justiça que restou a se lhe fazer, na liquidação dos grandes acontecimentos históricos, foi a de ter sido uma vanguarda agitada, cujas ideias outros captaram e dirigiram, deixando-lhe apenas, com a vaidade da iniciativa, a ilusão de uma cooperação decisiva na vitória.

Esse é, a meu ver, srs. universitários, o primeiro dos grandes erros, cuja confissão nós hoje precisamos fazer, para que não nos falte, nesta hora de novas obras, contrição e propósito para deles nos pagarmos. Foi esse até hoje o nosso grande erro *material*. Faltou-nos, ao idealismo, a força de destruir e construir. Ficamos na destruição, que era a parte mais fácil e menos meritória.

III

Mas houve o segundo erro, *formal* se assim quiserdes, que na hora presente, sobretudo, exige uma integral reparação. Esse erro deu aos ideais dos moços o tom de irresponsabilidade, de fantasia efêmera, que justificou o ceticismo indulgente com que se julgaram sempre os nossos esforços. Foi a causa de alguém ter falado na "eterna e efêmera mocidade das escolas", de se ter visto, em alguns dos nossos melhores anseios, simples fantasias curáveis pela maturidade.

É que entre nós existiu sempre, mais pelo poder do ambiente, que por nosso mal, uma *cisão absoluta* entre o idealismo e a vida prática. Causas teriam sido desde a tenuidade dos compromissos de adolescência até que outras formas quiserem de compressão do meio sobre o caráter. Mas o que se via – e eu tenho medo de vos dizer que ainda se veja – era a facilidade instintiva com que cada um, passados anos de escola e feito o contato com a realidade, com a vida prática, traía todo o seu idealismo acadêmico, para se conformar às normas que combatera e condenara. Eram os estudantes republicanos de gravata vermelha e chapéu de coco, dois anos mais tarde se enfileirando entre os conservadores ou entre os liberais. Eram mesmo tantos líricos do abolicionismo, que se iam fazer escravagistas nas fazendas e nos partidos. Eram, agora, muito mais perto, os ruystas ardorosos das Faculdades de Direito, políticos sem princípios de maturidade. E os estudantes moralizadores da urna e do voto fraudadores de eleições na primeira injunção da vida partidária.

Em todos esses, na duplicidade da sua vida moral, *idealista* e desinteressada nas escolas e nos primeiros anos de experiência prática, e *conformista* durante o resto da existência, estava marcado o aspecto de transitoriedade, de fantasia, sob que haviam de empalidecer para o crítico da história os ideais acadêmicos.

Quem na escola pregava e clamava por uma regeneração dos institutos e na prática dos costumes, teria de ficar julgado como um traidor aos compromissos do Espírito e como um volúvel sem força para defender uma ideia, ou para se sacrificar a um princípio.

E assim as gerações que fora das escolas traíram o Espírito diante dos impositivos materiais da existência, deixaram sobre a mocidade o ônus de um julgamento decisivo de irresponsabilidade.

Vós estais, pois, srs. universitários mineiros, vós e todos os estudantes, diante da opinião brasileira, numa posição que não convém aos vossos estímulos de juventude. Nessa posição fostes colocados por dois grandes erros, que as passadas gerações vos deixaram como pecados seculares. Tendes contra vós a noção geral da força apenas destrutiva dos ideais dos moços, e a certeza geral de que abandonareis na vida prática mesmo essa força.

Por melhores que sejam as palmas que vos cercam, por mais sinceras as vozes que vos conclamam, estareis sendo vistos com a simpatia que se dá aos quixotes de vinte anos, que amanhã saberão ser burgueses da mais perfeita sensatez. O povo ama os quixotes efêmeros. E por isso aplaude as nossas campanhas.

IV

Eu daria por terminada a minha colaboração convosco, levando-vos até a contemplação dos grandes erros que ameaçam os alicerces de mais uma campanha em que vos ides lançar.

Em verdade espero que esteja reservada à mocidade das escolas mineiras a maior das obras que o Brasil já esperou das suas gerações acadêmicas. E creio que o principal dessa obra será a revalorização ideológica das campanhas da mocidade.

Com ela talvez os estudantes deixem de ser a classe desorientada, turbulenta, dada aos grandes voos de pensamento e de verbo e aos pequenos passos de realizações dentro desses voos, para ser a força mais viva, mais continua e mais pura, de uma nacionalidade que enceta a grande e difícil luta pela sua própria regeneração. Mas eu desejaria ainda seguir convosco os grandes caminhos, que este momento brasileiro franqueia à força das vossas iniciativas.

Pois, de fato, vós não ides reagir contra os erros tradicionais da mocidade, pela simples compreensão da sua gravidade, mas também porque já é impossível, materialmente impossível, diante dos novos imperativos do momento brasileiro, ir seguindo aquela velha cisão entre o idealismo e a vida prática, em que se vêm queimando por gerações e gerações as melhores energias da mocidade. É que nós chegamos a um tal momento, na vida nacional, que essa cisão se tornou impossível, e a oposição entre os dois termos veio a se tornar irrecorrível.

Durante muitos anos, a vida prática foi apenas a forma corrompida e inferior daquilo que idealmente se tornava como padrão da sociedade e da cultura. Dominada pelo misticismo político liberal-democrático, que nos espíritos idealistas assumia formas acrisoladas, e na vida prática formas impuras e alteradas, a sociedade suportava essa cisão, que representava apenas uma passagem do perfeito ao imperfeito, sem uma formal contradição. Os não liberais, que iam formar as gerações mais avançadas. Socialistas, os que assumiam nuances mais radicais, passavam facilmente à vida burguesa, onde encontravam o respeito relativo àqueles muitos interesses e àqueles poucos princípios que lhes importava defender.

É que havia um *fundo moral comum à vida idealista e à vida prática* que tornava possível uma contínua transição daqueles que iam cedendo às solicitações do sucesso, e abandonando cada vez mais os compromissos com o Espírito. Mas essa moral degradada da vida prática, que conquistava os puros, em vez de ser por eles destruída, foi levada às sociedades, através de um longo processo de transformação histórica a cujos termos finais o mundo hoje assiste, a um último estado de equilíbrio, em que se sente a ruína próxima e insustentável desses mesmos princípios morais e políticos em que ela até hoje assentou.

A moral da vida prática, a religião da vida prática, a política, a economia, o direito da vida prática, vão conduzindo a sociedade burguesa ocidental e nela a brasileira, para o caminho da sua completa destruição. Desmoralizada, corrompida, vivendo no desrespeito aberto e contínuo de todos os princípios em que se fundara, a civilização burguesa rola para o aniquilamento, sem um ideal que a levante, nem uma força moral que a discipline. De modo que os traidores do Estado, que abandonaram os seus ideais pela vida prática, numa hora ainda de vida para a sociedade racionalista e liberal, hoje nos deixam diante dessa última e inevitável alternativa: ou ficarmos com a vida idealista, que outrora era nossa fase de juventude, e por ela renunciarmos às oportunidades de sucesso prático que nos obriguem a uma traição, ou então entregarmo-nos à vida prática, que dentro de anos, de meses, nos será impossível, pois que é só da vida moral que a sociedade humana hoje espera salvação.

Vós estais portanto, srs. estudantes, diante de vossos ideais, não como homens que por eles se devem prejudicar, mas como homens que a eles se têm de sacrificar, porque sem eles não conseguiremos mais ser homens, sem eles não estaremos traindo compromissos com o Espírito, estaremos negando o próprio Espírito. Aquele erro formal dos passados idealismos, que deu aos moços a sentença de inconstantes e volúveis, tomou para vós um sentido trágico, que é o da própria afirmação ou negação. Não adiantariam mil legionários estudantes, se daqui a cinco anos não fossem mil legionários doutores, pois agora mais do que nunca mais vale a mobilização contínua de poucos, que a mobilização efêmera de muitos.

Mas tínhamos falado de outro erro, sem cuja solução este não fica totalmente redimido. Tínhamos dito dos nossos ideais passados, que eram incompletos, desarmados do espírito reconstrutor, e portanto parcialmente revolucionários. Pois bem, de nada adianta manter fiéis e mobilizados os espíritos, se essa mobilização não tiver, por ideal único, a fórmula de salvação dos valores perdidos e de sua contínua e longa reconstituição. E é aqui que franqueamos a questão principal, a saber: quais de fato os grandes ideais, que a mocidade neste instante deve encarnar, diante da confusão dramática do Brasil de hoje, e dos caminhos difíceis que o futuro lhe prepara.

V

Senhores, vêm se processando há séculos no Brasil um trabalho social de contínua desorientação das "elites", que as vai afastando do exame cultural e político dos valores nacionais. Um desentendimento crescente se foi formando entre governantes e governados, que no fundo não era mais que a inadaptação do aparelho político que nos governava às realidades, aos problemas, que lhe competia resolver. Esses problemas cresciam, ganhavam complexidade e vulto, as forças econômicas e as forças morais os vinham trabalhar. Mas a ação política do Estado ou agia sobre uma sua imagem desfigurada, ou então passava, inócua, deixando-os entregues a si mesmos, e às outras correntes que os dominavam. Foi assim que aos poucos se foram avolumando as pequenas questões, sociais e econômicas, que se iam interpondo entre a sociedade nacional e o Estado. Chegou um dia em que o desequilíbrio começou a se tornar tão sensível, que uma indefinida e profunda antinomia começou a dividir governantes e governados. Os governantes, homens adaptados à forma do Estado - do Estado que se separava e até se contrapunha à Nação, - começaram cada vez mais a carecer de espírito público, como de fim público carecia o instituto que encarnavam. A Nação, não sentindo, no plano do governo, a correção política que esperava para os seus males, começou por sua vez a carecer de espírito cívico de devoção à autoridade, de respeito à lei, ao poder, à hierarquia. Nasceu daí o "espírito revolucionário". Que é, em todas as épocas, um corretivo à falta de espírito cívico; um fruto dessa desconexão que aqui se estabelecera, entre a sociedade nacional e o Estado, entre a ordem social e a ordem política, desse dissidio funcional entre os governantes e os governados, como existia em quaisquer destes últimos momentos que precederam a crise de outubro.

E é na formação desse "espírito revolucionário" que nas vésperas de outubro existia em todos os brasileiros, e que norteou o aliancismo de uns como o legalismo de outros - pois mesmo os legalistas o eram não para conservar o regime, mas para impedir os males de uma revolução que a seu ver não salvaria, mas é na formação desse "espírito" que se tem de ir pesquisar a causa material da Revolução brasileira, e também as normas políticas em que ela se pode consolidar. Essa *formação* é precisamente o longo processo de diferenciação crescente entre a realidade da nossa formação intrínseca brasileira, e o artifício da nossa formação extrínseca, cultural e política. Dominados por um ideologismo liberal e anárquico, renunciamos em política a todos os imperativos históricos e morais da nacionalidade. Renegamos, na cultura, todo o caráter já formado e todo o fundo ideológico do nosso povo.

O Brasil católico, dos bandeirantes e dos jesuítas, viu inspirarem-se nas lojas maçônicas ou nos templos positivistas, as suas leis políticas fundamentais. Viu a Igreja e o Estado se separarem, e o Estado fazer profissão de fé de ateísmo no ensino das suas escolas. Viu a família mutilar-se num conceito individualista absoluto da sociedade política e civil.

O Brasil que se unira na história em um bloco poderoso, vindo da fragmentação para a unidade, através da história colonial, foi minado pelo federalismo, que começou por dividir, administrativamente e politicamente, esse todo, reconduzindo-o a um processo contínuo de secessão. E levou-o já ao hegemonismo, à luta pelo predomínio de um Estado, de que a Revolução passada foi talvez a maior crise.

E no terreno econômico o imperialismo estrangeiro, a corrupção da sociedade burguesa, veio pôr diante do velho Brasil dos patriarcas rurais, o novo Brasil da luta de classes.

Foi-se demarcando assim no plano moral, no plano político e no plano econômico, uma dupla natureza do povo brasileiro. Duas correntes, já disse há tempos Plínio Salgado,* uma que vai do país para a cultura, outra que vem da cultura para o país. Uma extrínseca, que deu forma aos nos-

* Plínio Salgado (1895-1975), jornalista, fundador e líder da Ação Integralista Brasileira (1932-1937).

sos institutos políticos, e que vai atacando e destruindo a outra intrínseca, criadora das resistências espirituais da raça.

O que nós há mais de um ano estamos vendo é o choque extremo dessas forças opostas. Dir-se-ia - e eu vos peço para exprimir por uma forma mecânica essa ideia - que essas forças se aplicavam ao Brasil como duas forças paralelas de sentidos opostos, cuja atuação até hoje foi possível porque imprimiu ao corpo um movimento rotativo. Chegamos agora ao instante em que esse movimento tornou as duas forças diretamente opostas. E já agora é impossível que atuem simultaneamente; atuará sozinha aquela que tiver maior intensidade.

Pois o que todo o mundo estava sentindo, quando em outubro se armou esta revolução, era precisamente isso, que um princípio de dinâmica explica tão bem. O artifício da nossa formação política levara-nos a um extremo. O governo não podia viver senão de transigências com os próprios princípios em que se firmava. Ou então abandonava-se ao império desses princípios, mas perdia o governo de fato. Por baixo do agnosticismo do Estado, as forças econômicas desabridas governavam os mais fracos fatalmente esmagados pelos poderosos. De outro lado, a realidade da nossa formação moral chegara também a um extremo. A subsistência com a ordem política e econômica criada lhe era impossível. Uma esmagaria a outra, pois não se conciliam coisas tão contraditórias como atitudes morais próprias e destruição de qualquer atitude moral, unidade econômica e política da pátria, e regionalismo partidário ou servidão ao capitalismo internacional, necessidade de justiça e injustiça social no convívio das classes. A ruptura de equilíbrio se daria de qualquer forma. E se deu. Primeiro na arte, onde surgiu um nacionalismo e um primitivismo revolucionário extremado.

Na ordem política, afinal, quando o choque de interesses partidários provocou a maior cisão política da história da República.

Feita a Revolução, porém, que tirou a vitória do revolucionarismo espiritual brasileiro, deu-se o que há pouco observamos. *O espírito revolucionário* continuou distinto da obra política, profundo e obscuro no seio das massas, sem nada que o exprimisse à própria massa em vigor e nitidez.

E é esse, senhores estudantes, a meu ver, o papel que a História está reservando à mocidade. Vós ides fazer, ou neste movimento legionário de hoje, ou em qualquer outro movimento de amanhã, a verdadeira revolução, cujo *espírito* erra na nossa atmosfera política, e que será a suprema resistência brasileira às forças de morte que nos arrastam. Vós sereis, por uma dessas raras vezes que se registram nos tempos, uma mocidade conservadora de valores. Restaurareis a palavra *conservador* no seu grande e nobre sentido, distinguindo-a de passadista ou rotineiro. Ensinareis aos brasileiros de cinquenta anos, que é *voltando-se para os grandes valores que se formaram no passado*, que o Brasil de hoje poderá restaurar no plano político todos os imperativos da realidade nacional.

Mas se a mocidade toda lutará por esse reajustamento político brasileiro, a mocidade universitária ainda lutará por mais. Pois dela se espera também o reajustamento da cultura, o trabalho primordial de criar uma consciência brasileira, um *espírito brasileiro*, que ordenará duradouramente o Estado e a República. E vós, senhores universitários de Minas, tendes, para isso, a vocação das vanguardas.

É em Minas que se encontra, mais puro na sua substância, mais autêntico nos seus valores, o filão da *brasilidade*. É em Minas que o Brasil está mais perto de si mesmo, das fontes da sua formação histórica. Aqui está o Brasil que se formou nos adros e nos lares à voz dos jesuítas e dos patriarcas. Aqui estão, mais rígidas, as grandes resistências brasileiras à maré das indistinções. Aqui vós fostes lançados por um grande homem de Estado à frente de uma campanha em que grandes desígnios se completam. Há vós de saberdes ser a força defensora da Pátria que se extingue, e a primeira corte de uma grande e longa e pertinaz revolução. É fácil ter os ânimos acesos e disciplinados em dias de luta. É heroico tê-los, em anos de trabalho silencioso e árduo.

Nós devemos todos ter presentes no espírito dois exemplos, que com o intervalo de dez anos a Europa nos deu. O primeiro foi o da juventude italiana de 1919, lutando na defesa da pátria contra o comunismo avassalador. O segundo é agora o da mocidade da Espanha, derrubando o trono e abandonando a fé, traindo a Espanha naquelas duas grandes forças que haviam criado e conservado o espírito nacional. Neste exemplo de uma mocidade destruidora que mata a sua própria pátria, abatendo-lhe toda a imortalidade a que o espírito nacional a levava, e no daquela outra, construtiva, que reagiu e lutou pela Nação que morria, estão as duas atitudes que, em qualquer tempo, perante a História, os moços podem tomar.

Não vos cabe escolher entre elas. Só vos cabe, senhores estudantes, ir neste momento para a vanguarda, onde vos chamam.

Conferência realizada em Belo Horizonte em 21.04.1931.
F. C. de San Tiago Dantas (do Centro de Estudos Jurídicos e Sociais).

Revista de Estudos Jurídicos e Sociais
ano II, V. II, n. 4, 21.04.1931.

A RENOVAÇÃO POLÍTICA DE MINAS E SÃO PAULO

Analisada pelo intelectual San Tiago Dantas em entrevista ao Diário da Tarde

O sr. San Tiago Dantas, que visitou a capital mineira por ocasião da grande parada legionária,[1] é um publicista moço, de amplos recursos intelectuais, e tem desempenhado uma ação decisiva da formação espiritual da mocidade brasileira. Ex-presidente da "Confederação Universitária" e do "Centro Acadêmico de Estudos Jurídicos",[2] ambos do Rio, San Tiago Dantas é hoje um nome de vanguarda e constitui uma das grandes afirmações da cultura da nova geração. Pensador político, o sr. San Tiago Dantas é um estudioso dos problemas que se ligam à nossa formação e sabe explicá-los com sobriedade e elegância, sem lançar mao do verbalismo comprometedor que assalta os povos (e com especialidade o Brasil) nas fases agudas das convulsões sociais.

Atualmente, San Tiago Dantas reside em São Paulo e vai dirigir, ao lado de Plínio Salgado, o matutino *A Razão*.

Diário da Tarde procurou-o ontem à hora do seu regresso para São Paulo, e obteve uma interessante entrevista sobre a situação política em Minas e no seu Estado.

---

1. Legião Revolucionária Mineira, também chamada Legião de Outubro, Legião Liberal Mineira ou Legião Mineira. Organização política criada por Francisco Campos, Gustavo Capanema e Amaro Lanari em 1931.
2. San Tiago fora presidente da Federação Acadêmica do Rio de Janeiro e integrante, e não presidente, do Centro Acadêmico de Estudos Jurídicos.

O sr. San Tiago Dantas em palestra com *Diário da Tarde*

– O meu grande interesse em visitar agora Belo Horizonte – começou o nosso entrevistado – prendia-se principalmente ao desejo de contato com os grandes centros políticos brasileiros, nestes primeiros meses depois da Revolução. Por isso gastei os curtos dias de estadia aqui em restabelecer esse meu contato com a opinião mineira, numa obra toda jornalística, mas interior.

O fundo social da política mineira

– Quem vem de São Paulo, e das suas grandes fermentações políticas, de um ambiente que é talvez o mais complexo, hoje, do Brasil, sente forçosamente em Belo Horizonte uma simplicidade tão grande, que a política mineira parece firme, unida nas suas profundidades, e dividida apenas na superfície. Mas assim que nos adaptamos melhor à observação do novo meio, essa impressão desaparece. Não me parece que a política mineira esteja tão unida no seu fundo social, digamos. A conspiração dos velhos fatores do serôdio constitucionalismo ataca o ímpeto novo que estas milícias parecem materialmente representar. Eu tenho medo que a saudade dos partidos, e as cicatrizes mal fechadas das lutas municipais ainda venham retardar ou dificultar, no Estado de Minas, o trabalho de regeneração política, tanto nas elites como nas massas. Isso tudo ainda está porém malvisto e mal pensado. Espero voltar a Minas, em missão jornalística, dentro de alguns meses, e só então, com uma visita ao interior do Estado, quero poder falar do seu presente. Ele, em todo caso, me parece bem mais límpido e seguro do que o de São Paulo, por exemplo.

A inquietação dos paulistas

– São Paulo é hoje o terreno político mais sem solidez na União. A grande maioria, a grande massa, que não tem uma orientação definitiva qualquer, e representa sempre uma força passiva, resistente, nas transformações sociais, exprime lá apenas uma inquietação geral, e é melhor veículo nas tendências esquerdistas, que pendem para movimentos revolucionários radicais.

O comunismo, cujo vulto em São Paulo alarma tanto o país, tem uma estrutura partidária talvez pouco mais sólida que no Rio. Seus partidários serão numerosos nas fábricas e nas usinas. Mas o que lhe dá um relevo enorme, e uma projeção especial no momento político presente, é a suspeição talvez fundada que recai sobre alguns membros do governo de manterem com chefes comunistas ocultas ligações partidárias, e sobretudo certas simpatias que se acentuam nas correntes mais incertas da opinião e da imprensa. Essas correntes, porém, já se vêm distanciando ultimamente da feição inicial.

O perigo do esquerdismo separatista

– *São Paulo todo vai-se agrupando em torno de um só pensamento, de uma* só reivindicação que lhe coordena todas as forças, desde a opinião conservadora das classes produtoras, tanto rurais como urbanas, até a inquietação desarmada da doutrina dos moços da imprensa e das escolas. É o *autonomismo, a reclamação para São Paulo da independência administrativa a que tem direito, e que o governo militar não lhe tem dado, fazendo tábula rasa da sua função administrativa, e transformando a interventoria numa praça que defende à custa de negociações intermináveis. Para São Paulo chegou a hora do intenso civilismo, que o governo central terá de compreender e realizar, sob pena de ver-se acentuar o esquerdismo separatista com que o povo paulista marca o seu extremo e inevitável protesto contra o golpe que abateu a autonomia do seu Estado.*

Perrepistas e legionários

– *A política da velha República se desfez em São Paulo, de um modo absoluto e decisivo. Se ficou montada a máquina dos partidos, desapareceu completamente, até nos mais remotos municípios, o velho sentido personalista das contendas eleitorais. Perrepistas*[3] *e legionários se fundem sem amargores e distinções, pois as questões públicas absorveram as tendências políticas, e começa a se formar um novo partidarismo, mais vasado em diferenciações ideológicas.*

Posição do partido político

– *Resta o Partido Democrático,*[4] *que em São Paulo tem importância apenas pelas ligações eventuais com outras situações de Estados, pois no*

3. Integrantes e simpatizantes do Partido Republicano Paulista.

4. P.D. Partido Democrático. Partido formado por dissidentes do Partido Republicano Paulista, em fevereiro de 1925. Em 1934 fundiu-se com o Partido Constitucionalista.

interior paulista é uma visível e pouco representativa minoria, que se agrupa em torno de três nomes realmente acatados pelos paulistas - entre os quais cumpre assinalar a ilustre figura do dr. Marrey Junior[5] *- e de poucos mais que decoram o Diretório da capital.*

- Acima do P. D., com todos os bons e genuínos elementos que integram as forças paulistas, o nosso grande Estado voltará a ser em pouco, na União, fonte de riqueza e fonte de homens, como lhe assegura a sua tradição, a energia silenciosa do seu povo, e a sua vocação histórica indesmentida em séculos de serviço à Nação - terminou o sr. San Tiago Dantas.

Diário da Tarde, 24.04.1931.

5. Marrey Junior (1885-1965), advogado e político paulista.

A IDEOLOGIA DA REVOLUÇÃO

O ministro Francisco Campos diz que para que a obra da Revolução não pereça é necessária uma unidade ideológica que lhe oriente as reformas políticas e sociais.

Quem examina a feição mental dos chefes revolucionários, a cujo cargo está a direção suprema do País, sente logo entre eles profundas dissemelhanças, que será difícil demarcar e classificar. Pode-se, porém, dizer que os chefes do Norte trouxeram uma concepção mais *moral* do espírito revolucionário. E que os chefes do Sul trouxeram uma concepção mais *política*.

Houve um chefe, porém, que trouxe uma concepção mais *cultural*, digamos, que quis ver a obra da Revolução como devendo ser mais de transformação da cultura e do espírito, que a transformação dos homens e dos institutos. Foi o sr. Francisco Campos[1] esse chefe a quem um jornalista já chamou o "didata da Revolução", título que lhe cabe muito bem se com isso quisermos dizer, o teorizador, o doutrinário. Para ele, nem a obra política, nem a simples obra de iniciativa podem resumir o trabalho da Revolução. É uma transformação da mentalidade brasileira que ele desejaria ver consolidada pelo Governo revolucionário, o qual só assim atingiria plenamente as suas finalidades nacionais.

Por isso, quanto vim ao Rio, enviado pela *A Razão*,[2] para fazer em entrevista um apanhado do pensamento político dos membros do Governo Provisório, tive desde logo a certeza de que a entrevista do ministro

1. Francisco Campos (1891-1968), político e jurista mineiro. Ministro da Educação de 1930 a 1932 e Ministro da Justiça de 1937 a 1942.

2. Jornal diário fundado em São Paulo por Alfredo Egydio de Souza Aranha. Seus editores foram Plínio Salgado e San Tiago Dantas. Foi empastelado em 23 de maio de 1932.

da Educação seria de um interesse primordial. Ele ainda não se abrira em público sobre a inteireza das suas ideias acerca do momento político. Ele que guardava da Revolução uma concepção teórica própria, encarando-a como revolução social e moral antes de tudo, não dissera ainda se via, na marcha dos acontecimentos pós-revolucionários, o início da transformação nacional que desejava. E, sobretudo, ainda não dera ao público o seu pensamento teórico, sobre o que devia ser a base da construção de uma nova ordem política, através da qual essa transformação se fosse gradativamente operando.

Estive com o sr. Francisco Campos demoradamente e por vezes repetidas, na sua sala de despachos e no conforto mais calmo do seu gabinete de estudos em Copacabana. O grande chefe mineiro falou-me da sua ação administrativa e traçou-me principalmente uma crítica sincera e nítida do ambiente político presente, e das grandes linhas da ação política que nele pode e deve atuar. *A Razão* publicará dentro de poucos dias esse documento fundamental para a compreensão do espírito revolucionário, onde o sr. Francisco Campos expõe, com uma notável segurança, a essência e a forma do seu pensamento político. Aí estará bem marcada a vanguarda do espírito revolucionário no terreno da doutrina. E a visão realista, objetiva, das nossas realidades terá deslocado pela primeira vez o homem de Estado até a posição oposta àquele vago liberalismo, que foi a nossa posição de tantos anos.

Porque eu encontrei no sr. ministro da Educação um homem compenetrado de que não é nas fórmulas de ação concreta que a ação do Estado deve se informar. O fortalecimento do poder, a obra desembaraçada e contínua de uma patriótica ditadura serão a seu ver condições intrínsecas da reconstrução nacional. Mas não será fascinando o espírito das massas com o inútil devaneio dos congressos e das constituintes que se dará um passo a favor dessa reconstrução.

Toda a obra da Revolução se terá perdido se não surgir uma unidade ideológica que até agora não se manifestou e que, só, poderá impedir que o ambiente político volte pela inércia àquele antigo estado de coisas a que o movimento revolucionário veio, em Outubro,[3] pôr termo.

"Sem o espírito de uma obra nova, e sem querer moldar nesse espírito a futura mentalidade brasileira a Revolução poderá ter prestado

3. A Revolução de outubro de 1930.

bons serviços, mas será transitória. Desaparecerá, com os homens que a fizeram; terá sido uma incursão de bons elementos no poder, mas uma vez terminado o seu mandato revolucionário, o País estará onde estava, sem um passo além no caminho do seu aperfeiçoamento político".

O Brasil precisará meditar essas palavras do sr. ministro da Educação. Elas têm um tom profético que as fez ressoar no ambiente timpânico que atravessamos. E denuncia o grande perigo que assalta a Revolução de Outubro, que é o de não operar no ambiente brasileiro essa desejada mudança radical. Porque, realmente, é só pela instauração de um regime fundado nas exigências morais e econômicas do povo brasileiro e orientado por um só sistema de vontades, que a Revolução poderá ter sido uma etapa, e não um acidente da nossa formação política e social.

A Razão, 24.06.1931.

O VATICANO E A ITÁLIA

Só agora, depois da publicação da Encíclica[1] em que a Santa Sé define os pontos de doutrina controvertidos no seu conflito com a Itália, pode-se enfim falar desse tormentoso caso, que pôs em tão grande perigo a obra de reconstrução da política moral da península.

Vê-se agora que o conflito teve uma marcha evolutiva, sem o estudo da qual não será possível julgá-lo. Pois as reações turbulentas dos "fascistas" contra os elementos que na Ação Católica atacavam o regime veio acabar na mais profunda querela, que ficou suspensa sobre as relações da Igreja e do Estado: a questão da supremacia de um ou de outro, na orientação e na organização do ensino.

É o que nós hoje estamos vendo, quando já nos sentimos sobre a clara nudez do problema, e consideramos o pequeno relevo que tem à distância as disputas e brigas dos moços da Ação Católica ou dos "Fascios". Já não interessa saber, salvo para uma apuração de responsabilidade, se os velhos partidários de dom Sturzo[2] estavam ou não fazendo o antifascismo das fileiras da Ação Católica. Por mim penso que estavam. Os remanescentes do Partido Popular não calaram nunca o seu descontentamento e dentro de uma instituição cercada de excepcionais garantias pelo direito concordatário,[3] levaram ativamente, como podiam, à pratica os seus princípios de tenaz oposição. Mas já vêm culpas ao governo do Sr Mussolini, de não ter mantido à ordem publica à altura das declarações que os fascistas sobre isso

1. Encíclica Papal "Non Abbiamo Bisogno" (Não temos necessidade). Editada em 29 de junho de 1931 pelo papa Pio XI.
2. Dom Luigi Sturzo (1871-1959), sacerdote católico e político italiano. Fundou o Partido Popular Italiano.
3. Relativo à concordata entre o Vaticano e o governo fascista, formalizada no Pacto de Latrão, firmado em fevereiro de 1929.

sempre fizeram, permitindo a desordem e as arruaças, e mais deixando que a própria Polícia muitas vezes nela se arrastasse.

Tudo isso porem é a pré-história do grande conflito de hoje, vinculado para o historiador ao estabelecimento dos pactos de Latrão, cujo *espírito social* nunca estará explicado se não se atender a esta sua grande revisão.

Porque de fato uma grande "revisão" se está processando do espírito de Latrão. Está-se sentindo que a união harmoniosa do poder espiritual e do poder temporal, que a Concordata continha numa insuperável perfeição, era mais uma união autorizada pela "doutrina fascista" e pela "doutrina cristã", do que pela posição histórica em que hoje se encontram a Igreja Católica e a Itália fascista. Pois é o que todos nós estamos vendo. A história corrigindo os avanços da doutrina, e mostrando que não se une *pelo direito* o que não está *realmente* ligado, mesmo quando dois regimes caminham, através da lenta transformação de um deles, para a harmonia e a interpretação absoluta.

A Igreja e o Estado haviam delimitado o campo das suas atividades. A Ação Católica agiria dentro de um setor determinado: o de difusão e atuação dos princípios católicos.

A doutrina cristã era reconhecida pela Itália como o coroamento da instrução pública e seria ministrada nas classes superiores como nas elementares, "segundo programa a estabelecer-se de acordo entre a Santa Sé e o Estado".

Firmara-se assim, em princípio, a regra de limitação da atividade de cada poder e dos órgãos que dele emanavam.

A quem porém de declarar a lei aplicável ao caso concreto? A quem ficaria reservada jurisdição para os conflitos do direito concordatário?

A posição equidistante das partes pactuantes não evitaria os conflitos como aquele de que partiu o incidente atual.

De passo em passo, entretanto, trocando notas e visitas diplomáticas, os governos da Itália e da Santa Sé chegaram ao ponto crítico da controvérsia. É o problema da educação, da educação pela Igreja ou pelo Estado, que põe um imperativo da doutrina cristã em oposição formal a um princípio do regime.

E entre o finalismo nacional da educação fascista e o finalismo sobrenatural da educação cristã, fica suspensa uma questão irredutível, que pode trazer um choque fatal ao Fascismo e danoso à Igreja, tanto mais que abrirá à invasão comunista, o único grande dique que o mundo moderno tinha para lhe opor.

Não penso, porém, que haja nessa controvérsia o espírito "estatólatra" da *doutrina* fascista, mas talvez apenas a hipertrofia do poder e do finalismo de Estado, no *regime de fascismo nacionalista* que vigora na Itália.

O fascismo nada contém em si, como doutrina, que o obrigue a reivindicar a tutela e a orientação da educação. O nacionalismo político em que se objetivou o fascismo italiano, esse tem nessa reivindicação *um corolário do seu processo histórico*, da sua reação inevitável contra um meio desnacionalizado, desapegado da sua tradição, e que só em nome dessa tradição nacional ainda renascente, reagiu contra as forças que desagregavam o país.

É preciso, pois, que o mundo, que está julgando o grande e desolador conflito de Roma, esteja preliminarmente certo que é a uma luta de poderes, não a uma luta de doutrinas, que está neste instante assistindo.

Ainda resta porém ver as consequências que a má negociação dessa disputa pode acarretar. Sobretudo depois que uma circular do Partido Fascista criou a incompatibilidade entre a matrícula nas associações que emanam do Partido e nas que dependem da Ação Católica.

Passo grave, tão grave como certos termos da Encíclica, e que devem estar provocando alegria de uma margem e de outra do Volga.[4]

A Razão, 10.07.1931.

4. Rio que banha Moscou, capital da Rússia comunista.

O DESTINO DA CONSTITUINTE I

Depois das declarações peremptórias do Governo sobre o prolongamento do período constitucional, o interesse público pelo palpitante assunto – a Constituinte – arrefeceu enormemente. O ambiente político entrou numa fase de notável sossego, interventorias e revoltas serenaram, e a atenção se absorveu toda na reação econômica cujos primeiros sintomas se notavam, e que se esperava que debelasse a crise. Os sintomas eram porém pequenos, e de repente – como alguém que examina absortamente um doente para lhe sentir as pequenas melhoras, e de súbito cai em si, assustado com a própria imobilidade – de repente o público sentiu o silêncio atento que se fizera, e caiu em sobressalto.

Suspeitou-se de revoluções em toda parte, imaginou-se que naquele silêncio conspirava todo mundo, e o vento dos boatos recomeçou, mais intenso e incerto do que nunca. Os problemas políticos voltaram à cena, e a Constituinte entrou de novo na ordem do dia.

É isso que mostra a "enquete" que o *Estado do Rio Grande*[1] começou, e a que já atendeu numa grande entrevista concedida ao sr. Mem de Sá,[2] o patriarca da política rio-grandense, o sr. Borges de Medeiros.[3] E tendo o seu pensamento a influência que se sabe no espírito dos homens públicos do Rio Grande, é possível tomar a sua palavra quase como uma profecia do destino da Constituinte.

Eu sempre tivera do sr. Borges de Medeiros a noção do patriarca. Seu espírito me parecia a cristalização de todo um processo de formação

---

1. Jornal editado em Porto Alegre. Órgão do Partido Libertador.
2. Mem de Sá (1905-1989), político gaúcho. A partir de 1929, secretário geral do jornal O Estado do Rio Grande.
3. Borges de Medeiros (1863-1961), político gaúcho. Presidente [governador] do Rio Grande do Sul de 1898 a 1908, de 1913 a 1926.

mental por que passaram os homens brasileiros das vésperas da República. No seu positivismo convicto, no seu apego ao republicanismo clássico de Bryce,[4] no seu espírito de liberal ortodoxo que fazia publicar os projetos de lei para receber a colaboração popular, estava precisamente a mentalidade de um "puro" saído das oficinas do espírito democrático, fiel infinitamente a esse espírito, incapaz de fazer dele um rótulo ou uma arma. Na sua probidade tradicional, naquela sua austeridade inatacável, que se integrou como um louro ao patrimônio moral e cívico do Rio Grande, estava a honra do patriarca moral, do homem formado na aspereza rígida das famílias das estâncias.

Eu tinha assim o sr. Borges de Medeiros como uma grande figura simbólica do passado. Sempre o tive como um democrático de ideias, na acepção mais clássica do termo. Foi o sr. Oswaldo Aranha[5] quem primeiro me abalou essa ideia, quando me disse, em conversa, que o pensamento do chefe gaúcho estava hoje em dia moldado numa eterna mocidade ao que de mais adiantado tem a cultura política moderna. Confesso que nunca me representei bem o sr. Borges de Medeiros corporativista ou trabalhista. Guardei sempre a imagem primitiva, corrigindo-a apenas, cada vez que me vinha, com esses dados extraordinários.

Temos agora sob os olhos a entrevista do chefe rio-grandense. Leio-a e releio-a. E confesso que encontro muito mais o "meu" retrato que aquele que retoquei com as informações do Sr. Oswaldo Aranha.

Aqui está de fato o velho liberal, que ainda crê na necessidade e na eficiência dos partidos. Que ainda se mantém partidário da ideia de conservar o estado como um simples instrumento jurídico do governo, alheio ou pelo menos diferenciado da vida econômica e social da Nação, entregue a grupos partidários que nela efemeramente se constituem, e que passam periodicamente pelo poder. Aqui está o presidencialista, lido em Bryce, que ainda vê, aceita e prega a ideia de que há poderes "harmônicos e independentes entre si", como queria Montesquieu.[6] Aqui está o homem que conserva todo um conceito abstrato de representação, que quer que se obtenha "a representação

4. James Bryce (1838-1922), jurista britânico.

5. Oswaldo Aranha (1894-1960), político gaúcho. Ministro da justiça de 1930 a 1931; ministro da fazenda de 1931 a 1934.

6. Charles Louis de Secondat, barão de Montesquieu (1689-1755), pensador político francês.

natural da grande massa de analfabetos, até aqui excluídos da intervenção na vida pública (sic)". O mesmo homem que nega legitimidade à ditadura, que quer para já a Constituição, que deseja uma Constituinte como a de 91,[7] e que acredita na função criada pelo órgão, como deixa entender ao falar sobre a "representação de classes", que aliás está em desacordo, a meu ver, com o que existe de moderno e técnico sobre tal assunto.

Volto ao meu antigo retrato do sr. Borges. Nele vejo a expressão mais alta da mentalidade pré-republicana. Por ser de quem é antes de tudo. E depois por encarnar com um equilíbrio admirável o que vêm dizendo todos os homens ouvidos sobre Constituição.

Por isso, sinto nesta entrevista o valor de um documento que precede o significado ideológico da nossa terceira Constituição se o governo do sr. Getúlio Vargas[8] não puder conter a onda constitucionalista que se encapela contra a irredutibilidade de suas afirmações. Repetiremos o caminho por onde nos temos perdido na nossa marcha política. É preciso evitar o caminho. E para isso estudar ponto por ponto, o que disse o sr. Borges de Medeiros na sua notável entrevista de ontem. Tratarei amanhã desse velho preconceito, de que o sr. Borges faz a ideia central da reorganização política do país, que é a crença na necessidade, ou mesmo na utilidade, dos partidos.

Veremos que o no Estado, fora e acima dos partidos, que se encontra o verdadeiro princípio que deve presidir àquela reorganização.

A Razão, 11.07.1931.

7. Primeira Constituição brasileira republicana, editada em 25.02.1891.
8. Getúlio Vargas (1882-1954), político gaúcho. Presidente da República de 1930 a 1945 e entre 1951 e 1954.

O DESTINO DA CONSTITUINTE II – A APOLOGIA DOS PARTIDOS

Na sua entrevista de anteontem, o Sr. Borges de Medeiros expôs o seu ponto de vista sobre a futura Constituição. O chefe republicano gaúcho sintetizou precisamente a mentalidade liberal do século passado, que paira como a maior ameaça sobre o destino da Constituinte.

Todas as renovações destes últimos decênios, têm tido uma consequência iniludível: tirar os povos do império das fórmulas abstratas, e lançá-los contra a realidade dos problemas que os afligem. No mundo economista de hoje, dada a supremacia dos problemas, é contra a irredutibilidade desses problemas que os regimes, um a um têm vindo se chocar.

Toda a grande Revolução Russa não tem outro conteúdo. A própria Revolução Fascista, feita em nome da tradição italiana e da defesa do país, veio desde o início sob o signo do sindicalismo, e resolveu-se num sistema político de base essencialmente econômica, corporativa. Se constituir-se como manda o Sr. Borges de Medeiros, o Brasil terá sido o exemplo do povo que, depois de revolucionar para se dar um governo mais de acordo com a realidade nacional, terá ido buscar em fórmulas tão abstratas, ou ainda mais abstratas do que as primeiras, o seu caminho de salvação.

Escapam ao chefe rio-grandense os contornos mais chocantes da nossa realidade. O seu espírito perdura no culto incansável dos "imortais princípios", pouco se lhe dando os fatos concretos da sociedade em que vive. Crê, como todos que se afizeram ao estudo e à administração das democracias sazonais, na eficiência e na necessidade dos grandes partidos nacionais. É o seu apologista. Faz deles a ideia central da reorganização do país.

Não posso ver senão desvantagens nesses tão louvados partidos.

Se admitirmos que a Nação brasileira tenha fins superiores aos dos homens de que se compõe, não podemos ver um partido, que nada mais é que agrupamento de homens, impor os seus fins ao organismo nacional. Como aceitaríamos, por exemplo, que um partido socialista radical, que um partido comunista, se integrasse no poder?

A vontade dos indivíduos não pode para nós ser mais forte que os próprios fins da Nação.

Os grandes partidos são verdadeiros desmembramentos nacionais. Seu revezamento no poder é um erro incontrastável, pois no Estado não deve dominar o maior grupo, mas devem se integrar, sem domínio, todas as forças da vontade nacional.

Eis aí um erro em que incidem todos os que, como o Sr. Borges de Medeiros, acreditam nos partidos. Pensam que é esse o modo de integrar no Estado toda a opinião, quando esse é apenas o modo de permitir a cada uma um curto domínio, tirando ao país a grande continuidade de governo de que ele tem uma necessidade imprescindível.

E nem se diga que as minorias lá estão representadas nas câmaras, pois todos sabem que elas só podem atuar negativamente, coligam-se para contratar o partido dominante.

Além disso é extraordinário que na hora em que o parlamentarismo se arruína no mundo inteiro, provando a sua ineficiência como órgão de governo, a sua incapacidade como órgão de controle, venha se pensar em organização de partidos, que são uma consequência dos parlamentos. Sem a sua função essencial que é agir nas câmaras, não há razão para partidos. Não creio que haja ainda um só brasileiro que julgue que o seu país será salvo pelas câmaras. E se não é daí que vem o remédio, não façamos dos partidos ideias centrais de coisa alguma. Eles não são necessários; são inconvenientes, ou mais que isso, porque ofendem o princípio de supremacia dos interesses e fins nacionais sobre os interesses e fins de grupo. Não são eficientes como mandatários da função legislativa, porque todos cada vez mais se convencem de que não é à opinião mas à ciência que cabe fazer boa política, e que não será portanto o voto dos deputados mas o parecer dos técnicos, que elaborará a melhor lei.

Não são também eficazes, como se pensa, para organizar a opinião pública. Cada indivíduo deve pesar no Estado não pelo ponto de vista em que arbitrariamente se colocou, mas pelo complexo de interesses sociais e econômicos que ele representa, verdadeiramente, como membro da família e como membro da classe, e que o homem existe no Estado. Os partidos são formas anômalas, cuja constituição será dentro de anos capitulada, com as greves, as crises, as revoluções, entre as anomalias que periodicamente assaltam as sociedades. Haverá momentos históricos em que se apelará para essa anomalia, como se apela para guerras e revoluções. Mas nos períodos de equilíbrio e de bom governo, o seu desaparecimento será o início da união perfeita, ou quase perfeita, de governantes e governados.

Não pensa assim o Sr. Borges de Medeiros. E já aqui nos separamos tanto, que seria o caso de não continuar. Mas quero ainda examinar o seu conceito de sufrágio, forjado no espírito já não das democracias anglo-sazonais, mas no da própria Revolução Francesa, e o seu conceito de representação de classes, que é contrario a todas as correntes firmadas em bom terreno, na doutrina contemporânea.

Raciocinando sobre cooperativas, corporações e sindicatos, o venerando ex-presidente do Rio Grande mostra em sua plenitude a velha fibra liberal.

A Razão, 12.07.1931.

O DESTINO DA CONSTITUINTE III - REPRESENTAÇÃO DE CLASSES

Na sua entrevista do dia 10, em que tornou bem claro o seu pensamento sobre Constituinte e Constituição, o chefe da política rio-grandense, sr. Borges de Medeiros, declarou-se partidário da representação profissional. O liberal americano que sempre foi o ex-presidente gaúcho permeabiliza-se assim a uma corrente nova de ideias, que em todos os países, mesmo nos de mais larga tradição democrática, como os Estados Unidos e a Inglaterra, vem ganhando terreno sem cessar, e gerando novas regras e institutos, para a ação e o aparelho dos governos.

A lei de 1928, que reorganiza a Câmara Italiana, representa nas suas mais depuradas consequências o princípio de representação profissional. Entre nós a ideia tem sido apenas objeto de discussões abstratas, sem que se houvesse feito concretamente ainda a demonstração de seus fundamentos e o esboço da sua aplicação.

De dois pontos de vista nos podemos colocar para discutir a representação de classes. Ou buscar nela apenas um meio de introduzir na administração e nas leis o elemento técnico, que as Câmaras políticas só em grão rudimentar possuem; ou fazendo dela todo o fundamento do sufrágio, por se entender que a Nação está dividida em classes e não em partidos, por se entender que é como membro de uma classe, como profissional, que o homem existe no Estado, e não como individuo, como exemplar da abstrata categoria de cidadão.

Não é evidentemente o segundo, o ponto de vista do sr. Borges de Medeiros. S. Exa. continua a ver no cidadão a base do Estado.

Continua a ser um sufragista *à outrance*,[1] que quer curar o Brasil com uma lei eleitoral, com o voto, quando o que está em jogo não é mais saber se todos podem votar, mas quem sabe votar e como o fará, isto é,

1. Expressão francesa: "A qualquer preço, por qualquer meio".

quando todo mundo já se desinteressou da universalidade do sufrágio, para pensar na sua qualidade e na sua eficiência como meio de suscitar as elites políticas do país. O chefe gaúcho vê na representação profissional um meio apenas de não tornar estranhas ao governo as forças econômicas da Nação.

Mas o que excede os limites da lógica é a organização prática que o sr. Borges de Medeiros pretende dar a essa representação. Pretende S. Exa. que o Senado se transforme em câmara profissional, onde tomarão assento comerciantes, lavradores, ferroviários, industriais, advogados, para ditar, em articulação com a Câmara política, leis e resoluções ao país. Há em tudo isso dois grandes erros. Dois erros que a futura Constituinte está ameaçada de perfilhar, e que devem ser energicamente combatidos desde o momento em que o sr. Borges os pronunciou.

O primeiro é caso de erro técnico de supor que as classes devem se representar diretamente nas câmaras, o que criaria o absurdo de se ver industriais e ferroviários legislando sobre direito civil ou sobre ensino, fora portanto da sua competência, que é profissional e não política. O segundo é o erro doutrinário, profundo, do sr. Borges, como a sua fibra liberal, de dissociar o homem de duas figuras abstratas, o cidadão e o profissional, um dos quais elege a Câmara enquanto o outro elege o Senado.

O primeiro erro será corrigido por um bom e recente tratado sobre representação. Lá se verá que representação de classes não é parlamento de agricultores e tecelões, mas escolha de parlamentares pelas associações de classe, e não pelo voto isolado e inútil de cada indivíduo. Lá se verá que na lei mais moderna que existe no mundo sobre o assunto, as associações profissionais de grau superior, isto é, as associações nacionais, formam listas de representantes, que escolhem entre técnicos da política, e não entre técnicos de tal e qual profissão, e que submetem essas listas à aprovação popular. De modo a formar um parlamento político, e não um parlamento econômico, mas parlamento organizado pelas forças econômicas da Nação.

O segundo erro é o fruto do idealismo democrático do século passado, que compôs a sua doutrina do Estado sem a consulta à realidade dos povos, mas com a consulta sistemática às fórmulas abstratas e aos princípios subjetivistas das suas teorias filosóficas. Concebeu-se assim o cidadão, simples categoria de direito político em que se fundaria o sufrágio. E formou-se com esses e outros elementos a triste figura do Estado moderno, onde os cidadãos votam e são votados, mas onde governam as forças econômicas, desencontradas, desgovernadas, que cruzam e impelem as sociedades onde se constituem.

Contra esse erro, o direito político forjado nas lições do pós-guerra, lança o idealismo da sua compreensão dos fatos jurídicos, que procura criar institutos não mais sobre fórmulas, mas sobre os próprios fatos concretos. E vê-se que o homem é um complexo de interesses, de direitos, de deveres, definidos socialmente pela sua posição na família e pela sua situação econômica, e não um ser que se desdobra na realidade, em fórmulas só concebíveis como abstrações de direito público ou de direito privado.

É portanto como liberal, como democrático *Ancien Régime*,[2] que o sr. Borges de Medeiros compreende a representação de classes. Sua solução é tecnicamente imperfeita, porque criaria um parlamento de peritos em todas as profissões, exceto na de governar. É liberal-democrática, porque nela perdura a ideia de cidadão, a que são estranhas as doutrinas modernas, que procuram dar ao Estado o seu fundamento econômico.

Que este grande erro político de venerável chefe republicano não pese ao Destino da Constituinte, que se renuncie antes à representação de classes, a tê-la deformada pela doutrina e pela técnica.

A Razão, 14.07.1931.

2. Expressão francesa: "Antigo regime".

A RENÚNCIA DO INTERVENTOR

O triunfo que o coronel João Alberto[1] obteve ontem, entrando em São Paulo sob aclamações, teve muito daqueles triunfos romanos que os generais recebiam ao voltar de uma vitória, e que sucedia ou antecipava uma condenação ou ostracismo.

Durante meses e meses, o povo paulista gemeu contra o interventor. O veneno regionalista lançado em baldões pelos partidos de má vontade cobria aos olhos de São Paulo a marcha incessante de benefícios, de prudentes medidas, de reformas de alto alcance, com que o governo do coronel João Alberto superava a cada passo os erros políticos que cometia. Chegou um momento, porém, em que a própria oposição pareceu desanimar. O interventor cercado de prestígio pelo governo provisório, na plenitude do seu poder político, administrando num ambiente isento de paixões e mesmo de interferências partidárias, parecia vitorioso de todas as ameaças, e senhor de uma posição já agora inexpugnável. E nesse instante precisamente, quando a oposição se acalma e proletários e burgueses se sentem sob a sombra protetora do interventor, o coronel parte para o Rio e deixa entre as mãos do chefe do governo o seu pedido de demissão.

Tamanho desinteresse pessoal pelos cargos, tamanho garbo moral para abandonar magnanimamente aquilo que à custa de inauditos esforços defendera, veio dar nova imagem do interventor. Apareceu-lhe um cavaleiro, com rasgos de magnífico romantismo, onde a opinião adversaria se habituara a ver um tenente improvisado administrador. E a figura do coronel João Alberto, desde a tarde de anteontem, começou na imaginação popular a tomar a estatura de um herói. São Paulo dos *meetings* nativistas viveu horas de em entusiasmo incrível.

---

1. João Alberto (1897-1955), militar. Interventor federal em São Paulo de 1930 a 1931.

E ontem recebeu com a gravidade de uma senha, a palavra do interventor. Em todos os espíritos lançou-se a certeza de que os acontecimentos do dia 18 marcaram uma nova etapa da Revolução brasileira. Porque quando sai de cena uma figura do porte do coronel João Alberto, os espectadores esperam para o desfecho da peça, a sua imprescindível *rentrée*.[2]

De fato o coronel João Alberto não é uma figura isolada pelo aparelho das forças políticas organizadas, que sustentam e fortalecem a obra da Revolução. Em outubro, houve um momento em que todas essas forças estiveram confusas, e pareceram um só bloco, uma só corrente, disparada contra o poder.

Mas passada aquela fase negativa da Revolução, viu-se que fora um sistema de forças, e não uma força, que a preparara e realizara. Que, nesse sistema, havia figuras isoladas que haviam corrido junto com as grandes forças na descida, mas que não estavam ligadas a elas para o esforço da subida, e que por isso rolariam, mais tarde ou mais cedo, para de todo desaparecer.

Foi assim que se apagou a estrela do sr. Arthur Bernardes,[3] a do sr. Maurício de Lacerda,[4] a do Partido Democrático, e muitas outras. Ficaram de pé aqueles que representavam forças ou que estavam presos a elas no poder. Ora, quais foram essas forças, e que figuras as representaram? Podemos falar primeiro de uma a que coube suprema posição no governo provisório, que foi a representada pela frente única do Rio Grande, moralmente dirigida do Rio Grande, moralmente dirigida pelo sr. Borges de Medeiros; ao lado dessa, que foi a "força civilista" da Revolução do Sul, desenvolveu-se uma outra, continuadora do ímpeto revolucionário militarista, que fizera as revoltas de 22 e 24, e que viria formar a chamada "política dos tenentes", nesta fase construtiva em que entrou a Revolução. Em Minas restou uma grande força, que foi aquela mais coligada com os elementos do Sul, e que vinha do sr. Antônio Carlos,[5] através do sr. Olegário Maciel.[6] No norte uma

2. Vocábulo francês: volta, reentrada.

3. Arthur Bernardes (1875-1955), político mineiro. Foi o 12.º presidente do Brasil de 1922 a 1926.

4. Maurício de Lacerda (1888-1959), político fluminense.

5. Antônio Carlos (1870-1946), político mineiro, presidente [governador] de Minas Gerais de 1928 a 1930.

6. Olegário Maciel (1855-1933), político mineiro, presidente [governador] de Minas Gerais de 1930 a 1933.

só onda, um só espírito mais reacionário que revolucionário se encarnava nos seus dois grandes chefes, o major Juarez Távora[7] e o sr. José Américo.[8]

No cruzamento da primeira com a segunda força, no cruzamento do civilismo gaúcho com o militarismo dos chamados "revolucionários puros", está o político mais forte do momento, querido nos partidos e querido nos quarteis, que é o senhor Oswaldo Aranha. E na ala extrema da coluna dos "tenentes" está o maior e o mais alto dos seus valores – o coronel João Alberto.

Toda a harmonia da política brasileira do momento, como assinalou ontem a nossa Nota Política,[9] vinha desse perfeito encontro da política dos tenentes com a política do Rio Grande, feito através da perfeita harmonia entre o sr. João Alberto e o sr. Oswaldo Aranha.

Os acontecimentos de anteontem perturbaram esse equilíbrio. Do sul, o sr. Oswaldo Aranha trará talvez a fórmula do seu restabelecimento. Mas o sr. João Alberto saiu de cena, e a peça não acabará sem a sua *rentrée*.

A Razão, 15.07.1931.

---

7. Juarez Távora (1898-1975), militar.
8. José Américo (1887-1980), político paraibano.
9. Coluna redigida por San Tiago em *A Razão*.

A RENOVAÇÃO DO EXÉRCITO

"Nossa política militar deve corresponder às necessidades imperativas da nossa organização econômica", diz em entrevista a *Razão* o general Leite de Castro.

Já disse alguém sobre o sr. general Leite de Castro,[1] que ele conseguiu fugir à regra, dominante na mentalidade dos partidos brasileiros, da improvisação sistemática do trato dos assuntos do Governo. De fato, o Ministro da Guerra é um dos visionadores mais seguros e experimentados das nossas realidades militares, um dos que por isso mesmo mais fundamente alcançam, nos destinos da nacionalidade. Quando se julgar historicamente a Revolução de Outubro e se fizer entre os seus homens uma revisão de valores, abrir-se-á, para estudá-lo, um capítulo especial. Ele é, num momento de tão ampla desordem dos espíritos, e de uma tão apaixonada atuação para a sua classe, o homem excepcional que se consegue pôr de fora, esvaziar-se de todo arrebatamento partidário, e olhar a realidade friamente, como se fosse um espectador e não um personagem, no nosso tumultuoso cenário político.

Serenamente, olhando a questão militar em toda a sua nudez, o general Leite de Castro traçou há meses, numa entrevista aos *Diários Associados*,[2] o quadro mais exato e mais penetrante dos nossos problemas militares.

E o que desde logo o distingue como analista e político no meio em que age é que nele temos um Ministro da Guerra que não considera as construções de quartéis e a reforma dos quadros os problemas fundamentais do Exército. Mas ao contrário alguém que vai seguramente contra a "mentalidade administrativa", que empolgou tantos chefes de Revolução,

1. Leite de Castro (1871-1950), militar, ministro da Guerra de 1930 a 1932.
2. Diários Associados, cadeia de jornais de propriedade de Assis Chateaubriand.

e vê que há problemas superiores a esses, que os dominam e ordenam, e, sem o trato dos quais, todo Governo terá feito obra precária.

Não foi certamente a falta de quartéis, a insuficiência de armas, o pequeno efetivo que criou entre nós a "questão militar", posta em relevo já no Império, agravada na República, e fatal à ordem pública na série de revoltas de caserna que desde 1922 desaba sobre o país.

Não foi por simples deficiência técnica que se deu todo esse desvio das classes armadas, do seu campo natural de atividade para os campos das lutas políticas internas do país.

Foi por uma causa diversa e mais profunda que talvez ninguém como o general Leite de Castro, compreendeu e explicou: a falta de uma "política militar", de um objetivo permanente para a ação do Exército, de uma indicação da finalidade histórica, traçada pelas fronteiras, que ele seria, em dado instante, chamado inexoravelmente a cumprir.

É para a fixação dessa "política" que o Governo precisava se voltar. Sem ela ter-se-ia uma tropa, mas nunca um Exército. E o que é pior, dessa tropa vinha uma constante ameaça para a segurança da Pátria, já que ela tomava a posição de um partido continuamente de armas na mão.

Não creio, porém, como parece crer o Ministro da Guerra, que na ausência dessa política estaria toda a causa da "questão militar". Estou antes com o que pensa o notável cronista político d'*A Ordem*,[3] sr. H. Sobral Pinto,[4] quando atribui à introdução do "racionalismo" na educação militar a origem fundamental desses males. Pois, de fato, foi a educação racionalista tirando à disciplina o seu fundamento natural que é a hierarquia, para dar-lhe um outro, a razão, que acabou por transformar a disciplina militar no seu sentido externo, lançando o individualismo no Exército, destruindo a unidade moral da classe, e fazendo de cada soldado ou general um juiz do Governo, e não mais um seu subordinado para a consecução de fins atinentes à expansão e à integridade nacional. mas se atuou esse elemento positivo, - educação racionalista, como gerador da "questão militar", atuou outro negativo, - falta de "política militar", que determinou isso que o general Leite de Castro chamou "o espírito esportivo" dos quartéis, onde os homens

3. *A Ordem*, revista católica fundada em 1921 por Jackson de Figueiredo e extinta em 1991. Em 1931 era dirigida por Alceu Amoroso Lima.

4. Sobral Pinto (1893-1991), advogado e escritor católico.

se amestram sem aquele determinado objetivo de guerra, que qualifica e orienta o seu "espírito".

Tinha, porém, a entrevista de abril, uma continuação. Como atuaria o sr. general na pasta, em favor da sua ideia?

A "política militar" seria o fruto espontâneo de uma educação lenta, dada nos Estados Maiores, ou seria encaminhada por estudos imediatos, entregues a órgãos superiores do nosso aparelho político e militar?

Sempre pensei que seria do "Conselho de Defesa Nacional", criado entre nós no governo Wenceslau,[5] que se poderia partir para a criação de uma política militar. Fui por isso ouvir a respeito o ministro da Guerra, que me recebeu ainda no quarto onde convalescia de longa moléstia que há pouco o atacou, e que me concedeu para *A Razão* uma longa entrevista, em que estuda o problema central da pasta que dirige.

– *Um dos característicos do tempo de hoje é o de haver tornado os povos mais dependentes uns dos outros que dos próprios governos.*[6] *A elevação geral do custo de vida durante a grande guerra e depois dela, e a falta, em cada país, de um grande número de produtos, provam a interdependência industrial, comercial e financeira dos povos. É certo que as nações econômicas representarão um papel considerável na evolução dos povos futuros. Os povos são, não corpos puramente políticos, porém agremiações econômicas procurando adquirir e conquistar os recursos do mundo. O futuro de um país está ligado ao acréscimo de sua produção, à instituição de um industrialismo inteligente que consiga equilibrar a produção e o consumo. A nossa educação clássica é muito abstrata; urge que orientemos a nossa mocidade em estudos mais realistas, que lhe permitiam achar as leis do futuro do Brasil, em assuntos outros que os das construções da imaginação ou das impulsões do sentimento. O país tem grande necessidade de criadores.*

– *O Brasil que precisamos reorganizar tem necessidade de homens e de chefes. Porém seus chefes só serão dignos de sua missão e capazes de a realizar, se por um grande esforço conquistarem um método e disciplinarem os fatos sobre os quais quiserem operar.*

5. Wenceslau Braz (1868-1966), político mineiro, 9.º presidente do Brasil 1914-1918.

6. O texto em itálico corresponde à transcrição da entrevista do general Leite de Castro.

– O que torna atualmente o progresso mais difícil em países novos, é que se precisa ao mesmo tempo destruir e construir, – duplo esforço que geralmente intimida. O novo mundo que saiu da guerra só será dominado pelos fortes. Conheçamos o patriotismo militar, largamente proclamado; um outro surge tão importante quanto ele, o patriotismo econômico.

– Se quisermos verdadeiramente renovar o nosso organismo e reanimar o Brasil, é especialmente nele que devemos buscar as melhores energias.

– Não podemos continuar na nossa situação, com portos mal equipados, uma navegação fluvial arcaica, uma indústria longe dos progressos modernos, um comercio mal orientado e uma atividade nacional sem ordem e por conseguinte sem força coletiva. Impõe-se por isso uma transformação completa nos nossos métodos econômicos.

– Esta reconstrução só pode ser criada pela ciência. Sem grandes dificuldades poderíamos demonstrar como ela se liga fortemente à indústria, o elemento essencial da vida nacional. Semelhantemente, é ela que deve criar, de maneira durável, a potência das nações. Se atualmente as perdas de dinheiro, resultantes da falta de conhecimento científico, são já frequentes nas sociedades, o que acontecerá no futuro para os povos que se conservarem alheios à ciência?

– Porém a inteligência que concebe nada vale sem a vontade que executa. O pensamento nada vale sem a ação. Imitemos os povos que agem, e que hoje são muitos, e a nossa vitória será certa porque poucos possuem os grandes recursos do Brasil.

– Nossa política militar deve corresponder assim às necessidades imperativas da nossa organização econômica. Não poderá ter outras raízes que os próprios problemas sociais dominantes do país, nem pode ser firmada puramente pelos Estados Maiores sem um vivo exame da situação nacional. Conhecida essa situação – não a situação transitória, mas a situação permanente, subordinada a condições históricas e geográficas –, será então possível resolver os grandes problemas da defesa nacional.

– Eis porque penso que no trabalho de reorganização do Exército, que é o meu grande objetivo no Ministério, o ponto capital é o funcionamento e a perfeita organização do Conselho de Defesa Nacional, criado entre nós há mais de dez anos, e até hoje peça morta na nossa estrutura militar.

– Reputo esse conselho o órgão principal e indispensável a uma perfeita e racional defesa do país. Sem ele, e sem o seu funcionamento regu-

lar, dificilmente poderiam o Exército e a Marinha fundar as bases sólidas da sua organização, pois ela depende da política militar, traçada pelo governo, definindo o papel do Brasil no continente e no mundo, política que só o Conselho de Defesa Nacional poderá traçar convenientemente. Agindo de acordo com ela, dentro dos seus limites especiais, o Exército, a Marinha e os outros Ministérios buscarão realizar os seus outros objetivos, especialmente quando o Brasil atravessar a fase delicada da sua evolução de povo que se quer integrar na vocação histórica que lhe está fixada, pela grandeza do seu território, da sua população e pelas grandes riquezas que cobrem o seu solo.

– Nesse Conselho, que funcionará brevemente em reuniões secretas, sob a presidência do Chefe do Governo Provisório, com a presença de todo o Ministério e com a assistência dos Estados Maiores do Exército e da Marinha, vai-se enfim começar essa obra que o país teve a veleidade de até agora não definir e consolidar, – a da formação da nossa política militar. Definir-se-á primeiramente a orientação definitiva que as condições políticas e econômicas deverão imprimir ao Brasil na consideração dos seus problemas de guerra, e assim firmada uma política, sobre ela deverão seguir, ininterruptamente e sem desfalecimento, os governos que sucederem. Aparecerá do trato científico do problema, a nítida caracterização dos nossos objetivos de guerra. E os Estados Maiores traçarão os planos de organização e ação conjunta dos Ministérios da Guerra e da Marinha, para as possíveis operações bélicas que o Brasil será forçado a encarar, para o surto firme do seu progresso, e especialmente do seu desenvolvimento econômico. Esses planos serão completados por outros, contidos na especialidade de cada um dos demais Ministérios. Assim, ao Ministério da Fazenda está reservado um papel importantíssimo. Cabe-lhe cuidar do fornecimento dos recursos indispensáveis às fortes aquisições e material de guerra, a serem efetuadas, em anuidades, dentro de um determinado prazo, de acordo com as possibilidades do Estado.

Aqui caberia uma interrupção: o sr. general Leite de Castro tem sido, no Exército brasileiro, um grande batalhador da ideia de substituir as compras de material bélico no estrangeiro pela fabricação desse material aqui.

O general fez um parêntese na sua exposição, para dizer:

– Tanto quanto possível farei por que se estimule as indústrias de armamento entre nós. Acho que os países forçados a fazer a guerra devem libertar-se das formas diversas de dependência do estrangeiro, e por isso cuidar quanto antes de atender, com recursos próprios, as suas necessidades de

armamento. Em guerra, nem sempre é fácil, sobretudo quando não se conta com uma superioridade naval incontrastável, como é o nosso caso, manter o domínio dos mares para importar, livremente, o material bélico preciso. A solução, portanto, é procurar organizar, no próprio país, as indústrias militares que alimentam a guerra, bem como explorar as matérias-primas ou sucedâneos, indispensáveis a essas indústrias. Esse problema é tão importante que de antemão pode-se assegurar que, quando dois exércitos se enfrentam, terá mais possibilidade de vitória aquele cujo país se encontrar, internamente, melhor aparelhado nos recursos indispensáveis ao curso das operações.

– Creio entretanto que a fabricação de armamentos bélicos deveria ter, de preferência, um cunho civil. Seria mais útil, não só ao país como ao governo, mas esse desideratum não se pode alcançar para a totalidade das indústrias de guerra, porque muitas delas só podem viver do amparo exclusivo dos governos, dada a sua não utilidade em tempo de paz, em outros ramos da atividade nacional.

Encerrada a digressão, o sr. Ministro da Guerra voltou ao assunto: a reorganização do Exército é a sua preocupação dominante.

O seu espírito de militar germânico anseia por enquadrar, num regime todo orientado para os grandes objetivos da vida militar e da finalidade guerreira, o Exército mal convalescido das agitações políticas de que participou. Fala-me das comissões técnicas a que entregou o estudo dos pontos capitais da Reforma e continua:

– No momento atual o nosso Estado Maior trabalha ativamente na organização e na elaboração de tudo o que diz respeito aos próximos estudos a serem feitos no Conselho de Defesa Nacional, de modo a dentro em pouco poder se dar vida a um novo Exército que será a afirmação da vontade do governo da Segunda República de não querer mais que o Brasil se mostre indiferente pela sorte dos demais povos da terra, procurando ao contrário ser, dentre eles, especialmente entre os que mais de perto lhe tocam, um fator preponderante da paz que deve reinar entre os homens, e da felicidade que buscam todos esses povos. Assim procedendo o governo da Segunda República, nada inova na tradição brasileira. Reata apenas uma política que já foi praticada pelo Império e que a Primeira República abandonou lamentavelmente, para não dizer criminosamente.

A Razão, 15.07.1931.

O OTIMISMO DE FORD E O BRASIL

O sr. Austregésilo de Athayde[1] acaba de obter de Detroit uma entrevista de Ford[2] para os *Diários Associados*. O rei da indústria norte-americana forneceu ao jornalista os seus conceitos na ordem mais geral das ideias, desde as que concernem as leis de evolução dos povos, até a sobrevivência e transmigração da alma. Revelou na sua inteireza todo o pensamento filosófico que inspira o fatalismo otimista dos americanos de hoje. Fez bons prognósticos sobre os seus interesses na Amazônia, mostrou ao público mais uma vez aquela sua operosidade alegre e sadia, que torna o seu triunfo econômico mais uma vitória do trabalho que do capital, e deixou aberto por um momento aos nossos olhos o quadro dos alicerces espirituais em que as civilizações industrialistas se baseiam, e que é aquele que a maioria dos brasileiros hoje legitima e deseja para o seu país.

De fato o mimetismo brasileiro hoje se volta mais do que nunca para a civilização *yankee*, com a qual a nossa tem as mais pronunciadas afinidades exteriores. No caminho do industrialismo crescente, do urbanismo mais decisivo, da aplicação do populacionismo, e na tendência a uma política imigratória franca, que nos trará camadas de populações novas que acentuarão o nosso cosmopolitismo, nesse caminho, abrem-se os rumos mais claros que tem o Brasil diante de si.

Vivemos hoje em dia magnetizados pela civilização americana, a cuja feição política desde 1891 nos apegamos, que tem tido entre nós os seus grandes defensores, quer no terreno dos estudos sociais, quer mesmo no terreno das grandes realizações práticas. Guardamos porém dessa civilização a ideia de que é uma construção do puro espírito pragmatista a que as doutrinas materialistas levaram o mundo contemporâneo. O pensamento

---

1. Austregésilo de Athayde (1898-1993), jornalista.
2. Henry Ford (1863-1947), industrial norte-americano; pioneiro da indústria automobilística.

da sociedade brasileiro começou a considerar o povo americano como um povo realista dominado pelo alto senso do concreto, do objetivo, no sentido mesmo do seu progresso, um povo enfim que se libertara da soma inútil de abstrações e de idealismos, que desencaminharia da realidade os outros povos do mundo.

Mas realmente nunca se pensou nada mais falso. Poucos povos terão tido como o americano uma visão mais "idealista" - no mau sentido - do universo. Poucos terão alicerçado em tão abstratas bases a sua política social e econômica.

Domina todo o idealismo americano um evolucionismo otimista que pertence francamente à categoria dos postulados. Uma ideia de que a humanidade tende sempre, irrefreavelmente, para uma perfeição maior, perfeição que não se define como um determinado estado da vida humana, mas que se acredita estar contido no futuro dos povos, caracterizado mais ou menos pelo desenvolvimento dos meios industriais graças aos quais os homens podem transformar e dominar a natureza. Nada de mais fora da realidade, pelo menos nada de mais construído gratuitamente pelo espírito, sem dados colhidos no exame dos fatos concretos. É Ford, o expoente da civilização americana, quem diz expressamente:

- O progresso humano é indefinido. Todo o esforço para limitar-lhe as perspectivas é inútil, porque a capacidade de inteligência, no decurso dos séculos, irá além do alcance da imaginação.

Se vivêssemos nos anos 3.000 teríamos a surpresa idêntica à do homem da velha Babilônia que acordasse para a vida em nossos dias.

E Ford leva tão longe isso que se pode chamar "o seu sentido místico do progresso", que declara mais adiante:

- A continuidade do progresso resulta da transmigração das almas.

O que tudo está mostrando é como o otimismo americano encerra toda uma compreensão filosófica do universo, que pode ter as consequências mais extremadas. Concepção filosófica sem a qual não é possível incorporar a mentalidade americana, toda ela resultante de abstrações. Sem o postulado do progresso indefinido, da perfectibilidade contínua da espécie humana, não é possível admitir a mentalidade prática americana, como as suas consequências imediatas de fermentação das grandes empresas e da economia de produção.

É, pelo contrário, procurando uma doutrina de moderação, que o pensamento brasileiro deve definir o seu caminho. As grandes empresas, as fábricas fantásticas como a de Henry Ford, as cidades populosas e cosmopolitas não nos podem interessar.

Precisamos de outros rumos. Pelos quais cheguemos aos fins que buscamos, que não se resumem na superprodução, mas no aperfeiçoamento moral e econômico do homem, o que exigirá muitas vezes o sacrifício da riqueza individual em benefício da felicidade coletiva.

A Razão, 16.07.1931.

CIVILISMO PAULISTA

É da tradição histórica de São Paulo o repúdio aos governos militares. A fibra civilista foi sempre profunda, no povo menos afeito a revoluções e a levantes que existe em todo o Brasil. Nossas revoluções têm sido sempre feitas na caserna, sem a participação essencial do elemento civil, porque o paulista, compenetrado a um ponto extremo do senso da ordem pública, se habituou a respeitar as decisões das urnas e as resoluções do partido, sem se pôr em armas para dirimir em campo raso, os seus conflitos políticos. Foi por isso que eu ouvi há tempos de um político que São Paulo era uma terra sem civismo. Injustiça clamorosa, que se explica num homem habituado a ver discutir pelas armas os litígios de toda política. Para ele, povo que não se arma e não combate na defesa de qualquer prerrogativa é povo sem fibra cívica. O que importa certamente num grave exagero sobre o conceito de civismo, o qual, em sua forma mais aperfeiçoada, implica até a cessação de toda reivindicação armada, e na resolução pela autoridade ou pelas urnas de toda questão política em que empenhe a opinião popular.

São Paulo não chegou ainda por certo à fase definitiva de sua formação cívica. Mas possui esse civismo elevado a um alto grau, e subordinado a um sentimento poderoso, que está na base da nossa tradição política, e que é hoje, sem dúvida, uma das categorias fundamentais do espírito paulista: o civilismo.

São Paulo civilista viu sempre na autoridade o reflexo da sua vida interna, que é de um povo paisano e não de um povo militar. Viu sempre o Governo como um chefe de uma vasta usina em que aqui todos trabalham, construindo, dia a dia, a grandeza do Brasil. Considerou sempre os seus presidentes não como generais de um exército em paz, mas como os supremos técnicos de riqueza e fonte de homens, que aqui alimentam a atividade nacional. Onde o Rio Grande consagra um seu homem político dando-lhe o título de general, São Paulo escolheria qualquer outro pelo qual o elevasse ao nível em que coloca, aqueles que à frente de qualquer campanha civil, entraram para a galeria dos valores sobre que repousa a obra da riqueza ou do poder bandeirante. Nunca, porém, o de general. Porque não é guerreira, mas pacífica, civil e operosa a índole política dos paulistas.

Veio daí talvez uma boa parte da oposição que teve o tenente João Alberto, desde o começo do seu governo. A índole civil do povo paulista desconfiou logo de um governo de militar, supondo que nele não houvesse o espírito administrativo necessário à condução do governo, que fossemos ter a improvisação de um tenente em estadista com todo o corolário de desgraças que acarreta o militarismo.

Desconhecido em São Paulo, o tenente interventor foi julgado apenas um *tenente*, e suspeitou-se o seu mérito político, negou-se de início o seu time administrativo, anunciou-se que ele descuraria os interesses públicos, ocupando o poder como uma praça de guerra, para defendê-lo à viva força da avidez dos partidos.

Foi então que o Partido Democrático coordenou uma criminosa campanha nativista, o desagrado de São Paulo pelo tenente interventor. São Paulo cidade de brasileiros de todos os cantos, cidade dos presidentes paulistas de adoção, condenou o governo do pernambucano João Alberto, quando de fato queria condenar o tenente improvisado em governador, que o seu civilismo de todos os modos repelia.

E o tenente João Alberto começou o seu governo nesse ambiente de antipatia e pessimismo unânime pela sua figura. E desde então, nesses nove meses em que agiu, derrubando os partidos impetuosos que se arremessavam contra ele, livrando-se dos facciosismos que o ameaçavam, dentro da própria Revolução, e dedicando-se ilimitadamente ao bem público, o tenente João Alberto revelou ao povo paulista a sua fibra de civil, do político isento do espírito de quartel, a não ser daquele espírito de decisão, de disciplina extremada, que lhe permitiu alijar os maus elementos que parasitavam a situação, mas que foi também fatal ao seu governo, por lhe retirar o apoio de toda e qualquer opinião organizada, deixando-o suspenso entre as iras do P. D. e da Legião Revolucionária, e sob os maus auspícios do alquebrado P. R. P.[1]

Mas acima de tudo o interventor João Alberto se revelou um civil. São Paulo foi aos poucos encontrando nele aquelas virtudes de espírito, que

1. P. R. P. Partido Republicano Paulista, fundado em 1873 foi extinto com a implantação do Estado Novo em novembro de 1937.

se habituara a exigir dos seus políticos. E as classes conservadoras se foram chegando ao seu abrigo, recebendo dele a ação administrativa de amparo seguro que a dureza da ocasião exigia.

Agora que o paisano João Alberto sai do poder, a lavoura paulista vai-lhe oferecer um banquete.

Ele esteve à altura do espírito administrativo que a economia paulista reclamava. Em vez do pessimismo agressivo que o acolhera, deixa em São Paulo a gratidão, e, sobretudo, a profunda admiração do povo mais operoso e pacífico do Brasil, por quem lhe refletiu tão bem as necessidades. São Paulo civilista nesse se revê, como em alguém que tivesse aqui passado toda a sua formação.

E só é pena que o sr. João Alberto tivesse se limitado a querer bem administrar, sem trazer para o Governo do Estado um pensamento construtivo. Sua obra pode assim ser efêmera, pois não atingiu os rumos da política paulista, ficando-lhe o fundo ideológico, o fundo doutrinário, para que pudesse ressoar longamente, nos destinos da província e da nacionalidade.

A Razão, 17.07.1931.

TRÉGUA DOS PARTIDOS

Em tempos normais e em democracias perfeitas, a sucessão de um presidente é assunto que deve obrigar as correntes partidárias à mais decidida intransigência. Os interesses públicos inspiram aos partidos escolhas definidas que encarnam os seus pontos de vista, naquela situação e naquele momento. Abrir mão dessas escolhas é abrir mão da própria razão de ser dos partidos. E, vitorioso um candidato, é dever dos que a ele se opunham continuar na oposição, pois aquele candidato irá cumprir um programa contrário ao que pensam irredutivelmente os partidos que o guerrearam.

Tudo isso nas democracias perfeitas, ou quase perfeitas, já que nunca uma democracia pode atingir um grau de realização absoluta. Tudo isso nas horas normais, quando a Nação está em condições de se sujeitar a tal ou qual regime, e não obrigada a um regime único de salvação. Fora daí, toda irredutibilidade é uma insânia dos partidos, fora daí, todo apego a um interesse ou a uma ideia de indivíduo ou de grupo, conduzindo a uma guerra à autoridade, pode ser uma crise contra a Nação. Pode ser um assalto aos direitos da sociedade nacional, por ser a superposição egoísta dos fins de um partido, aos fins supremos dessa sociedade.

Nas situações extremas, sobretudo nessas ocasiões de terrível instabilidade econômica e social que assaltam os povos, a luta dos partidos se apaga e se absorve na grande tragédia que ocupa a cena. São horas de humanidade e de renúncia pessoal, essas em que a Nação apela para a energia de todos e dita os sacrifícios ilimitados. São horas em que o mérito não é renunciar *com os outros*, mas renunciar mesmo quando os outros vencem, e que impõem os seus desígnios com a contra facção de todos os nossos.

A sucessão da interventoria paulista criou para a intransigência dos partidos uma dessas horas de renúncia. A crise econômica que assoberba o nosso organismo social e político, o crédito que precisa se restabelecer num ambiente de segurança e de paz, e a própria desordem das massas excitadas, que necessita um ambiente de colaboração e de ordem, onde o seu ímpeto desgovernado venha se aplacar, ditam imperativamente essa trégua, sem a qual nenhum interventor poderá superar os problemas da situação.

A série de problemas nascidos do movimento de outubro cria para o Governo novas dificuldades. E repartindo-se entre os problemas da Revolução e os problemas do Estado, a missão dos Governos ainda se torna mais delicada. Vieram os primeiros somar-se aos segundos, pois na antiga República as situações políticas tinham a solidez das coisas consumadas. O veredito das urnas assegurava por quatro anos a ordem, e a onipotência do perrepismo assegurava de avanço a ordem pelos oito anos futuros. Posto no Governo, o presidente tinha diante de si apenas o complexo dos problemas administrativos e políticos do Estado, aos quais a falta de espírito público das classes políticas lhes impedia de atender. Na República Nova, porém, a situação tem a fragilidade dos equilíbrios resultantes da aplicação simultânea de várias forças, todas de intensidade variável. Falta bruscamente uma força, sem que se possa fazer no sistema a correção precisa, e a situação de um interventor que há 24 horas estava inquebrantável derrocará com a mais espantosa facilidade. Isso cria para os interventores uma nova ordem de problemas: os *problemas revolucionários* (para não dizer partidários), para os quais a sua atenção tem que estar continuamente voltada, pois da resolução deles depende a sua manutenção.

Ao lado desses, que formam a base inevitável de ação dos interventores, estão os problemas políticos e administrativos, ao estudo e resolução dos quais está destinado o seu mandato. Nunca, como agora, foram para São Paulo tão múltiplos e delicados. A crise econômica asfixiando a atividade paulista, pondo no trabalho tormentos e riscos, assoberba a administração do interventor. E os problemas políticos que há decênios se vêm formando, e que a Revolução precipitou, abrem aos olhos da interventoria a crise do Estado e a luta de classes. O Estado liberal democrático brasileiro, a forma liberal-democrática do governo das províncias, exibe à luz meridiana o seu raquitismo diante do vulto das questões religiosas, que dominam e impelem a Nação. A luta de classes, alimentada pelo *chômage*[1] e pela crise econômica, açulada pelas agitações políticas de praça, proclamada e guiada pelo comunismo internacional, vem cavar sob a democracia brasileira o abismo, em que uma a uma vão caindo todas as democracias do mundo. E a juventude

1. Vocábulo francês: desemprego.

católica começa a sentir, ainda confusamente, que breve será chamada à luta religiosa, não mais para falar das tribunas e da imprensa, mas para agir nas arruaças e quem sabe se não combates. E uma grande inquietação se apodera das elites mentais de São Paulo, desencontrando pelos caminhos do ideal político mesmo aqueles que o ideal artístico e a vida sibarita aproximará.

No meio dessa borrasca é que hoje navega a nau da interventoria. Toda indisciplina a bordo apressará o naufrágio, toda desordem causará irremediavelmente a ruina.

O novo interventor do Estado encontra-nos num desses instantes agônicos, em que, como na salvação dos naufrágios, toda indisciplina, todo ato que possa acarretar perigo público, é punido com o sacrifício.

A guerra dos partidos tem de cessar. Não é um momento de normalidade o que atravessamos, como aqueles que, nas democracias perfeitas, justificam as intransigências de partido e as oposições. Lembro-me de uma frase de Nabuco, que cito sempre,[2] e que desde outubro de 1930 não saiu da ordem das nossas cogitações: "Nós estamos à beira da catadupa dos destinos nacionais. E diante dele é tão impossível ouvir a voz dos partidos, como seria impossível ouvir o zumbido dos insetos atordoados, que atravessam as quedas do Niágara".

O povo paulista tem de cerrar fileiras em torno do interventor que o Governo Provisório, considerando as altas necessidades políticas de São Paulo, nomear. É hora de tréguas para as reivindicações partidárias, esta em que só as reivindicações nacionais têm força bastante para serem ouvidas.

A Razão, 18.07.1931.

2. San Tiago refere-se ao seu artigo "A extinção do legalismo", publicado em 1930. Ver p. 29.

JUSTIÇA DE CLASSES

Nos Estados combalidos, trucidados por lutas interiores contidas a custo, as crises políticas nunca são pacíficas, nem ficam nos limites das rodas oficiosas e dos comentários da imprensa. Fazem deflagrar as revoltas profundas, que a tensão de equilíbrio do ambiente mantinha refreadas. À margem de um governo que muda de uma luta eleitoral que açula os ânimos, surgem as abertas para as reivindicações de todos, os motivos ou os pretextos para a violência e para a luta.

Nos primeiros dias do governo do tenente João Alberto, São Paulo está num momento desses. A vitória da Revolução relaxara os freios do descontentamento popular; em vez da calma risonha do sr. Washington Luís[1] que chamava a polícia para acalmar os proletários, tivemos diante de nós a crua realidade da *luta de classes*. Desde então começou-se a ver que havia nas fábricas.

Um grande povo que estava descontente da sua sorte. E que havia na avenida, nos palácios e nos clubes uma pequena classe que usava e abusava da sua força e do seu poder. Viu-se que a burguesia paulista estava diante do proletariado. E que neste se infiltrava a propaganda bolchevista,[2] fazendo a revolução econômica pairar sobre as cabeças como uma ameaça.

Viveram-se horas agitadas, enquanto a crise política, movimentando a sociedade, extremava em posições antagônicas os interesses das classes. Veio, porém, o coronel interventor fazer a sua política de benefícios às classes e de reerguimento econômico. A paz artificial se restabeleceu, e de novo se confundiram as posições extremadas, de novo a luta entrou no seu estado larvário, restaurando o sossego no espírito dos homens da Revolução.

1. Washington Luís (1869-1957), político paulista. Foi o 13.º presidente da República entre 1926 e 1930, quando foi deposto pela Revolução de outubro daquele ano.

2. Comunista.

Vem agora a crise provocada pela nomeação do sr. Plinio Barreto,[3] e pela oposição que lhe fazem os que pedem o general Miguel Costa.[4] Já estão bem definidos os partidos: a ala que apoiava o coronel João Alberto, o Partido Democrático e os estudantes mantêm-se fiéis ao novo interventor indicado; a Legião Revolucionária,[5] por seu lado apoiada na massa grevista que ontem veio do Brás[6] à cidade, lança e sustenta o nome do general. A desordem se generaliza na cidade, miguelistas acesos se declaram já em comício permanente, a praça do Patriarca[7] e o largo da Concórdia[8] enchem-se de um clamor contínuo de manifestações e a greve vai ocupando as fábricas uma a uma, ameaçando perfazer um total de 100.000 operários. Situação de novo alarmante, e que vem mostrar mais uma vez o vulto que as crises políticas podem dar às revoltas larvárias da sociedade.

Ontem nos comícios da Concórdia pedia-se a legenda "8 horas de trabalho", e oradores comunistas falavam ao lado de outros puramente partidários, obedecendo à tática de propaganda, que manda drenar para os fins do Partido[9] toda a inquietação das massas rebeladas.

E de novo, portanto, a *questão social* veio à luz, neste grande desequilíbrio político que a renúncia do sr. João Alberto acarretou. De novo, proletários e burgueses se distinguiram, a ânsia revolucionária irrompeu das massas oprimidas, e a inquietação voltou ao ânimo da burguesia. Não se sabe ainda como o Governo Provisório encerrará a crise. Mantenha ele, porém, o sr. Plinio Barreto ou ceda aos comícios nomeando o general Miguel Costa, o mais que conseguirá é fazer recolher as revoltas que estão desencadeadas, e que dentro da ordem artificial do Estado democrático não se poderão debelar.

---

3. Plinio Barreto (1882-1958), político paulista. Governou o estado de São Paulo por vinte e um dias, em seguida à Revolução de outubro de 1930.
4. Miguel Costa (1885-1959), militar.
5. Legião Revolucionária, também chamada Legião de Outubro. Organização política articulada pelos tenentes da Revolução de 30, logo após a vitória do movimento.
6. Brás: bairro da capital paulista. Àquela altura um bairro industrial, onde residia um grande número de operários, em sua maioria de origem italiana.
7. Praça do Patriarca: logradouro no centro da capital paulista.
8. Largo da Concórdia: logradouro no centro da capital paulista.
9. Partido Comunista Brasileiro.

O comunismo não é uma ideologia da massa. É uma ideologia com a qual se lhe pretende prometer umas tantas reivindicações a que ela se julga com direito. As classes proletárias aspiram à justiça de classes. Têm fome e sede de justiça, mas não a querem obter por meio deste ou daquele método de ação política. Não tem convicções socialistas, não aspiram às formas de organização social e econômica do marxismo, nem se insurgem contra os valores fundamentais da alma brasileira, entre os quais estão o cristianismo e a fé nacional.

Quer, porém, a justiça de classes que na sociedade liberal burguesa não se pode realizar, porque onde se deve fazer justiça a duas partes, não se pode dar a uma delas a jurisdição. Não se pode esperar que a justiça de classes se venha a consumar entregando aos patrões a sua realização. Nem mais se pode esperar deixando-a aos empregados. Só um poder superior às classes, com finalidades próprias, mais duradouras e mais altas que as de todas as classes existentes na Nação, pode assumir a função de distribuir a justiça entre elas, organizado o bom sistema de colaboração. Esse poder é o Estado, que o liberalismo democrático alheou de todas as questões nacionais, e que deve ser o organizador e o julgador do trabalho e do capital. Só por ele se restabelecerá a harmonia na sociedade política, e a colaboração deixará de ser a aparência para ser a regra natural no convívio das classes.

O futuro interventor, seja o sr. Plinio Barreto dos estudantes, ou o sr. Miguel Costa dos operários e da Legião, encontrará pela frente essa eterna questão que o seu governo tem de resolver. Boa administração e prosperidade econômica são fórmulas anestésicas. Onde foi insuficiente o governo do tenente João Alberto, foi em ter apenas anestesiado os problemas sociais do momento.

Quem não os tratar de frente visando à realidade profunda que encerram, terá se limitado a contemporizar.

A Razão, 19.07.1931.

SEPARAÇÃO DE RUMOS

A marcha evolutiva do movimento paredista,[1] que durante a semana passada se iniciou, veio afinal dissipar todas as dúvidas sobre o seu objetivo e sobre a sua direção. Os que insistiam em ver no movimento uma atitude partidária da classe operária, pondo-se ao lado do general Miguel Costa na atual crise política, não têm mais o direito de se iludir desse modo, pois já está muito claro que é bem outra a política da greve atual.

Não foi o dissídio partidário que ocasionou o movimento. Até sábado assim se pensava, mas sabe-se agora que foi uma reclamação coletiva dirigida pelos tecelões de São Paulo à patronagem, sobre horas de trabalho e regime de menores e mulheres, que deu origem à greve, primeiro nas fiações, depois nas outras indústrias. A princípio, é verdade, o movimento aparentou uma união perfeita entre os operários paredistas e a Legião Revolucionária: só hoje a cisão está bem nítida, e bem destacados os seus objetivos.

Enquanto a Legião organiza comícios contra o sr. Plinio Barreto, e em favor do seu chefe o general Miguel Costa, os operários promovem-nos em favor de reivindicações de classe, de medidas trabalhistas sem atenção mais que secundária ao problema de escolha do interventor. É pelo menos o que se deduz dos termos expressos dos manifestos que a Federação Operária vem lançando à classe, e sobretudo da entrevista que concedeu a um dos nossos redatores o seu secretario geral, onde são claramente definidos os pontos imediatos das suas reivindicações.

E isso dá à confusa situação de São Paulo nesta hora um novo panorama, em que as forças se dispõem numa nova ordem, e envolvem problemas da maior complexidade. Ficam em antagonismo irredutível os civilistas do Partido Democrático e da Faculdade de Direito, que pedem a nomeação do sr. Plinio Barreto, e os miguelistas da Legião Revolucionária,

1. Grevista.

ao que se diz com forte apoio na Força Pública. Ao lado dos primeiros, pela sua solidariedade com o tenente João Alberto, vem colocar-se a *política dos tenentes*. E mais orientada no sentido da segunda, já pelo feitio oposicionista, já pelo contato frequente nos *meetings*[2] e passeatas, a enorme força de sessenta e oito mil operários, postos em greve desde sábado.

Dessa situação já dá conta o audacioso manifesto dos estudantes de direito divulgado ontem pelos vespertinos, e em que os rapazes da Faculdade vão se pôr na sua tradicional posição de aliados das classes oprimidas, enfrentando ao mesmo tempo os legionários miguelistas, a quem tratam de "políticos facciosos e grosseiramente burgueses" e de quem se proclamam "adversários naturais". E contra eles carrega o ímpeto dos partidários do comandante da Força Pública, enquanto o Partido Democrático, das proclamações nativistas e civilistas, guarda uma atitude de reserva que bem se poderá chamar de timorata.

Está pois aberta a luta no setor político paulista. E como assinalei em meu último artigo, mais uma vez as crises políticas, agitando o ambiente político, fizeram surgir os grandes problemas sociais, que se acalmam nos períodos de serenidade e que reaparecem cada vez mais vivos nessas horas de clamor.

Os grevistas de São Paulo só agora, porém, definiram de público, os pontos que reivindicam. O seu movimento atingiu a plenitude, duzentos e cinquenta a trezentos mil operários estarão em greve dentro em pouco, e a opinião pública ainda não se inteirou dos pontos concretos das suas proclamações oficiais. É que as greves como esta se alastram menos pelo conteúdo dos manifestos que pela profunda predisposição das massas. Revelam mais o descontentamento de uma grande humanidade injustiçada, condenada a um regime de pactos unilaterais com a patronagem, em que cede sempre por necessidade, e por sistema, do que a urgência de umas tantas medidas que visam concretizar os seus males. E todas elas são o desencadeamento das energias populares, ansiosas por um regime de justiça e de concórdia, mas incapazes de definir por si as bases e as normas suficientes desse regime.

Se o Governo Provisório quer considerar o caso paulista, não para resolvê-lo, como a força armada lhe permitir, mas para resolvê-lo como o bom espírito revolucionário mandaria, deve atender à importância suprema

2. Vocábulo inglês: comícios.

destas inquietas manifestações de classes proletárias, porque aí está a melhor energia que pode atuar nessa hora de reconstrução moral e política do país.

Dos que se imobilizaram nas posições adquiridas, dos que se constituíram em didatas do regime, e se afizeram a criar repúblicas nos compêndios, insensibilizando-se às grandes pressões do espírito popular, não se pode nem se queira esperar salvação. Há uma diferença essencial entre o espírito político das massas guiadas pelo entusiasmo e pelo sofrimento, e o espírito político dos que jogam, calmamente, as peças no tabuleiro dos partidos para conservar esta ou aquela peça, e preparar esta ou aquela situação. O interventor que vier com o espírito dos últimos não sentirá a energia destas agitações populares. Virá talvez *serenar o Estado*. Virá com o prestígio do seu nome *unir o Estado*. Mas nada disso adianta, porque toda serenidade e toda união serão artificiais, enquanto perdurar um regime de desequilíbrio social como este em que vivemos.

O governo que mantém a ordem pública porque está fortemente apoiado nos quartéis e nas guardas é um simples governo de polícia. O homem que une os partidos e serene as massas, é apenas alguém que reúne as esperanças de um momento e que dura enquanto essas esperanças se consomem.

Diante de milhares de grevistas que estão nas ruas pedindo proteção e justiça para a sua situação de desamparo, o governo não tem mais direito de apelar para a política personalista de conclaves partidários; tem de se voltar para a massa inquieta, colher a energia da sua rebeldia, para derrocar com ela as bases condenadas da nossa velha construção política, e lançar outras subordinadas a novos planos. Mas, sobretudo, os homens do governo não podem deixar que só os exploradores comunistas entrem em contato com o proletariado desgovernado. Pois que a sua sede de justiça os lançará ao lado de quem prometer saciá-los. E se não vier o regime de justiça que eles esperam, o ânimo de vingança os impelirá para o bolchevismo, que é para onde a tática do partidarismo internacional, os está continuamente chamando.

Salve o Governo Provisório a Revolução de outubro do caminho da inutilização completa a que os sucessos de São Paulo a estão levando. Se a *questão social* perdurar, acesa ou dormida, no ambiente político que se vai construir, pode-se já prever que outra revolução se irá formando na consciência das massas brasileiras. E queira Deus que essa revolução ainda se faça no sentido de aniquilar o Estado liberal que nos governa, e que assiste com um indiferentismo criminoso, à revolta e a confusão das forças nacionais. Pois precisamos repor a Nação no Estado. Este não poderá ficar alheio aos grandes interesses de classes, que convulsionam a sociedade.

Os operários de São Paulo, que estão pedindo reduções de aluguéis e de preço de gêneros, aumento de salário e regulamentação do trabalho, no fundo só querem, só desejam uma coisa: que o governo tome a si com isenção de ânimo e espírito de justiça, a direção das atividades de classe e o julgamento dos seus conflitos.

Livre-nos, porém, a ação dos governos da tática anarquista e mesmo da comunista, que ameaçam se apoderar deste movimento de classes.

A Razão, 21.07.1931.

O BRASIL E A POLÍTICA

A origem do fenômeno político a que se chamou hoje em dia a crise do Estado, pode ser teoricamente definida como a separação que se veio operar, primeiro no terreno da doutrina, e depois no da prática, entre o Estado e a Nação.

Aprende-se em Direito Público que a Nação faz parte do Estado. Este é um instituto jurídico-político criado para garantia da ordem e para declaração do direito, e aquela é um fato histórico-social, é o complexo de caracteres atuais e tradicionais que emprestam unidade histórica a uma sociedade, limitando-a e individualizando-a entre as demais. A estrutura do Estado é obra imediata de vontade política dos povos: pode ser alterada, reformada e demolida pela intervenção imediata e deliberada desses povos. A individualidade nacional está fora do alcance do arbítrio político, é mais uma resultante da ação de fatores diversos e prolongados do que o produto de uma intervenção individual, que só em casos de exceção ativa por si só no espírito nacional.

O Estado é, pois, por natureza, mais que um órgão da Nação. É quem dirige, coordena, e finaliza a atividade nacional. É um todo de que fazem parte a Nação e o Território, considerados na sua expressão de autoridade.

O que originou a presente crise do Estado, nos países da Europa e da América, foi a organização insuficiente do próprio Estado, ditada pelos princípios vencedores na Revolução de 1789, que o tornaram incapaz de assumir as suas funções coordenadoras e diretoras da vida nacional, permitindo que essa vida excedesse os seus limites e se criassem novos órgãos de controle e direção.

Surgiram, por assim dizer, vários Estados no próprio Estado. Enquanto este presidia a vida eleitoral e administrativa da Nação, a sua vida econômica ia sendo controlada pelas associações cada vez menos numerosas e mais fortes de patrões e capitalistas, a sua vida moral ia sendo entregue ao arbítrio das famílias e das escolas livres, a sua vida intelectual e cultural se ia refugiar nas academias e nos institutos particulares.

Ao fim de pouco tempo o homem não se sentia mais ligado ao Estado senão por aquela parte dos seus interesses e deveres que de fato representa para ele os laços mais efêmeros de dependência da sociedade em que vive: os interesses e deveres políticos. E fora desses escassos momentos em que exercita o voto, vivia sob a ação de outras forças, sob o impulso de outros deveres, que algumas vezes até o colocariam em antagonismo com o Estado. E o homem perderia cada vez mais o senso de ordem pública. Menoscabaria os seus direitos políticos, findaria por se desinteressar dos grandes problemas que dizem com a gestão dos seus destinos, procurando fazer à parte a sua vida de homem econômico e social.

Tudo isso que veio a ser a crise de Estado, desde a República Velha[1] que nós, no Brasil, estamos sentindo. Os sintomas são os mesmos, o quadro moral do nosso civismo é a tradução do mesmo abandono, da mesma cisão. Está de um lado a Nação brasileira: massas operárias que sofrem e lutam; classes conservadoras expostas aos riscos extremos, e conduzidas à autodefesa dos seus interesses; classes intelectuais que vivem a sua inquietude isoladas do meio; tradições abandonadas à própria vitalidade, em luta com as forças morais de negação mais extremada. Está de outro lado o Estado, votantes e votados, cedo convertido numa simples máquina de reversamento partidário e de operações eleitorais.

O homem desintegrado do Estado, obrigado a ir buscar a direção e a força na solidariedade de interesses ou de classe, abandona os seus deveres eleitorais, e perdendo o senso destes deveres perde igualmente o vínculo afetivo que o liga a eles, e ao qual se dá o nome tão vulgarmente aplicado de civismo.

Olhando o Brasil republicano, podemos bem falar de um povo sem esse civismo. Só as classes políticas – e já é um absurdo haver classes políticas –, só elas levam de fato ao terreno prático a sua união com o Estado, o seu espírito democrático eleitoral, o seu desejo de intervir na vida do país.

Não o fazem, porém, por civismo, pois não é a ideia de deveres mas a soma de interesses que as identificam aos fins públicos. Apenas se afizeram à administração das coisas públicas, como outros se afizeram a um gênero

1. A República Velha, ou Primeira república, estendeu-se da proclamação da República, em novembro de 1899, até a Revolução de outubro de 1930.

qualquer de trabalho administrativo particular. As massas, massas proletárias ou massas burguesas, desprezam os seus direitos políticos, fazem tábula rasa do voto e da autoridade, e, até quando querem escoimar um movimento de todos os erros que os comprometem, apressam-se em assinalar que o seu movimento é apolítico, que pouco se lhes dá que venha ao poder o sr. Fulano ou o sr. Beltrano, que não pretendem concorrer nas urnas nem influir nos partidos. E essas mesmas massas, quando participam de movimentos revolucionários como o de outubro, fazem-no não para seguir tal ou qual facção política, mas por esperarem da nova ordem de coisas benefícios econômicos e sociais indefinidos, que a ordem criada já mostrou que não pode produzir.

A greve dos operários de São Paulo foi mais um atestado, que o povo paulista não pode esquecer, da profunda crise de Estado, que parece ser a base dos nossos problemas políticos. Os grevistas no seu manifesto pediram medidas de organização de classes, mas trataram logo de pôr bem claro que nada tinham com o dissídio político criado pela sucessão do interventor. Declararam-se mesmo alheios a fins ou preocupações políticas. Procuraram enfim, em linguagem corrente, limpar o seu movimento da mancha indesculpável de político. E essa atitude dos operários não é nenhum sintoma novo, mas é apenas a reiteração de um velho sintoma, do grande mal que nos está roendo – a insuficiência do Estado.

Porque de fato, se o Estado não nos serve para pôr ordem e justiça no trabalho, para pôr uma medida de equidade nas mútuas exigências dos patrões e dos empregados, para promover e fiscalizar a educação, para zelar pelas tradições vivas do povo, haurindo-lhe todo o surto criador, se para nada disso serve do Estado, e se tudo se entrega a outras forças – outros Estados – que existem na Nação, então é uma superfetação esse aparatoso governo, que não tem sombra de força na sociedade que rege, e com o qual ou sem o qual a marcha dos acontecimentos se processará para um só lado.

Não julgue o operariado que apelou para esse recurso extremo e antijurídico da greve, que o seu manifesto alguma coisa resolva. Ou a mocidade proletária se vem juntar com a mocidade burguesa para dar força ao Estado [---], ou esse mesmo Estado será aniquilado pelo ódio e pela vingança que a injustiça vai carreando nas massas.

Precisamos de um regime de autoridade, pois sem autoridade não haverá justiça.

A Razão, 22.07.1931.

A MISSÃO DO INTERVENTOR

Acaba de se resolver o "caso" paulista, com a escolha do sr. Laudo de Camargo* para interventor. Com isso se encerra possivelmente a crise, pois, ao que se diz, em torno do seu nome reúnem-se todas as facções, tanto as que cercaram o sr. Plínio Barreto, como as que lançaram o general Miguel Costa. Paz, portanto, nos arraiais políticos, e de novo aquele estado de ânimo feito da expectativa de todos, de boa ou de má vontade de alguns, com que se espera sempre um novo governo. E, sobretudo, o governo de um interventor, isto é, de alguém que traz apenas as credenciais do seu valor pessoal, e não é precedido de uma experiência política ou de uma plataforma.

No caso do sr. Laudo Camargo, as credenciais são excelentes. Ele é um perfeito expoente público de São Paulo, e a sua escolha atende àqueles dois impositivos da opinião paulista que o Governo Provisório tinha de considerar – o civilismo e o orgulho regional. Ele é o civil paulista por quem há muitos meses se vem chamando nos comícios, por quem se fizeram grandes injustiças ao notável homem público que desde a Revolução nos governava, e por quem ainda agora se desencadeou a grande crise, cujas consequências perigosas, a ação hábil do governo parece que evitou. Vem portanto com a boa vontade do povo paulista, que já agora nele deseja encontrar o paulista civil que as tradições de S. Paulo exigiam, e o continuado: da obra administrativa do tenente João Alberto. Obra que foi as mais altas da Revolução, que atacou de frente problemas múltiplos da nossa administração, cuja continuidade é hoje uma aspiração da economia paulista, e um sério receio para os que assistem à sua substituição.

Essa é, sem dúvida, a grave missão do sr. Laudo de Camargo na interventoria de São Paulo. Ele recebe já do tenente João Alberto uma tradição política revolucionária. Mas para estar à altura da sua missão não

* Laudo de Camargo (1881-1963), magistrado. Interventor federal em São Paulo de 26.07.1931 a 13.11.1931.

pode ser apenas o prosseguidor dessa tradição. Isso porque o tenente João Alberto não foi um político completo. Foi um grande administrador, um excepcional gerente da usina paulista, mas permaneceu à margem da opinião, não captou e dirigiu as correntes partidárias, de modo que o seu governo conservou-se artificial e transitório, governo de interventor, sem deitar raízes na vida e no espírito paulista. O sr. Laudo de Camargo tem que fazer isso. Não lhe bastará continuar a administração do sr. João Alberto. Ser-lhe-á preciso começar a política que o sr. João Alberto descurou, para que o signo da transitoriedade não comprometa a solidez da sua obra de governo. O sr. João Alberto desprezou a Legião Revolucionária, o Partido Democrático, o P. R. P. Deixou que a primeira se constituísse em máquina partidária poderosa, ligada apenas ao general Miguel Costa; deixou que o segundo acendesse contra ele a campanha nativista que teve momentos de tão prejudicial intensidade, e que o terceiro fosse aos poucos se chegando às hostes legionárias do general. Veio um momento em que de fato o sr. João Alberto era alguma coisa de inteiramente estranha a S. Paulo, e em que nada assegurava a linha de continuidade do seu governo. O próprio sr. João Alberto o sentiu, e com aquele gesto fidalgo de há poucos dias, pôs termo ao seu mandato. Agora é a vez do sr. Laudo de Camargo. Não se iluda S. Exa. sobre a unidade atual da opinião em torno do seu nome. Essa unidade exprime a simpatia dos partidos e a necessidade de ordem que existe no espírito público. Se o novo interventor seguir o caminho traçado pelo sr. João Alberto, verá desfazer-se essa unidade. Os partidos, desamparando-o arrastarão consigo a opinião pública, e o sr. Laudo ficará também isolado e transitório no seu posto de governo limitando-se apenas a administrar.

E é isso que todos nós que o vemos subir ao poder sob tão bons auspícios, esperamos que ele não faça, mas que intervenha na formação da opinião pública, oriente-a, determine-lhe diretrizes, pois só assim resolverá os seus verdadeiros problemas. Mas, sobretudo, o que esperamos é que o sr. Laudo de Camargo venha cuidar de por em moldes partidários a opinião do seu estado, para que ela doravante possa falar por órgão definido, e não mais pelo simples clamor dos comícios. Esse é o seu dever de paulista, só assim fará pela emancipação real do seu Estado, que precisa retomar a posição moral e política que na União lhe compete, pela grandeza do seu trabalho, e pela sua tradição do espírito público e de fé nacional. Para isso é que se vem pedindo há tempos o governo de um paulista. E essa fica sendo, portanto, a missão principal do novo interventor.

Não será, porém, essa toda a sua missão. Ao lado disso que é o seu dever político - restaurar São Paulo na sua posição no concerto dos Estados - cabe-lhe atender a mil problemas internos, alguns de maior relevo político. Que a greve operária ainda não terminada, e distinta nos seus claros objetivos do movimento político da semana, seja aos olhos do sr. Laudo de Camargo um vivo exemplo de maior e mais grave dos problemas a que, acima de tudo, os novos governos de S. Paulo têm de atender.

A Razão, 25.07.1931.

JOÃO ALBERTO

O tenente João Alberto, que ontem regressou ao Exército, de cujo seio a política o tirara, tem sido talvez a figura que maior discussão vem provocando na imprensa desde a República Nova. Jornais adversários trataram-no como um aventureiro, egresso das casernas sublevadas para correr a aventura do poder, sem outra preocupação de estadista que não fosse defender o seu posto dos assaltos repetidos dos políticos insatisfeitos; jornais favoráveis fizeram dele uma figura que havia conquistado direitos imprescritíveis ao poder revolucionário graças aos seus serviços à Revolução. Nem uns nem outros, evidentemente, conseguiram dar a justa apreciação da sua obra. Nenhum deles, posto no próprio cenário do seu governo, pode medir precisamente a extensão da obra e o valor do homem. Mesmo a opinião popular que lhe foi tão injusta, quando a agitavam as campanhas da má vontade, não redimiu com a consagração dos últimos dias os seus erros profundos sobre ele. Pois é difícil que a opinião pública vazada nas paixões partidárias passa cobrar tão depressa a serenidade e a distância para julgar tudo aquilo que há pouco podia apenas sentir.

Mas para o historiador do futuro, a obra do tenente João Alberto na interventoria de São Paulo terá pouca importância. Esse moço de trinta e três anos, que terminado o movimento armado deixou o comando das suas tropas, e tomou audaciosamente a direção do maior Estado da União, foi um administrador impassível que fechou os olhos aos problemas políticos que encerrava o seu mandato, e tratou apenas de erguer, como um técnico, o organismo econômico e administrativo que lhe entregavam, dilacerado de crises profundas e problemas multiformes. Sua atividade notável veio recair toda sobre a superfície dos casos paulistas. E da sua estupenda gerência, feita numa guerra contínua e numa hora crítica, vieram para o Estado incontáveis benefícios. Mas se o seu mérito tivesse sido apenas esse – de atender à síncope que acometera o Estado, na hora da Revolução, seu nome não iria interessar mais tarde aos historiadores da Revolução Brasileira. Iria se alinhar na galeria dos que governaram São Paulo, e teria as referências que o seu alto acerto administrativo exigiam. Nesse dia 25 de julho de 1931[1], seu nome desapareceria das crônicas públicas. O tenente teria apenas o anonimato glorioso, que só os verdadeiros soldados conseguem nos quartéis.

Mas não será só esse o trabalho dos historiadores. O tenente João Alberto é uma figura que se impõe muito mais à observação. Nela residem virtudes excepcionais, postas à prova na hora das armas e na hora do governo, que dele fazem o homem mais curioso e inesperado que nos trouxe a Revolução. O revolucionário de 1924, da Bateria de Artilharia de Alegrete, o comandante das marchas no sertão de Luiz Carlos Prestes,[2] o exilado que além das fronteiras exerceu corajosamente a sua profissão de engenheiro, normalizando e provendo a existência, o conspirador de 1930, que se tornou logo um dos eixos da conspiração e que representou a autoridade moral suprema sobre chamados revolucionários puros, o comandante da Capela da Ribeira, ânimo da disputa armada, surgiu de súbito em S. Paulo para ocupar o cargo de interventor, sem conhecer o meio, desconhecido por ele, e logo se chocando contra a desconfiança popular.

Foi acusado de comunista, de militarista, de antipaulista. Nada disto era impossível que ele fosse, pois comunistas vieram a se tornar muitos dos que fizeram a Revolução de 24, e depois no exílio acompanhara o seu chefe, mesmo quando ele deu o passo trágico que pôs termo à sua ascendência sobre os companheiros. Militarista, era uma coisa de que bem se podia suspeitar um revolucionário de 1922 e 1924, agitador das casernas, sem nenhuma experiência administrativa. Antipaulista era também o seu atributo possível, pois São Paulo recebera o movimento de outubro muito como uma afronta regional, e era lícito que visse no pernambucano João Alberto uma representação dessa afronta. De modo que todas as suspeitas podiam atingir o interventor.

E recaíram sobre ele com inclemência, repelindo-lhe a presença, e condenando-lhe previamente a gestão.

Todo esse ambiente, contudo, não influiu ao que parece no espírito do coronel. Seu espírito reto não se intimidou uma só vez ao clamor das

1. Data em que João Alberto deixou a interventoria no estado de São Paulo, cargo para qual fora nomeado em dezembro de 1930.
2. Luiz Carlos Prestes (1898-1990), militar. Líder do Partido Comunista Brasileiro.

massas, nem lhe quis dar credenciais do seu governo. Vinha-lhe o mandato do chefe da Revolução, do sr. Getúlio Vargas. Perante ele eram escusadas essas provas. Ao povo de São Paulo daria o resultado da sua administração dedicada, e as provas posteriores das suas intenções.

Nesse pensamento do coronel João Alberto está a sua alta qualidade de estadista, a coordenação do senso de hierarquia com a melhor compreensão do espírito público. Antidemagógico, não cortejou a popularidade, e levou tão longe essa virtude, que por ela tocou o seu grande erro, que foi o desprezo de todos os partidos. E o militar que trouxe consigo um senso tão objetivo de hierarquia foi o menos militarista dos políticos, criando a autonomia entre os departamentos do seu governo, entregando-os a técnicos, e fazendo do poder discricionário, de que estava investido, uma simples arma da justiça e da lei. O coronel João Alberto foi o interventor a quem não se acusou de uma arbitrariedade. Foi tão sereno como um magistrado, de tal modo que hoje, com o governo do sr. Laudo de Camargo, ninguém espera mais ordem e mais lei.

E o comunista passou francamente à legenda, pois não se pode induzir dos seus atos, nenhum indício a esse respeito. Ele foi ao mesmo tempo protetor de interesses burgueses e de reivindicações proletárias. Seu espírito, que não agiu em pleno sobre os problemas sociais, no pouco que fez mostrou mais o pensamento de um nacional-socialista, do que de um comunista ou de um liberal. E quem sai de São Paulo sob a aclamação da lavoura e da indústria, não pode ser suspeitado de agir mesmo remotamente contra ele. Aliás, é aqui que nos falta com que instruir um juízo doutrinário sobre o sr. João Alberto. O comandante revolucionário procurou apenas meter ordem na administração desgarrada, e nisso ficou.

Mas da sua personalidade todos nós sentimos que os recursos são muito maiores, e que nesse tenente ajudante de ordens do ministro da Guerra estará um grande estadista, que um outro meio, e uma outra situação, teriam feito aparecer.

A Razão, 26.07.1931.

O VALOR DA REVOLUÇÃO

Não erraram os que viram no caso de São Paulo, que o Governo Provisório acaba de resolver, o limite da primeira fase da Revolução brasileira. Essa afirmação foi feita a princípio com um sentido especial, pois suspeitava-se que, rompido o equilíbrio de forças políticas que sustentavam a situação paulista, a Revolução entrasse numa segunda fase dinâmica, substituindo por uma nova ordem a que o movimento de outubro criara. Haveria talvez uma segunda luta armada, ou apenas talvez uma luta partidária, que se consumaria com a retirada do cenário paulista de alguns vultos principais. Noutro sentido, porém, a observação é mais exata. Pois se, ao que parece, o Governo revolucionário continua equilibrado, por outro lado não resta dúvida que este foi o momento em que nós saímos do período propriamente revolucionário para o período pós-revolucionário da nova República. Talvez não nós, brasileiros; mas seguramente, nós, paulistas.

Até aqui o que caracterizou os governos instaurados pela Revolução foi a participação direta e exclusiva, nos seus altos postos, de elementos ligados pessoalmente ao movimento de outubro. Por assim dizer, os chefes revolucionários tomaram a si individualmente o governo, e tiveram sempre como principal título para dele serem mandatários, a sua identificação perfeita com a Revolução ou com os seus chefes. Surgiu um mandato político de natureza especial – o mandato revolucionário, que era a investidura num cargo pela própria Revolução, e incarnada juridicamente no seu chefe supremo. Por essa investidura teve o sr. Olegário Maciel o governo de Minas, teve o sr. Flores da Cunha[1] o governo do Rio Grande, teve o coronel revolucionário João Alberto o governo de São Paulo, e o general revolucionário Távora, o pro-consulado do Norte. Mesmo na organização do ministério, a investidura

1. Flores da Cunha (1880-1959), político gaúcho. Governador do Rio Grande do Sul de 1930 a 1937.

revolucionária predominou, e sem contar a exceção que é o sr. Whitaker,[2] posto na Fazenda por motivos técnicos especiais, todos foram colocados nas suas pastas dentro de um critério político, que se fundava na divisão proporcional dos lugares aos Estados líderes do movimento, e na *colocação* em postos capitais, dos grandes indivíduos da Revolução.

Um princípio definido ditava essa ordem de coisas; era este: o programa da Revolução, só pode ser executado por aqueles que a tinham feito. E daí nasceu o "espírito revolucionário", para uma simples restauração do sentimento do governar para o bem político, para outros apenas espírito de boa vontade no governo, para poucos, mas radicais, expressão de dogmas políticos que a Revolução comportava, mas que em verdade nunca revelou. Em suma, o espírito revolucionário só foi de fato definido como "estado de espírito" com que os revolucionários entraram na conspiração e na luta, isto é, foi definido subjetivamente, e só assim sempre apreciado, nunca objetivamente, como conjunto de princípios e normas de ação.

Ora o "espírito revolucionário", ora "o que tinham os chefes da Revolução", a eles cabia em nome desse espírito, governar. E foi o que fizeram de outubro até hoje o Governo Provisório e os seus delegados.

Agora, porém, uma grande modificação se operou nessa ordem. O sr. João Alberto, que governava São Paulo como mandatário da Revolução, de que fora um dos chefes, sai do governo e no seu lugar se nomeia alguém inteiramente estranho ao movimento de outubro, que se conservou sempre alheio aos conflitos políticos, e que foi até hoje um simples expectador das mudanças políticas da sua terra. É fácil compreender que em outubro ou novembro de 1930, nunca um homem como o sr. Laudo de Camargo seria nomeado interventor, pois lhe faltaria aquele mandato prévio da Revolução, e o "espírito revolucionário". E que se hoje essa nomeação é possível, é que modificações profundas se passaram no ambiente. É que o período primeiro da Revolução passou, e entramos no segundo, que vai ser o período pós-revolucionário.

No primeiro, o mandato político vinha das armas ou da campanha parlamentar; neste segundo o mandato já vem do governo propriamente, com a consulta implícita na opinião popular. No primeiro, o mandato se justificava com o "espírito revolucionário". Isto é, com a identificação necessária do

2. José Maria Whitaker (1878-1970), advogado, ministro da Fazenda de 1930 a 1931.

mandatário com os fins e origens da Revolução; neste segundo, ninguém foi procurar "espírito revolucionário" num Ministro de Tribunal, mas foi-se buscar saber a virtude, atributos que em todos os tempos se julgou necessários aos homens públicos, e cuja consideração, por certo, não foi agora que se veio instaurar. E assim como mudou o ponto de vista jurídico e o ponto de vista moral na escolha dos chefes, mudou a expressão partidária das escolhas.

Pois não é no comando das forças que se vai buscar agora credenciais para um nome, mas no seu passado de chefe de família e de cidadão.

Estamos, pois, às portas do período pós-revolucionário. Em si isso não representa progresso ou regresso, vitória ou derrota para a Revolução. O período de governo revolucionário pode terminar ou pela consolidação da obra revolucionária - pela extensão a todos do "espírito" da Revolução - ou pela insuficiência dela e dos seus homens para dominar e guiar a situação.

Pode ser uma crise de autoridade, que lança abaixo um governo criado pela investidura das armas. Pode também ser a radicalização desse governo no ambiente social, que o torna indispensável à continuidade de uma obra, que já agora todos saberão levar. Em síntese, a queda do um governo desses pode ser fruto da identificação do meio a ele, o que será uma vitória da Revolução, e pode ser a consequência da sua ineficácia para a condução do Estado em que se constituiu, o que será a sua derrota.

Ao ver do sr. Laudo de Camargo na interventoria de São Paulo - escolha que é um dos apanágios da vida política do sr. Oswaldo Aranha -, nos perguntamos todos se o seu governo vai ter raízes na Revolução ou fora dela. Isto é, se o "espírito revolucionário" terá deixado de ser atributo de poucos, para ser estado de espírito de todos, ou se terá ficado no limite de algumas consciências revolucionárias sem as poder ultrapassar.

Esse espírito, já que o não conhecemos como doutrina, poderá ser atuado como sentimento. Neste caso só o tempo nos mostrará a verdade. E nos dirá se a Revolução alienou o nosso ambiente, a ponto de criar um processo de ação política que será comum a todos os governos, ou se foi apenas um episódio, passado o qual tudo retomará o seu trânsito, ficando apenas os louros da interventoria do sr. Laudo de Camargo, para a sua consciência de homem de bem.

A Razão, 28.07.1931.

O DECÁLOGO RIO-GRANDENSE

Eu nunca perdoei à mocidade do sr. João Neves a sua formação ideológica de republicano histórico. Pareceu-me sempre inadmissível naquele campeão do pensamento revolucionário, juventude da Aliança Liberal nas horas agitadas da campanha parlamentar, uma mentalidade à imagem do sr. Antônio Carlos, refratária ao realismo político dos modernos pensadores e construída apenas com as forças vagas do doutrinarismo liberal.

Era um dos moços da retaguarda. Enquanto a Revolução desencadeada sob o impulso da campanha liberal se ultrapassava a si mesma, e era levada pela dureza da realidade e pela corrente ideológica incerta que vinha dos moços da vanguarda e atuava sobre alguns chefes na hora da reconstrução, para destinos políticos muito mais radicais que os da Aliança, enquanto se acentuava a marcha considerável que existe entre a plataforma do candidato liberal e o discurso do chefe do Governo às Comissões legislativas, o sr. João Neves ia ficando para trás, ia sendo cada vez mais um passado da Revolução, e começava a exemplificar uma categoria de "revolucionários históricos", que todos julgavam que fosse se formar.

O sr. Francisco Campos e o sr. Oswaldo Aranha eram de fato – aquele mais abertamente do que este – os transformadores morais da Revolução.

O movimento legionário que o segundo imaginou, e que o primeiro levou a um grau intenso de realização, parecia ser a nova forma doutrinária em que se vazaria a Revolução. Depois a Legião Mineira também se transformou em Legião liberal. Foi uma clara transigência com os srs. Antônio Carlos e Wenceslau Braz.

Mas esse "liberalismo" que o jovem secretário do interior de Minas, sr. Gustavo Capanema,[1] qualificou de "categoria do espírito mineiro", não é,

1. Gustavo Capanema (1900-1985), político mineiro; um dos fundadores da Legião Mineira. Secretário do interior do Governo de Minas Gerais de 1930 a 1933.

pode-se dizer, um liberalismo autêntico, pois é acompanhado de um sentido de disciplina e de amor à tradição, de supremacia moral da Igreja, que arrepia os bons liberais. (Aliás, na Minas dos partidos únicos, o liberalismo é menos um sistema do que um sentimento.)

Para trás ia ficando o sr. João Neves. O liberal que não quis chefiar a Legião (a do Rio)[2] ficou sendo o representante da Aliança e das horas entusiásticas de oposição parlamentar.

A Revolução o ultrapassara. Ninguém imaginara que a sua voz fosse pesar no momento máximo da reconstrução: no momento da constituinte.

E agora é do que já não podemos duvidar, diante do decálogo rio-grandense, que os *Diários Associados* acabam de publicar, que teve como redator o sr. João Neves, e como inspiradores o chefe republicano sr. Borges de Medeiros, e o seu antigo líder da Assembleia do Estado. Ali se consubstancia o que será o pensamento da frente única rio-grandense na elaboração da nossa futura Carta. E fica bem claro que será a bancada do Rio Grande a mais conservadora e republicana das bancadas, cujo pensamento com certeza dominará os extremos pouco acentuados da Convenção.

O avanço doutrinário da Revolução estará perdido. Tudo ficará onde estava, e creio que nenhum homem estará tão ao par das correntes como o sr. Neves da Fontoura.[3]

O decálogo gaúcho é um instrumento curioso da transição entre o ferrenho democratismo de Borges e Pilla[4] e o realismo que a cultura moderna acordou em alguns espíritos de vanguarda. Os pontos gangrenados do regime antigo são atacados com pequenas medidas paliativas. A necessidade de uma colaboração do Executivo e do Legislativo, por exemplo, se traduz no VIII ponto do decálogo pelo estabelecimento da possibilidade de virem os ministros à presença da Câmara, quando esta se reúna em comissão geral. O perigo da irresponsabilidade e da prepotência do Executivo, quer-se corrigir com medidas especiais repressivas desses males, expressas nos itens II, V, VII e IX. Enfim, todas as sugestões

2. Legião Revolucionária do Rio de Janeiro, ou Legião Fluminense. San Tiago foi um dos redatores do seu manifesto.
3. João Neves da Fontoura (1887-1963), político gaúcho.
4. Raul Pilla (1892-1973), político gaúcho.

gaúchas só tem por objetivo tornar mais rigorosa a tripartição harmônica de poderes, evitar os perigos do federalismo, perfilando-lhe, porém, toda a doutrina, sanear o Judiciário de qualquer dependência do Executivo, e criar aquele poder de controle que é a obsessão dos nossos publicistas há muitos anos, e que é uma fantasia política destinada ao mesmo sucesso do regime. Além disso, o decálogo fala dos melhoramentos que o tempo vem introduzindo no mecanismo das democracias. E segue a mesma estrada perigosa de representação profissional em que a última entrevista do sr. Borges de Medeiros foi tão duvidosa, e apressada.

O sr. João Neves não abre melhor caminho na doutrina do que o tentado pelo sr. Borges de Medeiros. Este falou-nos de um Senado profissional, que seria a aberração máxima do pensamento político corporativo ou sindical. O decálogo, agora, fala de um Conselho Econômico, que só no título encerra todo o erro doutrinário de que está cheia a sugestão. Pois trata a representação de classes como representação de classes econômicas, o que é além de tudo um erro perigoso. Não é a opinião dos comerciantes e industriais que nós queremos ver pesar no governo do país, pois isso seria prejudicial, por criar a supremacia de interesses de grupo econômico sobre os interesses da coletividade nacional.

O que hoje em dia serve de base à doutrina de representação de classe é a ideia de que cada indivíduo deve existir no Estado como profissional que é, como membro de classe, classe econômica ou mesmo classe intelectual, e não a intenção apenas de fazer entrar, na elaboração das leis, o complexo de interesses econômicos do país. Isso seria um grave risco, pois faria da Indústria e do Comércio forças dirigentes do Estado, superpondo essas atividades às demais e criando dentro da nacionalidade a aberrante subordinação do todo a uma das suas partes.

O decálogo gaúcho renova o eminente perigo que ameaça a Constituinte: o de incorporar o princípio da representação de classes, sem lhe dar uma forma devida; traduzindo-o até por uma possível organização crivada de erros, que mais nos distanciará do caminho da verdadeira reconstrução. Fique o sr. João Neves com o sr. Borges de Medeiros no velho liberalismo democrático sem enxertos de doutrinas novas, a cujos princípios a sua mentalidade permanece estranha. Pois melhor será isso do que uma Carta híbrida, propícia a maiores desmantelos do nosso regime democrático.

Nem me parece que o velho Alberto Torres[5] esteja bem compreendido no poder verificador que o decálogo quer criar.

Pois ainda ai há uma doutrina política *manquée*,[6] que precisará ser bem esclarecida.

De outro modo, quando a Convenção Constituinte receber em seus debates a única corrente doutrinária organizada, que é a opinião gaúcha, não estará bastante forte para repelir lhe os erros e preencher lhe as lacunas. No último episódio da Revolução, se perderá o avanço dado pelos srs. Campos e Aranha. E assinalar-se-á com o triunfo do sr. João Neves a vitória das retaguardas.

O Jornal, 29.07.1931.

5. Alberto Torres (1865-1917), político e escritor carioca.
6. Expressão francesa: falha.

PANORAMA I

Não queremos louvar, nem condenar. Preferimos expor. Esta nota será uma espécie de levantamento cartográfico da situação política e social do Brasil. Os mapas não encerram comentários, nem juízos, são meros lineamentos.

Vejamos o estado de espírito das populações brasileiras, após a Revolução. É um fenômeno complexo. O mais complexo do continente. Talvez um dos mais complicados do mundo.

Politicamente, o Brasil de hoje apresenta as seguintes diferenciações – Amazônia, Nordeste, Bahia, Minas Gerais, Capital Federal, São Paulo e Rio Grande do Sul. São sete cores distintas, abrangendo as vinte e uma unidades da Federação. São expressões absolutamente diversas de mentalidade, de aspirações, de tendências, de necessidades.

A Amazônia compreende os Estados do Pará, do Amazonas e o Território do Acre, o norte de Mato Grosso e de Goiás, é a região mais vasta, de população menos densa, com dois núcleos civilizados (Manaus e Belém), vastas florestas, campos desertos, rios desconhecidos, tribos de índios, distâncias imensas, onde o homem, desarmado de recursos técnicos e dos capitais necessários à mais formidável das empresas, não conseguiu ainda dominar a Natureza, e se sente totalmente desamparado no seu drama secular. Toda essa zona tem uma mentalidade própria, de segregação do Brasil. O problema que ali se apresenta é o da utilização das possibilidades da terra em benefício do homem. E, portanto, nessa vasta proporção do continente sul-americano, o dominador será o que dispuser de meios técnicos para dar finalidade social às reservas naturais. E, neste momento, eis um tema para a nossa profunda meditação.

Estará em nossas mãos dar uma diretriz social e política a essa desmedida e bárbara extensão territorial, onde o homem brasileiro está completamente desamparado? Como teria influído ali a Revolução de 1930?

O Nordeste é, talvez, o que há de mais fortemente brasileiro. Como índice de sua grandeza, ele nos oferece a figura expressiva do cangaceiro. O Nordeste, abrangendo os sertões causticados pela seca, distingue-se, principalmente, pelo seu fatalismo messiânico, pelo seu feiticismo panteísta, pelo seu espírito de aventura, de liberdade selvagem, pela sua capacidade de sofrimento. Se a Amazônia revive ainda em nossos dias a consciência social do período das minerações e da caça ao índio, o Nordeste mantém o sentimento feudal dos aglomerados em torno do "senhor de engenho", o estado de espírito das pequenas povoações sobressaltadas pelas sortidas dos bandoleiros, a concepção belicosa da vida, que se traduz nas lutas de famílias, nos assassinatos, nos conflitos entre esbirros desalmados e heróis do sertão. E o dominador daquela ardente região tropical será o que puder canalizar, num sentido político, uma obra de construção social, o imenso potencial de energia sem aplicação do Nordeste. Como teria influído ali a Revolução de 1930?

Possivelmente, se a Amazônia espera um "bom patrão", o Nordeste aguarda um "bom chefe", um *condottiere*[1] que tenha qualquer coisa do Padre Cícero e de Lampião. Na impossibilidade de encontrar um vivo, o Nordeste está desabafando o seu pendor público religioso, feiticista e guerreiro, aventureiro e imaginoso, na sublimação de um culto póstumo a João Pessoa,[2] que não tardará em se concretizar nos amuletos sebastianistas das liturgias bárbaras do sertão. Que terá feito, senão epidemicamente, a Revolução no Nordeste? Como será possível à obra meramente administrativa dos Interventores do Consulado do Norte penetrar aquele grande problema social?

Como podemos julgar o Nordeste pela realização que fulge em Recife, mas pelo próprio sentimento de partidarismo político, que, indo buscar sua origem mais remota no [---] feudal [---] virá expandir em lutas facciosas nas capitais da região nordestina, imprimindo um caráter de corrosiva odiosidade às campanhas artificialmente rotuladas de democráticas...

Mas abaixo, a Bahia tem um caráter muito próprio, como mentalidade política. A base de toda a sua vida cultural e cívica repousa na realidade social de suas zonas sertanejas. A Bahia criou no litoral uma mentalidade clássica, estruturada pelo latim que aprendeu desde quando foi metrópole intelectual da Colônia e animada pela vibração retórica dos sermões que

1. Vocábulo italiano: Líder.

2. João Pessoa (1878-1930), político pernambucano.

ouviu, durante largo período histórico, nas suas igrejas numerosas. Criou-se ali o gosto pela linguística, pelas exterioridades das formas do pensamento. Em poesia, deu Castro Alves, o condoreiro; em política, deu Ruy Barbosa, o orador. E deu, também, o sr. Seabra.[3] Todos com um culto respeitoso pela Democracia, ou antes, pelas formas lineares da Democracia. A sua política foi sempre liberal, democrática, civilizadora, o que não impedia a Ruy Barbosa de pedir o auxílio de Horácio Mattos[4] e penetrar em canoa aos recessos do sertão, como o sr. Seabra de bombardear S. Salvador. E essa mentalidade é, ainda, a da Bahia de hoje: a marcha paralela entre duas expressões sociais contrastantes, que ora se ligam, por interesses práticos comuns, ora se dissociam, para mergulhar uma, no seu século XVII, e outra no seu século XIX.

E Minas Gerais avulta ao centro, como o enigma das montanhas. "Minas, a liberal", denominaram-na uns; "Minas, a conservadora", apelidaram-na outros. E Minas Gerais não é nem liberal, nem conservadora. Ela é, principalmente, mineira. Minas é uma grande fazenda agrícola e pastoril, com interesses administrativos na República. A orla industrial que a circunda não lhe tira esse caráter fundamentalmente agrário. As suas cidades crescem ao centro de lavouras ou pastagens. E, como dispõe de meios de comunicação mais fáceis do que a Bahia ou o Nordeste, ela realizou a fusão integral dos elementos do campo e da cidade. E criou a identidade de interesses dentro do Estado, de sorte que se tornou a expressão mais homogênea dos aglomerados sociais do país. Nunca as lutas partidárias estaduais assumiram ali um caráter de separação profunda. É que, se há interesses divergentes nos municípios, não os há na linha diretora da política do Estado, muito menos da orientação na política da República. Os interesses são comuns e profundamente estaduais, como acentuou o sr. Arthur Bernardes, em discurso no Senado, declarando que a Aliança Liberal não tinha princípios e que ele a acompanhava, para acompanhar o seu Estado. Essa unidade de pontos de vista entre os políticos mineiros, que colocam o seu Estado acima dos princípios segundo a concordância tácita do sr. Antônio Carlos, que não assumiu na ocasião uma atitude, pelo menos de reprimenda ao sr. Bernardes, demonstrou que, politicamente, a mentalidade mineira é diferente da paulista, onde os partidos, na mesma situação, colocaram os princípios acima do seu Estado.

---

3. José Joaquim Seabra (1855-1942), político baiano.
4. Horácio Mattos (1882-1931), chefe político no interior da Bahia.

Como teria influído em Minas a Revolução? Teria modificado essa mentalidade? Continuará Minas sua política empírica, estadualista, a tratar de seus interesses próprios?

Continuemos amanhã o bosquejo desse grande panorama. Apreciando o aspecto geral do Rio Grande e da Capital da República. E deixemos, para finalizar, São Paulo. Porque é São Paulo o mais revolucionário dos Estados, que dará, de agora em diante, e já não haverá forças que o detenham, o sentido fundamental da política brasileira, possivelmente educadora inexorável da marcha sul-americana.

A Razão, 31.07.1931.

PANORAMA II

Em nossa nota de ontem, apreciamos os grandes lineamentos da mentalidade e da consciência política da Amazônia, do Nordeste, da Bahia e de Minas Gerais. Vimos as diferenciações profundas dessas regiões distintas.

Temos agora, diante de nós, a Capital Federal, com suas características próprias, decorrentes de sua forte brasilidade, de sua condição de cidade governamental e dos imperativos a que não se podem furtar as grandes metrópoles.

Como índice de nacionalidade, não erraremos muito se afirmarmos que a alma popular do Rio de Janeiro é quase a mesma da Bahia, de São Salvador com a forte influência africana e indígena, produzindo o tipo de uma população sentimental, que desdenha dos problemas graves e procura em tudo pretexto para suas expansões de rua, como para o largo extravasamento de seu espírito irreverente e satírico. Cidade dos capoeiras e dos mulatos, das macumbas, da malandragem e do carnaval, dos sambas e do maxixe, é também o centro onde se cristalizou a cultura do país e os hábitos de sociedade. É, ao mesmo tempo, a cidade do rabo de arraia, do cabo eleitoral da Saúde, e dos ademanes protocolares, dos discursos acadêmicos e das recepções elegantes. Centro da burocracia, onde funcionam o governo, desde a Colônia, a sua pequena burguesia é constituída por em exército de funcionários públicos dos ministérios com suas inúmeras repartições e seus complexos departamentos, oficiais do Exército e da Marinha, o professorado de suas escolas superiores, a onda de literatos e jornalistas dos seus numerosíssimos jornais, o pessoal das legações, dos consulados e das embaixadas, o comércio médio de uma infinidade de varejistas, e a avalanche de políticos de todos os Estados, que ali gravitam em torno do Poder Federal.

Elementos eminentemente dissociativos da opinião, agem, politicamente num sentido de permanente negativismo, não sendo possível ali, de maneira nenhuma, a formação de uma corrente preponderante, justamente pela multiplicidade de correntes em atritos mal disfarçados pela displicência irônica dos meios sociais das chalaças da rua. Daí a indiferença da população média pelos problemas nacionais, agravada pela aguda inteligência do carioca, que percebe nos figurões que dirigem os negócios públicos os calcanhares de Aquiles, os pés de barro... Todos os entusiasmos no Rio de Janeiro são efêmeros. Num mesmo dia podem-se organizar grandiosas manifestações de apreço a dois adversários. Os clichês que ficaram nos arquivos dos jornais durante a campanha eleitoral mais recente revelam a possibilidade de se empreitarem no Rio quantas manifestações de apreço ou de desagravo se queiram, visando este ou aquele herói. Ali foi vaiado e ovacionado Arthur Bernardes. Ali os ídolos duram muito pouco.

Teria exercido uma forte influência sobre o Rio de Janeiro a Revolução de Outubro? Tudo parece indicar que a grande Metrópole continua a mesma, no que ela apresenta de burguês, comércio, funcionalismo, intelectualidade e política. Mas um fenômeno novo parece também estar solapando essa grande fachada da civilização brasileira. É que a questão social ali se agrava com a crise que atravessamos. A sua solução dependerá das camadas inferiores da sociedade, pois não encontrará nenhuma resistência.

Já o Rio Grande do Sul apresenta um aspecto inteiramente diferente. É a única região brasileira onde o idealismo político, no que tem de mais romântico e sentimental, pode dar um sentido extrassocial à vida dos partidos. Do ponto de vista político, é o Rio Grande profundamente diferente do resto do país. Numa época do mais agudo realismo, o Rio Grande ainda é lírico. A civilização moderna destruiu os heróis; e ali tudo se fundamenta no culto dos heróis. Os homens conquistam a opinião pública pelos seus gestos de bravura. A guerra é uma religião, o guerreiro o índice das virtudes sociais. A Revolução de Outubro foi a grande afirmação do Rio Grande; na capacidade do sacrifício, no sentido de glória, na atitude desassombrada. As suas populações correram pressurosas para alcançar os comboios que deveriam conduzir ao Centro as tropas magníficas no seu amor à Pátria Gaúcha. Era a conquista que o Rio Grande ia fazer, pela sua coragem e pela sua capacidade belicosa, da hegemonia nacional. Hegemonia para quê? Para oprimir os outros Estados? Não. O Rio Grande queria fazer a felicidade do Brasil. Bastava-lhe essa glória. E era tudo. Como se vê, um ideal puramente poético. Que revela um povo essencialmente místico; o misticismo de Joana D'Arc: salvar a França. O Rio Grande queria salvar o Brasil. E de que modo? Impondo ao resto do país a consciência cívica do gaúcho. Reerguendo o civismo brasileiro. Tornando as outras populações nacionais capazes de um heroísmo de finalidade puramente transcendental: a regeneração dos costumes, a integralização da nacionalidade na democracia. Até então, o Rio Grande, que era a única unidade da Federação que mantinha através de longos decênios, dois partidos em luta, sentia-se como que segregado pelo país, diante do opressivo utilitarismo que dominava as outras circunscrições da República. Pensará até em separar-se. Esse movimento de separatismo se explicava: o Rio Grande se sentia incompreendido. Em 1930, resolveu fazer-se compreender. E marchou contra o Rio para amarrar seus fogosos ginetes no obelisco da Avenida.

Os que presenciavam a entrada desses guerreiros em São Paulo, irritavam-se, a princípio, depois se comoviam. Bastava conversar como esses bravos de lenço vermelho no pescoço, bombachas e esporas retinindo. Em todo o amor fraterno pelo Brasil. Mas uma incompreensão absoluta do nosso espírito, da fisionomia do nosso civismo, das nossas realidades sociais e econômicas. Numa época em que estamos a lutar nos guichês dos bancos, com algarismos e equações econômicas, numa época em que os problemas não são mais de ordem cívica, mas de ordem social, eles nos acenavam, candidamente, com seu remédio: o ardor místico das batalhas, o culto religioso das instituições republicanas.

Era a alma nobre e cavalheiresca dos Pampas, estendendo a mão generosa aos vencidos, sem perceber que, naquele mesmo instante iniciava-se, com a reconstrução nacional, uma modalidade diferente de luta, na qual já nada vale a espada que reluz, mas o lápis que calcula; nem a estratégia das batalhas, e sim o plano social capaz de condicionar todo o complexo, tremendo problema de uma Nacionalidade aniquilada pela mais aguda das suas crises orgânicas.

É o Rio Grande no Brasil a única Nação politicamente organizada, justamente porque a sua organização se firma numa base ideológica que, encontrando no idealismo místico de suas populações um seguro ponto de apoio, dificilmente se alicerçaria no terreno movediço das populações materialistas do Centro e do Norte. Por isso mesmo, é o Rio Grande agora, depois da Revolução, o único Estado com uma frente única fortemente estruturada, como acontece com todas as nações em face das assoberbantes crises externas. É que o Rio Grande está compreendendo o perigo que representam as forças desencadeadas pelo seu grande idealismo político, entre si elas tomarem a direção que decorre geralmente dos movimentos revolucionários, neste período atual da vida da humanidade. Essa necessidade de reposição imediata do país nas bases da democracia pura, sob a égide da hegemonia idealista e generosa dos Pampas é que está exercendo uma pressão decisiva nos partidos sulinos, que tratam de se fundir com um só objetivo.

Não é o caso de se perguntar qual a influência exercida pela Revolução de Outubro no Rio Grande, pois o movimento partiu dali. Mas não é de todo descabido indagar-se se o Brasil e o Rio Grande se compreenderam finalmente.

E, para se ter uma ideia exata dessa situação psicológica da Nacionalidade, ultimemos o esboço deste "panorama", com o levantamento da cartografia social e política de São Paulo, que faremos em nossa nota de amanhã.

Estudemos o caso paulista, que é o mais próximo, o mais grave, o mais complexo. Que se relaciona mais diretamente com o plano intelectual e o plano econômico da Nação. E que significa tudo, pois é a expressão de maior força. Dessa força que se retraiu e emudeceu diante da possível batalha de Itararé. E que nem por isso deixará de pesar fortemente nos destinos nacionais.

A Razão, 01.08.1931.

PANORAMA III

São Paulo, sede do P. R. P., é o berço espiritual da Revolução Brasileira. A deflagração das forças militares se operou no Rio Grande, incendiando a Paraíba, arrastando Minas Gerais (esta sob o imperativo de suas conveniências políticas). Mas a falência das velhas instituições foi decretada em São Paulo. É de São Paulo que parte a ideia da Revolução.

O que havia em São Paulo, antes de 24 de outubro, era uma fachada partidária velando uma realidade profunda. O P. R. P. estava morto. A sua obra de integração do Brasil monárquico às condições de vida da República, assim como o seu trabalho de construção econômica, estavam terminados. Em 1923, ao celebrar-se o cinquentenário da Convenção de Itu,[1] Carlos de Campos[2] pronunciou um discurso notabilíssimo, dando um balanço das atividades do P. R. P. desde os primórdios republicanos, até aquela data. Este discurso era um retrospecto de uma oração final; era um canto de cisne magnífico como um hino de exaltação e de glória, e era também um dobre de finados.

Porque já faltava à velha agremiação a "consciência partidária". Aquela unidade de interesses, que destruiu sempre todas as dissidências organizadas no seio da grande agremiação, criara a multiplicidade das influências, estabilizara-se no prestígio municipal e regional dos chefes. E foi o prestígio desses chefes que iniciou a luta interna que matou o interesse doutrinário e solapou a estrutura do partido. Os tabus regionais se submetiam àquele que se transformava em totem da tribo. Estávamos no domínio da influência pessoal. E já naquela ocasião em que o sr. Carlos de Campos desenvolvia

---

1. Primeira convenção republicana do Brasil. Realizada na cidade paulista de Itu, em 18 de abril de 1873.

2. Carlos de Campos (1866-1927), político paulista. Governador de São Paulo de 1924 a 1927.

a sua magnífica resenha histórica, o P. R. P. constituía uma propriedade do sr. Washington Luís...

E tanto assim era que, no ano seguinte abandonava o Partido uma grande ala descontente com a direção que tomava a política estadual. E a significação dessa ruptura não foi maior do que o apaziguamento que se deu logo depois, sem nenhuma reclamação da massa popular, como se a Capital e as cidades do interior assistissem como espectadores desinteressados a todos os movimentos e sinais de vida de um Partido que já não significava coisa alguma para as suas aspirações...

Quem quisesse, realmente, ter uma ideia exata do que significava o P. R. P. para o povo paulista, não precisava sair de dentro de, suas fileiras. Era ali que se encontrava a indiferença mais gélida. Era ali que se encontravam as criticas mais acerbas. Era ali que germinavam já as sementes de novas ideologias.

O P. R. P. não passava de uma máquina eleitoral de fazer senadores e deputados. A Comissão Diretora de uma agência de colocações, e essa era a vida artificial desse Partido.

Ele se desinteressava completamente pelas questões doutrinárias. No seu órgão oficial, o *Correio Paulistano*,[3] alguns moços, que tinham feito uma revolução literária em 1922, pregavam abertamente ideias absolutamente contrárias à doutrina política em que se embasava a grande agremiação. Esses artigos não eram lidos pelos senadores e deputados que só cogitavam de fazer a sua política pessoal e prática. Eles liam, quando muito, as plataformas dos candidatos à presidência, para poderem ter pretextos de elogiar. E essas plataformas, mesmo, revelavam, às vezes, tendências renovadoras com um cunho perfeitamente personalista, que o Partido não entendia, ou fingia não entender, ou mesmo não lia.

Nos municípios, absoluta era a indiferença pelos rumos que o Partido pretendesse tomar. Tudo era a conquista dos diretórios municipais agenciadores de empregos.

Fundou-se pouco depois o Partido Democrático. Era uma organização política baseada nos mesmos princípios do P. R. P. Era, na realidade, o P. R. P. desempenhando um papel de oposição. Também nunca a população

3. *Correio Paulistano,* jornal lançado em 1854 na capital paulista, extinto em 1934.

paulista se interessou pela doutrina que por acaso inspirasse esse partido. As figuras principais eram de personagens já conhecidos em outros tempos, nas fileiras do P. R. P. Os seus processos de política não fugiam às velhas normas já muito conhecidas no seu adversário. Seu programa não condicionava novos aspectos da vida do Estado.

É que os partidos já não interessavam à opinião. O progresso material de São Paulo tornara-o apolítico, no sentido idealista da palavra.

As classes conservadoras, notadamente os lavradores de café, os comissários, os comerciantes, os industriais, o que queriam eram benefícios de ordem material. Sentados nas fundas poltronas dos seus Clubes, esses magnatas não poupavam os governos que não os protegessem, assim como não tinham restrições para aqueles que lhes cumulassem de benefícios.

E esses homens se desinteressavam, com um desprezo superior, pela política, na alta significação dessa palavra. Queriam, apenas, ser usufrutuários das providências governamentais. A luta travada entre o Partido Democrático e o P. R. P., dois partidos que embora se equivalessem ideologicamente, divergiam apenas no tocante a processos eleitorais, essa luta se faria num terreno que não interessava às classes conservadoras. Displicentes e *snobs*, comodistas e materialistas, assistiam ao desenrolar dos acontecimentos, com os comentários cômodos dos ambientes cálidos e macios.

De um lado, eram os velhos profissionais os paredros da situação, que forjava presidentes e secretários de Estado, o P. R. P. com a sua engrenagem, os seus medalhões, os seus banquetes e discursos; do outro, alguns professores de Direito, homens de gabinete, rodeados de alguns perrepistas, descontentes, de alguns demagogos, e isso era o P. D. Eram os dois partidos, como o compreendiam as classes conservadoras de São Paulo, indiferentes pela sua vida e pela sua luta.

Estávamos no momento decisivo da morte dos partidos.

Porque também eles não interessavam às massas trabalhadoras. Esses trezentos e tantos mil operários, como o outro extremo da sociedade, também sorriam ironicamente dos partidos. Os partidos, que lutavam pelo poder, não lhes dariam nunca a solução ao problema social. O eleitorado de ambas as agremiações era recrutado entre essa gente. Mas os eleitores votavam por mero interesse de empregos, de auxílios pecuniários, de pequenos favores. Nunca deixou de ganhar eleição em São Paulo quem dispôs de dinheiro suficiente para movimentar o eleitorado. Que o digam os que se elegeram extra chapa.

É que o sentido social se modificara profundamente com o nosso progresso material.

Só a classe média ficou sustentando os partidos. Tanto o P. R. P. como o P. D. só conseguiam viver porque se movimentavam os funcionários, os pequenos comerciantes, os advogados e médicos, os estudantes e jornalistas. Esse era o núcleo central, agregando a transitoriedade dos interesses de outros elementos sociais.

E nesse ambiente de indiferença, o fenômeno subconsciente das aspirações gerais foi-se revelando dentro dos próprios partidos. Era a influência das ideias do século, que aqui nos chegava; o mesmo fenômeno que se dera literariamente, com a derrocada dos medalhões, do velho estilo acadêmico, vinha se operando no espírito dos intelectuais primeiro, em seguida à massa popular.

Era a Democracia que agonizava debaixo dos nossos arranha-céus, ao clamor dos apitos das fábricas.

Lá nas localidades do interior, a passividade dos núcleos municipais, das massas rurais. Aquela força estática que não acudira a monarquia no momento da sua queda, que não acudiria o P. R. P. no instante do seu desbarato. Aquela inércia de *mugiks*, só interessados em saber quem está de cima, para apoiar. Aquele instinto interesseiro de *kulaks*, aguardando o desenrolar dos acontecimentos... E, na Capital, a massa proletária revelando uma vontade, um desígnio. O pensamento da Revolução invadindo as classes médias, penetrando nos quartéis, insinuando-se até nos palácios governamentais. Uma nova concepção do Estado, uma nova aspiração social. Era a Revolução.

Porque a Revolução não é um movimento armado; a Revolução não é, apenas, a deposição de autoridades; a Revolução é muito mais, e ela se pode processar sem armas. Essa Revolução era o estado de espírito de São Paulo, que foi o primeiro Estado brasileiro, possivelmente o único, onde ele se manifestou tão fortemente.

Os que assistiram o agonizar do P. R. P., nos seus últimos vinte dias, tinham diante de si um espetáculo da mais profunda significação histórica. Nas noites melancólicas dos Campos Elíseos, o vulto do presidente rodeava-se de alguns amigos pessoais. Dedicações pessoais de quem assistia a um desastre irremediável: não mais solidariedade doutrinária. As grandes salas foram, pouco a pouco, ficando desertas. Nas noites longas, poucos eram os generais do Partido, poucos os cabos eleitorais. Estavam todos diluídos na indiferença trágica da Cidade, do Estado. E essa indiferença não era propriamente pelo homem que tivera o destino de encarnar a última situação do P. R. P.: era o desinteresse por uma ordem de coisas que já não refletia o espírito paulista, profundamente materializado, quer na sua burguesia comodista, quer no seu proletariado desamparado.

Era a Democracia que morria.

São Paulo não opôs resistência aos invasores. São Paulo assistiu glacialmente à entrada das tropas do Sul no seu território. Os que ainda acreditavam no regime democrático foram saudar os salvadores da democracia. O que tiveram posições de comando no P. R. P. se deixaram aprisionar. Mas o povo olhou e continuou no seu trágico mutismo.

Essa massa popular está espreitando como um tigre. Os homens de partido não saem à rua, para conclamá-la. Os homens de partido não querem emitir opiniões muito definitivas. Estão retraídos. Esquivam-se a entrevistas. Escondem-se nos seus lares, nos seus afazeres.

A política está sendo feita pelos Revolucionários. E São Paulo tem se conservado apenas, como um palco onde se representam alguns atos da Revolução de Outubro.

São Paulo está mudo. E esse silêncio, que destruiu o P. R. P. constringe, asfixia, como os anéis de uma serpente.

Nada é mais impressionante neste momento do que a ausência dessa voz.

A Razão, 02.08.1931.

CONTRAORDEM

É inegável para quem observa a Revolução brasileira no seu aspecto político, que houve uma profunda mudança de objetivos e de princípios, da fase preparatória, anterior ao movimento armado, para essa primeira fase posterior à vitória: o pensamento da Revolução mudou. Excedeu tanto os manifestos da Aliança,[1] tomou rumos tão diversos daqueles que abrira diante dos partidários do sr. Washington Luís, que se perdeu entre as duas fases toda a continuidade, e só historicamente é que se pode considerar a Aliança Liberal como precursora da Revolução. Politicamente são dois movimentos, um lançado nas Câmaras pelo restabelecimento integral e imediato das verdades do regime democrático, o outro lançado sobre a vitória das armas, para instauração de um governo discricionário transitório, com a função de resolver problemas prementes da vida da própria nacionalidade. O primeiro movimento tem os seus homens e os seus partidos, e o segundo tem os seus. Aliancistas são o sr. Antônio Carlos, o sr. João Neves, o sr. Bernardes. Revolucionários são os sr. Oswaldo Aranha, o sr. Francisco Campos, o sr. João Alberto.

Aqueles que tiveram seu instante máximo antes de outubro, declinarão depois. Estes, que já ficaram na segunda plana, aqui vieram a ser as figuras principais. O sr. Getúlio Vargas da Aliança e da plataforma liberal não é mesmo o chefe do Governo Provisório, do discurso às Comissões Legislativas. Houve uma mudança, a criação de um novo ambiente pelo predomínio de forças que estavam contidas nas horas da agitação parlamentar e da conspiração, e que trouxeram um novo sentido à transformação política que a Aliança iniciara.

---

1. Aliança Liberal, criada em 1929, unia diferentes forças políticas de oposição à candidatura à presidência da República do paulista Júlio Prestes nas eleições do ano seguinte.

Acontece porém que a Revolução fora feita com o concurso da opinião popular, não sob a pressão desse espírito que formaria o ambiente de hoje, mas pela adesão a programas definidos, que eram os da Aliança, e que prometiam simplesmente retirar um déspota do poder, e restaurar logo em seguida o império da vontade nacional, dentro da letra da lei. A seguir esses programas, o sr. Getúlio Vargas teria no dia seguinte ao da Revolução convocado eleições, e, dada posse ao presidente eleito, teria cancelado o seu mandato transitório, fazendo cessar incontinente, a ordem revolucionária.

Não foi porém isso que se deu, e mais do que a vontade dos chefes, influiu para o novo rumo do governo, a própria carga de fatos que pesou nos destinos da Revolução. O Brasil estava, como ainda está, num desses instantes em que os povos têm a vocação de ditadura. Problemas assoberbantes que exigiam recursos extremos, responsabilidades indeclináveis para quem tomasse a si uma parcela do poder, e por cima, a instabilidade da nova situação apoiada nas armas, puseram os homens do governo revolucionário na obrigação de trair os manifestos e pisar nas plataformas, em que pesasse o sr. Maurício de Lacerda e outros românticos da Revolução. Além de que a nova mentalidade fazia subir o seu clamor, das vanguardas. E a Revolução caminharia socialmente, ainda que sem continuidade e sem segurança.

Foi isso que se viu até hoje, apesar das marchas e contramarchas do legionarismo mineiro e do partido militar. Todo mundo sentiu que o Estado avançava num novo sentido, mas ninguém percebeu logo qual era, nem por que processos se operava a marcha. A Revolução brasileira entrou para a categoria das "revoluções sem programa" ou simples "revoluções morais", que se diferenciam profundamente das "revoluções doutrinárias", "com programa", porque nelas o espírito revolucionário é apenas um sentimento indeterminado, impreciso, mas que atuará sobre os fatos de uma maneira uniforme, e em pouco formará a sua superestrutura de doutrina. Pensou-se mesmo em aproximar a Revolução brasileira da Revolução Fascista de 1922,[2] que também fora "revolução sem programa", também se concretizara mais em nomes que em ideias, e só depois fora criando o sistema administrativo e a técnica política, de que saiu uma das Teorias de Estado contemporâneas.

Desse "espírito de reforma" a objetivar tiraria a ordem política nascida do movimento de outubro, o seu direito à autodefesa e à imposição da

2. San Tiago refere-se à ascensão ao poder por Benito Mussolini, chefe do Partido Fascista italiano, em 1922 e seu governo (1922-1943).

autoridade. Sem tal espírito, nem esse direito nem essa imposição estariam legitimadas, e à ordem revolucionaria faltaria um fundamento natural, só cabendo aos bons governantes convocar a Constituinte e proceder às eleições.

Não creio que alguém tenha compreendido isso melhor do que o sr. Oswaldo Aranha. S. Exa. acaba de reconhecer, numa pequena entrevista feita no seu regresso do Sul, a necessidade de apressar a constitucionalização do país, quando todos só a esperavam daqui a mais de ano, e acaba de deixar falando no deserto os que, como eu, vinham pregando contra ela. Mas o fez diante de um fato cuja verdadeira significação todo mundo compreendeu, e que realmente tirou à ordem revolucionaria o seu fundamento essencial.

Esse fato foi a definição de pensamento dos líderes políticos rio-grandenses, e a adesão generalizada e tácita a esse pensamento em todos os Estados. A Revolução foi por eles reconduzida às próprias fontes da Aliança, e a marcha aparente destes meses cessou, indo restabelecer-se dentro de pouco a unidade perdida, enquanto no cenário da imprensa e da política vão falar os srs. Borges de Medeiros, Antônio Carlos, João Neves e Raul Pilla.

A ordem discricionária que fora um corolário daquele superamento do aliancismo terminará com a desaparição do superamento. A nossa "revolução sem programa", privada do seu "espírito de reforma", já não terá senão de passar para que o país retome o ritmo da sua vida constitucional e apelem às urnas os cidadãos.

Dizendo que "hoje se pensa na constitucionalização do Brasil", o primeiro-ministro exprime a contraordem que o governo provisório dirige aos homens da Revolução. "Já que a mentalidade dos nossos políticos ficou onde estava, já não há mais meios para podermos reformar". E, de fato, a Revolução, diante da Assembleia Constituinte, vai abrir mão dos seus decepcionados desejos de reformar o país.

A Razão, 04.08.1931.

TRISTE FIGURA

Ninguém esperava do sr. Assis Brasil,[1] na pasta da Agricultura, qualquer renovação política ou administrativa, nem mesmo se atribuía à sua nomeação outro fundamento, que não fosse a expressão partidária da figura dentro do quadro da Revolução. Era o oposicionista histórico e o chefe libertador, que se punha nas altas posições de vitória, suportando conscientemente o seu peso, num departamento já de si condenado, pela premência das verbas, a uma atividade reduzida. Ali, ele seria o libertador, como outro seria o mineiro, outro o nortista, e assim por diante. E só era de lastimar que no caso não se pudesse associar a significação partidária à eficiência do homem, como se conseguira com o sr. Mello Franco[2] e com o sr. José Américo.

No ministério, até aqui o velho e respeitável líder rio-grandense tem sido embaixador na Argentina, emissário ao sul, mas raramente ministro. Sua ação tem-se confinado nas atividades de Partido. E a opinião popular não raro deu-lhe uma figura de Nestor[3] do Governo, espécie de conselheiro a quem recorreriam os ministros nas suas crises, e de quem viriam a experiência e o bom conselho.

Pois sempre se acreditou no sr. Assis Brasil, sempre se atribuiu ao seu espírito independente e varonil uma lucidez singular. E a sua "ciência das urnas" sempre pareceu ao burguês desprevenido a taumaturgia da nossa regeneração.

---

1. Assis Brasil (1857-1938), político gaúcho. Ministro da Agricultura de 1930 a 1932.
2. Afrânio de Mello Franco (1870-1943), político mineiro. Ministro das Relações Exteriores de 1930 a 1934.
3. Figura da mitologia grega, notabilizada pela sabedoria de seus conselhos.

Creio porém que se há uma figura que se tem gasto, nestes meses de governo provisório, tem sido a do ministro da Agricultura. Ninguém acometeu tão encapeladamente contra o poder, durante quartéis de século num país, para depois de instalado nele ficar tão silencioso e improfícuo, como o sr. Assis Brasil. E ninguém mostrou tão despudoramente o vazio das suas ideias e a ignorância que tem do Brasil, como ele nas ocasiões que tem tido de falar à imprensa ou ao público, quer em caráter político, quer em caráter particular.

Ainda agora está o público edificado com o incrível discurso que o sr. Assis pronunciou num banquete em sua homenagem, e onde depois de nos aconselhar a "não nos envergonharmos do Império", de afirmar que "destinos da América (sic) impunham à nossa terra uma condição de vida em que os homens pudessem prosperar pela consideração do mérito", e de citar Napoleão, "ainda que lhe repugne citar frases de um tirano", depois de tudo isso, tece os louvores da frente única (realidade bastante forte para saltar aos seus olhos), e estuda um problema nacional, que ao que parece é de relevo suficiente para não poder ser por ele silenciado, e que é: o feminismo. Certamente não era isso o que se esperava. Nós estamos às vésperas da reconstrução política da Nacionalidade, e os problemas econômicos da própria alçada do ministro têm um relevo tão impressionante, que não seria crível que o titular da Agricultura não os abordasse, ainda que de longe, sobretudo já que pretendeu enveredar deliberadamente por um discurso político. De feminismo é que não poderia tratar. Pois a ninguém preocupa problema de tão requintada superficialidade, numa hora em que se sente que qualquer orientação do governo será resposta a tantos problemas descobertos e imperiosos.

Querendo "vestir saias ao seu discurso", perdeu a seriedade o ministro.

Não tinha ele o direito de revelar aos que o leram com essa avidez com que se procura a opinião de todos os homens do regime a simplificação do seu modo de ver as profundas crises que dilaceram a vida presente e futura da nacionalidade.

Já não temos que aprovar ou reprovar, a sua têmpera senil de velho democrata. Temos é de exprobar a irritante superficialidade com que um homem corresponsável dos destinos do país, olha e trata os nossos problemas. Tão ingênuo que faz da borracheira da nossa campanha sufragista uma questão de Estado, sobre que se externa com cautelas de um ridículo patético. E tão primário, que atribui transcendências à famosa lei eleitoral, cuja importância - arruinada na sua economia, nas suas finanças, nos seus costumes e no seu espírito - é um supérfluo até mesmo sem efeitos paliativos, pois destinado a se corromper na primeira experiência, ao contato de realidades mais profundas.

É certamente trágico sabermos que no governo do país e na chefia das suas correntes políticas temos homens que dão exibições doutrinárias de tão alta desvalia. E mesmo para uma simples questão de respeito necessário à autoridade foi um desastre esse fim de banquete, onde um ministro de Estado faz uma tão triste figura.

A Razão, 05.08.1931.

PALAVRAS OFICIAIS

Lendo uma entrevista que o sr. Abrahão Ribeiro[1] concedeu a um matutino, lembrei-me vivamente das declarações que há meses fazia à imprensa o sr. Vianna do Castello.[2] O timbre das palavras oficiais não se alterou. Um parece mesmo a continuação do outro, como se entre eles nada tivesse passado.

Quando ministro da Justiça do sr. Washington Luís vinha a público, dar-nos informações sobre a situação do País, nenhuma expectativa de surpresa havia nos que se abeiravam dos seus comunicados. Conhecia-se o estilo das palavras oficiais. Invariavelmente elas pintavam uma tranquilidade perfeita e uma operosidade dos governos, que deveriam "acalmar a população". Desmentiam todos os boatos, desfaziam todas as dúvidas, mostravam-se possuídas de tal segurança ao noticiar e no julgar os fatos, que o Ministério parecia um órgão ubíquo da política, perscrutando todos os movimentos que se processassem no território nacional.

Esses comunicados do sr. Vianna de Castello, caíram em pouco no ridículo, mas de fato eram um "sinal dos tempos", que ninguém poderá esquecer quando estudar o grau de desagregação a que havia chegado a autoridade nas últimas horas da Primeira República. Indicavam o artificialismo reinante nas relações entre Governo e Povo, e traiam a "crise de autoridade" que impedia o sr. Washington Luís de falar a verdade sobre os fatos, sem que o povo perdesse por isso a confiança nele, e o obrigavam a desfigurá-la para manter, em desespero, a sua autoridade e prestígio.

Quando a Revolução instaurou os seus poderes, pensaram os otimistas que com a mudança dos tempos mudariam também os seus "sinais".

1. Abrahão Ribeiro (1883-1957), político paulista. Secretário de Estado de Segurança de 25 de julho de 1931 a 30 de julho de 1931.
2. Augusto Vianna do Castelo (1874-1943), político mineiro.

E que íamos ter a verdade das palavras oficiais, traçando aos nossos olhos mesmo a dureza de certas situações. Porque as palavras de um governo refletem as suas condições internas. Fortes e claras, se ele está seguro, vivendo da própria energia, deitando as suas raízes na vida da nacionalidade; fracas e tímidas, quando ele está abandonado às incertezas de um equilíbrio precário, sem outras raízes que a atuação combinada e transitória dos partidos.

E realmente, de outubro para cá, o Governo Provisório e mesmo a interventoria do sr. João Alberto, tiveram algumas vezes palavras claras e fortes. Firme sobre as armas e mesmo sobre a massa geral da opinião, o governo não precisava temer as simples notícias nem mesmo os comentários. A prova foi a censura benigna do tenente João Alberto sobre os jornais da cidade. Mas a prova principal foram certos comunicados e certas entrevistas, onde se sentiu que o espírito da verdade vinha dar novo sentido às palavras oficiais.

Infelizmente, não é isso que se sente nas palavras do dr. Abrahão Ribeiro, digno secretário da Justiça do sr. Laudo de Camargo, sobre a situação política e social de São Paulo. Em sua entrevista ontem o secretário do governo paulista revela, com uma triste evidência, o que todos nós, homens de imprensa, vínhamos sentindo desde a primeira reunião que tivemos, em torno do censor demissionário, o sr. Leven Vampré,[3] e que esperávamos antes ver desmentido do que assim tão claramente confirmado: a voz do governo de São Paulo não se ergue com força e clareza como nas horas da íntima segurança, mas se intimida como nas da incerteza e fragilidade. Circulares proíbem os funcionários públicos, mesmo os que chefiam departamentos a que a publicidade é um elemento indispensável, de fornecer à imprensa quaisquer informações e dados. A censura vem recair não sobre o direito de crítica, mas sobre o próprio noticiário, proibindo-nos de aludir os fatos de notória evidência e alta significação para a situação social do Estado.

E agora, fechando o ciclo, o secretário da Justiça dá uma entrevista em que pinta a nossa angustiada situação, cheia de incertezas, de reações fragmentárias, e de surdas gestações políticas, como uma paz rósea, onde todos vivem numa harmonia perfeita, e desejando apenas o trabalho e a continuação da paz.

---

3. Leven Vampré (1890-?), jornalista.

É como um sinal misterioso dos tempos, o estilo do ministro do sr. Washington Luís, que reaparece nessas palavras. O Governo parece querer "montar" um palco social e político onde irá representar. Em verdadeiros cenários isso lhe parece talvez difícil, o que será então testemunho de fraqueza. Mesmo porque, se o sr. Laudo de Camargo quiser subir à realidade, e desnudar para um tratamento direto dos grandes problemas que nos dominam, não poderá ficar nos seus fracos propósitos de apenas administrar. Terá de fazer política, pois não sei com que medida administrativa é que S. Exa. e o sr. Abrahão Ribeiro vão aplacar esses movimentos de fundo separatista ou comunista, que estão se formando na parte mais profunda e mais genuína da nossa consciência cívica. Essa vaga não é uma simples corrente exótica que se queira infiltrar entre nós. É um mau sentimento que assalta os ânimos mais bem formados, e que responde à necessidade de sermos uma parte integrante da Nação brasileira, e não uma colônia da União. Pois o erro separatista tem raízes noutro erro, que é o erro hegemonista, e sem a resolução do qual este também não se resolverá.

Que o sr. Abrahão Ribeiro fale a São Paulo a linguagem dramática mas exata da mesma situação. Pois será até um desrespeito à dor e ao civismo dos paulistas dizer fora daqui que reina a paz nos nossos ânimos.

A Razão, 06.08.1931.

A FUTURA LEI ELEITORAL

Sou um dos que pouco esperam da lei eleitoral que o sr. Assis Brasil tem em elaboração. Seus vastos e prolongados estudos sobre matéria em que não cessam os progressos técnicos não são suficientes para justificar os bons augúrios sobre a obra que têm a preparo. Eleição e Representação são assuntos por si dependentes de várias posições doutrinárias que tem de ser anteriormente tomadas, e que portanto antecedem a simples regulamentação técnica. E é justamente ao verificar as posições prévias do sr. Assis Brasil que dele começo a discordar tão profundamente, que posso de avanço formular maus augúrios sobre a lei eleitoral que dele advirá.

Resumindo considerações teóricas sobre a natureza e fundamento do direito eleitoral, podemos reconhecer na eleição o simples meio de realizar a representação. E na representação, por sua vez, o meio de fazer atuar no governo do Estado aqueles a quem cabe por natureza esse governo, e que por circunstâncias diversas não o podem exercer diretamente. Na teoria liberal democrática, de que o sr. Assis Brasil é um expoente dos mais nítidos entre nós, o governo cabe por natureza ao cidadão, que é o indivíduo considerado fora de toda a órbita dos seus interesses e das suas relações sociais, apenas como unidade da Nação, como ser revestido de capacidade política. A representação, consequentemente, é o meio de permitir que atuem indiretamente no governo todos os cidadãos. E o melhor regime eleitoral é aquele que espelhar com mais verdade a vontade da Nação política, isto é, a vontade da soma dos cidadãos.

Não cremos porém que se possa isolar o homem político do homem social. Ao realismo do direito público de hoje, repugnam as abstrações dogmáticas da natureza dessa de cidadão, pois a Nação política é na realidade inseparável da Nação econômica e da Nação Moral, como o indivíduo político é inseparável do econômico e do moral. Quando alguém vota, isto é, quando exercita os seus direitos políticos, não o faz na encarnação irrealizável de cidadão, mas o faz como profissional que quer resguardar interesses da sua classe e como membro de uma família, refletindo-lhe os desígnios morais. Pouco importa que se suponha que ele agiu como simples indivíduo político, pois na realidade ele o fez como indivíduo social, cujos interesses e princípios o tem forçosamente de guiar. Ora, quem pensa que é às classes e às famílias que toca o governo público, porque é dentro dessas associações naturais que os homens vivem e agem, não poderá ter da representação o mesmo conceito ideal de um democrata.

Quererá com ela fazer pesar sobre o Estado o complexo unitário de interesses, de ideais, de princípios, de tradições, que formam na sua integridade a Nação. Quererá fundamentar o mandato não agindo por via de divisão, para instaurá-lo numa parte mínima dos interesses humanos - os interesses políticos puros -, mas agindo por via de integração, de modo a dar-lhe por base toda a atividade nacional.

O regime eleitoral que exprima verdadeiramente esse novo conceito de representação não pode naturalmente ser o mesmo que satisfaz os princípios liberais do ministro da Agricultura; tem raízes diferentes, e terá portanto uma forma diferente, que permitirá antes o aparecimento de um voto de classe, sujeito às variações técnicas mais extremas. E não terá objetivos como esse de realizar o "sufrágio universal" nem abstrações semelhantes.

Eis por que eu penso que posso desde agora declarar que sou irremediavelmente contrário ao projeto de lei eleitoral do sr. Assis Brasil. Nem creio que S. Excia. venha a alterar ainda a sua infraestrutura liberal, para poder, numa base melhor, tratar os problemas da nacionalidade.

A Razão, 07.08.1931.

A CONSTITUINTE E OS PARTIDOS

Se a convocação imediata da Constituinte é um fato consumado, e o nosso papel se limita a pacientemente esperá-la, é necessário passar da análise da oportunidade desse ato, para o estudo das condições em que vai ser praticado. Mal avisado andou o Governo Provisório em abrir mão tão cedo dos seus propósitos e em deixar que o espírito da Aliança Liberal - que foi um produto autêntico do ambiente político corrompido e decadente a que chagara a República, - se apoderasse das raízes mais íntimas do movimento constitucionalista. Mas por ter andado mal nisso não lhe tiremos a boa vontade e o auxílio, que agora mais do que nunca lhe devem todos os brasileiros sinceramente patriotas. Deixemos para o passado um erro que o governo não foi bastante forte ou bastante lúcido para evitar, e passemos a estudar os fatos do presente, na sua carga de verdades e de erros, que umas e outros é necessário proclamar.

Está hoje em dia bem claro que o Governo Provisório deseja antecipar a Constituinte de certas medidas preliminares, com as quais pretende evitar os males, por assim dizer - primários -, da Constitucionalização; isto é, aqueles que decorrerão da eleição dos constituintes e do funcionamento do país, de uma assembleia política.

Para os males secundários, que provirão da própria emergência com que serão conduzidos os trabalhos e do espírito que presidirá à elaboração da nova Carta, ainda não voltou o Governo as suas vistas. Mas que tem seguramente sobre aqueles primeiros, aos quais pretende opor determinadas precauções.

Que perigo porém é esse, que decorrerá daqueles fatos iniciais? É o de que, em torno de uma assembleia política, a opinião se esfacele, tomando nuances partidárias perigosas à ordem, e sobretudo acompanhando em seus campos adversários, as correntes partidárias que virão de dentro dos Estados para o interior da assembleia se digladiarem. Isso virá criar talvez para o

Governo a situação já histórica de ter de dissolver pela força a assembleia que por lei constituíra.

Eis por que vem-se formando no ambiente político do país uma mentalidade fortemente antipartidária e anti-facciosa, de que participa evidentemente o Governo, ainda que à revelia de algumas de suas figuras, e que solidifica as frentes únicas, reconcilia os homens mais extremados, impõe alianças aos partidos, e tende a criar em torno do situacionismo um ambiente de apoios unânimes, como foi o dos tempos de quase extinto P. R. P.

Não creio que se deva fazer a defesa dos partidos. Sou adepto convicto dos partidos únicos, pois as máquinas partidárias são descabidas nos momentos da normalidade e nos regimes em que o Estado coordena e dirige as atividades múltiplas da Nação. Agora mesmo estamos num instante que deveria ser antes de tréguas para todos os partidos. Pois a Revolução não deve ter, por natureza, raízes na opinião popular e sim nos seus princípios, nos desígnios que a deflagraram, e à beira de todos os abismos que cercam o país, da Educação às Finanças, não vejo melhor caminho, para os partidos que não puderam fazer a Revolução, senão colaborar patrioticamente com aqueles que a venceram.

Mas se o governo apela o povo às urnas, para que ele escolha uma Assembleia Constituinte, despojando-se assim da investidura que recebera da vitória das suas armas, então não sei por que hão de se calar os partidos. Não me consta que, nas eleições dessa Assembleia, o voto das classes vá fazer pesar os interesses profissionais da sociedade. Não me consta que o comércio e a indústria poderão fazer sentir nelas as suas necessidades. E portanto não estaremos diante de uma daquelas situações e regimes onde os partidos nada têm que representar, pois tudo se encontra na esfera do Estado. Estamos antes numa daquelas outras, anômalas, onde os partidos são tão necessários, como o são as revoluções em certas ocasiões históricas.

Eis por que, promovendo a reconciliação das facções políticas que se formaram ou que se conservaram nos Estados, nos meses posteriores à Revolução, não me parece que o governo esteja tomando uma providencia natural. Pois de fato o que cabia era que ele chamasse às armas as correntes de opinião, e não o eleitorado, massa sem ideias definidas e organizadas, exatamente como se fazia no P. R. P.

E depois, se essas facções representaram, algumas vezes, a preterição de maus elementos, por outros mais representativos do bom espírito revolucionário, reconciliá-los dentro de uma frente única é desandar o caminho percorrido no sentido de uma depuração dos partidos. É voltar ao ponto de retorno, à unanimidade dos partidos inexpressivos, como foram o P. R. P. e o P. R. M.*

Faça política preventiva, mais barata, o Governo Provisório. Castrando os partidos na hora em que eles devem mostrar o que valem, está a Revolução empreendendo gastos que comprometerão o ativo pouco vultoso de reformas que ela trouxe à política nacional.

A Razão, 08.08.1931.

* P. R. M. Partido Republicano Mineiro fundado em 1888 e extinto em 1937 com a implantação do Estado Novo.

AINDA O ENSINO RELIGIOSO

Com a regulamentação do ensino religioso nas escolas de São Paulo, voltou à baila nos jornais o grande assunto. Não surgiram certamente argumentos novos, nem o tema variou de posição. Mas tornou-se oportuno olhar em conjunto o debate encerrado, sobretudo para uma análise dos motivos doutrinários por que uns o atacaram e outros o defenderam.

O decreto com que o Governo Provisório estabeleceu o ensino religioso facultativo nas escolas* foi a primeira lei que levantou entre nós um debate doutrinário, e que teve o mérito de vir sacudir o pó que autenticava certos erros incorporados à série dos nossos postulados definitivos. Vieram à luz incoerências profundas que existiam na nossa mentalidade. E deixou-se aberta uma brecha para a política doutrinária fazer entrar os seus pareceres, dividindo em campos ideológicos adversários os que constroem e os que criticam a nossa vida pública.

Nunca porém se sentiu tão fortemente, como diante desse decreto, a ausência de correntes políticas organizando e dividindo a opinião. Pois o alarido que se formou em torno dele foi mais uma confusão de vozes individuais e de grupos religiosos do que o coro dos partidos, cada um deles firmado em uma posição.

E nenhuma questão deveria interessar tanto os partidos, nenhuma exigia tanto deles num pronunciamento em harmonia com os seus princípios norteadores. A falta desse pronunciamento, o silêncio indiferente de que cercaram a lei, foi uma prova a mais para a estafada conclusão de que os nossos pobres partidos não têm opinião nem doutrina.

Foram antes as correntes religiosas que agiram como forças conjuntas no "alarido". Os católicos tomaram a si a defesa do decreto do sr.

* Decreto 19.941, de 30 de abril de 1931. Dispôs sobre a instrução religiosa nos cursos primário, secundário e normal.

Francisco Campos, e os positivistas se incumbiram do ataque. Ao lado dos últimos atuou o exercício de opinião disperso e secreto da livre maçonaria e, pode-se sem receio dizer, os expoentes médios daquilo que estatisticamente se chamará – a mentalidade nacional. Muito se discutiu e se clamou, mas olhando agora de longe o debate, podemos reduzi-lo a duplo aspecto interessantíssimo, que envolve até mesmo a argumentação dos católicos, os quais excetuando duas altíssimas figuras que nele intervieram, tiveram de abandonar os seus argumentos favoráveis, para concentrar toda a sua atividade na destruição dos argumentos contrários com que era detratada a lei.

Esse duplo aspecto veio pôr em foco, mais uma vez, a profundeza da nossa fibra liberal, e evidenciar um grande erro que o laicismo político nela há século enxertara. É que defensores e atacantes da lei, tomaram as suas posições em nome da liberdade de consciência, e apenas divergiam em que uns consideravam o decreto Campos remissivo e outros atentatório dessa liberdade. Esforçavam-se uns por demonstrar essa coisa incompreensível – que o Estado, por permitir o ensino de qualquer religião nas suas escolas, tomava partido a favor de uma delas contra as demais. Declaravam os outros, com razão de sobra, que só assim é que o Estado respeitava realmente a liberdade de consciência, enquanto que na sua atitude anterior a estivera claramente violando. Mas, como se vê, o que ambos defendiam era a liberdade de consciência, de modo que estavam unidos na teoria, e apenas divididos na prática.

Não é porém só perante a liberdade de consciência que a lei revolucionária do sr. Campos pode ser apreciada. Mesmo para os que como nós não aceitam a liberdade de consciência posta acima de qualquer ordem externa, pois veem nisso um simples postulado do racionalismo filosófico do século XVIII, superado por todo o movimento de ideais de que surgirá uma ordem nova tanto social como jurídica, mesmo para esses, a lei que introduz o ensino religioso nas escolas encontra ampla defesa, capaz de levar a consequências ainda mais afastadas e radicais.

Nós não admitimos que o Estado se desinteresse da vida moral e religiosa da nacionalidade. No Estado liberal isso era possível, pois o Estado figurava como um simples instrumento jurídico, desinteressado dos aspectos múltiplos da vida social da Nação. Mas no Estado integral que desejamos, aberto a todas as atividades populares, o ensino deve participar da religião nacional. Deve ter caráter facultativo naturalmente, mas não com a base negativa que o decreto de maio lhe deu. Isto é, deve estabelecer a escusa facultativa, constituindo nas nossas escolas a cátedra católica, que corresponde aos imperativos da religião brasileira, da religião que formou os fundamentos da cultura da raça.

Todos que querem ver o Estado evoluindo da sua passada forma liberal e leiga, e assimilando, ainda que sem plano certo as atividades nacionais – atividades do espírito e atividades econômicas –, estarão ao lado do decreto do sr. Francisco Campos. Pois, se essa lei não é um ponto de chegada, é seguramente um ponto de partida para a grande obra de revitalização do Estado que desejam todos aqueles que o não querem ver reduzido a um simples aparelho jurídico e eleitoral.

A Razão, 11.08.1931.

O NOVO P. R. P.

A vitória da Revolução, em São Paulo, produziu sobre o velho Partido Republicano Paulista um efeito característico que revelou, aos que lhe observavam a atuação política, qual a debilidade do seu organismo partidário. Não se dissolveu o P. R. P. Das suas fileiras se aproximou a Legião do sr. Miguel Costa, identificando-a até a elas, muitas vezes, na organização dos seus comitês municipais. O Partido porém ficou, encerrando sob o seu nome o grosso da massa eleitoral paulista, e contando por exceções, as defecções democráticas e legionárias. Mas ficou abatida a sua voz no cenário político. O ambiente de guerra instaurado logo após a vitória do movimento, as punições políticas, as interdições de bens pertencentes a personalidades evidentes da situação extinta, travaram os movimentos dos líderes perrepistas. E o Partido que se desabituara das armas para viver a eterna política de conciliábulos, o Partido que defendia pessoas e não programas, ficou voluntariamente mudo numa hora de riscos como essa, sentindo que só o recolhimento e a prudência lhe podiam ser benéficos. Não havia ideias por que sacrificar os homens. Então que estes de acautelassem, e esperassem a hora pacífica e propícia para virem a campo se reorganizar.

Essa hora veio. A justiça revolucionária pareceu cedo frugalmente saciada. O ambiente de segurança pessoal reinou de novo, a ordem revolucionaria do coronel João Alberto cedeu lugar à ordem pós-revolucionária do sr. Laudo de Camargo, e então os chefes perrepistas começaram a espreitar, a sondar o perigo, e já agora, ainda que à cautela pareçam dispostas a reorganizar o seu partido falando às fileiras, que desde outubro não recebem ordens de comando. O sr. Altino Arantes[1] adianta à imprensa que a comissão diretora, dentro de uma semana vai deliberar. E fala-se abertamente já de uma convenção em Itu, onde o velho partido paulista dará uma prova numérica do seu esplendor partidário.

1. Altino Arantes (1876-1965), governador de São Paulo de 1916 a 1920.

Está, pois, renascente o perrepismo, na hora da segurança e da tranquilidade. Agita-se a Constituinte. Em São Paulo está um juiz governando no lugar de um grande tenente. O P. R. P. toca a reunir, para retomar a marcha.

Vem, porém, com um passivo enorme. Com um passivo que não foi criado pelas suas atividades antes de outubro, mas pela sua conduta nestes meses de agitação pós-revolucionária.

Pois faltou neste momento ao P. R. P. coragem partidária. A seus homens pessoalmente ela certamente nunca fez falta, se quisermos considerar o exemplo de um Ataliba Leonel,[2] de um Washington Luís, e mesmo de um Sylvio de Campos.[3] Mas o Partido foi sempre timorato. Partido de burgueses sem ânimo guerreiro, e sobretudo Partido em que de todo se apagará a chama do ideal político. A vida partidária era dentro dele um equilíbrio mútuo de prestígios pessoais, de operações eleitorais de dependências e compromissos. Faltava-lhe a finalidade a cumprir, faltava o objetivo político, faltava, enfim, a própria função que o partido é chamado a preencher como órgão, e sem a qual a sua existência não se justifica.

Eis por que não só na hora dos perigos máximos, mas também na dos simples receios para os políticos da velha República, o P. R. P. teve a fraqueza de não trazer à luz as suas atividades partidárias. Mostrou que não tinha uma ideia, tinha pessoas a defender, que se calasse, e deixasse o país perder-se pelos mais ínvios descaminhos.

Esse oportunismo é a grande acusação de impatriotismo que se pode fazer hoje ao P. R. P. Agora que ele se prepara para renascer numa grande convenção e pretende mostrar que a sua estrutura eleitoral continua firme nas suas bases municipais e em maioria na sua expressão estadual, virão os novos líderes dispostos a redimir os erros passados, levando o partido por estradas melhores? É o que todos estão indagando, vendo ressurgir o combalido mas tradicional partido de São Paulo. Sente-se que não haverá lugar para ele, se quiser continuar sem princípios e sem programas, fazendo da política uma simples tática de lutas eleitorais e de finas manobras nas comissões centrais. Mas se ele proclamar o pensamento de equilíbrio por que o povo paulista anseia, o pensamento que condena os excessos separatistas reivindicando, porém, para São Paulo, a posição e a autoridade que

2. Ataliba Leonel (1875-1934), político paulista.
3. Sylvio de Campos (1884-1962), político paulista.

lhe cabem, o pensamento que, condenando o comunismo, reclama uma melhor justiça de classes, e dá ao Estado uma clara expressão de autoridade em face dos problemas da nacionalidade, então teremos um novo P. R. P., saindo da decrepitude para a mocidade, e que, retomando a tradição dos velhos chefes, encarnará o espírito e a força dos paulistas.

Esse seria um P. R. P. que daria ao reacionarismo da Aliança Liberal, que ataca as raízes da Constituinte, uma lição extraordinária do maior e mais genuíno espírito revolucionário.

A Razão, 12.08.1931.

PARTIDO DA LAVOURA

Na sessão de ontem do Congresso da Lavoura, voltou à baila o assunto que parece ocupar fundamentalmente as atenções das classes conservadoras rurais de São Paulo: a criação de um partido da lavoura. Os plantadores paulistas sentem a necessidade de fazer pesar na vida política os seus e para isso propõem-se a constituir-se em agremiação partidária, buscando assentar o seu partido numa base eleitoral extensa e criar para ele uma alta expressão política no cenário nacional.

É isso apenas a voz desorientada, mas profunda, das classes, que mostra, aos que consideram uma utopia política a sua integração racional no governo, como está viva essa realidade, para que os criadores de regimes ainda não quiseram se voltar. A lavoura, e como ela o comércio, a indústria, etc., não vivem numa ordem diversa àquela em que age e em que se forma o governo. Vivem sob a dependência dessa ordem, ligados a ela, dependentes da sua intervenção e das suas diretrizes, e contudo sem se fazerem ouvir diretamente, agindo através de influências ocultas sobre partidos ou sobre figuras do governo.

Agora, porém, a lavoura paulista quis falar mais claro sobre essa necessidade; seus altos interesses, que não são particulares, mas interesses do Estado e até da Nação, precisam atuar na eleição e na orientação do governo. E o precisam fazer agindo como um partido, como um só grupo político, que assim realizará a força máxima da lavoura, conjugando e harmonizando o seu prestígio e poder, hoje dispersos numa atuação sem finalidade determinada, e sem nenhuma ordem comum.

Não foi, entretanto, o alvitre surgido no Congresso de Lavradores, de encontro às verdades teóricas estabelecidas, a propósito de atuação das classes econômicas, na esfera do Estado. Um partido da lavoura, outro da indústria, outro dos bolsistas de Santos e da capital, por certo poderiam vir a dominar a política de São Paulo. Mas isso seria tão nocivo e precário quanto o regime das oligarquias políticas em que vivemos. Seria a subordinação à classe burguesa de toda a vida administrativa do Estado, e até mesmo a agravação da luta de classes, que aqui em São Paulo se esboça, como em todos os lugares do mundo onde não reine a justiça, e sim a força, nas relações do trabalho e do capital. Seria além do mais um principio de desequilíbrio que o regime democrático permite, mas não sei que doutrinas justificam. Pois o partido da lavoura dominaria, suponhamos, o partido da indústria que se formasse; e teríamos, não um governo com a sua política voltada proporcionalmente para os interesses de uma e de outra classe, mas o governo com tendência a favorecer apenas os interesses de uma, o que não seria um governo nacional.

Aliás, nos debates de ontem houve quem deixasse sem defesa a boa orientação a seguir no caso desse partido. Foi o tenente João Alberto que contra ele se pronunciou, reconhecendo a alta nocividade da orientação que o Congresso pretendia firmar. Mas, se o Congresso errou aconselhando um partido, não quis com isso senão exprimir a necessidade insofismável que têm as classes de se fazerem representar no governo do Estado. O que não se poderá é deixar que a luta seja o regime de vida entre esses "partidos". Ter-se-á de organizar proporcionalmente e totalitariamente a representação, de modo que todas as classes, e não só as econômicas, tragam os seus interesses e aspirações ao concerto dos planos do Estado.

Se o governo do sr. Laudo de Camargo quisesse fazer obra realmente política e duradoura no nosso Estado, inspirando-se nas solicitações que lhe fazem as próprias realidades sociais mais evidentes, não ficaria surdo à voz do Congresso da Lavoura, nem ao aviso do tenente João Alberto.

Cuidaria de organizar a lavoura, o comércio, a indústria, as classes intelectuais e liberais. Faria desse profundo alicerce a base do seu governo. Dar-lhe-ia uma atuação fundamental e definitiva na criação e no funcionamento do poder, iniciando com isso a maior empresa política dos últimos tempos que será a unificação do poder político e do poder econômico do Estado.

Se assim fizesse, o governo do sr. Laudo de Camargo teria tido a estranha investidura de precursor de uma nova era política para o povo brasileiro, pois emanciparia São Paulo de meio século de República liberal.

A Razão, 14.08.1931.

NOVO ESPÍRITO

Os jornais estão debatendo largamente o discurso de saudação de um jesuíta que pronunciou perante um enorme auditório o dr. Altino Arantes. Nesse discurso, o ex-presidente de São Paulo lança afirmações que importam numa tão alta restrição aos princípios democráticos, que nele estão querendo ver uma profissão de fé reacionária, a abjuração do liberalismo ortodoxo, que foi a base doutrinária do primeiro P. R. P., e que foi sempre o credo político do sr. Altino Arantes. E com essa palavra, "reacionários", o que se quer hoje em dia exprimir é o que verdadeiramente se denomina espírito de direita, ou reação contra a plenitude dos princípios liberais, quando estes atuam como entrave à ação da autoridade legal.

Já é querer avançar muito, porém, dar o sr. Altino Arantes como um político de direita. No seu discurso nada há que prove a renegação do seu credo político passado. Há apenas com que se mostrem as tendências direitistas que o movimento revolucionário provocou no espírito dos homens de São Paulo, e que importa talvez fundamente a sua marca na reorganização do P. R. P. Talvez não na organização do programa, mas por certo na orientação dos métodos e na formação do espírito do partido. Pois as verdades só passam para os programas quando estão claras e pacíficas no espírito dos que as praticam.

Mas o "reacionarismo", ou melhor, o direitismo do P. R. P., não surgirá espontaneamente neste momento, nem representará uma evolução cultural dos homens do partido. Não será uma evolução de dentro para fora, uma evolução de ideias gerando outra de atos. Será uma evolução de fora para dentro, vinda dos próprios fatos externos para orientar em novo rumo a reação do partido, e só no futuro então receber a aprovação doutrinária dos chefes. Pois foi a experiência de outubro, aquela situação em que se viu o governo legalista de São Paulo, governo liberal nas ideias e liberal na prática, para conter uma revolução também liberal por dentro e por fora, foi essa situação curiosa em que se viu o mesmo princípio sustentar e ameaçar o governo, que tornou patente aos políticos paulistas que a autoridade precisa de outros alicerces que não lhe fornece o liberalismo e que agora mais do que nunca ia ser preciso governar com a força e com coragem e não mais com fórmulas e palavras. Vitoriosa a Revolução, perrepistas e revolucionários começaram a se afastar do centro liberal em que uns foram vencidos, e em que outros venceram, mas onde não se sentiram bastante firmes para conduzir a obra que empreenderam. E enquanto os revolucionários marchavam para a direita e para a esquerda, marcando um extremo com a Legião mineira, e outro com a Paulista, no espírito do P. R. P. manietado pela derrota, ia se formando o avanço para a direita, de que o discurso do sr. Altino Arantes foi o primeiro rebate.

Acontece, porém, que aproveitará o P. R. P. o surto atual do liberalismo aliancista. Para que os partidos atuem desembaraçados e na plenitude das suas forças eleitorais, é preciso que passe a ordem discricionária, que pesa tão suavemente sobre nós. De modo que se torna difícil fazer previsões sobre a próxima exteriorização do P. R. P. É pouco provável que ele obedeça, ao menos de um modo radical, às suas tendências inegáveis para a direita. É mais provável que conserve a posição liberal, mas que dentro dela registre pequenos avanços de um pensamento político mais adiantado. Esse pensamento atuará depois, de um modo mais orgânico e total, na futura Constituinte. Por ora estará anunciado nas linhas do programa traçado e nas entrevistas dos líderes.

Aguardemos o pronunciamento do velho partido com otimismo, pois dele uito se espera como de todos que até agora não se pronunciaram.

A Razão, 12.08.1931.

PRELIMINARES I

Os princípios fundamentais do nosso direito público, assim como o seu condicionamento em normas reguladoras de todas as relações jurídicas do país, devem ser uma consequência decorrente da verificação das nossas realidades, em relação a nós mesmo, e em relação ao século em que vivemos. Evidentemente, funcionando a Nação Brasileira, como expressão de um povo, por todos os motivos econômicos e morais integrado na vida universal, não nos podemos eximir a imperativos hoje comuns a todas as nacionalidades. Ao tomarmos o ponto de partida, para os estudos atinentes à elaboração da nossa futura carta constitucional, começaremos pela apreciação dos conceitos do Estado, segundo as necessidades e finalidades sociais, que imprimem o sentido da civilização em nossos dias.

O Estado Moderno tem de se firmar numa das três expressões: a de finalidade nacional; a de finalidade social; e a de finalidade em si mesmo.

Ou a Nação se condiciona no Estado, com o conjunto de suas forças de produção material, intelectual e moral; ou a Sociedade nele se reflete, como órgão centralizador, diretor absoluto da produção, aplicador de benefícios de expressão coletiva da propriedade; ou o Estado a si mesmo se basta, como simples garantidor de direitos fundados na liberdade individual. No primeiro caso o socialismo; no segundo caso o bolchevismo, precursor do marxismo; no terceiro caso a democracia liberal, precursora, por sua vez, do bolchevismo.

Num desses três conceitos, o Brasil terá de fundamentar os princípios que nortearão os trabalhos da sua próxima Constituinte.

O Estado social-nacional é coerente com o seu ponto de vista. Começa a negar todas as liberdades individuais ou de grupos que venham ferir os princípios fundamentais do regime. Não admite a luta de classes, porque a finalidade das classes não deve estar nelas mesmas, porém na grandeza da Nação e na felicidade geral. Os detentores dos meios de produção têm deveres para com o Estado, e esses deveres devem estar acima de seus interesses próprios, da mesma forma que o trabalhador gozando da proteção direta do governo não pode sobrepor os seus caprichos às superiores diretrizes do Estado. Todo o aparelhamento econômico, como toda a organização social, está sob a imediata fiscalização do Estado, nos seus mínimos movimentos. E, enquanto a iniciativa particular não seja proibida, e até em certos casos possa ser estimulada, ela tem de se subordinar aos impositivos que as necessidades gerais da Nação determinarem. Condicionando as forças sociais, o Estado, pelos seus órgãos diretivos, é a própria expressão política das classes, não tomadas no sentido dualístico da dialética marxista, mas na sua significação profissional. Por outro lado, o cidadão age e se reflete no Estado, como índice de fenômenos que o integralizam no próprio conjunto das energias expressivas da Nação: ele é o representante da Classe, porque trabalha; da Família, que é o prolongamento da sua personalidade; e do Indivíduo, parcela livre nos seus movimentos morais e intelectuais, até ao limite em que esses movimentos não atentem contra os fundamentos do Estado, desse próprio Estado que lhe faculta a soma das liberdades possíveis, no equilíbrio da sociedade e das instituições.

O Estado socialista prescinde da preocupação nacional, para ir diretamente à tese humana. O homem tem uma finalidade em si mesmo. Aceita a tese de precedência da matéria sobre o espírito, não há dois caminhos para a solução do problema social. O desenvolvimento industrial e comercial tem criado, dia a dia, uma situação de desigualdade no usufruto dos benefícios advindos da técnica. O regime estatístico imporá as necessidades da produção, de acordo com as necessidades do consumo. Todos os homens devem gozar igualmente os confortos que a civilização criou. Para que se chegue ao acordo universal, é preciso destruir o preconceito da Pátria. Então, poderemos chegar a uma situação em que todos gozarão a vida. Porque a vida é uma só, e curta, e cumpre fazer dela a suprema alegria de um momento perdido nos séculos. O Estado socialista é o precursor da humanidade sem Estado, governada pelas estatísticas. Para isso, ele terá de exercer uma dupla política: de negação absoluta de liberdades nos países onde estiver implantado e de adesão a todos os movimentos liberais democráticos que se operam em qualquer ponto do planeta.

O Estado socialista, em resumo, combate a propriedade privada porque objetiva a socialização dos meios de produção; a instituição da família porque o homem também deve ser socializado e não pode, portanto, subordinar-se a um núcleo de autoridade moral que escapa à ação coletivista; as religiões em geral porque se apoiam exatamente no princípio opostos ao de que parte a sociedade marxista, ou seja, a precedência da matéria sobre o espírito; a pátria porque restringe a projeção do homem, condicionando-o a uma finalidade egoísta de fronteiras.

Entre essas duas expressões do Estado Moderno, acha-se o Estado Liberal-democrático.

Apreciemos em nossa nota de amanhã a sua índole. Vejamos, a seguir, o que cumpre ao Brasil fazer, logo que estabeleça a preliminar imperiosa, que é o ponto de partida para o início dos trabalhos, primeiro de ordem sociológica, depois de natureza jurídica e de aplicação técnica, sem os quais não se fará uma Constituição que convenha ao povo brasileiro.

A Razão, 15.08.1931.

PRENÚNCIOS DE LUTA

O movimento pró-Constituinte que partiu do Rio Grande do Sul, arrastando consigo, ao que parece, o grosso da opinião popular, não encontrou até agora uma voz forte que se elevasse em contrário. Tomou o aspecto dos movimentos unânimes. E quando o ministro da Justiça se manifestou, ainda que muito ligeiramente, em seu favor, ninguém mais duvidou que estivesse assentada a política de constitucionalização imediata do país.

De fato, o ministro da Justiça é o expoente das duas correntes políticas que se supunham divididas em torno dessa relevante questão. É o expoente do civilismo gaúcho, e é o expoente também do partido dos tenentes, que era a facção de que se esperava um movimento anticonstitucionalista. E não se esperava sem razão. Os tenentes revolucionários vieram tomar depois de outubro, dentro da ordem ditatorial, a posição mais extremadamente antilegal que se assinalou. O major Távora foi o autor das ameaças do sequestro sumário dos bens, da justiça política sumária, o instaurador de uma boa parcela do pânico, que conduziu a sociedade conservadora a reclamar a Constituição, como garantia para os seus direitos ameaçados. Os tenentes interventores do Norte, por sua vez, vinham todos animados de um amor pelos métodos de administração violenta e sumária, enquanto os tenentes, grandes favoritos em alguns gabinetes militares, eram inspiradores do mesmo espírito e dos mesmos métodos, nos setores que atuavam.

Delineou-se assim com uma nitidez meridiana, o espírito antilegal, e portanto anticonstitucional, dos clubes 5 de julho[1] e dos políticos militares. Quando, porém, se ouviu a voz do sr. Oswaldo Aranha, indicando rumo diverso, ninguém pôs em dúvida que uma qualquer mudança se dera entre os tenentes, que teriam acordado na convocação da Constituinte, mediante

1. Organização política apartidária, também chamada Legião 5 de Julho, surgida em 1931 dentro do movimento de criação de legiões revolucionárias em todo o país, liderado pelos "tenentes". Desapareceu em 1934.

certas concessões, ou até mesmo mediante certas imposições. Pois o sr. Oswaldo Aranha sempre foi o chefe dos tenentes, e a sua palavra cobriria em qualquer hora, o pensamento político dessa facção.

Veio porém por essa época a renúncia do coronel João Alberto. A política de São Paulo, que era o apoio supremo dos tenentes, caiu das suas mãos, e passou a um regime de dupla soberania, uma interna, entregue a civis, e outra externa, no concerto das forças políticas, entregue aos generais. Deu-se então a "política dos tenentes como ferida de morte, e ninguém mais esperou dela um surto anticonstitucionalista e em favor da ditadura". Previu-se que, extinta a sua política, os revolucionários históricos cedo ou tarde voltariam às conspiratas, e nos meios militares mesmo, esperava-se a qualquer hora uma revolução.

Não se extinguiu, porém, como se pensou, a política dos tenentes; perdido o apoio em São Paulo, ela começou a se reconstituir noutra parte, e quem abrir hoje os olhos sobre a nossa carta, verá que o Norte passou todo às suas mãos. A delegacia do Norte,[2] aberração do senso legal que inspira a ditadura do sr. Getúlio Vargas, depois de quase revogada, foi mantida e reavivada no seu prestígio. E aos poucos os interventores civis vão sendo substituídos por interventores militares. Cai o sr. Álvaro Maia[3] no Amazonas, para ser logo substituído pelo capitão tenente Rogerio Coimbra.[4] E do Maranhão sairá o sr. Astolpho Serra,[5] para ser substituído pelo capitão Serôa da Motta.[6] No Ceará, em lugar do sr. Fernandes Távora,[7] teremos o capitão Carneiro de Mendonça.[8] No Rio Grande do Norte já se encontra o tenente Cascardo,[9] e em Alagoas se espera um interventor militar, que ao que parece

2. Delegacia militar, chefiada por Juarez Távora.
3. Álvaro Maia (1893-1969), político amazonense. Interventor federal no Amazonas em 1931.
4. Antônio Rogerio Coimbra, (1900-?), militar. Interventor federal no Amazonas de 1931 a 1933.
5. Astolpho Serra (1900-1978), interventor federal no Maranhão em 1931.
6. Lourival Serôa da Motta (1901-1947), militar. Interventor federal no Maranhão em agosto de 1931.
7. Fernandes Távora (1877-1973), político cearense. Interventor federal no Ceará de 1930 a 1931.
8. Carneiro de Mendonça (1894-1946), militar fluminense. Interventor federal no Maranhão de 1931 a 1933.
9. Herculino Cascardo (1900-1967), militar.

só por circunstâncias particulares deixou de ser o capitão Góes Monteiro.[10] E a instabilidade das interventorias civis é tão grande, que ontem caiu do poder o sr. Arthur Neiva[11] e fala-se na substituição do sr. Lima Cavalcanti,[12] para o que se indica até o nome do tenente João Alberto.

Está pois reconstituído no Norte o apoio que o caso de São Paulo retirará aos tenentes. Uma a uma, as interventorias vão passando ao seu poder. E já se "sente" o major Távora, que nestes últimos meses estivera obscurecido no cenário político nacional.

Agora, além de tudo, uma notícia de suma gravidade, que causará inquietações aos que desejam a unidade da política brasileira, acaba de ser dada com reservas por alguns vespertinos. Fala-se da constituição de um "bloco nortista", que se pronunciará contra a próxima convocação da Constituinte, quando a lei eleitoral já está às vésperas de ser aberta às sugestões populares. Talvez seja um falso sinal, no horizonte, mas nesse sinal nada há que nos deva causar espanto. É a política já declarada dos tenentes, no bloco estadual que eles dominam. Para ela nos prepararam os meses passados do governo revolucionário. E com ela temos prenunciada uma luta, cujos germes vieram nas fileiras da Revolução, e que oporá o civilismo gaúcho e mineiro, reduzido à forma da Aliança Liberal, do militarismo de 22[13] e 24[14], que dele difere por pessoas e por natureza.

A Razão, 16.08.1931.

10. Góes Monteiro (1889-1956), líder militar da Revolução de 1930. Comandante da 2.ª Região Militar (São Paulo) até junho 1931.
11. Arthur Neiva (1880-1943), político baiano. Interventor federal na Bahia em 1931.
12. Lima Cavalcanti (1892-1967), político pernambucano. Interventor federal em Pernambuco de 1930 a 1934.
13. San Tiago refere-se à Revolução de 1922.
14. San Tiago refere-se à Revolução de 1924.

PRELIMINARES II

O Estado liberal-democrático vai buscar a sua origem nos princípios consagrados pela Revolução Francesa e que se fundara nos chamados "direitos do homem". Eis porque se pode dizer que o Estado democrático tem finalidade no Indivíduo. Mas essa finalidade mesma é bem relativa, como veremos, pois não se pode negar que os tipos de democracia mais acabados dos nossos dias criaram para si uma "razão de Estado", que se aproxima dos métodos de governo anteriores à Revolução Francesa.

Para se tornar bem nítida a posição do Estado democrático no mundo contemporâneo, convém fixar aqui a direção das correntes da direita e da esquerda, cujo conhecimento torna mais expressivos os seus contornos.

O social-nacionalismo (fascismo, hitlerismo, etc.), quer concretizar no Estado a Nacionalidade que, por sua vez, condicionará a Sociedade. O bolchevismo,* visando operar a transição da ditadura proletária para o socialismo marxista, pretende exprimir no Estado a Sociedade, prescindindo da Nacionalidade.

Entre essas duas tendências, o liberalismo-democrático objetiva, exclusivamente, garantir a expansão do Indivíduo, aceita a Nação, não como um Todo, que impõe deveres às partes, mas como um conjunto de partes, às quais o Todo deve garantir e facultar os mais plenos direitos.

Facultando plena liberdade aos indivíduos (de pensamento, de publicidade oral e escrita, de reunião, de atitudes políticas), nem por isso se pode dizer que é no individualismo que o Estado liberal-democrático encontra a sua exclusiva finalidade. Poderia ter sido assim no período inicial do seu funcionamento. Hoje, o Estado liberal-democrático, tal qual acontecia antes da Revolução Francesa, tem as suas "razões de Estado". Porque a sua

* San Tiago refere-se ao regime implantado pela revolução comunista russa, liderada por Lênin, em outubro de 1917.

estabilidade depende das forças econômicas, e estas lhe impõem circunstâncias em que ele terá de agir para poder sustentar-se. Não constituindo um diretor supremo de atividades, o governo liberal torna-se um joguete nas mãos de interessados, que agem à sua revelia. E, quase sempre, nessas ocasiões, o Estado liberal-democrático é forçado a coibir expansões de liberdade individual, como se vê frequentemente nos casos de censura à imprensa, de proibição de comícios, na sufocação das greves. Eis por que dissemos, em nossa nota anterior, que essa forma de governo tem uma finalidade em si mesma. Realmente, a democracia, que é o oposto à concepção teocrática dos direitos divinos, criou, como os reis anteriores ao movimento francês de 89, a sua arbitrária ilógica "razão de Estado"...

Podemos, pois, dizer que o Estado democrático, na sua expressão mais pura, não tem finalidade, nem social, nem nacional.

Em nome dos "direito do homem" ele permite que os fortes esmaguem os fracos, que o capital exerça a sua prepotência contra o trabalho, que o trabalho humano se torne uma mercadoria sujeita a todos os azares, que o direito de propriedade seja exercido pelos particulares com a máxima violência e desumanidade, e que as forças produtoras do país se expandam livremente, sem um critério de distribuição supervisionado. Os seus sistemas de sufrágio e de representação consagram uma igualdade de direitos que não consulta a capacidade e a possibilidade de exercício desses direitos. Seus parlamentos, como suas eleições, são constituídos e realizados sob a presunção de que o operário, o camponês, o proletário, o intelectual e o capitalista, se encontram todos em condições idênticas de mentalidade, de independência que possibilitem em cada indivíduo uma parcela equivalente da "vontade geral". Nestas condições, o Estado liberal-democrático não tem finalidade social.

Em nome da liberdade, esse Estado se alheia das atividades políticas do país. São os partidos que agem na coordenação das forças políticas. Essas organizações formam, como há dias disse o velho republicano democrático, sr. Borges de Medeiros, a base do regime. Mas, para que os partidos exerçam plenamente a sua atividade, é necessário que se lhe facultem plenas liberdades. Nenhuma restrição deve ser oposta ao funcionamento dos partidos. De sorte que, nem na Constituição, nem nas leis, a democracia deve consignar normas restritivas da livre agremiação dos cidadãos em organizações partidárias, nem da livre exposição de suas ideias, pela palavra, pela pena, em comícios, nos prélios eleitorais. Assim, se se organizar um partido, com o fim de guerrear a própria República (como um partido comunista ou fascista), será a própria carta constitucional, serão as lei do Estado liberal-democrático que terão de garantir os seus próprios adversários. E, nestas condições, podendo se pregar livremente, dentro do Estado liberal-democrático (que não será mais nem liberal, nem democrático, se agir em sentido contrário), uma doutrina que atente contra a ideia da Pátria, segue-se que essa forma de Estado não tem finalidade nacional.

Diante dessas três concepções do Estado, é que teremos de meditar antes de estabelecermos os princípios fundamentais que deverão nortear a discussão dos problemas que a elaboração da futura carta constitucional do Brasil vai suscitar.

Temos de partir de um conceito nítido de Estado que convenha à Nação, em face de suas realidades e em face das circunstancias do mundo contemporâneo. Uma vez estabelecida a grande preliminar, cumpre apreciar os diferentes fenômenos sociais e políticos da vida brasileira. são eles que revelam a nossa índole e os imperativos das nossas necessidades. E serão eles que darão a forma conveniente em que se deve condicionar o principio geral adotado em relação à natureza e à essência do Estado.

A Razão, 16.08.1931.

PRELIMINARES III

Entre a concepção da Sociedade marxista e do Estado nacionalista, colocamos, em nossa nota de sábado, como formas de transição, o Estado liberal-democrático, evoluindo para a Ditadura proletária, e esta, desenvolvendo o seu plano no rumo do socialismo integral.

De fato, o liberalismo democrático, sob o imperativo do desenvolvimento econômico dos povos, prepara, facilita e finalmente efetiva o advento do capitalismo de Estado, conquanto todos os seus princípios e normas se oponham fundamentalmente a isso.

Realmente, a Democracia se separa de uma maneira radical das forças econômicas da sociedade, as quais, agindo por conta própria, se erigem num poder mais alto que o Estado, acabando por aniquilá-lo, sob a forma do capitalismo, e integrando-se, depois, sob a ação inevitável das massas, na expressão coletivista.

A Democracia se separa dos fatores econômicos da Sociedade:

- pela sua doutrina do sufrágio;
- pelo seu sistema representativo;
- pelos limites de atribuições dos poderes

O sufrágio, nos regimes liberais, é universal e se exerce, diretamente, em função do indivíduo (cidadão), e em imediata relação com o próprio Estado. Ao cidadão é facultado escolher os representantes da Nação no Congresso, e, também, em alguns países, como o Brasil, os chefes do Executivo.

Feito um exame de consciência, puramente pessoal, sem nenhuma interferência de interesse profissional, o eleitor deposita o seu voto na urna.

Esse voto tem o mesmo valor quantitativo e qualitativo, para todos os cidadãos: para o plutocrata, possuidor de milhares de contos de réis, e para o sem trabalho, que precisou de um atestado de favor para se qualificar; para o jurista, detentor de uma soma avultada de cultura, e para o semianalfabeto, que desenhou o seu nome para obter despacho favorável do juiz do alistamento. É que a democracia estabelece o principio de que todos são iguais e de que a "vontade geral", em que se funda a soberania da Nação, é a soma de todas as vontades dos cidadãos maiores, alfabetizados.

Nestas condições, a Democracia não cogita do que representa o cidadão, como força econômica: não lhe importa saber em que situação se encontra o eleitor, nem o que faz ou como vive. É verdade que os títulos de eleitor mencionam a profissão, mas isso é exclusivamente para os fins de identificação para se firmar a suposição de que ele não depende de outrem. O simples fato de estar mencionada a profissão no título, não só supõe que o candidato a eleitor documentou a sua renda, como pressupõe que ele nunca mais perdeu essa renda. Mas essa prova, essa classificação do cidadão sob o critério profissional, não significa, em absoluto, que o Estado se interesse pela sua vida, nem dá ao voto um sentido econômico de classe. E não diz porque o voto de todos os cidadãos vale a mesma coisa. Pressupondo uma identidade absoluta de interesses, o Estado liberal-democrático desconhece os interesses divergentes das classes e por consequência se separa profundamente da expressão econômica da sociedade. Esses fatores de ordem econômica vão agir livremente, organizando-se de um lado, em sindicatos proletários; e de outro, em aparelhos de exploração dos meios de produção, *trusts*, monopólios, grupos financeiros etc., que tendem cada qual a tomar a decisão real dos negócios; o raio de ação dos governantes democráticos propende cada vez mais a se resguardar sob o império da pressão exercida por essas forças extra-estatais.

Originando-se do sufrágio universal a representação nacional se exprime em órgãos do governo sem nenhuma ligação com os fatores da economia do país. Os parlamentos democráticos, por exemplo, são constituídos por indivíduos teoricamente sem classe, nem profissão, e que não revestem o caráter significativo de interesses econômicos distintos. O cidadão vota sob um critério de ordem geral, e o candidato é um ponto de referência comum a indivíduos que praticamente, exercem funções distintas na sociedade e tem a defender, aspirações praticamente diversas. Os representantes da Nação, produtos da vontade geral, devem, apenas se tornar garantias da manutenção dos princípios em que se funda o conceito da liberdade, dentro do qual todas as forças econômicas devem se expandir. O Estado liberal-democrático, portanto, pelo sufrágio e pela representação, se divorcia fundamente do sentido real da sociedade e deixa de exprimir o país, a nacionalidade, para exprimir tão somente um conjunto de princípios.

Esse divórcio, definido em essência, pelo sufrágio e pela representação, manifesta-se concretamente nos limites de atribuições do poder público.

O poder, no Estado liberal-democrático, expresso na sua forma tríplice, tem por fim garantir os direitos assentes nos princípios de igualdade e de liberdade consagrados pela Revolução Francesa. Em tese, todos são iguais perante a lei, assim como a liberdade de um termina onde começa a liberdade de outro. Essas duas normas supõem, de antemão, que nenhuma condição de existência da sociedade, nenhum imperativo fora do conceito teórico do cidadão e do Estado, podem influir, de sorte que possam alterar o significado e a força dos valores sociais. O cidadão é livre, porque a Constituição lhe faculta liberdade, as leis detalham o exercício dessa liberdade, os juízes consagram esse dom individual outorgado pelas Repúblicas perfeitas, e a força armada efetiva a integração do individuo nos seus supremos direitos.

O Estado democrático desconhece tudo quanto se passe fora desse terreno. Nestas condições, não interfere na vida real da Nação. Não toma conhecimento da luta de classes. Ignora o desenvolvimento das forças econômicas. Aliena a faculdade de dirigi-las, de orientá-las. A sua preocupação única é manter a ordem pública. As organizações de classe podem agir livremente como as organizações do comercio. Do individuo se quer, apenas, a sua qualidade de cidadão. A sua contingencia de homem, de chefe de família ou de membro de uma classe não interessa ao Estado liberal-democrático. Outorgando-lhe plena liberdade, não importa ao Estado a maneira como o individuo se haja para fazer manter a sua capacidade de igualdade na esfera das atividades que pela sua natureza econômica escapam à ação direta do governo. Daí a restrição dos limites das atribuições dos poderes dentro do qual se encastela o Estado liberal-democrático, sem finalidade social, sem finalidade nacional, puramente teórico.

Verificados esses três pontos através dos quais o Estado poderia estar intimamente ligado à Nação, e que constituem exatamente os três pontos onde o liberal-democrático segregou, vincularmente, o Estado das forças nacionais, vejamos, em nossa próxima nota o caráter transitivo que assume a liberal democracia como ponto de partida para a inevitável ditadura de classe, que vigora hoje na Rússia e se delineia nos horizontes de todas as Nações que se originaram da revolução burguesa* e estão vivendo em função dos princípios consagrados pela proclamação dos direitos do homem de 1789.

A Razão, 18.08.1931.

* Revolução Francesa, de 1789.

BOLETIM POLÍTICO

Já não podem restar dúvidas, com a demissão do sr. Arthur Neiva e a indicação do tenente Juracy Magalhães[1] para substituí-lo, que está realizada a unidade partidária do Norte dentro da política dos tenentes. Os campos começam a se separar por fronteiras mais nítidas. Os líquidos de densidade diferente que a revolução agitara e dividira vão se separando em zonas delimitadas, e revelando a heterogeneidade que nos primeiros momentos se ocultara.

Essa heterogeneidade foi o pecado original da Revolução. Quando o país atravessava, sob o governo do sr. Washington Luís, a suprema crise do Estado liberal, e via falir o plano de governo financeiro que fora o objetivo central da sua administração, nenhum brasileiro estava estranho ao ânimo revolucionário, que era o estado de espírito de "salvação nacional" reinante de Norte a Sul. Mas quando se associaram para uma campanha eleitoral e depois para uma conspiração que acabaria numa luta armada, o partidarismo político mineiro e gaúcho e o militarismo revolucionário, derrotado em 22 e 24, e banido além das fronteiras, muitos se recusaram a dar apoio ao movimento, que vinha marcado de cores tão opostas e tão pouco harmonizáveis. Fui, pessoalmente, por isso, dos que preferiram defender a má autoridade constituída, do que concorrer para a implantação de uma ordem discricionária, que não encontraria uma fórmula duradoura de equilíbrio, entre os múltiplos grupos que a compunham. E de fato esse equilíbrio apenas durou, enquanto o alto prestígio de alguns chefes pôde contrastar as tendências de repulsão que se acentuavam, e que em pouco segregaram o sr. Arthur Bernardes e o seu partido da situação mineira, e dentro de São Paulo os elementos militares de baixos postos, dos civis que a Revolução aqui elevara. Cada líquido foi aos poucos reintegrando as suas

1. Juracy Magalhães (1905-2001), militar. Interventor federal na Bahia de 1931 a 1937.

parcelas. Formou-se o P. R. M., cujo elemento central de governo é o maior homem de partido do Brasil, e cujo apoio revolucionário mais garantido é indiscutivelmente o sr. Virgílio A. de Melo Franco.[2] Formou-se um partido de tenentes, onde se foram reunir os chamados "puros", revolucionários militares, no qual ficaram Juarez Távora e João Alberto, que teve em São Paulo o seu ponto de apoio primitivo, e agora o tem no chamado "bloco do Norte", cuja formação oficial se espera, mas que já se acha virtualmente constituído. O P.R.P., por sua vez se levanta, e fala-se numa união possível com o P.R.M., que seria então a base da aliança tradicional entre São Paulo e Minas, e marcaria o fim da hegemonia gaúcha, como já assinalou há dias a nossa "Nota Política".

Estão, portanto, já bem separados os campos que a fraternidade das primeiras horas confundira. Em torno do primeiro problema que experimentar as tendências essenciais de cada grupo, rolará por terra a unidade, sem a qual o Governo Provisório não poderá manter um só instante o regime de ditadura. E esse problema vai ser a Constituinte. O Norte, através da palavra do "tenente" Lima Cavalcanti, já se pronunciou contra a sua convocação, e ergueu nos escudos o major delegado do Governo, a quem reconhece, só, como seu chefe. E dominando da Bahia até o Amazonas, mantendo uma unidade administrativa e partidária perfeita entre os diversos Estados, através da sua Delegacia, os tenentes são uma força poderosa, que surge no cenário trágico onde se está jogando a sorte da ditadura. Praticamente já se pode dizer que eles estão contra o sr. Getúlio Vargas. Pois são a favor da ditadura, enquanto o ditador, homem de partido, é contra ela; e como não podem ser a favor do ditador que não quer conservar o seu cargo, é logico que estão contra o ditador.

Temos, pois, dentro do nosso pobre país, condenado pelo sr. Niemeyer[3] a um plano de convalescença cívica e de tratamento financeiro, de novo a luta aberta, e os partidos chamados não a defender as suas ideias, mas a discutir a própria oportunidade dos atos do Governo, dentro da mais terrível irredutibilidade. Três homens ocupam as chefias dos exércitos que ameaçam abrir o combate: os srs. Borges de Medeiros, Juarez Távora e Arthur Bernardes. Na estacada permanece o sr. Francisco Campos. E ouve-se a voz do sr. Ataliba Leonel que se prepara para surgir com o seu partido

2. Virgílio de Melo Franco (1897-1948), político mineiro.
3. Otto Niemayer (1883-1971), economista inglês.

e uma boa aliança. Mas anseia-se por compreender o sr. Oswaldo Aranha, cujo nome o público está reclamando no cartaz, e sob cujos pés parecem ter fugido os terrenos que ele mantinha aproximados: o gaúcho e o militar. Não deixará cair por terra o seu poder, tenha-se a certeza. Mas levará para uma banda o seu grande prestígio, sendo provável que fique ao lado do venerando chefe do seu partido e da frente única do seu Estado.

Seja como for, a semana que se inicia será histórica nos fastos da Segunda República. Clarear-se-ão as frentes que hoje ainda se movimentam. E saber-se-á se a Revolução pode contemporizar com os seus partidos, ou se teve de aceitar uma sentença que lhe dará dias contados.

A Razão, 18.08.1931.

O CASO DE MINAS

Ainda não incidiu uma luz perfeita sobre o grave caso de Minas, que projetou um desassossego tão alarmante, aqui em São Paulo e no resto do Brasil. Sabe-se somente que houve uma insurreição dos perremistas[1] reunidos em Belo Horizonte, com o fim de depor o governo do sr. Olegário Maciel. E já se acredita, pela uniformidade das notícias, que o governo do velho presidente[2] resistiu, e levou a sua energia até instaurar um inquérito de responsabilidades, dirigido pelas autoridades civis e militares, e a interpelar - outros dizem prender - o sr. Arthur Bernardes.

É pouco tudo isso para formar um juízo. A resistência e a impavidez dos governantes mineiros não eram inesperadas, e não assombraram ninguém. A audácia do sr. Bernardes é um dos sinais mais persistentes com que ele aparece aos olhos do público, que sempre o supôs capaz até de façanhas maiores.

A segurança da situação mineira, a porcentagem de adeptos que dentro de Minas a sustentam e a posição do sr. Francisco Campos perante os revolucionários é que o porte e a certeza das notícias, ainda não nos permite avaliar. Seja, porém, como for, uma coisa ficou patente de súbito aos olhos da Nação: a fragilidade da trama de compromissos que sustentam o Governo Revolucionário, que todo mundo suspeitava, mas ninguém via, tão descontínua e periclitante.

Em tempos passados, a República, acusava-se a ordem partidária de excessivamente fechada, e tolhida nos seus movimentos e variações naturais. As "carreiras" políticas se faziam por degraus invariáveis. As admissões à

1. Integrantes do Partido Republicano Mineiro.
2. Assim eram nomeados os dirigentes dos estados antes da Revolução de 30. Olegário Maciel, eleito pouco antes da Revolução, foi o único dos presidentes de estado mantidos em seu posto pelo Governo Provisório.

grei condicionavam-se a um mesmo processo, presidido pelo favoritismo ou pelo filhotismo. Os compromissos haviam ossificado de tal modo as articulações partidárias, que nenhuma renovação de homens ou de métodos era possível. E quando surgiu nesse organismo sem maleabilidade a cisão criada pelo sonho político do sr. Antônio Carlos em 1929, quebraram-se as peças partidárias, que já não comportavam variações como essa.

Agora, porém, a ordem revolucionária, não padece do que está revelado, da ossificação exagerada que era o mal das antigas oligarquias. Padece do mal contrário, da mais completa descalcificação possível, que torna o seu organismo incapaz de esforços conjuntos, e de uma articulação perfeita de movimentos. Essa precariedade todos sentiam na situação revolucionária. Os partidos não pareciam ligados entre si por tramas muito fortes. Mas ninguém esperava que essas tramas fossem tão fracas, que de uma hora para outra a ordem se pudesse subverter, e se visse um partido a que pertence um ministro, um presidente do Banco do Brasil, e vários homens ligados ao núcleo central da Revolução, conspirar contra uma situação apoiada pelo Governo Provisório, e atacá-la como provavelmente o fez – de armas na mão.

Estamos, pois, segundo depõem os acontecimentos de Minas, no mais instável dos equilíbrios. A Revolução está retalhada em subpartidos que disputam domínios regionais. Um ministro guerreia o outro nos limites do seu estado comum, e insurge-se contra a situação regional por ele chefiada.

Com isso – que alguém estará chamando perversamente de agitação cívica –, o que se revela é apenas a fraqueza do regime. Pois não podemos esquecer que estamos dentro de uma Revolução, que por si é um superamento, ainda que efêmero, dos partidos e que o país está bastante combalido para não suportar, depois de uma guerra, uma série de guerrilhas civis.

Exemplos como o de Minas no caso presente só aproveitarão a uma corrente: àquela que está organizando o "bloco" dos tenentes do Norte, para reagir contra o Constitucionalismo, que a frente Borges-Pilla está ditando ao país.

Pois de fato, quando se revela que a liberdade concedida aos partidos numa hora como esta, de salvação pública, se converte em fonte de desordem interna e consequentemente de desprestígio da autoridade, de enfraquecimento do poder, está-se advogando a causa dos que querem cortar asas à ambição prematura dos políticos, e tomar para si o governo das províncias. Os olhos do major Távora, do tenente João Alberto, dos inúmeros tenentes e capitães que ocupam as interventorias no Norte, devem estar mais fixos que quaisquer outros no caso que a insurreição do P. R. M. criou dentro de Minas. Pois com certeza daí lhe virão argumentos em favor da tese que defendem, a que gaúchos, democráticos e civis, em suma, nada poderão contrapor.

E quem sabe se não serão esses os argumentos com que o Governo Provisório vai obter um recuo da frente única dos pampas, e aceder à tese dos tenentes?

A Razão, 20.08.1931.

ACORDO EM MINAS?

Já existem duas versões sobre o caso de Minas, que apenas nos deixam dúvidas sobre a responsabilidade que de fato cabe ao P. R. M. na preparação e na realização da mazorca de terça-feira. Fica certo numa e noutra que existiu uma rebelião, cuja vitória foi sustada pela energia – inesperada apenas para os que a promoveram – do sr. Olegário Maciel e do sr. Gustavo Capanema.

Minas volta à tranquilidade; e o sr. Arthur Bernardes escapa-se, como uma enguia, do ridículo e da responsabilidade do movimento. E, causado apenas um abalo aos créditos políticos da Revolução, parece que nada se alterou, e que fica de pé o governo e o partido do sr. Francisco Campos.

Encerrado o entremez, o que esperava a opinião pública, naturalmente? Que o Governo Provisório felicitasse o presidente de Minas, e que este instaurasse um inquérito para punir os que se insurgiram contra a sua autoridade. O P. R. M., se tem as culpas que lhe atribuem, seria posto, na pessoa dos seus chefes, sob a penalidade que lhe cabe. E a Revolução daria com isso ao país uma prova do seu espírito jurídico e da sua pujança como regime. Por extraordinário que pareça, não é esse, entretanto, o curso dos acontecimentos nestas últimas 48 horas. Inexplicavelmente, o Governo Provisório despachou para Minas, como seu delegado, um homem tido e havido como prudente, a quem se acusa claramente até de timidez, para estudar as bases de um acordo entre o Governo e os insurretos, o que até a véspera da revolta perremista era possível e louvável, mas, dentro de qualquer lógica, ninguém já agora admite.

Senão, raciocinemos. Havia em Minas dois partidos, um, senhor da interventoria, chefiado por um ministro de Estado, formado por algumas altas figuras da Revolução de outubro; outro, em oposição ao primeiro, chefiado pelo grande tático político que é o sr. Arthur Bernardes. Desejavam esses partidos, suponhamos, concertar a frente única dentro do seu Estado.

Nada mais possível, e para alguns, nada mais elogiável. Sobrevém, entretanto, uma reunião dos oposicionistas, e sob o seu impulso desencadeia-se em Belo Horizonte uma bernarda,* para apear do poder o atual presidente. Este consegue aplacar o movimento. O partido oposicionista, derrotado no seu tatame, perde logicamente o direito de contratar, com o Governo que assaltou, qualquer espécie de aliança. Tem de ser tratado como inimigo; tem de ser julgado e punido. Pois se assim não for, ficará provado que a sua derrota foi casual e precária, de que ele tem elementos em si, para voltar a cercar de ameaças o poder.

É isso, entretanto, o que se está propalando na hora atual. O Governo mineiro venceu a insurreição que contra ele fora formada. Não pode agora propor acordo aos insurretos, pois isso seria evidenciar, de um modo clamoroso, a parcialidade e a insuficiência da sua vitória. Fazem-se acordos em que há igualdade de condições para dois partidos empenhados em luta, ambos dentro ou ambos fora da ordem legal ou quase legal. Não se fazem, porém, entre juiz e réu, entre autoridade e insurreto. Isso seria sempre a prova de que aquele a quem cabe à função de punir se está sentindo fraco para a desempenhar.

E aí está o que revelará a atitude do sr. Olegário Maciel aceitando a ultrajante nomeação de um árbitro ainda que do seu partido para examinar e julgar a situação em Minas. S. Exa. era e é o único árbitro possível. Cabe-lhe instaurar o inquérito preciso para apurar as responsabilidades devidas, e cabe-lhe depois denunciar os responsáveis à justiça extraordinária da Revolução. Os acordos só podem voltar à ordem das cogitações mineiras, se desse inquérito resultar nenhuma culpa imputável aos líderes do P. R. M. Agora, falar disso é duvidar da autoridade do presidente, e realizar isso é exprimir, claramente, que quem manda em Minas são aqueles que forçaram o Governo estadual, por ameaças, a aceitar os pactos.

O povo brasileiro confia, porém, na respeitável figura que hoje representa perante o Brasil a honra partidária dos homens públicos de Minas. E espera do sr. Olegário Maciel o grande gesto romântico com que ele por certo ilustrará o civismo revolucionário – salvar a autoridade, ou cair com ela.

A Razão, 21.08.1931.

---

* Revolta política de pequena dimensão.

VIDA MUNICIPAL I

Já que estamos no capítulo das realidades brasileiras, apreciemos uma delas, talvez a de maior significação na vida do país: o município.

O município constitui a base de operações dos nossos partidos políticos, tanto na velha como na nova República. É o município que governa o Brasil. É ele que produz o tipo do político, do homem de partido, do homem de Estado, que vai ter nas suas mãos os destinos da nacionalidade.

Pode-se mesmo afirmar, sem nenhum receio de erro, que no Brasil o conceito de Nação tem origem puramente intelectual, ao passo que o conceito de município tem origem profundamente sentimental. E pode-se avançar, com toda a segurança, que a ideia do município se sobrepõe à ideia da Nação.

A nossa organização econômica, tendo fundamento na agricultura, na propriedade individual, sem uma maior coordenação de interesses, não chegou ainda a criar, mesmo na lavoura, um sentimento de classe; talvez esse processo de desenvolvimento se tenha começado a efetivar em São Paulo, em certas zonas, onde se formaram companhias, sociedades, sindicatos de exploração da lavoura cafeeira; mas esse fenômeno que começou a se esboçar desde a época das primeiras valorizações*, não chegou a alterar a fisionomia geral das nossas zonas rurais, com a impessoalização da propriedade.

Por outro lado, as nossas indústrias só agora estão determinando em centros mais populosos os movimentos de proletários, ou burgueses, num sentido de interesse de classe. Excetuadas as capitais, como São Paulo, Rio de Janeiro, Recife, Porto Alegre, Bahia e certas cidades como Santos, Campinas, Ribeirão Preto, Juiz de Fora, onde a luta de classes já assume os aspectos comuns a todos os povos, o resto do Brasil não fundamenta a sua política no sentimento de solidariedade do trabalho ou do capital

---

* Valorizações do preço do café, promovidas pelo governo.

organizados. Nestas condições, cumpre ao estudioso descobrir em que se firma o "interesse" partidário das nossas populações. O que será absurdo é supor que seja possível a organização de um partido sem base de interesse prático, imediato.

Ninguém se mete em política sem uma ambição qualquer, sem um desejo de melhoria que reflete diretamente no indivíduo. Entrar para a política sem uma ambição constitui mesmo uma imoralidade. A política visa um bem-estar que, mesmo quando seja de ordem geral, vem influir na vida do cidadão.

Quando uma pessoa consente em fazer parte de um clube, de uma associação, de um negócio, de uma instituição, ela não vê apenas os interesses gerais, impessoais da organização a que aderiu: vê, principalmente, as vantagens que lhe tocam por fazer parte de tal organização. Ninguém aceita um convite se não tiver um interesse oculto. Por mais que um homem afirme que está agindo desinteressadamente, no fundo ele age por egoísmo. Essa teoria de abnegação chega a iludir aqueles mesmos que a confessam, e ilude de tal forma, que o indivíduo passa a ignorar a surda elaboração dos desejos, dos apetites e ambições que lavram, por assim dizer, no rés do chão do seu espírito, sem que o último andar, a fachada, tenha conhecimento disso.

Os homens públicos em geral, de todos os partidos, de todas as situações, se sugestionam de tal maneira, que acabam se acreditando grandes beneméritos da pátria, indivíduos desinteressados, padrões de honestidade e de inteligência. E começam a exigir que todos se comportem da mesma maneira, isto é, que nada desejem, que abram mão de posições, que tenham sentimentos de ordem geral. Com essa cantiga, pretendem obter o apoio de todos os seus concidadãos. E a querer que toda a sociedade viva em função de realizar ideais superiores.

Os políticos que assim se iludem terminam mal, como o velho Scipião, o Africano, exclamando cheio de ressentimentos contra Roma: "ingrata pátria, não possuirás meus ossos". Porque se o povo, considerado coletivamente, aceita ideias gerais, o indivíduo, que compõe a massa, quer que lhe acenem com esperanças muito particulares: de empregos, de posições, de prestígio, de glória, ou de poder.

Quando a política se efetiva num sentido de luta de classes, o que o adepto de um partido quer é que seu grupo triunfe, de modo que seja garantida a todos os seus membros (e por consequência a ele, em particular), o alimento, a roupa, os prazeres; essa é a psicologia do capitalista e do proletário. Mas, quando a política se realiza, como no Brasil, fora de órbita da luta de classes, é preciso descobrir o interesse que costuma falar mais alto no espírito dos cidadãos.

Somos 40 milhões de habitantes, que vivemos de uma "certa maneira". É essa maneira de viver em sociedade que deve influir em nossos sistemas de governo.

Se seguirmos na pista dos partidos para verificar onde vão buscar eles as forças com que lutam, não os encontraremos (excetuadas as grandes cidades industriais) à porta das associações de classes, dos grêmios profissionais, dos sindicatos obreiros, nem mesmo das sociedades burguesas de agricultura, de indústria ou de comércio. Nós vamos encontrar os partidos atuando nos municípios.

É ali, portanto, que reside o "interesse" capaz de ligar os cidadãos. Qual o processo por que se efetiva essa ligação de cidades e comarcas e, em seguida, de zonas inteiras, na expressão dos partidos estaduais?

Seja esse o assunto de nossa próxima nota, pois vale a pena dedicar uma atenção muito viva para o fenômeno que tem sido decisivo nos destinos brasileiros: o espírito municipal.

A Razão, 21.08.1931.

A DUALIDADE DA REVOLUÇÃO

Ninguém considera um aspecto novo da Revolução, essa dualidade para que vimos chamando a atenção há dias, e que exprime a tendência positiva e a tendência negativa dos partidos em face da Constituição. Vem de longe essa dualidade. E o documentário que possuímos sobre a campanha política e armada que teve em outubro o seu desfecho dá-nos uma nítida demonstração de que ela já existia, nos albores do movimento revolucionário.

Hoje vemos a Aliança Liberal, expressa na frente única do Rio Grande, lutar contra aquilo que se chama o vanguardismo ou "montanha" revolucionária, expressa no "bloco" do Norte e nos políticos mais adiantados, como os srs. Francisco Campos e Oswaldo Aranha. Mas houve um tempo em que essas duas forças, cuja oposição tende a se acentuar cada vez mais, agiam de comum acordo, mas já bem distintas uma no palco parlamentar, a outra, obscuramente, nos bastidores da política nacional. Enquanto o sr. João Neves liderava, aos olhos maravilhados das plateias brasileiras, a Aliança política chefiada pelo sr. Antônio Carlos, uma outra corrente se formava sob o auspício e o controle do então secretário do Interior do Rio Grande, sr. Oswaldo Aranha, tendo como escopo não a campanha eleitoral, mas a luta armada, e já indicando como seu supremo chefe a figura naquele tempo quase legendária de herói de 1924, o general revolucionário exilado Luiz Carlos Prestes.

Eram dois movimentos que na expressão do melhor cronista dos acontecimentos de outubro, o sr. Virgílio de Mello Franco, marchavam paralelos, um no solo, outro no subsolo da política nacional.

Um inspirado pelo temperamento suave e pelo romantismo partidário – que lhe revestira o sonho político – do presidente de Minas. O outro, alimentado do ideal revolucionário, que originara o ciclo de revoltas isoladas, em 22, 23, 24, 25 e 26. Cada um tinha os seus métodos e os seus propósitos. A Aliança pararia no resultado das urnas. A conspiração iria além dele, para deflagrar, no seio da política da República, o seu radicalismo personalista e a justiça das suas armas.

Quando, porém, a derrota da Aliança deixou mineiros, e sobretudo gaúchos, em situação difícil no plano da altivez e do orgulho partidário, houve uma aproximação, uma íntima ligação, dos dois espíritos, para que a Aliança e a conspiração saíssem juntas pela única porta possível. Facilitou a fusão, o ardor dos aliancistas jovens, como o sr. João Neves e como o sr. Luzardo.* Dificultou-a o verdadeiro aliancismo, o que se personificava no sr. Antônio Carlos, cujos recuos comprometeram tanto a preparação da guerra civil. Mas unidos afinal depois daquele trabalho intenso e moroso de ligação de que o livro do sr. Virgílio Mello Franco nos dá um comentário e um relato tão precisos, as duas forças não se fundiram, porque representavam espíritos diversos, que na hora da vitória se haviam de guerrear.

O primeiro turno do governo revolucionário foi a vitória do espírito da "conspiração". Subiram ao cartaz os srs. Oswaldo Aranha, Francisco Campos, João Alberto, Juarez Távora, José Américo, etc. Desceram os líderes da Aliança. Com a rearticulação da frente única do Sul, e com o enfraquecimento natural da confiança na obra revolucionária, voltou o espírito da "Aliança" às diretrizes do regime. E o que ditaria esse espírito, que em si era o equilíbrio do conservadorismo inato nas velhas mentalidades partidárias, com o senso jurídico e liberal de algumas jovens culturas? Ditaria a Constituinte. O país partiu para a desmoralização constitucional, numa hora festiva para os velhos partidos. Saiu então a campo, em contrário, o espírito da "Conspiração", personificado no partido mais coeso e mais impregnado dos seus princípios, que é o partido dos tenentes.

E nessa fase de luta estamos neste instante. A dualidade da revolução está patente aos nossos olhos, e à sua luz é que temos de compreender os aspectos múltiplos da política nacional. Ela nos mostra como um acidente histórico da revolução, a luta entre norte e sul, está declarada.

A Razão, 22.08.1931.

* Batista Luzardo (1892-1982), político gaúcho. Em 1931, era chefe de polícia do Distrito Federal.

VIDA MUNICIPAL II

A vida municipal, do ponto de vista político, se expressa pela disputa do poder local. A população do município se divide em habitantes da cidade e das sedes dos distritos de paz, e habitantes das roças, constituídos de fazendeiros, de sitiantes, de agregados, de jornaleiros, colonos e pequenos comerciantes de beira de estrada.

A aspiração da população da cidade, como das sedes dos distritos de paz, é a boa administração municipal, traduzida nos arranjos das ruas, no seu calçamento, na construção de bueiros e sarjetas, na canalização de água potável, no serviço de esgotos, na iluminação, nos cuidados com o pequeno jardim onde, nos domingos, toca a banda de música e as moças fazem o *footing*, enfim, toda uma série de pequenos melhoramentos e progressos com que a localidade pretende fazer inveja às circunvizinhanças.

Além dessa aspiração, que é geral, existem as aspirações de ordem particular, isto é, dos cargos e dos empregos. As pessoas mais qualificadas sentem prazer em tomar parte na administração local, querem ocupar lugares de prefeito, presidente de câmara, vereadores, suplentes de delegados de polícia, subdelegados e seus suplentes, suplentes de substitutos de juiz federal, juízes de paz, etc. Esses são os comerciantes, os capitalistas, os fazendeiros que têm casa na cidade, os advogados, médicos e farmacêuticos. As pessoas de menos posses pretendem exercer cargos públicos remunerados, como sejam os de coletor, estadual ou federal, escrivães dessas coletorias, tabeliões, professores do grupo escolar, tesoureiros das câmaras, fiscais das mesmas, etc.

Quanto às populações rurais, o que querem é ter na cidade autoridades amigas, prefeitos e coletores que relevem multas, que facilitem o pagamento dos impostos; tabeliões que os orientem nas questões do foro; delegados e subdelegados que soltem presos, nos casos de prisão correcional; um diretório político que tenha força para fazer nomear inspetores de quarteirão, que é a autoridade do bairro, e para fazer substituir os delegados que não atendam aos pedidos da população roceira.

Não há outras aspirações nos municípios. Dizer que há outras preocupações, de ordem estadual ou nacional é mentir descaradamente. É deturpar a fisionomia mais verdadeira, mais fortemente expressiva do povo brasileiro. Em 40 milhões de habitantes, esse é o "modo de vida", essas são as aspirações de, pelos menos, 35 milhões de habitantes.

É sobre essa realidade que se fundou a existência dos partidos no país. É ainda sobre ela que deveremos basear toda a construção do Estado brasileiro.

Conhecidas as condições de existência das cidades do interior, vejamos como se processa a sua atividade política.

Antes de mais nada, é preciso nos convencermos que os partidos municipais têm uma finalidade exclusivamente local. O município tem objetivos absolutamente diversos do Estado, conquanto encontrem um ponto de contato comum, que é o desejo de progresso e bem-estar que, em última análise, constitui a aspiração geral do Estado.

Desse modo, a organização partidária do município se processa: ou pela unanimidade em torno de um chefe, ou pela dualidade de correntes, cada qual girando em torno de um chefe ou de um grupo.

No primeiro caso, temos o verdadeiro regime de clã; o regime patriarcal, em que domina uma família sobre todos os munícipes. Reina paz na localidade, alguma opressão ou arbitrariedade, mas, apreciando-se bem, o chefe da comarca, ou município, é sempre o amigo de todos, o juiz das pequenas questões, o apaziguador de desídias, a figura respeitável e bondosa que todos procuram nos momentos de necessidade. É esse chefe o padrinho de quase todos os casamentos e batizados; à sua sombra se reúnem os homens qualificados, para tratar dos interesses da terra; as autoridades estaduais e federais agem de acordo com ele, procurando a linha da equidade nas decisões da justiça.

Esse chefe político, invariavelmente, apoia o governo estadual. E é somente através deste que prestigia o governo federal, pois é o governo, também, que o atende em todos os pedidos de nomeações, remoções e demissões que ele formula, como presidente do diretório local.

Se, porém, o município não tem a fortuna de congregar todas as vontades em torno desse patriarca, a luta está travada. Formam-se, então, duas correntes, que logo arranjam uma denominação: os "araras" e os "periquitos"; os "jagunços" e os "botões"; os "jacobinos" e os "maragatos"; os "pica-paus" e os "tico-ticos".

Conforme a época do ano em que a luta principiou, as primeiras escaramuças se operam, ou em torno das eleições municipais, para conquista da câmara, que já facilita a conquista do "diretório reconhecido" pelos chefes da capital, a fim de se obter o diretório, que facilita a vitória nas eleições do município.

Os dois partidos não se interessam, em absoluto, pelos rumos da política estadual. Que os chefes do Estado apoiem tais ou tais homens na política federal ou que adotem tais ou tais ideias, isso é perfeitamente indiferente aos municípios. Tanto o partido da "situação" como o partido da "oposição" apoiam o governo do Estado.

E apoiam por uma razão muito lógica, perfeitamente explicável, que os idealistas utópicos não querem compreender, que os sociólogos apressados não querem distinguir, que os demagogos das capitais populosas nem chegam a sonhar: a finalidade local dos partidos municipais.

Num país, onde não estão objetivados pela política interesses de classe, de religião; onde as instituições criam uma ordem de interesse puramente intelectual (nacionalidade, soberania, moral, cívica, etc.); onde as leis facultam e protegem as mais amplas liberdades individuais, que agem soberanamente no comércio, nas indústrias, no proletariado; num país onde os candidatos à representação prometem a "grandeza do Estado", mas não se referem aos pequenos problemas locais que dizem mais de perto com a vida real do indivíduo; e num país, finalmente, onde todos os interesses materiais vivem, agem, se organizam e se agitam fora do espírito e dos preceitos institucionais da nação, nada mais natural que o homem trate, em primeiro lugar, e com o maior dos empenhos, das coisas que lhe são mais próximas. Além do mais, cumpre observar que, tendo sido o Brasil uma terra de conquista, de aventuras de toda a sorte, de vasta extensão geográfica, foram criados no seu território núcleos e acampamentos, sem ligação fácil, que obrigaram o habitante a ver tão somente o que lhe estava em redor, e a apreciar problemas muito imediatos. Essa psicologia foi sempre agravada pelo próprio espírito de aventura pessoal, que o período de imigração acentuou, e que imprimiu um caráter de marcado individualismo ao processo da vida das nossas pequenas cidades.

Continuemos, em nossa próxima nota, este curiosíssimo tema.

A Razão, 22.08.1931.

VIDA MUNICIPAL III

A luta no ambiente acanhado dos municípios começa sempre pelo descontentamento dos que não obtiveram, na partilha dos cargos, os lugares que aspiravam. Cada um tem o seu plano de bem governar a localidade e não se conforma com as medidas postas em execução pelos que exercem o governo local. De sorte que as críticas começam o seu papel demolidor, nas rodinhas das farmácias, dos bilhares, onde se comentam negócios públicos. O jornal da terrinha, quase sempre ligado à Câmara Municipal, prestigia naturalmente os detentores do poder. Mas a imprensa da oposição passa a ser substituída pelo diz que diz das esquinas. Circulam verdades cruas e circulam também calúnias. E os ânimos vão se exacerbando. Até que um dia, um dos homens qualificados, importantes na localidade, que exerce um cargo e faz parte do grupo governamental, briga com os seus companheiros, por exemplo, por causa da remoção de um delegado de polícia, ou pela nomeação de uma professora para o grupo escolar. Esse cidadão, cheio de brios, indignado, rompe com os seus amigos e chama em torno de si todos os descontentes. E está formado o partido da oposição.

A primeira coisa que faz esse partido de oposição é oficiar a comissão diretora do partido que estiver com o governo do Estado nas mãos, para hipotecar o "mais decidido apoio e inteira solidariedade".

Organiza-se o diretório que vai pleitear as graças do governo estadual. Faz-se um rateio para as despesas, mandam-se emissários para as roças, a fim de avisar os fazendeiros e sitiantes de que está fundado um partido que vai pleitear a "diminuição de impostos", que vai "pôr em ordem os dinheiros da Câmara", que vai fazer melhoramentos.

Em seguida, o chefe do novo partido, homem de boa vontade, mas dispondo de uma cultura que nem sempre se pode comparar à de um Ruy Barbosa, confabula longamente com o "mentor do partido" sobre os planos a serem postos em execução.

Esse "mentor do partido" é uma das figuras mais notáveis da vida política dos municípios, por consequência, do Brasil.

Quase sempre é um bacharel formado, ou um solicitador, ou um tabelião, ou um jornalista, ou um professor público ou particular, ou um farmacêutico, ou dentista. É o homem que sabe as coisas. Conhece a fundo as leis eleitorais, o Código Penal, os formulários, as questões de posturas, e leva sobre os outros a vantagem de ler os jornais, pelos quais se enfronha do que se passa na política geral. É o homem que impetra *habeas corpus*, que organiza mesas eleitorais, que escreve os ofícios do diretório e as cartas de recomendação e de intriga. Ele é o supremo orientador do partido.

Se esse "mentor" é um homem bom, de caráter íntegro e coração bem formado, e se o seu partido vier a dominar, as coisas correrão a contento no município, haverá uma relativa felicidade local; agora, se ele for um indivíduo de instintos maus, temos em perspectiva perseguições, opressões de toda a espécie. Porque esse cidadão é o oráculo, e a ele, de preferência, devem se dirigir os grandes chefes da política geral do Estado, pois nele é que reside a maior força local. Veremos a sua atuação, quando entrarmos no estudo das relações entre o partido estadual e os partidos municipais.

Pois bem. Depois de confabular com o "mentor", o chefe da nova agremiação apronta a valise e vai para a Capital, para falar com os graúdos. Vai primeiro à comissão diretora do partido que está mandando e que dispõe dos cargos.

Essa comissão diretora constitui, por assim dizer, o grande sindicato que industrializa para os fins superiores do Estado a matéria prima da vontade geral, expressa no dualismo das facções em luta nos municípios.

Estudar, por exemplo, o que a comissão diretoria do P. R. P., é retratar o que é a comissão diretoria do P. R. P., é retratar o que é a comissão diretora do P. R. M. ou do P. D.

Aqui, no Estado de São Paulo, o processo de unificação dessas forças perfeitamente dissociadas dos municípios sempre foi o mesmo tanto para o P. R. P., como para o P. D. Pois nenhum dos partidos poderia fugir à mais premente das realidades brasileira, que é o espírito municipal. Tanto mais fraco se tornava, e se torna, um partido estadual, quanto mais pretende acenar aos municípios com aspirações de ordem geral. Realmente, se ao operário dos centros industriais, o que interessa diretamente é a questão dos salários e dos horários, ao munícipe, seja qual for a sua classe ou condição, o que imediatamente interessa é a questão dos melhoramentos locais e da proteção das autoridades.

Pretender impor outra sorte de interesse ao proletário, ou ao munícipe, é contrariar, não somente uma realidade brasileira flagrante, mas uma índole humana irremovível em todos os países. Pretender um partido meter na cabeça do operário que o seu problema é o da escolha do prefeito, o da nomeação das autoridades, é o maior dos absurdos, pois.

A Razão, 23.08.1931.

VIDA MUNICIPAL IV

Verificamos, em nossas últimas notas, que a vida municipal repousa no interesse local. Vimos que toda a questão dos municípios é a da administração da cidade, centro comum de todas as atividades agrícolas e comerciais.

Não há motivo algum que possa obrigar o município a pensar nacionalmente; ele pensará sempre a seu modo, segundo os imperativos das suas necessidades.

Pouco se lhe dá que estejam à frente do governo do Estado, ou da União, tais ou tais homens, portadores de tais ou tais doutrinas, de ordem social, econômica, financeira. Só terão o apoio do eleitor municipal aqueles que garantirem a permanência no poder local dos chefes do seu grupo.

Os municípios não têm, por outro lado, quaisquer ligações com os seus vizinhos. Cidades do mesmo distrito eleitoral cuidam cada uma de sua vida, não tomando conhecimento de assuntos que digam respeito à zona, em geral. Acontece até que, quase sempre, as aspirações dos municípios vizinhos são antagônicas. O traçado das estradas de ferro ou de rodagem vem frequentemente pôr em evidência o egoísmo das localidades do interior, que, nesses casos que envolvem problemas de transporte, nunca apreciam as consequências úteis à região, mas exclusivamente as que falam direto aos municípios.

Como, portanto, captar essas energias isoladas, até mesmo dissociadas, num todo, com feição estadual ou finalidade nacional?

Quem estudar a ação do P. R. P. em São Paulo, ou do P. R. M., em Minas, verá como essas organizações agiram habilmente, em face da grande realidade. A Comissão Diretora do velho partido paulista, por exemplo, encontrava na própria luta que dentro dela se travava entre os seus membros, pela disputa das hegemonias regionais, a chave para a solução desse problema, que era imprimir uma fisionomia uniforme estadual aos corpos eleitorais dos municípios.

A Comissão Diretora tinha em quase todas as grandes zonas do nosso Estado duas influências políticas que disputavam a primazia. Quando se dava um rompimento municipal, como vimos, o primeiro trabalho do novo partido local era oficiar aos chefes do partido dominante hipotecando-lhe inteiro apoio e perfeita solidariedade. Em seguida, esses oposicionistas vinham à Capital pleitear o diretório, sob a alegação de que contavam maior eleitorado, gente melhor, mais honestos, dispondo de maiores recursos para os despendidos com as eleições, etc.

Pelas conversas que o emissário entabulava, logo via que o seu antagonista local contava com a proteção de Fulano, membro prestigioso do P. R. P.

E, ou o emissário sabia, ou alguém lhe contava, que na zona onde pontificava esse chefe, havia o chefe Beltrano, de igual prestígio, que aspirava o predomínio em todos os municípios.

A aliança não tardava entre o novo partido de oposição local e Beltrano, que pretendia derrubar Fulano no distrito.

Realmente, a luta estava travada na zona. Nas localidades onde Fulano contava com o diretório, Beltrano orientava o partido da oposição; e naquelas onde Beltrano é quem tinha sob sua responsabilidade o grupo detentor da situação municipal, Fulano dirigia a facção adversária.

A Comissão oscilava entre um e outro chefe, ora realizando acordos meio a meio, ora dando a maioria a um grupo e a minoria a outro, ora atendendo a pedidos dos que nem tinham um único membro no diretório, com evidente desprestígio deste, ao qual explicava que a coisa partira do senador ou deputado tal, que se dirigia diretamente ao governo, o que era uma massada; mas que convinha aguardar com paciência uma solução definitiva; que os bons amigos se conheciam nas ocasiões, e que tudo isso era natural em política.

E assim se apaziguavam os ânimos, conservando sempre o P. R. P. a sua unanimidade nas eleições estaduais ou federais, pois quer um grupo, quer outro das localidades, por mais descontente que estivesse, sempre nutria a esperança de se arranjarem as coisas melhor, dentro em breve.

Essa contemporização era o grande segredo do P. R. P. E ela se possibilizava, pela própria divergência entre os seus paredros, senadores e deputados, que, por sua vez, refletindo a própria psicologia municipal, não rompiam com o Partido, porque aguardavam dias melhores.

Dessa forma, o P. R. P. (e o mesmo acontece com os outros partidos do Brasil, inclusive esses que fizeram a Revolução) mantinha a sua fachada, a sua perfeita unidade no voto unânime dos parlamentos estadual e federal.

Dentro do P. R. P., todos se queriam comer vivos. Todos se detestavam cordialmente. O ódio mais feroz roía as entranhas desses políticos uns contra os outros, e ninguém diria que, esses homens polidos, tão fraternalmente unânimes nos debates em que se empenhavam com os escoteiros oposicionistas eventualmente surgidos, tinham a alma negra de revoltas e amarguras, o coração fervendo, numa tragédia surda, que laborava nas entranhas mais profundas do Partido.

Continuemos a apreciar as relações entre os partidos estaduais e municipais, e iremos vendo uma série de realidades que definem ao vivo a psicologia da política brasileira, originada na própria psicologia das nossas populações.

A Razão, 23.08.1931.

VIDA MUNICIPAL V

Pode-se dizer que, no Brasil, nunca houve partidos nacionais, porém, uma confederação de partidos municipais. Durante a Monarquia, o funcionamento do sistema parlamentar ainda permitia uma ilusão, parecendo que, realmente, duas grandes correntes, os liberais e os conservadores, exprimiam o sentido geral da política brasileira. Mas, desde que foi proclamada a República, logo se viu que esses dois partidos não passavam de um mero artifício, utilizado para os fins objetivados pelo regime.

Com a República vieram imperar, destacados, sem ligação com qualquer outro elemento da vida nacional, sem nenhum liame, nem com o Estado, nem com a Nação, os partidos municipais.

Seus programas empíricos, de realização imediata de melhoramentos locais, criaram as personalidades empíricas dos políticos que, saindo do seio desses partidos, se projetaram na política dos Estados para dali se projetarem no cenário federal.

Sua incapacidade de generalizar, de enxergar problemas além de seus acanhados limites, imprimiu às figuras de políticos que neles fizeram seu primeiro estágio, para só mais tarde exercerem sua atividade no Estado, uma mentalidade incapaz de conceber grandes planos, incapaz de agir em nome de doutrinas.

Seu egoísmo, em face dos interesses da zona, modelou o político que, passando a agir nas esferas mais altas do governo estadual, apenas transportou dos âmbitos do município, para ampliá-lo, um sentimento de bairrismo que agravou a luta entre os Estados.

E, entretanto, a vida municipal é uma realidade tão flagrante, tão viva no Brasil, que não a poderemos desprezar, quando pretendermos estudar os fatores que têm influído para a cristalização da nossa fisionomia política.

Temos visto como se organizam os partidos municipais. Temos observado como o partido montado na Capital age em relação a eles. E de que maneira consegue a unanimidade dos sufrágios, nas eleições de caráter estadual.

Essa unanimidade é obtida pela contemporização, que consiste em repetidas promessas ao grupo "de baixo" na cidadezinha do interior. E essas promessas, nos tempos do P. R. P., não eram feitas com insinceridade. Pois existindo dois políticos em cada zona, os quais disputavam entre si a hegemonia regional, acontecia que, quando um possuía o diretório reconhecido numa localidade, o outro orientava o partido da oposição. E este, mesmo quando demorava a solução para o seu caso, sempre nutria a esperança de que o seu patrono, de uma hora para outra, galgasse uma grande posição que o tornaria, imediatamente, o chefe incondicional da zona.

Muitas vezes acontecia que em um dado município operava-se uma cisão dentro da própria oposição local. Eram os que desanimavam, os que não acreditavam mais. Tornavam-se, então, os elementos captáveis pelos candidatos extra chapa às eleições. Quando grande era o número desses eleitores, elegia-se um deputado estadual pelo primeiro turno.

Em São Paulo, dominava o P. R. P. discricionariamente, manobrando com esses elementos da política do *hinterland*,* quando surgiu o Partido Democrático.

Este partido, como o seu antagonista, teve de procurar sua base na vida municipal. Foi nos municípios onde já havia elementos descrentes de conseguir o poderio local, que o Partido Democrático organizou diretórios. Estes nunca visaram a "republicanização da República", como se dizia. Nunca se interessaram por programas, por ideias gerais. Aderiram porque já estavam convencidos de que dentro do P. R. P. não conseguiriam mesmo os cargos municipais que aspiravam. A esses, juntou-se tudo o que havia nos municípios de permanentemente revoltado, contra tudo e contra todos. E foi assim que o Partido Democrático, trazendo embora muito afastado das realidades nacionais, das realidades mundiais e dos conceitos mais recentes do Estado e do Governo, um programa que, do ponto de vista liberal, não se pode dizer que não fosse perfeitamente respeitável, teve a alicerçá-lo o

---

* Vocábulo alemão: interior do país.

mesmo barro humano e nacionalíssimo que estruturava os fundamentos do P. R. P.

Idealismo utópico, sonho romântico, fosse o que fosse, o Partido Democrático agitava uma bandeira que inscrevia nas suas dobras grandes preocupações de ordem geral. E, no entanto, os seus adeptos, os seus diretórios eram da mesma massa dos partidos captados e industrializados pelo P. R. P. nas cidades do interior do Estado.

A Razão, 25.08.1931.

AS DUAS LAVOURAS

Os jornais divulgam o manifesto-programa com que a lavoura paulista[1] encabeçará um trabalho profundo de organização de classe, para defesa dos seus interesses. Ao invés do partido, que se temia ver surgir do novo rumo que vem tomando uma associação de caráter sindical, agindo no campo puramente econômico, e apenas querendo interferir na ordem administrativa, quando estejam em jogo os seus problemas internos.

Do ponto de vista da organização econômica do Estado de São Paulo, estamos à frente de um acontecimento auspicioso. A Lavoura, base vital da civilização econômica paulista, vai enfim reunir em bloco as suas energias dispersas tanto tempo fragmentadas pelos partidos e pela política, e vai assumir diretamente, como lhe cumpre, a tutela dos seus interesses e a defesa dos seus produtos.

Deve grandemente ao coronel João Alberto, a sua administração tão atenta aos problemas materiais do nosso Estado, esse surto de vida de que aparece dominada a Lavoura, e que vem orientar em um sentido as duas dispersas manifestações.

Não aparece, contudo, a classe rural paulista reunida num só grupo, e arvorando a bandeira da sua sociedade tradicional.

Vem representada por uma corrente nova, desligada da Sociedade Rural de São Paulo, agindo mesmo com a sua pública reprovação, e encarnando precisamente a força mais móvel da classe de plantadores, a que pode sobrepor às cautelas e praxes das sociedades inexpressivas um espírito mais ligeiro de construção.

Contra essa força está, porém, a autoridade da Sociedade Rural, onde certamente predomina um intenso colorido democrático, mas que à parte isso ainda representa a aristocracia dos nossos plantadores. Consegui-

1. San Tiago refere-se provavelmente à Comissão Organizadora da Lavoura, criada depois da Revolução de 30, e que rivalizou com a Sociedade Rural Brasileira criada em 1919, em São Paulo.

rá a sua autoridade contrastar o ímpeto da "Comissão de Organização da Lavoura"? A Rural é, pelo seu espírito conservador e pelos seus métodos burocráticos, uma associação dotada de pouca mobilidade, incapaz de pronunciamentos audaciosos e rápidos, condenada, portanto, a silenciar muitas vezes, na hora mesmo em que os interesses de classe mais estão clamando. A Comissão Organizadora, que retrata o espírito do recente Congresso que aclamou seu patrono, o coronel João Alberto, é uma força pelo contrario dotada de energia renovada numa hora como esta, mas sem a autoridade rural, que de fato espelha o cerne e a tradição dos plantadores.

Duas lavouras estão, pois, disputando a representação e a chefia da classe. Pode ser que uma consiga com que o seu prestígio aniquile o surto organizador que repercute na outra. Mas pode ser que essa outra leve avante a sua empresa, e nesse caso teme a si, a associação que com o seu manifesto vão fundar, a autoridade que hoje conserva a velha Sociedade Rural.

Nesse último caso teremos dentro do Estado uma organização que se poderá tornar poderosíssima. E que trará aos que duvidam da vocação sindical das nossas forças produtoras o primeiro e cabal desmentido.

É preciso, porém, que o governo de São Paulo não conserve diante dessa formação econômica a que assistimos o indiferentismo absoluto que vem revelando. Pois assim como não convém que a Lavoura se conserve fraca e sem voz no tumulto dos interesses políticos e econômicos, não convém também que a sua voz se erga com tal força que abafe a das outras classes não organizadas ou mais pobres. Não se compreende governo de São Paulo sem a opinião da Lavoura, mas os interesses dela não são os únicos, nem mesmo os mais altos que se tenha de considerar.

O que o governo de São Paulo devia fazer era desenvolver sob o exemplo da Lavoura uma ativa política de organização sindical. Assim se teriam mais cedo ou mais tarde as forças de produção dentro de um quadro orgânico, e então se poderia vir a fazer a legislação que o sr. Lindolfo Collor[2] está tão prematuramente realizando na sua pasta.

A Razão, 23.08.1931.

2. Lindolfo Collor (1890-1942), político gaúcho. Ministro do Trabalho de 1930 a 1932.

A PALAVRA DA ESFINGE

Pode-se dizer que os dois caminhos abertos neste instante à ordem política nacional – o caminho da ditadura e o da Constituição – estão marcados por duas leis, que o Governo Provisório guarda em seus arcanos, e que vem alternativamente à discussão, conforme os pendores partidários do momento. Quando o "aliancismo" gaúcho e o civilismo paulista e mineiro levaram um tento, na luta abafada que se vai travando, fala-se da "lei eleitoral", e a comissão presidida pelo ministro da Agricultura, redobra o calor na organização regimental dos pleitos. A Constituinte já se assinala nos horizontes próximos. E começa-se a cogitar de uma liquidação da ditadura. Quando porém é o revolucionarismo militar que vence um dos ocultos lances dos bastidores, vem ao cartaz o anunciado "Código de Interventores", e o público se inteira de dispositivos seus e de medidas que visam corrigir os excessos e as falhas do regime ditatorial.

Tem o público portanto, nessas leis, o índice barométrico seguro da situação. A publicidade que se faz em torno de uma corresponde à predominância de uma tendência que com ela intimamente se vincula. Hoje, que as notícias se ocupam do Código e ninguém ouve falar da lei que o sr. Assis Brasil está fazendo, secundado pela cômica parceria Pinto Serva[1]-João Cabral,[2] pode o público concluir que as pressões partidárias mais fortes são as que impelem para a continuação da ordem discricionária, radicada fundamente na militarização completa das interventorias.

Não é tanto nos partidos, nesse caso, mas na própria Revolução que devemos esperar a definição das diretrizes que o país aguarda angustiadamente neste instante.

---

1. Mario Pinto Serva (1881-1962), jornalista. Um dos fundadores do Partido Democrático.

2. João Cabral (1870-1946), político piauiense.

E porque seremos mais brandos e otimistas com ela do que o somos com os partidos? Se não há mais quartel para as empresas puramente eleitorais, sem finalidade certa diante dos problemas brasileiros, não há também aceitação possível para um governo que não defina as diretrizes em que ruma. A Revolução pela voz dos seus mais altos líderes declarou que o seu programa seria elaborado lentamente pela experiência e pelo contato com as coisas. A hora presente não é dessas em que os experimentadores precisam rebuscar longamente o contato com os problemas que os cercam. Antes é desses em que os próprios problemas se lançam e comprimem os que deles se acercam, mesmo apenas para os criticar. Dez meses de árduo governo devem portanto ter bastado, para que a Revolução nos defina, por seus mandatários, a base doutrinária e os métodos práticos da sua atuação na República. E não se escuse alegando "preferir à inocuidade das palavras, a eficiência da ação". Um governo de ação, mudo e cheio de arcanos, pode resolver problemas com acerto, mas não pode exigir a confiança e a colaboração dos seus governados.

No plano teórico merecerá o nome de cesarista, pois não assegurará a continuidade da sua obra e não fundará um regime. Do ponto de vista prático não será um governo democrático – no sentido em que democrático quer dizer, feito com a colaboração e com a finalidade popular - será, assim, um governo despido da virtude essencial dos regimes, e condenado à sorte efêmera e ingrata das boas tiranias.

Diga a Revolução a sua palavra já que vai prosseguir no poder, contrapondo os seus desígnios ao clamor unânime ou quase unânime com que o país se lançou para a constitucionalização. A mesma imperiosa voz com que o Brasil pedia aos partidos nas vésperas das urnas que lhe dessem a credencial de um programa, ergue-se agora diante dos governantes que tiveram a coragem bendita ou maldita de tomar a si as responsabilidades imensas de sustar a constitucionalização.

Que digam porque o fizeram. Não as frases vagas com que os tenentes interventores o vêm fazendo há muitos meses. Não increpando, diante das atas da Junta das Sanções, os males da antiga ordem de coisas. Não clamando contra a *inocuidade* dos velhos processos partidários. Mas abrindo os olhos da Nação para a permanência das medidas que exigem o desembaraço de ação que só um governo discricionário pode ter, e descrevendo-lhe os largos planos da sua estratégia política.

Do silêncio, ou melhor, do vazio em que a Revolução até hoje operou, só podem vir benefícios para a germinação da desconfiança, da reação, e mais tarde da revolta.

Há um exemplo, dentro mesmo da ordem instaurada em outubro, que deve ter a eloquência bastante para provar aos líderes da Ditadura as vantagens de não ocultar intenções e doutrinas. Esse exemplo foi a passagem pelo governo de São Paulo, do coronel João Alberto. Seu fracasso político fragoroso, batido em quase todas as linhas da opinião paulista, apesar de um governo de atos sadios e claros, deve-se a que o interventor foi quase sempre uma esfinge, atrás de cujo império todos acreditavam que estivesse um plano de ação bolchevista. Quem o aplaudia, aplaudia com reservas. Quem o acusava tinha em seu favor uma base deficiente mas provável de suspeitas. E impassível, indiferente a tudo, o coronel foi se segregando do espírito paulista. Pouco importa que afinal travassem em torno do seu nome uma aclamação unânime. Foi a sua renúncia, aclarando o mistério e liquidando as suspeitas, que permitiu que a sua figura fosse julgada enfim com justiça e sem temores.

Sirva o exemplo do sr. João Alberto de aviso e de símbolo para a Revolução. Dele o povo brasileiro não suspeita que queira fazer isto ou aquilo. Suspeita que não queira fazer nada, que tenha sido um câmbio inútil de homens, uma disputa entre estados para obter a hegemonia, que a premência e a profundidade da nossa crise não podem tolerar.

Já que a Revolução vai fazer estar à boca dos partidos, que fale ela como um partido.

Para que à volta dos seus segredos, o povo brasileiro não seja tentado a renegar a Esfinge.

A Razão, 25.08.1931.

MINAS E A SITUAÇÃO NACIONAL

As duas grandes frentes políticas que estão jogando neste instante a própria sorte da Revolução, as duas grandes frentes em que viriam se transformar os dois "espíritos" que se uniram no prelo armado, ainda não estão descobertas e frente a frente no cenário político nacional. A linha revolucionária militar e anticonstitucional tem avançado e conquistado pontos estratégicos essenciais. Assenhoreou-se das interventorias nortistas, fez abortar um acordo em Minas, que fortaleceria os inimigos. Mas enquanto o país assiste aos resultados significativos do seu avanço, e começa a apostar tudo na sua vitória, ninguém pode medir os efetivos com que conta a frente constitucionalista, cuja coesão o sr. Flores da Cunha ontem reafirmou, e nem mesmo avaliar as suas posições. Sente-se que o seu silêncio pode prenunciar com iguais probabilidades a vitória garantida e a retirada. E prevê-se que algumas surpresas estarão reservadas para o encontro descoberto das duas frentes.

Calado e oculto, o sr. Borges de Medeiros o que está fazendo para defender o pensamento gaúcho dentro da Revolução? Têm vindo emissários do Rio Grande? O Governo Provisório terá em mãos um *ultimatum* da frente única dos Pampas, ameaçando-o de uma reação ninguém sabe de que porte, caso a constitucionalização não se dê? Ou o P. R. R.[1] recebe do centro a ordem tática de se calar diante do volume dos pronunciamentos militares?

Não se sabe. Apenas se percebe o silêncio em que se escondem os que ontem lançavam decálogos, e concediam ruidosas entrevistas, ao mesmo tempo em que reviam o seu eleitorado e apalpavam a situação.

Os partidos postos em prontidão, numa hora de alvissaras para eles, se vão desmobilizando. E vendo os horizontes turvados para os lados

---

1. P. R. R. Partido Republicano Rio-Grandense fundado em Porto Alegre em 1882 e extinto em 1937.

de Minas, o povo aí crava os olhos angustiados, para tomar nesse choque político um ponto de referência, com que possa medir e julgar a situação.

Que partido - o P. R. M. ou a Legião Mineira - encarna a corrente anticonstitucional? Que ligação pode haver entre a oposição partidária de Minas e a situação federal? Se cair o governo que hoje se instala na praça da Liberdade, e for posto no seu lugar um outro, dirigido pelo sr. Bernardes, que mudanças se verificarão na política nacional? Dos dois partidos, um apoia, por acaso, e o outro não apoia o Governo Provisório? Um quer, e o outro não quer, a Constituição?

Nenhum desses partidos tem cor definida. De um político de alta evidência no governo de Minas, ouvi há um mês, se tanto, que o governo do sr. Olegário Maciel dava ao sr. Getúlio Vargas um apoio incondicional mas reservado. De modo que dele não vem nem a crítica nem o aplauso para o ditador, o que torna a sua atitude altamente obscura para a compreensão popular. O P. R. M. não tem sido mais claro de gestos e palavras. Mas tanto de um, como de outro, será fácil ajuizar certas posições principais. Assim é que tanto o P. R. M. como a Legião Liberal apoiam o Governo Provisório, de que precisam receber força e prestígio. Tanto um como o outro, bater-se-ia pela Constituição, que corresponde às suas tendências políticas naturais. Mas só se bateria se a constituição viesse patrocinada pelo governo da União, contra cujos desígnios não veremos sair por algum tempo, nem o partido do sr. Bernardes nem o do sr. Campos.

Sei que o ministro da Educação é pessoalmente contrário à constituinte próxima. De S. Exa. Ouvi há tempos uma frase que me pareceu resumir com admirável nitidez o que pessoalmente penso desse problema: - "Não podemos convocar a Constituinte, porque não temos quem constitua, nem o que constituir". Mas o chefe do partido legionário[2] não pensa desse modo: segue a orientação do governo, que lhe dá apoio e prestígio.

Vemos, pois, que a situação mineira não sofrerá alteração que repercuta no país, dominem legionários[3] ou perremistas.[4] A contenda dos partidos é um fato regional, limitado às fronteiras políticas do Estado de Minas. O que nisso tudo pode ter uma projeção nacional, e uma atuação

2. O mesmo Francisco Campos, chefe da Legião Mineira.
3. No caso, integrantes da Legião Mineira.
4. Integrantes dos partidos republicanos.

imediata sobre o grande problema que hoje divide os homens públicos da Revolução, é a perspectiva de um acordo, ou de uma cisão irreparável entre os dois blocos partidário das "alterosas".

No caso de acordo, lucra a frente civilista, que vê robustecida uma força cujas tendências tímidas mas profundas são francamente constitucionalistas. No caso de uma cisão mais radical ainda, acirrada pelos rancores das escaramuças de praça, lucrará a frente anticonstitucionalista, que verá divididas as forças mineiras e portanto mais escravas do prestígio que recebem do governo federal.

Eis por que nós, paulistas, não precisamos ter tendências bernardistas ou legionárias. Precisamos apenas optar pelo pacifismo ou pelo faccionismo da política mineira, conforme as nossas tendências favoráveis ou desfavoráveis à Constituição.

A Razão, 26.08.1931.

A ESCOLHA DOS CAMINHOS

O grande mal da Revolução Brasileira foi ter considerado desnecessário criar uma base doutrinária para justificar e finalizar o seu mandato. A função política não é uma função de gerência para a qual basta a confiança do mandante e a eficiência prática do mandatário. É uma função muito mais alta e complexa, pois o Estado não se confunde com um simples instituto burocrático, não tem um papel limitadamente administrativo; antes, é um instrumento para a consecução de fins essencialmente próprios à natureza humana. A sua melhor ou pior adaptação a esses fins é que cria o grau de harmonização entre o Governo e os governados, unindo-os fortemente ou desvirtuando os seus laços, que começarão neste caso a ser corroídos pelo espírito revolucionário.

Dominando o poder, a Revolução brasileira esqueceu de clarear esse *substratum* político que é o princípio coordenador da ação de um regime. Assegurou os seus propósitos de honestidade e eficiência administrativa, mas não cuidou de assentar a substância do Estado, de definir a ordem social a realizar que constituía o seu escopo, limitando-se a tratar dos acidentes – de natureza partidária ou administrativa – inerentes à sua função.

Daí veio a indecisão, e mais tarde o pessimismo, com que a Nação começou a julgar a Revolução e seus homens e propósitos. E sentindo a situação difícil e insegura, os mais avisados preferiram abrir mão dos possíveis benefícios que a Revolução pudesse ter trazido, e optar pela pronta convocação da Constituinte. Abrir mão não é uma expressão cética. Pois quem quer que julgasse defeituosa a ordem de coisas estabelecida no antigo regime, e esperasse da Revolução melhores formas, não quererá dizer que, nestes dez meses de governo, se tenham reconstituído os valores morais e doutrinários esquecidos sobre que a política deve assentar.

Dirá, sim, que os homens da futura Constituinte serão os mesmos do passado próximo e que até agora nem a orientação nem o exemplo os fizeram mudar de caráter ou de ideias.

Todos esses constitucionalistas o que querem é voltar ao ruim, onde estávamos, para fugir ao pior, para onde vamos. Estão em suma diante da insegurança da situação e das diretrizes revolucionárias de outubro de 1930, que era precisamente "pelo ruim contra o pior".

Não é esse por certo o caso dos políticos aliancistas que hoje concertam a frente única do Sul. Esses simples românticos, diante dos males nacionais, nunca duvidaram do acerto e da excelência da antiga ordem das coisas. A Revolução que pregavam foi a insurreição contra a prepotência de um régulo. Sua revolta não passou nunca de "revolta de escravos" contra as iniquidades de um senhor. Mas os que viram na Revolução a consubstanciação do sentido de verdade, que fugira ao regime, esses o que sentem, ao pedirem Constituição, é que é tempo de se desiludirem, e voltarem ao passado mais seguro.

Há, entretanto, revolucionários, como o coronel Mendonça Lima,[1] que é a figura mais equilibrada e respeitável do partido legionário de São Paulo, que querem ainda esperar da Revolução que solva os problemas para que a imaginaram criada.

De fato é essa a melhor solução. Voltar à normalidade constitucional, fazer da República Nova um simples interregno entre duas fases da República Velha, é onerar o nosso organismo político sem compensações de espécie alguma de todos os males que o movimento revolucionário trouxe consigo.

Seria preferível confiar ainda na força construtiva da Revolução. Confiar no seu espírito renovador dos costumes e do regime. Confiar na sua capacidade de regenerar os nossos homens públicos e de reconduzir o Estado ao plano das realidades nacionais. O que não podemos, contudo, é confiar nas condições em que o aconselha o sr. coronel Mendonça Lima, pois se a Revolução se quer manter fechada e incompreensível, sem que se lhe possam perscrutar os íntimos desígnios, então não podemos creditar-lhes a nossa colaboração e confiança. E nós, paulistas, sobretudo, que temos o direito de pedir, mais do que ninguém, esclarecimentos e satisfações ao novo regime, não assinaremos em cruz os programas que os militares têm nas gavetas. Se a Revolução nos der, como única credencial, a palavra dos seus chefes, não bastará para que o nosso povo, avesso por tradição e por

---

1. João Mendonça Lima (1886-1965), militar.

índole do predomínio dos *condottieri*, se engaje cegamente nas fileiras dos que a querem conservar.

Nesse caso, a fórmula legalista de Jackson de Figueiredo,[2] será a senha da constitucionalização.

A Razão, 27.08.1931.

2. Jackson de Figueiredo, (1891-1928), líder católico laico.

PROBLEMAS POLÍTICOS E PROBLEMAS TÉCNICOS

A ideia do Governo Revolucionário de criar comissões legislativas puramente técnicas, a cujo encargo ficou adstrita a elaboração do vazio conjunto de reformas que a Revolução estenderia aos múltiplos campos da nossa atividade, foi o primeiro sinal de alarme dado aos que acreditavam num programa da Revolução.

Realmente, os problemas técnicos do Governo estão numa relação de dependência imediata da sua orientação doutrinária. Uma revolução que contém em si os princípios criadores de um novo regime tem o seu ponto de vista *a priori* firmado sobre educação, sobre família, sobre problemas jurídicos e econômicos. Não pode assim entregar displicentemente a professores da Faculdade e a médicos ou engenheiros a obra da Reforma Social e Política do país. É portadora de um espírito a realizar, e desse espírito impregnará os institutos que for criando ou reformando. Irá construindo aos poucos uma nova ordem, em que engendrará mais tarde a tese social realizada. Assim se criariam os regimentos saídos das verdadeiras revoluções. Assim é que na Itália se criou o regime fascista, como síntese final de uma série de leis e reformas jurídicas em que a Revolução foi marcando as suas diretrizes e propósitos.

Não foi esse, porém, o caminho seguido pela Revolução Brasileira. Entregou a advogados, médicos e engenheiros, que não eram portadores de outro título além da sua capacidade profissional, a obra que seria a consubstanciação do "espírito" de que os revolucionários se diziam portadores. Em vez de os aproveitar como técnicos realizadores da sua doutrina, os governantes confiaram-lhes também a definição da doutrina.

O resultado está patente aos nossos olhos. Os trabalhos das comissões legislativas, esgaravatando detalhes de leis, onde há rumos a descobrir, têm sido um prolongamento das atividades do nosso velho Congresso.

Um Congresso sem orçamento, eis o que são as subcomissões legislativas. Falta-lhes a doutrina que vivifica a legislação. Falta-lhes o espírito de obra nova, que dá às reformas o seu sentido social e orgânico.

Agora mesmo, um ilustre advogado dos auditórios cariocas, o sr. Nilo de Vasconcellos,* legislador revolucionário, deu à publicidade um texto de lei sobre pátrio poder e tutela. Suas emendas, aparas de legislação civil, correções de advogado à teoria do Código, são ridículas como reforma de uma Revolução em matéria de Família.

Quando se abrem aos nossos olhos essas orientações capitais para a nossa política que são a crescente intervenção do Estado no círculo família, é incrível que nada mais se tenha a dizer sobre "pátrio poder", a não ser esses detalhes jurídicos e técnicos que o sr. Nilo de Vasconcellos agora propõe.

Mas não é a crítica das leis elaboradas pelas subcomissões que se tem de fazer. A grande lei cuja significação revolucionária só uma clara definição de rumos hoje pode consertar é aquela com que a Revolução entregou a advogados e professores o trabalho precisamente que ela fora chamada a fazer.

A Razão, 27.08.1931.

* Nilo Carneiro Leão de Vasconcellos (?-1963), advogado.

BANDEIRA BRANCA

Certamente os líderes da política brasileira não poderiam manter a luta dos partidos tão oculta e abafada como hoje a temos se os debates parlamentares não tivessem sido eliminados do cenário da Revolução. Nos congressos, os lances políticos irrompem, embora a força e a prudência dos líderes se esforcem por conter o ardor e a precipitação dos tribunos. Sem congressos, porém, a política incuba, vive fora dos olhos perquiridores da imprensa.

Apesar disso, o público tem o sentido político alerta, tateando os pequenos indícios que esclarecem a marcha oculta dos fatos. Assim, três ou quatro indícios bastaram para patentear a formação do bloco dos tenentes do Norte, que as entrevistas do sr. José Américo e do capitão Juracy Magalhães, quiseram inutilmente despistar. Mas alguns dados, uns positivos, outros negativos, deram a visão perfeita do choque das duas correntes que cindiram o fundo da Revolução brasileira e que pediam uma a constituição imediata, a outra a prorrogação da ordem discricionária. E como quem pedia para logo a Constituição era o partido do sr. Getúlio Vargas e do sr. Oswaldo Aranha, ficou claro que os dois chefes da ditadura abandonariam a posição em que se achavam, obedecendo ao comando do Sul, ou, então, vendo a necessidade de continuarem senhores do governo, promoveriam, na base proposta pelos tenentes, a rendição da frente única.

E, de fato, o revolucionarismo mais ortodoxo, integrado pelos "puros" de 22 e 24, e pelos chefes da conspiração que existiu paralelamente à campanha aliancista, foi tomando tamanho vulto, foi ocupando tão velozmente as posições mais estratégicas, e no meio de um tal silêncio da frente única,* que o público prenunciou a retirada dos gaúchos quase forçada pelo enfraquecimento dos mineiros e pelo nenhum apoio do flanco paulista, retalhado e dividido por três autoridades diversas. Só uma voz não se calava. Era a do chefe libertador sr. Raul Pilla, que continuava a pedir a Constituição.

* União dos partidos políticos do Rio Grande do Sul.

Foi quando o Governo Provisório chamou ao Rio o interventor do Rio Grande do Sul. O General Flores da Cunha, modelo admirável das virtudes e defeitos dos homens da sua terra, chegou ao Rio guardado de precauções múltiplas, mas em uma frase apenas assinalou à imprensa a fidelidade do Rio Grande, aos seus compromissos com a constitucionalização.

Certamente o que soube S. Exa. sr. Pio, sobre a situação partidária do país e sobre o programa da revolução foi de molde a convencê-lo da precocidade da atitude das forças políticas do seu Estado. O interventor, uma das figuras mais proeminentes do P. R. R., considerado e respeitado pela sua ação honesta e diligente à frente do seu atual cargo, é um dos homens cujas declarações serão honradas em qualquer terreno, pelo partido a que pertence.

E ontem, nas entrevistas que concedeu a *A Razão* e a um vespertino carioca, o general saiu em campo, com uma bandeira branca, oferecendo a paz e as armas aos "tenentes" do norte e aos chefes do país.

Que significação imediata terá o seu gesto, diante do problema da manutenção da ditadura? O bloco do Norte se terá fundido com o do Sul, só restando então ao P. R. P. e a outros partidos suportarem o recrudescimento das sindicâncias?

Vendo o general Flores da Cunha falar em nome do Rio Grande a linguagem dos tenentes, só nos resta saber se todo do Rio Grande subscreverá as palavras do seu interventor. Pois se a frente única se abalar diante dessa inversão do seu eixo de gravidade, e romper-se o equilíbrio do Sul que é uma das bases fundamentais da ditadura, então não será ainda de paz e serenidade a situação brasileira. Haverá o risco da oposição dos libertadores, homens guerreiros e intemeratos, que ameaçam o Rio Grande com as possibilidades de uma luta armada regional.

Mas se a palavra do interventor for repetida pela frente única, que mudará de orientação sem se alterar, então a paz e a unidade perfeita terão se formado em torno da Revolução. Os terrenos divididos se terão reaproximado. O Rio Grande terá tido o largo gesto de se render ao apelo pacífico e patriótico dos ideais revolucionários, e a pujança do regime será abundantemente comprovada.

A nós restará restabelecer a serenidade nos nossos espíritos pacificados, e esperar o programa claro e insofismável que nos deve a ditadura.

A Razão, 28.08.1931.

UMA GRANDE REVISTA POLÍTICA

O historiador político do Brasil, que terá de dar o justo apreço aos fatos que hoje, isolados, perdem para nós a sua significação total, deixará talvez de lado as *démarches* de ontem junto ao general Flores da Cunha, mas não esquecerá o aparecimento de uma grande revista política, cuja atuação no desenvolvimento do nosso espírito político poderá talvez ser decisiva.

Os jornais de doutrina e de partido não poderão emprestar ao aparecimento de *Hierarchia*,[1] revista dirigida pelo sr. Lourival Fontes,[2] o relevo habitual ao noticiário de publicações. Como a sua homônima italiana,[3] como tantas outras grandes revistas europeias, esta pode vir a ser um marco histórico no nosso desenvolvimento cultural e político.

Em seu sumário estão alguns grandes nomes do pensamento nacional. No seu espírito franco, aberto aos debates largos, está a realização dessa primeira fase elaborativa da nossa cultura, que é a do choque e da controvérsia. E a audácia do seu realizador, de lançar no nosso fraco mercado de livros uma obra tão árdua e de tão altos objetivos, é um grande gesto precursor, que não nos pode deixar calados. Talvez tenhamos enfim uma Revista cujos editoriais exerçam, um dia, uma crítica real e clara dos atos e das diretrizes dos Governos. Talvez possamos ter através dela uma fixação perfeita e oportuna das tendências políticas próprias à nacionalidade, quando o feitio de homem de ideais, partidário do seu diretor, começar a orientar num sentido mais dogmático e mais afirmativo a Revista que hoje começa, exatamente como deve começar toda obra cultural entre nós – pela pesquisa franca e pelo debate aberto a todas as influências doutrinárias.

---

1. *Hierarchia,* revista política lançada pelo jornalista Lourival Fontes em 1931.
2. Lourival Fontes (1899-1967), jornalista e político sergipano.
3. *Gerarchia* (Hierarquia), revista oficial do fascismo, lançada em 1922 por Benito Mussolini.

Anunciando o aparecimento de *Hierarchia*, *a Razão* deseja que esta grande revista tenha a atuação longa e fundamental que dela se espera, para a nossa formação política cultural.

A Razão, 28.08.1931.

A PIOR CONSEQUÊNCIA

Se o incidente não tivesse tido a menor repercussão partidária no resto do país, a separação que por ele se veio a dar entre os srs. Francisco Campos e Oswaldo Aranha teria bastado para lhe dar a mais alta significação revolucionária.

O binômio Campos-Aranha era a fórmula básica da Revolução. Certamente a força do chefe mineiro não se comparava à do gaúcho. Este era o chefe de dois partidos, o partido gaúcho e o militar, ambos aguerridos e numerosos, capazes de sair, a qualquer momento, em defesa dos seus homens e de sua obra. O sr. Campos era apenas o chefe de uma das facções de Minas, e, naquela terra conservadora onde o prestígio se mede pela profundidade e pela antiguidade das raízes, a sua facção – a mais recente – era precisamente a mais superficial, embora a mais numerosa. E mais do que isso, o seu partido* não tem a vocação das armas, apesar de uma forma externa acentuadamente militar.

De onde vinha a equiparação dos dois políticos era menos do cômputo de suas forças partidárias, que do exame isolado das suas personalidades políticas. Eram eles os homens mais autorizados entre os seus pares, pela investidura natural da inteligência e da cultura, para formar moralmente o ambiente revolucionário e nele traçar as linhas da reconstrução política do país. O sr. Francisco Campos, cujo alto espírito especulativo foi sempre ímpar entre os nossos políticos, atribuía-se um papel de didata da Revolução. Ele seria o Gentile da Revolução brasileira, o orientador das modificações culturais do ambiente, o mentor da *revolução de espíritos* que devia seguir *a revolução de homens*. Ao sr. Oswaldo Aranha atribuía-se um grande poder de vontade e um alto senso de governo político. O povo brasileiro previu

* San Tiago refere-se à Legião Mineira.

nele o chefe natural dos partidos, o homem da autoridade, do jogo franco, das violências nos momentos precisos.

E assim, embora à vista de um Assis Brasil, de um ministro, de um Collor sociólogo, de um Juarez Távora pró-consul, a desiludissem dos propósitos revolucionários, a Nação punha os olhos no chefe intelectual e no chefe político da Revolução, ambos jovens e destemidos, ambos sem participação na Aliança Liberal, um reservado e frio, outro aberto e cavalheiresco, símbolo das feições políticas próprias aos homens dos seus Estados, e neles via assegurados o corpo e a alma da Revolução.

Muitos supunham, entretanto, que os dois chefes viessem a se chocar; de fato, ambos se sentiriam, pelo espírito e pela vontade, superiores aos outros homens do regime. E o homem dominador e voluntarioso que é o sr. Oswaldo Aranha, refratário a advertências e conselhos, possuidor de uma exagerada confiança em si mesmo, e o homem calculado e ambicioso que é o sr. Francisco Campos, escondido por um temperamento singularmente cético e fechado, pareciam caminhar por duas estradas, para um encontro inevitável numa encruzilhada decisiva.

E parece que esse prognóstico se realizou. Na área da política mineira os dois homens da Revolução se defrontaram, e já agora parece que com o sacrifício irreparável da altíssima figura do ministro da Educação.

Quem, porém, perde nisso tudo não é o Partido Legionário Mineiro, nem o seu chefe principal; é a própria Revolução de outubro, a quem foge de repente a base espiritual mais segura, e que agora aparece aos nossos olhos não mais sob a forma personalista com que seduzia o nosso messianismo, mas na nudez das suas forças partidárias. E o quadro dessa nudez ofende as nossas vistas. Aparecem-nos na defesa dos ideais revolucionários, partidos que são apenas a forma pacífica de batalhões. E por programas e razões de prestígio, apenas sentimos o poder das armas ocultas.

Um revolucionário sincero, que viu raiar o dia 24 de outubro como um dia de redenções cívicas, deve estar abatido e desconsolado ao ler nos jornais que os srs. ministros Francisco Campos e Oswaldo Aranha não se cumprimentam mais. Que saudade, para ele, dos dias em que a defesa da Revolução se faria citando os nomes e os méritos dos seus ministros. Esperava-se do sr. Campos a reforma moral e cultura do Brasil. Esperava-se do sr. Aranha uma política de ferro e de ânimo esclarecido. E suas duas figuras davam uma espécie de *dualismo* necessário à ordem criada pela Revolução.

Hoje, diante dos tenentes, dos generais e dos civis, passado o período personalista, que foi a fase messiânica, romântica da Revolução, o povo espera ainda que os *ideais revolucionários* nos salvem daquela situação, em que o governo não tem fins públicos, e em que se vê os partidos fazendo a política pela política, e os homens se dilacerando pelos cargos e posições.

Mas esses *ideais* têm de vir claramente à luz do dia. Pois o povo confiará nos *ideais* revolucionários, mas não em secretos desígnios.

A Razão, 29.08.1931.

A RENOVAÇÃO DE MINAS

O programa do Partido Republicano Mineiro, divulgado ontem pela imprensa, assinala, do ponto de vista social e econômico, uma auspiciosa mudança nos rumos da nossa história política, para a qual se abre uma fase de transição de doutrina. Minas conservadora e liberal, exemplo de unidade moral e política, vem, pela palavra do partido mais tradicional e mais solidamente ligado ao seu povo, revelar novas categorias incorporadas ao seu espírito cívico, e novas diretrizes traçadas pela experiência aos seus desígnios políticos não vêm por certo tomar arrojadamente uma atitude de vanguarda. Nem vêm subverter a ordem doutrinária, onde foram vasadas as suas instituições democráticas, e o espírito dos seus homens públicos.

Minas continua, neste novo programa do P. R. M., na defesa do regime republicano, que quer se cercar das mais minuciosas precauções contra os perigos de corrupção, que a experiência terminada em outubro deixou provados e patentes. Todas as *teses políticas* respiram largamente esse espírito. O liberalismo, não a doutrina liberal francesa ou americana, mas o liberalismo virtude cívica, complexo de sentimentos democráticos (para não dizer – demofílicos), é a grande base histórica da consciência política do povo mineiro. Formado à luz do ensinamento e da moral cristã, anti-individualista por índole, sofrendo a proeminência do círculo familiar e do círculo municipal sobre a sua orientação gregária, esse povo, cuja vocação corporativa se exprime em algumas tendências primárias e está à espera do estadista que a compreenda e revele, esse povo está fadado a emancipar o país do liberalismo individualista, apontando-lhe o caminho da sua verdadeira formação cultural e política, que é a volta às fontes tradicionais da civilização brasileira, e a implantação de qualquer regime sobre a dupla base da nossa sociedade: a família e o município.

Teve o Partido Republicano Mineiro o mérito indiscutível de exprimir esse caminho nas *teses sociais* do seu programa. Minas nele acorda antes de qualquer outro brado, precedido apenas da voz isolada e esquecida, que foi o manifesto legionário de São Paulo, para a dura realidade que é a "questão social", e acode-lhe com o remédio preciso e lógico que é a atribuição aos poderes públicos da faculdade de ordenar juridicamente as relações entre o trabalho e o capital, e distribuir-lhes a justiça, resolvendo por meio de magistratura especial os seus litígios.

Aqueles que julgam a "questão social" um simples fantasma, de realidade comprovada apenas nos países de civilização industrial adiantado, a palavra do velho P. R. M. deve calar como uma advertência de singular oportunidade. Pois em Minas mais que em qualquer outra parte, não existe uma "luta de classes". As massas proletárias mineiras, se chegam a merecer esse nome, nada contam diante das populações rurais e urbanas, constituídas na sua grande maioria de pequenos burgueses, e suportariam melhor as desigualdades sociais no ambiente que retêm tantos traços morais dos patriarcados. Mas se lá as classes não estão em "luta", também não estão num regime de igualdade e de justiça. E é a injustiça entre as classes, que lança as premissas da luta, a qual se forma no dia em que a força somada permite que elas se resistam.

Eis por que não é romantismo pregar no Brasil a necessidade de uma forma de Estado que resolva a *questão social.* O programa do P. R. M. compreendeu-o admiravelmente. Tenham agora os seus chefes fidelidade ao que disseram.

Na defesa da família autônoma e indissolúvel, lançada sobre os alicerces da doutrina cristã onde se conservou até hoje, e na proclamação do princípio de ordenação jurídica do trabalho nas suas relações com o capital, Minas encontra a posição histórica que lhe cabe numa hora crítica como esta, em que o Brasil se vê na encruzilhada das diretrizes políticas, e não sabe se o conduzirão por elas para a salvação ou para a morte.

Como partido, portanto, o P. R. M. é dos que podem falar claro ao povo brasileiro neste instante. Suas diretrizes na Constituinte que teremos em 1933, com certeza, serão essas que aí se abrem aos olhos de todos. São sem dúvida as que melhor poderiam confortar os nossos ideais democráticos e que mais perfeitamente atenderiam às solicitações imperativas da nossa realidade.

Esperemos que o Brasil compreenda o P. R. M. Ele marcha cautelosamente para a vanguarda, sem arrojos doutrinários inseguros, e rompendo precavidamente com o seu passado doutrinário. Não quer a revolução de regimes; quer a sua evolução natural e decisiva. Não espelha nisso senão o espírito de Minas, precursor de transformação e conservador de regimes.

A Razão, 30.08.1931.

A DOUTRINA DO MOVIMENTO PERREMISTA

Se a significação histórica do manifesto do P. R. M. é a de um marco de transcrição entre duas mentalidades políticas, a sua estrutura doutrinária sofre de todas as incoerências comuns aos documentos que deixam raízes em duas ordens de ideias antagônicas. Não as devemos considerar com pessimismo. A tendência de evolução mental dos partidos é para ir aos poucos superando as incoerências intermediárias entre as doutrinas que defendem, sobretudo quando a prática do governo lhes vai revelando a incompatibilidade das fórmulas opostas e a necessidade de criar outras que venham substituir as impraticáveis.

O P. R. M., que abriu os olhos tão bem às exigências sociais mais prementes do Brasil, que soube dizer com tanta oportunidade uma palavra clara ao espírito público lançado na confusão, deixou-se ficar em um estágio cultural bem recuado, na definição e na organização das suas teses políticas. E a quem lê o seu novo programa a primeira contradição chocante que ressalta é o atraso pasmoso do programa político, ao lado do avanço seguro e calculado do programa econômico e social.

O que o P. R. M. entende por tese política já há muito perdeu esse caráter conceitual. Tese política não é processo eleitoral ou regimento de câmaras; não é aquela copiosa processualística de que está cheio o manifesto. É sim a própria teoria do Estado, sem a qual é impossível e inútil formular as suas regras processuais.

Foi por não compreender isso que o P. R. M. deixou um vazio entre o plano político (ou melhor, constitucional) e o plano social do seu programa. Quem acompanha o primeiro vai se inteirando de que está diante de um partido cujo único fim é restaurar a pureza do regime republicano, escoimando-o de todos os institutos e métodos capazes de provocar ou propiciar a corrupção. Sente que a doutrina de Estado correspondente àquelas teses deve ser a mais ortodoxa doutrina democrática liberal. Sente-o ao menos por analogia, por ver conservado o princípio da tripartição e outras bases republicanas do mais legítimo liberalismo. Mas como vê a ideia de fazer do reconhecimento de representantes uma questão jurídica atribuída como tal aos órgãos judiciários, como vê as primeiras restrições feitas em um documento político da República ao princípio de universalidade do sufrágio, - e isso quando no sul o velho Borges de Medeiros há poucos meses falava de estendê-lo aos analfabetos, - como vê todas essas medidas propostas, de um alcance tão significativo para as possibilidades brasileiras, classifica logo o liberalismo mineiro como um liberalismo mitigado, e portanto em segura evolução sobre o liberalismo dos srs. Borges e Pilla, mas sempre como uma doutrina liberal democrática, cuja defesa o P. R. M. quer fazer do melhor modo, que é cercando os seus institutos essenciais da mais alta viabilidade prática.

Mas quando se passas às teses sociais, o que se sente é sem dúvida alguma, uma completa mudança de terreno. Agora o P. R. M. deixa de parte a linguagem do liberalismo francês e manchesteriano, e fala a linguagem do realismo político mais nítido e adiantado, postulando a necessidade da intervenção do Estado nas relações de trabalho, e criando-lhe atributos de proteção e coordenação das forças produtoras, que importam numa total inversão do conceito de Estado que parecerá ausente nas teses políticas. Que doutrina de Estado é, pois, essa, em que se articulam os princípios de reorganização constitucional propostos nas teses políticas e as novas diretrizes de Governo propostas nas teses sociais? Aí está o vazio do programa do P. R. M.

Sem uma explícita definição do Estado, os dois rumos que o Partido firma neste instante são altamente contraditórios. Mas essa contradição tem uma nítida significação crítica, por mostrar o estado intermediário da mentalidade do P. R. M. Nela se tem um índice preciso do grau de transigência com a velha e com a nova mentalidade, que um partido como esse já se permite. O que, diante do anacrônico liberalismo de muitos, é uma certeza de que para outros já estão clareados os caminhos.

Mas pode-se alegar que o que ainda não se sabe é se o P. R. M. tem as suas verdadeiras raízes nas teses políticas ou nas teses sociais. A isso se responderá, em abono da renovação de Minas, que onde está o material de uma doutrina de Estado, é nas últimas e não nas primeiras. Pois estas são simples regras de prática constitucional enquanto aquelas são índices seguros de um novo conteúdo social dando aos institutos governativos da República.

E quando se quisesse ainda insistir numa crítica pessimista e parcial ao manifesto, ao menos se teria de fazer uma justiça à velha corporação partidária do sr. Arthur Bernardes. É que nesta tímida assembleia nacional de partidos e grupos afásicos, foi o P. R. M. o primeiro que teve a audácia de pedir a palavra.

A Razão, 01.09.1931.

O MORALISTA DA REVOLUÇÃO

Se há um político que parece ser contrário à elaboração de um programa revolucionário, é o ministro da Viação sr. José Américo de Almeida. Suas palavras à imprensa sobre esse assunto são sempre negativas e mal-humoradas. Chegam mesmo a duvidar da possibilidade de um documento desses, negando-lhe peremptoriamente oportunidade. Não creio porém que essa sua opinião tenha outro fundamento além do ponto de vista singular com que S. Exa. olha e julga as origens e os propósitos da Revolução.

Tive há meses ocasião de ouvir em entrevista, precisamente sobre um tema abstrato e teórico – a definição do espírito revolucionário – o sr. José Américo. E ao fim de poucos minutos de palestra, convencia-me de que S. Exa. tem um modo de encarar a Revolução que não é de maneira alguma aquele por que a encaram as figuras mais expressivas da esquerda militar, do centro mineiro e da direita gaúcha. Começa o sr. José Américo por negar à Revolução um sentido originariamente voltado para a destruição do regime existente e para a criação de um novo. Seu espírito acostumado à orientação objetiva da nossa nova cultura sociológica, reconhece, porém, que faltava ao antigo regime a concordância plástica necessária com as realidades locais e nacionais. Acredita então que a experiência revolucionária permita o surto paralelo desse espírito realista, que faltara à República de 1891,* isso porém apenas pelas indicações da experiência pelas lições a *posteriori* colhidas no governo, e nunca por um rumo antecipadamente adotado.

A Revolução, a seu ver, foi uma reação contra "os desmandos morais" dos políticos situacionais. Estes haviam convertido o Governo do Estado num instrumento particular de proveitos próprios, burlando assim a soberania da Nação, que para outros fins lhes outorgara o mandato. Escrevi nessa entrevista que o líder político do Nordeste era o *moralista da Revolu-*

---

* San Tiago data a República do ano de edição da sua primeira Constituição Federal.

ção. E, de fato, a sua ação de Governo e a sua ação partidária, até mesmo agora a sua ação ideológica, têm sido apenas a demonstração exuberante do *moralismo* de S. Exa., do seu desejo admirável de repor a verdade e a probidade na administração e nos orçamentos, desejo que se torna uma sua preocupação tão absorvente, que por ele sacrifica auxiliares de insubstituível eficiência. O que seria até timidez e falta de coragem de afrontar perigos, se em S. Exa. não fosse, primeiro que tudo, preocupação de exemplo. Na vida administrativa o sr. José Américo tem procurado ser o saneador da burocracia. Na vida partidária tem sido um exemplo de resistência moral implacável. Agora, na interpretação da ideologia revolucionária, vem ser o homem que só admite a *revolução de costumes*, e que não quer a transformação de institutos e leis feita segundo qualquer plano prévio, mas apenas como lição resultante dos próprios fatos.

De modo que ainda em entrevista concedida há poucos dias, o sr. José Américo estranhava que numa hora de economia e de cerceamento de verbas, se esperasse um programa de Revolução! Consequência lógica das suas ideias. O ministro da Viação julga, por exemplo, a demissão de um funcionário público desonesto, um ato revolucionário. E relega a um plano inferior, não revolucionário, o programa do P. R. M. publicado estes dias.

Já temos entretanto insistido que a Revolução não pode ser simples higiene burocrática e partidária. Não pode confinar-se na moralização dos serviços públicos, por isso seria incabível num instante como este, em que as nossas crises têm raízes muito mais extensas e mais profundas. Ao lado da falência moral do velho regime, tivemos coisa muito mais grave, que foi a sua falência política. Os homens passam, e os períodos de moralidade ou de imoralidade governativa, acompanham as suas variações. Quando porém é o próprio regime que falha, que se demonstra incapaz de solver os problemas nacionais de origem interna ou externa, então é que de fato uma revolução se impõe, - ou por uma guerra civil ou por uma guerra política - mas de qualquer modo para destruir o mau regime e no seu lugar criar um outro.

Se a Revolução de outubro foi uma *revolução de homens*, para substituir, como pensa o sr. José Américo, governantes ímprobos por governantes probos e cheios do espírito público, então nós que estamos vendo a necessidade de implantar as bases de uma nova ordem política, estamos na obrigação de fazer - também pela opinião ou pelas armas - uma revolução. A não ser que esta mesmo se dirija para a fundação de um novo regime, caso em que o nosso dever é aceitar ou rejeitar os seus propósitos, e naquele caso cercá-la de apoio, de confiança, e até mesmo de sacrifício.

Aí tem o ministro José Américo a espécie de programa que queremos. Não é desses que se limitam pelas verbas. É desses que se sobrepõem de muito aos orçamentos. A *revolução moral*, de que S. Exa. é o mais convencido adepto, não satisfaz as nossas necessidades. Queremos conhecer a outra, a *revolução do Estado*, que a falência do regime republicano de 1891 tornou imprescindível.

A Razão, 03.09.1931.

A SIGNIFICAÇÃO POLÍTICA DO MUNICÍPIO

Engana-se quem pensa que o *nacionalismo* brasileiro é um sentimento realizado no espírito das massas, cuja força será oportuno captar. O nacionalismo é um sentimento *in fieri*,* distante ainda da sua forma perfeita, tanto pelo menos quanto a própria sociedade brasileira está distante da forma nacional. O que hoje em dia apontamos como as grandes aquisições históricas do espírito nacional não são fatos que realmente unam para uma resistência ou para uma campanha toda a Nação. São fatos cuja força social e moral só se observa dentro dos pequenos grupos e das pequenas divisões sociais.

Assim a família, pedra angular da sociedade, como tanto se repete, não traz a sua influência social ao plano da nossa vida política federal ou estadual. Como também as classes sociais não ultrapassam uma certa expressão regional, só chegando em casos singulares a adquirir expressão no próprio país.

Todo o nacionalismo portanto que se pregar hoje em dia no sentido de uma incentivação do "amor pela pátria", ou mesmo num sentido mais realista da compreensão da preeminência de interesses e finalidades nacionais, é uma campanha *idealista*, romântica, pois feita sobre um sentimento cuja existência é apenas futura e provável, e insuficiente desse modo para inspirar e coordenar, para um só fim, qualquer movimento de opinião. Os que falam de objetivismo político, e aconselham campanhas dessa ordem, são tão românticos como os liberais que combatem. Pois as nossas realidades são outras, e só quem nelas se inspirar poderá ser chamado *realista* na compreensão ou na orientação dos nossos destinos.

Todas as observações vêm à baila quando o governo do Estado de São Paulo está discutindo a absurda ordenação do Código de Interventores, no que diz respeito à organização municipal, que essa lei subordinou

* Expressão latina: em curso, em desenvolvimento.

a uma simples base orçamentária, traçando um limite de receita abaixo do qual nenhum município persistirá. Semelhante critério é uma prova de que o legislador revolucionário nega ao município toda e qualquer *significação política*, e apenas o entende como *circunscrição administrativa*, cujo nascimento se dá por cissiparidade, no dia em que uma região pelo conjunto de suas rendas se mostra capaz de fazer frente a certas responsabilidades de administração.

Creio que poucas vezes se viu tão exuberante falta de realismo no espírito dos nossos legisladores. E sobretudo poucas vezes se atingiu tão rudemente a Nação brasileira naquilo que ela tem de construído e fixado. Pois o município é a grande aquisição histórica que os nossos nacionalistas ainda não quiseram entender. Ele não é uma expressão de simples autoridade administrativa, é a mais categórica expressão política do Brasil.

De fato, nem a família, nem a classe, nem o respeito patriarcal à autoridade, nem o *organicismo* da mentalidade brasileira, são perceptíveis a não ser no município. Tudo que nos habituamos a classificar como categoria do nosso espírito, como resistência social formada, como continuidade histórica e tradição, tudo está em rudimentos bárbaros e em formas primárias poderosas, representado nos institutos e nos costumes municipais. O grande estadista do Brasil vai ser aquele que compreender a significação do município, e que captar toda a energia moral e cívica que ele representa, no poder dos "coronéis" e no prestígio dos homens bons, para a empregar na obra de organização espiritual e civil que as nossas finalidades políticas exigem. De modo que o município não pode ser uma circunscrição policial e fiscal, com simples fins de obras públicas. Tem de ser uma unidade política da Nação brasileira. Tem de representar uma unidade de famílias e de classes, dentro de uma determinada expressão histórica, econômica e geográfica. Sua demarcação deve ser subordinada a um exame de *continuidade social* das regiões brasileiras, de modo que possa realizar a autonomização de todos os semelhantes e os simétricos, sem que entrem em conta, senão como fatores secundários, o índice geográfico e a extensão territorial.

O legislador revolucionário devia se convencer dessas verdades que a realidade brasileira lhe está ensinando. Os municípios não são divisões sociais criadas por leis. São *divisões naturais da sociedade*, condicionadas a complexos fatores econômicos, étnicos, físicos e morais, que o bom governante deve procurar *descobrir*. Pois senão cairemos no erro fundamental de separar a política da sociologia. O que será sempre fatal à eficiência dos regimes, e em alguns casos à solidez dos seus governos.

Não importa que as rendas de um município sejam insuficientes para pagar o seu prefeito. Outros serão cem vezes mais ricos, e desses virão as rendas que faltam. Não importa que um seja dez vezes maior do que o vizinho, se são substancialmente diversos os seus interesses.

O Código dos Interventores errou no considerar o município, e errou como qualquer lei da República Velha, do mal de incompreensão das nossas realidades básicas. Ainda é tempo porém de o legislador revolucionário continuar a observar o município. Aí estará a chave do verdadeiro nacionalismo. Pois quando o regime político e a ordem social brasileira se apoiarem nas resistências profundas que dão à família e ao município, a suprema fragmentação da autoridade terá posto termo ao *espírito de província*, que é hoje uma das ameaças à integridade da Nação brasileira, e a evolução comunista das classes proletárias terá encontrado enfim um dique considerável sobre cuja força real o país poderá contar.

A Razão, 04.09.1931.

A VERDADEIRA CONCEPÇÃO DO ESTADO

O programa de governo, que não condicionar todos os problemas econômicos e morais da Nacionalidade não poderá inspirar confiança nos dias presentes. A democracia liberal, sendo uma mera expressão política, criando o conceito puramente ideal de Pátria, considerada como expressão cívica, sem nenhuma diretriz intelectual prefixada, constitui hoje um luxo de países ricos.

As nações, como o Brasil, desorganizadas e sem riquezas, submetidas às injunções dos interesses comerciais do imperialismo internacional, não podem se dar ao luxo de regimes meramente democráticos, em que coexistem, girando em esferas diversíssimas, as atividades econômicas e morais da Nação e as atividades políticas dos partidos.

O programa que a Revolução nos deve dar é aquele que possa solucionar todas as questões que se oferecem à sociedade brasileira em nossos dias. Essas questões não são simplesmente as da administração pública, mas aquelas que dizem respeito às necessidades mais profundas do organismo nacional.

Temos de adotar um regime que não tenha unicamente a expressão artificial e livresca, mas que busque os seus lineamentos nas imperativas realidades da Nação.

É dessas realidades que deve nascer o regime.

A questão tem de ser apreciada sob dois aspectos: o mundial e o nacional. Do ponto de vista mundial, temos de nos convencer de que o Estado Moderno e conveniente a todos os povos é o que possa exercer a sua ação na maior órbita possível. É o que discipline e oriente as forças vivas da nacionalidade. É o que possa exercer seguro controle sobre as relações entre o Capital e o Trabalho. É o que se apoia numa política expressiva de grande conciliação de classes. É o que se exprime através de Poderes que se originem diretamente nas grandes fontes da energia material e moral da Nação.

O Estado como força suprema interveniente nos rumos e finalidades sociais. O Estado que, garantindo a propriedade e a iniciativa privada, saiba demandar os limites do exercício das liberdades individuais, segundo os interesses gerais e nacionais.

O Estado em que as classes se representem em corpos legislativos; que tome a si a organização dessas classes; que crie uma magistratura especial perante as quais se possam dirimir as pendências entre os detentores dos meios de produção e os proletários; que oriente a produção; que intervenha na sua veiculação; que garanta aos que trabalham os meios de se defenderem contra os que os exploram; que lance os fundamentos de uma educação social baseada nos supremos interesses nacionais.

O Estado que absorva todas as energias da Nação e que as exprima num todo individual; e que inaugure uma razão superior que determine, explique e justifique a sua política e a sua diretriz.

O Estado que defenda o Indivíduo contra a Sociedade e defenda a Sociedade contra o indivíduo: que realize a harmonização de todos os elementos humanos de que se estrutura um país; que seja o impositor do equilíbrio, o mediador máximo, o juiz e o orientador.

O Estado que tire das próprias raízes da nacionalidade a sua condição de existência, sustentando a tradição moral das populações do país e ampliando-a na inspiração das leis cristalizadoras dos imperativos da geografia e da história.

O Estado haurindo dos municípios as forças nacionais canalizadas numa grande, uniforme, expressão nacional; procurando na família brasileira, nos seus hábitos e costumes, suas tendências e aspirações, o segredo de toda a sua edificação social.

O Estado íntegro, índice, a um tempo, da existência patriarcal do nosso vasto *hinterland*, e das massas proletárias dos centros urbanos de maior densidade.

O Estado que consulte a índole democrática do povo brasileiro no que diz respeito aos interesses municipais, e distritais; e que não olvide o imperativo a que estão subordinadas as classes obreiras e produtoras com o desenvolvimento do ciclo econômico por que atravessa o mundo e o Brasil, em tudo o que concerne ao trabalho e às finalidades da comunhão brasileira.

O Estado que possa garantir a liberdade contra a força, justamente pela disciplina que imponha às liberdades.

O Estado que crie o interesse nacional e disponha de força suficiente para submeter a ele todas as ambições. E tendo definido nitidamente o seu significado e a sua finalidade, não recue diante de nenhum empecilho e se afirme corajosamente em face de todas as situações.

Esse o Estado de que o povo brasileiro está precisando, numa hora angustiosa de dúvida e apreensões.

Sem a sua definição não será possível à Revolução Brasileira traçar nenhum programa. Pois não passará de medidas administrativas ao sistema perrepista, ou de lirismos regeneradores de republicanos históricos.

A Razão, 04.09.1931.

PERIGO DE CONFUSÃO

A hora presente é de tão grandes incertezas para a sorte da ditadura,* que se uma clara e forte marcação de rumos não vier trazer ao quadro político a nitidez de que precisamos, o país estará à beira de um calamitoso período de confusão.

A face enigmática da Revolução está pesando como um anátema aos seus desígnios. Sente-se que se amanhã o sr. Getúlio Vargas fosse deposto, o sr. Oswaldo Aranha demitido, o sr. Assis Brasil aclamado ditador, nenhum desses fatos capitalíssimos seria imprevisível, mas nenhum teria razão de ser que o espírito público compreendesse. Como que o regime está sem base lógica, e dentro do seu amorfismo absoluto, todas as hipóteses são plausíveis.

Não pode mais haver boato condenado pelo senso popular. Em tempos de República Velha, se alguém dissesse que o Presidente da República ia fazer seu sucessor o sr. João Neves da Fontoura, a notícia morreria de início, pelo seu perfeito absurdo. E foi essa uma época de boatos tais, que a polícia começou a capitulá-los em uma nova categoria de delitos. Hoje se se disser que o sr. Getúlio Vargas vai passar a ditadura ao sr. J. J. Seabra, será uma notícia tão divulgável como a de que o sr. João Alberto vai substituir na pasta do Trabalho o sr. Lindolfo Collor.

É a isso que verdadeiramente se chama um período de confusão. Os líderes, contudo, que conhecem os enredos sutis dos bastidores, vedados aos olhos da imprensa e das massas, continuam confiantes e seremos sabedores do pequeno fundamento dessas fontes anônimas de opinião. Conhecem o programa revolucionário. Sabem quem sairá e quem ficará. Podem portanto contar sobre a verdade com mais confiança do que outros contam sobre o engano.

---

* Assim era referido o Governo Provisório, chefiado por Getúlio Vargas, em seguida à Revolução de 1930.

Se porém esses líderes quiserem verificar quanto pode corroer a solidez de um regime o estado da confusão, a cuja beira nos achamos, bastará que mirem o exemplo que mais lhes toca - o da queda do sr. Washington Luís. Naqueles dias que antecederam o 24 de outubro, o governo perdera todo o controle da opinião. Dentro do ambiente confuso e cercado de ameaças, o terrorismo se alastrava. Houve um momento em que o pânico de derrota se instalou, quando ainda se estava às vésperas das batalhas, e o ânimo popular só atendeu a um imperativo - render-se. De que adiantavam as notícias oficiais para falar ao povo, à força de não falar a verdade. E o que se via era o assalto do boatismo pânico, que emprestava um ritmo de catástrofe aos dias e às horas. E foi esse pânico que fez ceder sob os pés do Presidente da República o terreno em que ele corajosamente se afirmava.

É preciso que agora os revolucionários não caiam no grande erro do sr. Washington Luís. É preciso que se convençam que os regimes têm uma solidez externa, apoiada na opinião e na confiança pública, tão necessária quanto a solidez interna, apoiada nos compromissos e nas ligações partidárias dos seus homens. Pois na ora em que aquela lhe falta, o mais frágil levante de batalhões, ou a mais prematura e inócua das conspirações provoca as adesões unânimes que fazem falhar todas as resistências e lança por terra as situações mais fechadas. O que falta à Revolução vitoriosa é um bom psicólogo das multidões. Seus homens abusaram da confiança pública, e deixaram que o seu governo fosse tomando para as massas, o mesmo aspecto antifinalista dos antigos governos republicanos. E começou a se formar também um ambiente tímido para julgar exatamente as posições dos indivíduos e dos grupos, que os lances mais surpreendentes concorriam para despistar. Saber "com quem está o sr. Fulano ou Beltrano", é um dos tormentos do espírito popular. Saber se o "sr. Sicrano é fascista, comunista, gaúcho ou militar", é outra das suas angústias. E com isto a ordem revolucionária vai-lhe parecendo um terreno movediço, onde todas as mudanças são possíveis, e onde não há catástrofe, por mais súbita, que não seja rigorosamente privada.

É isto o estado de confusão do espírito público. É neste clima que o terrorismo prolifera. E contra o pânico popular não há regimes que se mantenham, pois todas as possibilidades se creditam às conspirações. A clara definição de rumos, a luz amplamente lançada sobre os bastidores partidários, a livre inspeção do subsolo do regime, é a única solução para a ditadura. Abram-se os programas enrolados e iluminem-se as figuras. O confusionismo só se esconjura com a luz. Não valem notas à imprensa, que vão agindo como os calmantes, cada vez com menor força, e afinal sem eficácia alguma.

O povo brasileiro precisa saber com urgência, para o bem da Revolução, "com quem está o sr. Fulano", e "se o sr. Sicrano é fascista, comunista ou liberal".

A Razão, 05.09.1931.

O CORINGA

Ninguém negará ao sr. Getúlio Vargas o papel principal na Revolução de outubro, como ninguém lhe negará a preeminência real no Governo Provisório que chefia.

Sem o seu apoio, sem a sua aprovação de homem honrado e prudente, o movimento revolucionário perderia o seu crédito moral mais seguro. Sem a sua serenidade irredutível, a ditadura não estaria resistindo às ressacas partidárias que embatem contra ele sem cessar.

O povo brasileiro dá mais crédito à moral que à razão, na paternidade da política. Daí a sua simpatia profunda pelo sr. Getúlio Vargas, que espelhava com luminosidade excepcional essa alta virtude tão comumente negada aos homens públicos do país.

O chefe civil e militar da Revolução foi o penhor de confiança que dela exigiu o espírito popular, que receia sempre a aventura e o caudilhismo, dois males que a sua figura totalmente esconjurava. E depois, na construção política que sucedeu a fase bélica do movimento, o sr. Getúlio Vargas, como ditador, foi de novo a grande satisfação dada ao espírito liberal e jurídico do povo brasileiro, que assim aceitou, com a pacatez dos acontecimentos cívicos diários, o advento da ditadura democrática, republicana e federativa, que encasulou o país para uma metamorfose de forma constitucional denominada República Velha para uma outra a que se chamou República Nova.

Desde então, porém, talvez com o receio mórbido de ferir os nossos ouvidos afeitos à ordem legal com expressões de violência política, a Revolução entendeu ser conveniente agir na penumbra doutrinária, e não deu mais nome às suas tendências ocultas, nem deixou que se esclarecesse com nitidez até onde ficávamos ligados às formas constitucionais do velho regime. O país ficou sem bússola para saber a orientação da sua marcha.

Foram se clareando apenas algumas dissenções partidárias. Percebeu-se cedo que os civis e os militares se afastavam lentamente.

E viu-se a frente única mineira partida, ficando de um lado o sr. Bernardes e do doutro o sr. Francisco Campos. Em torno de grandes grupos iam girar pequenos satélites. E para lá de onde alcançam os nossos olhos, sabe-se que há dissidências profundas que mais cedo ou mais tarde aparecerão.

Para onde vamos? Não se sabe. Quem nos guia? Não se sabe. Quem será abandonado no caminho? Só o que se sabe, e isso claramente, é que não estamos todos marchando no mesmo rumo. E portanto é preciso ver com quem marcha o chefe da Nação brasileira, pois é com ele que seguiremos adiante. E aí um fato interessantíssimo se nos depara, para edificação da opinião popular, cuja incompreensão dos nossos destinos chegará ainda a uma confusão delirante.

O chefe da Nação brasileira, por direito de conquista e por investidura natural do caráter e do espírito, é o ditador Getúlio Vargas. Seu rumo é, aquele em que devemos marchar, quando conhecermos claramente o ponto de chegada, pois a sua figura é a base moral em que se erige o regime. Acontece porém que até agora o sr. Getúlio Vargas está com todas as correntes e com todos os grupos. As individualidades mais dissidentes acolhem-se sob o agasalhador prestígio do Presidente da República. Não há jogo que ele não forme. Não já caminho que não esteja sendo trilhado com a sua aprovação expressa ou possível. E num jogo sutil de acordos e negociações o chefe do Governo vai fazendo com que todos os parceiros saiam "*em casa*" da complicada partida que disputam em torno do governo nacional. Se falta uma carta necessária ao sr. Borges de Medeiros, o sr. Getúlio Vargas vai ser essa carta. Mas se é ao sr. João Alberto que ela está faltando, corre para o seu lado o presidente. De modo que o sr. Getúlio Vargas é o *coringa* do regime. O seu aplauso vale todas as cartas de todos os naipes, e ninguém pode firmar uma opinião ou uma orientação sobre a sua, que pode variar de minuto em minuto, sem que isso choque lógica alguma.

Entretanto a única orientação a tomar é a que nos venha do ditador. Dos partidos revolucionários ainda não nos veio uma palavra à altura de provocar uma adesão, que implicaria na renúncia à força total do movimento revolucionário, que tem de agir *fora e acima dos partidos*. Fórmula essa tão mal compreendida até hoje pelos que a quiseram praticar, os quais se limitaram a deixar que os partidos seguissem seus caminhos, quando deviam unificá-los para fins imediatos e superiores.

Mas para que a nossa orientação repouse no ditador, é urgente que este assuma um valor próprio, aclare as "*suas*" diretrizes e a "*sua*" opinião, com o que se incompatibilizará com as de muitos partidos e pequenos grupos em que hoje está dividida a Revolução nacional.

Mas ao mesmo tempo em que se incompatibilizar com esses grupos, o ditador se reconciliará com a opinião popular, que por ora não pode ficar com quem serve de coringa para todos os jogos.

A Razão, 06.09.1931.

O MUNICÍPIO

No estudo dos aspectos das realidades brasileiras, detivemo-nos durante vários dias na apreciação da vida municipal. Procuramos expô-la, flagrantizando-a nos seus movimentos de opinião, no seu processo de existência, nas suas atividades políticas. E mostramos como o nacionalismo no Brasil só pode ter por base o município.

Realmente, se em países como os Estados Unidos ainda hoje é tão forte o sentimento municipalista, no Brasil esse sentimento assume proporções verdadeiramente dominadoras.

Num daqueles quadros que boquejamos, focalizando os costumes e a índole das pequenas cidades do *hinterland* brasileiro, afirmamos que o município governa despoticamente a Nação.

E, quando assim nos expressamos, não quisemos fazer uma censura ao município, mas àqueles que, na consideração dos problemas nacionais, olvidam esse fenômeno tão expressivo da fisionomia geral brasileira.

Nenhuma obra de construção nacional terá base sólida se não consultar a esse imperativo da sociedade patrícia.

O município é o prolongamento da família, como a família é o prolongamento do cidadão. Ele constitui, ao mesmo tempo, o forte modelador da feição caracterizadora de aglomerados distintos.

É, a um tempo, a projeção do indivíduo no seu meio; e é a influência sobre o indivíduo da fisionomia de uma pequena coletividade.

O município, que começa tendo origem na família, termina impondo uma maneira de ser a muitas famílias. Tem uma origem histórica e exerce uma influência geográfica.

O município é a base das nacionalidades.

É hoje fato observado pelos estudiosos da geografia social as notáveis diferenciações dos tipos humanos subordinados a gêneros diversos de ocupações, a costumes que o meio cósmico vai criando, às variações de altitude, de temperatura, de regimes pluviais, e outros fatores.

O simples fato de uma população, por menor que seja, conservar-se em determinado lugar constitui uma circunstância que não pode ser olvidada, pelo muito que diz dos mil pequenos interesses que ligam cada uma das suas famílias componentes.

Ao observador perspicaz não escapará a diferenciação notável dos tipos de habitantes de um município em relação aos demais. Assim como ninguém deixará de distinguir um baiano de um gaúcho, também podemos afirmar com toda a segurança que entre um taubateano, um campineiro e um barretense há traços notáveis de marcação municipal.

Mesmo entre as localidades mais vizinhas, existem sempre traços contrastantes, fisionomias distintas. Os hábitos são outros, o feitio moral e intelectual tem nuances muito destacadas.

Vimos na exposição que fizemos há dias, como os municípios vizinhos são exatamente os que alimentam interesses mais antagônicos. Realmente, é preciso não ter nenhum conhecimento dessa grande verdade do país, para se acreditar que a zona, o distrito possuem apenas interesses regionais, comuns a todos os municípios.

É verdade que há problemas que interessam a todos os municípios de uma determinada zona; mas é preciso também termos em vista que cada município tem os seus casos e as suas aspirações que muitas vezes colidem com as aspirações do vizinho.

Há, além disso, o amor próprio de cada município, que cria o sentimento do estímulo em relação ao que lhe está mais próximo. Essa emulação data muitas vezes de mais de um século e separa profundamente as duas cidades.

Entretanto, o que parece ser antinacional, o que parece ser estreitamente local, é exatamente o que há de mais nacional.

Não importa que o município seja um pequeno rincão, ou uma enorme extensão territorial; não importa que tenha ele muitos ou poucos estabelecimentos agrícolas ou industriais; nem que a sua renda municipal seja maior ou menor; o que importa, no caso, é a tradição histórica, o elemento moral, a significação do aglomerado, a sua função na zona, a sua personalidade, a sua fisionomia própria, os problemas que dizem respeito aos seus peculiares interesses.

Foi o município que construiu a Nação. A nacionalidade brasileira nasceu das atas das Câmaras Municipais. E o erro da Velha República foi exatamente, consagrando o município como fundamento da Nação e do Regime, ir buscar no Estado a orientação da sua política.

Saindo o político do círculo municipal com um forte sentimento municipalista e uma mentalidade moldada ao sabor municipalista, ele jamais se adaptaria à consideração dos problemas, de um modo geral. Mas a sua timidez (originária de sua modelação municipal), em face de uma assembleia de Estados, levava-o a agir de conformidade com a orientação estadualista do diretório do seu partido, que residiu na Capital, em contradição com a sua índole localista, o seu apego à querência.

De sorte que nunca a Velha República pôde exprimir integralmente o verdadeiro nacionalismo brasileiro.

Apreciemos, ainda, em nossa próxima nota, o problema do Município.

A Razão, 06.09.1931.

REVOLUÇÃO PARCIAL

Não há melhor meio de auferir a fragilidade da Revolução do que sondar a opinião pública nas diversas cidades da República. No Rio, o clima revolucionário é tão instável e ameaçador como aí. Não se pode falar de um descrédito absoluto ou de uma irritação incontível contra os homens da Nova República, embora uma e outro existam sem grande perigo, pois ainda como sentimentos que as boas palavras acalmam, e que os bons atos dominam. O que há de alarmante, de sintomático na opinião brasileira que julga os atos da Revolução é uma certa cessação da expectativa que cercava os primeiros meses do Governo Provisório. A Nação indaga dos seus horizontes históricos sombrios que futuro ocultamente lhe preparam. Mas não olha o governo com esperanças, fita-o como se o julgasse inábil para novos esforços, e pouco duradoura para uma ação longínqua.

Escrevia Eça de Queirós[1] nos *Maias*,[2] que uma das expressões sutis da política portuguesa era esta: "ministério gasto", com que se indicava o envelhecimento ou melhor a menopausa de um governo, do qual nada mais se espera, e que por isso se suicida com maioria nas Câmaras.

Gasto é o que está parecendo hoje ao público brasileiro o governo do sr. Getúlio Vargas. Não deu ainda nenhuma demonstração de fraqueza, não se lhe pôs em prova ainda a resistência, mas como que dele nada mais se espera que justifique pelo futuro a sua conservação. Sente-se mesmo que não foi a ditadura do sr. Getúlio Vargas que se prolongou no recente adiamento da constitucionalização, mas que foi a ordem revolucionária que se quis sustentar, pela pujança da política dos tenentes, e por intermédio do ditador. De modo que estamos em revolução, como poderíamos estar em regime legal ou em estado de sítio. A Revolução passou a constituir

1. Eça de Queirós (1845-1900), romancista português.
2. Romance de Eça de Queirós, publicado em 1888.

apenas o ambiente político, e deixou de ser um governo, um programa, ou um método de ação.

O país duvida da sua vitalidade como governo. Receia que as forças que a organizaram se entredevorem, e que a revolução venha a ser apenas esse estágio político destravado e inseguro pelo qual rolaremos às maiores e mais profundas desorganizações. E nem sossega o saber que a Revolução quer ressuscitar como regime e governo, num manifesto que está sendo elaborado pelo ministro da Justiça e pelo sr. João Alberto. A Revolução chegou a uma menopausa trágica. Está gasta. Ou ressurge como um espírito novo, ou se subverte nos seus próprios erros e se desfaz nas suas próprias lutas.

E que espírito novo será esse com que o regime se poderá revitalizar? Será o que fez falta a este seu começo de obra, e que permitiu um esgotamento tão veloz das suas energias criadoras. E isso foi, seguramente, a falta de totalidade, sem a qual não empreenderíamos a Revolução brasileira, que diante da complexidade, da quase universalidade dos nossos males, não podia ser uma subversão limitada à ordem administrativa e partidária.

Nossos males eram inúmeros. Filhos do artificialismo da nossa formação cultural e política, que trouxera consigo o germe da degradação dos institutos e da corrupção dos costumes. Tínhamos um problema burocrático, outro administrativo, outro partidário, que os revolucionários enxergaram. Mas tínhamos um problema político, outro econômico, outro moral, outro religioso, outro universitário, outro militar, e outros correspondentes a cada ordem de atividades nacionais, cujas soluções se interdependiam de tal modo, que o que havia era um só problema, o problema brasileiro cuja solução exigia um novo espírito capaz de ordenar todas as categorias em que ele estava dividido, e de restaurar enfim a verdade na teoria e na prática dos regimes.

Não se poderia chamar Revolução brasileira, a que não viesse possuída desse espírito integralista, como foi o da Revolução italiana de 1922,[3] como foi no plano das catástrofes históricas, a russa de 1917.[4] Para uma pequena revolução que reorganizasse os ministérios, tolhesse abusos e favoritismos, declamasse de um balcão de conferências a sua legislação de

3. A que levou o líder fascista Benito Mussolini ao poder.
4. A que levou o líder comunista Lênin ao poder.

trabalho, e legislasse na base tremenda do Código de Interventores[5] não havia lugar no país. Iria atuar curtamente apenas para esgotar as suas reservas criadoras. E nem as suas pequenas reformas teriam durabilidade, pois seriam simples medidas de uma terapêutica de sintomas, enquanto ficavam esquecidas as causas gerais.

Hoje é uma frase corrente que "nada há tão parecido com a República Velha como a República Nova". Os ambientes não mudaram. Perdido nos meandros das suas negociações partidárias inabaláveis, o governo tem um grande programa de administrar e atender às finanças arrasadas do país. Todos sentem porém que o Brasil que ia correndo vertiginosamente para o abismo, não inverteu nem parou a sua marcha, pois a Revolução, em vez de mudar-lhe o rumo, começou a correr com ele para o mesmo fim.

Agora é tempo do sr. Getúlio Vargas proferir as palavras do sr. Antônio Carlos que há muito vêm servindo de lema a qualquer governo de boa vontade: "Façamos a Revolução antes que o povo a faça". Pois o que em outubro se fez terá sido um passo inútil, se agora nos envies caminhos por onde segue a Revolução não souber preparar a tática da marcha e comandar acelerado.

A Razão, 13.09.1931.

5. Decreto 20.348, de 29 de agosto de 1931, por meio do qual Getúlio Vargas disciplinou o controle dos interventores federais por ele nomeados para dirigir os estados em seguida à Revolução de 1930.

CORREIÇÃO REVOLUCIONÁRIA

A notícia de que se vai substituir a Junta de Sanções[1] por uma Comissão Central de Sindicâncias, é das mais auspiciosas para a opinião popular. O velho Tribunal Revolucionário[2] e os organismos subsequentes foram órgãos poderosos de descrédito para o Governo, e fatores principais de um julgamento que cedo pesou sobre a Revolução, atribuindo-lhe um sentido de mero partidarismo vingativo, e um espírito antijurídico, arbitrário, que não se manifestava em nenhum outro detalhe do governo ditatorial.

Por que isso, entretanto? Porque a Junta de Sanções se tenha excedido na sumariedade dos processos e no draconismo das sentenças? Porque tenha se tornado um Tribunal vingador, com o punho sempre alçado para castigos? Nada disso. A Junta não julgou nenhum daqueles escândalos que faziam empalidecer de cólera os que reputavam o governo do sr. Washington Luís um sultanato republicano. Nem os roubos escandalosos foram postos à prova, nem os grandes crimes políticos, que despertaram a marcha das colunas de outubro, foram julgados e punidos. A Junta foi, até hoje, um detalhe burocrático da administração pública, um órgão da categoria dos conselhos do Trabalho, da Economia, da Defesa Nacional, em que apenas são férteis os regulamentos, mas cuja eficiência política é espantosamente reduzida.

E, contudo, a Junta de Sanções foi um triste detalhe da organização política do novo regime. Custou caro ao crédito popular da Revolução, que fundou na sua justiça as mais prováveis esperanças. E que a Junta de Sanções violentava de um modo clamoroso a índole jurídica do povo brasileiro. A confiança que a liberalidade do ditador conquistava era anulada

1. Órgão da justiça revolucionária instaurado após a Revolução de 1930. Foi criada pelo Decreto 19.811, de 28 de março de 1931, em substituição ao Tribunal Especial. A Junta de Sanções foi instalada em 6 de abril de 1931.

2. San Tiago provavelmente refere-se ao Tribunal Especial, criado pelo Decreto 19.398/30, que instituiu o Governo Provisório.

pela existência de um Tribunal onde se era ao mesmo tempo autor e juiz, e onde os que haviam declarado: "Viemos para punir", tomavam assento para ditar as sentenças. A fisionomia jurídica do regime, que de um lado se compunha, ficava marcada com essa cicatriz profunda, que desmanchava toda harmonia. Pois se havia políticos dispostos a governar e a legislar de acordo com o nosso tradicional espírito jurídico, havia um Tribunal cuja constituição aberrava de todo senso jurídico, e onde precisamente figuravam os três maiores ministros da Revolução.

Se se fizesse um inquérito popular sobre reformas urgentes no país, creio que nenhuma conseguiria um pronunciamento tão numeroso como a extinção da Junta de Sanções. Sua existência pesava à Revolução como um estigma de arbitrariedade jurídica que de fato o Governo Provisório não merece. E foi compreendendo isso, certamente, que em boa hora se resolveu criar a Comissão Central de Sindicância, órgão cuja legitimidade revolucionária ninguém poderá contestar, e que unificará e coordenará os trabalhos das inúmeras comissões que exploram desde outubro os arcanos burocráticos da República, à procura das grandes fraudes administrativas do passado. A C. C. S., cujas funções irão até a denúncia, e que daí em diante entregará os processos ao Poder Judiciário, é o organismo que a Revolução devia ter criado no primeiro dia do seu governo. Com ele se teriam evitado o fracasso moral que foi a dissolução do aparatoso Tribunal Especial e a aberração jurídica que foi a Junta agora extinta. Dois fracassos que custaram caro do Governo Provisório, mas para cujo perigo ele ainda abriu os olhos a tempo satisfazendo com a nova organização os altos interessas da administração e da Justiça.

São figuras, na Comissão criada, o ministro da Justiça e o major Juarez Távora, além de um capitão, o sr. Ary Parreiras.[3] O primeiro lá teria de estar pela investidura do seu cargo, e pelos seus títulos partidários; o segundo foi sempre o campeão do correcionalismo revolucionário, o mesmo foi responsável pelo certo ambiente de terror popular, que seguiu as suas declarações de que seriam feitos confiscos de bens, etc. O terceiro é um militar em evidência no grupo dos tenentes, grupo de cujos princípios políticos faz parte a proclamada necessidade de sindicar e punir, que os revolucionários de 1930 deixaram facilmente de lado. É, pois, uma Comissão de revolucionários puros a que se vai constituir. Domina-a o espírito de correção política mais

3. Ary Parreiras (1890-1945), militar.

implacável. Esperemos dela a unificação e a fiscalização dos trabalhos de sindicância, que ninguém sabe ao certo onde andam.

Certamente não mudou esta semana a fisionomia política da nação. Um mesmo ambiente de sobressalto, mas de silêncio, cerca a ditadura do sr. Getúlio Vargas. Publicou-se a longamente esperada lei eleitoral,[4] que consigo trouxe a vitória do sufragismo feminino, e criando uma magistratura eleitoral independente, deu um passo notável no sentido da purificação das urnas, e nada mais. A sua grande lei, o Governo Provisório ainda não nos deu. Sua legislação tem tido até agora uma coincidência ocasional com a verdade, que lhe tira um sentido uniforme de progresso que o otimismo nacional lhe queria dar.

A lei orgânica, as leis didáticas, do sr. Collor, a reforma de ensino do sr. Campos, o Código dos Interventores, a lei eleitoral, são esforços que erram e acertam.

A Razão, 23.09.1931.

4. San Tiago se refere ao Decreto 21.076, publicado em 24 de fevereiro de 1932, instituindo o Código Eleitoral.

A CASSAÇÃO DO MANDATO NA SUBCOMISSÃO CONSTITUINTE

Realmente, a crítica histórica que se vai fazer daqui a alguns anos dos trabalhos de reconstitucionalização do país será severa quando julgar o "espírito da Subcomissão". Não parece que a experiência revolucionária lhe tenha aproveitado. Faz como se fosse uma comissão revisionista, que num final de mandato presidencial procurasse reparar as máquinas do regime. Dois anos trágicos de governo, durante os quais o país fundiu-se entre as mãos da ditadura, não deram aos seus membros sentimento prático da inconsistência dos nossos valores.

O espírito da Comissão de Correção Administrativa emigrou para as reuniões constitucionais do Itamaraty. Só uma preocupação: criar freios eficazes. Só um objetivo: contrastar o poder pessoal dos mandatários da soberania. Daí decorre que a melhor Constituição será a que deixar menos vazas para a arbitrariedade dos homens de governo, e reparar melhor algumas injustiças e erros, que na outra se sancionavam, e que esmagavam a pureza da democracia nacional.

E, entretanto, o que não se poderá negar à Revolução de Outubro é o seu poder destruidor. A Nação suportou o que nunca se imaginara suportável. Não houve consequência esperada, boa ou má, que não falhasse. Nem valor, em cuja resistência se confiasse, que não perecesse de repente, sem deixar vestígio algum assinalado. Na falência das instituições, não parece que se tenha salvo a estrutura do nosso direito público. A Revolução deveria ter revelado aos reconstrutores da ordem política que o povo brasileiro tinha a sua República enterrada na terra, mas não ligada a ela pelas raízes e pela seiva. E que não era portanto um retoque enérgico, mas uma recomposição profunda que o grupo político nacional estava presentemente exigindo.

Veja-se, a propósito disso, o que na penúltima reunião no Itamaraty se discutiu e assentou sobre o estabelecimento da cassação do mandato do chefe do Poder Executivo e dos membros do Legislativo por motivo de confiança política.

Na verdade, assim se veio exprimir no anteprojeto da futura Carta o largo clamor de opinião e de imprensa que acompanhou os últimos quadriênios constitucionais. Três Presidentes conduziram seus governos com a aberta hostilidade das massas populares. Dois deles fecharam-se no sítio para resistir. Todos empregaram para sua defesa a repressão e mesmo a truculência policial. Para isso, a Subcomissão julgou achar o corretivo apropriado, instituindo a cassação do mandato. E aprovou que esta se fizesse numa forma plebiscitária, pelo pronunciamento de três quartos do eleitorado, isto é, numa forma que pressupõe, para o seu manejo, a mais alta formação democrática das massas.

É oportuno fazer aqui algumas considerações teóricas e práticas sobre a medida. Não seria o ideal democrático puro, com certeza, a crença na infalibilidade dos pronunciamentos da vontade popular, que teria levado o sr. João Mangabeira,* autor da proposta, a assim fechar os olhos aos dados elementares da nossa consciência política. Acredito antes que seja sua opinião que essa consciência está consolidada. Mas então nunca se viu quem menos compreendesse e sentisse a matéria dos nossos problemas. O povo brasileiro não tem nas reservas do seu espírito cívico, nem na imprensa que o orienta, um só elemento que garanta a justiça e o acerto dos seus pronunciamentos. Depois, já era tempo de estar no fundo do espírito dos nossos técnicos do direito público a compreensão de que a democracia não é ordem natural, mas ordem a ser criada, a ser atingida pelo grupo político. Pois é o regime em que o povo tem, e não em que o povo exerce, a faculdade de por si mesmo exprimir a sua própria hierarquia. O povo brasileiro tem-se visto até aqui titular dessa faculdade. E tem-na exercido como uma criança a quem se desse um governo, e que o exercesse pois que o tinha, guiado por outro, sem consciência ou rumo. Nas mãos desse povo que se revelou inapto para o sufrágio direto, que tem dado as provas maiores de insuficiência democrática, deixa-se o poder de revogar pelo voto o mandato dos seus Presidentes, por motivo de simples confiança política. Quer isso dizer, na prática que ou os presidentes fazem a política da popularidade, da majoração de vencimentos, das obras públicas urbanas, das reduções fiscais oportunas, ou contra eles virá disfarçada na má imprensa

* João Mangabeira (1880-1964), político e escritor baiano.

a força econômica que for prejudicada. A impopularidade poderá resultar de uma campanha de ridículo, movida pela imprensa, como foi o caso do início do governo Bernardes. O Presidente ou entregará a sua autoridade aos especuladores da opinião pública, ou se defenderá, como há quarenta anos se fazia, nessas eleições quadrienais - em que o sr. Oswaldo Aranha enxerga, com razão, cassações de mandato –, por meio da fraude eleitoral ou plebiscitária. De um modo ou de outro, a consequência é a mesma, e o comentário o mesmo: a revogação de mandato por motivo político não é instituição que a democracia brasileira possa integrar; a forma plebiscitária para o que quer que seja é processo a ser abandonado já pelos publicistas.

Daí não se infira que a medida adotada não tem raiz alguma na realidade. De fato, os governos que se mantêm no meio da mais tremenda oposição política, como foram os três últimos, são acumuladores de espírito revolucionário, que romperá o aparelho partidário fechado, para substituir os homens da minoria aos da maioria. O remédio, porém, deve ser outro. Não será permitir que o povo derrube governos. Será permitir que se estabeleça no poder uma circulação de homens da esquerda e da direita, que satisfaça as bruscas variações da opinião, e destrua o messianismo das minorias. Isso substituirá as grandes explosões políticas que são hoje as revoluções, que amanhã serão os plebiscitos para cassação do mandato, por pequenas explosões sem repercussão administrativa e amortecedoras dos choques de opinião. Um Parlamentarismo moderado, de inspiração alemã, seria remédio mais exequível e acertado. Ainda esperamos que para ele se voltem os debates da Comissão.

A Nação, 14.01.1933.

UNIDADE E DUALIDADE DA JUSTIÇA NA SUBCOMISSÃO CONSTITUINTE (PRELIMINARES)

Dois dados, ou melhor, dois princípios deviam informar a atividade da Subcomissão encarregada de preparar o anteprojeto de Constituição: um nacional – a experiência política constitucional e revolucionária, que pôs à prova as instituições do país –, outro externo, no plano do direito público – a quebra dos padrões políticos clássicos, que a reorganização constitucional da Europa moderna realizou. O esquecimento de um ou de outro pode induzir o legislador aos erros mais graves. Onde faltar uma aplicação do primeiro, há de se cair no puro teorismo, no que tem sido chamado de o *idealismo da 2.ª Constituição*. Onde falte uma forte convicção do segundo, há de se ficar a esgrimir conceitos e doutrinas já incapazes de recobrir e manejar a massa complexa dos fatos. Por ambos os caminhos chega-se a um só resultado: o artificialismo. Ambos trazem a mesma consequência histórica: a separação das duas ordens, a política e a social, e cedo a luta de uma contra a outra.

Daí a grande necessidade que tem a Nação de que os seus constituintes de hoje não repitam erros do passado. E lhe deu um sistema político formado nos moldes da sua realidade, e inspirado nos métodos, não na letra, das modernas Constituições.

Pois é o método que importa aqui aos símiles. Não o método no sentido de exposição de matérias, mas no sentido de tratamento dos problemas, de objetivação dos nomes do Estado. Método que revolucionou realmente a técnica tradicional de constitucionalizações.

Realmente, pode-se dizer – ressalvado o rigor filosófico – que as antigas Constituições liberais democráticas eram *deduzidas*, com o maior rigor, dos grandes postulados filosóficos em que assentavam. Os institutos se ligavam uns aos outros como conclusões às suas premissas. E tampouco pesava a consideração de variedade social dos povos, que estes se copiavam as Constituições, modificadas em detalhes imponderáveis.

Permitia isso a própria base doutrinária da antiga democracia, que atribuía *por natureza* ao povo o exercício das suas faculdades políticas. E que não podia assim distinguir entre *povos* quais teriam os direitos e deveres do *povo*. As democracias modernas, entretanto, subverteram a base liberal em que as antigas assentavam. Deixaram-nos mais perto de Aristóteles que de Rousseau.[1] E vendo nos povos organizados grupos políticos mais ou menos hábeis, pois, o exercício da vida democrática, moldaram quase todas as suas instituições sobre a complexidade dos fatos, e não sobre a unidade contínua dos princípios. Em suas Constituições *induzidas* dos elementos da experiência aniquilaram, desse modo, quase todas as *chaves* clássicas do direito público. Fizeram da triperlição de poderes mera técnica de distinção funcional do Estado, em cada ramo do direito público mudaram os aspectos panorâmicos. Submergiram as velhas *formas de Estado* e o próprio conceito de *forma de Estado*. Ao seu sentido destruidor, conceitos como o de *República* perderam qualquer significação. Caducaram partidos que inscreviam nas suas bandeiras programas *monarquistas* ou *republicanos*, e tornou-se admirável tanta futilidade perante os grandes rumos do Estado. E entre as fórmulas desaparecidas foi-se a clássica chave que dividiu e apaixonou a história política brasileira, homens como Nabuco e Rui Barbosa:[2] a chave *Unitarismo-Federalismo*.

Quem pode, hoje, falar de Federalismo como uma ideologia? Aqueles dois termos, tão antinômicos, são hoje quase uma superfície contínua, na qual cada um deles assinala uma direção, uma tendência. Não há mais essa dualidade. De um regime unitário integral a um regime confederativo, a passagem não se faz mais no terreno dos princípios; faz-se aos poucos por uma gradação, prática empírica, como um plano em que caminhasse de um extremo a outro extremo.

Pois é falando com gravidade na essência do nosso Federalismo, nas reservas do nosso espírito federativo que na Subcomissão constituinte se tem defendido a dualidade da magistratura na organização nacional. Tão serôdio fundamento pode ser posto de lado. Pois ainda que a nova Constituição Brasileira conserve a denominação federativa, não poderá *deduzir* daí consequências de tão grande vulto sem maior exame das necessidades nacionais. Terá de entregar serviços públicos à competência da União ou dos Estados conforme a natureza e a perfeição dos serviços exigirem, e não

1. Jean-Jacques Rousseau (1712-1778), filósofo francês.
2. Rui Barbosa (1839-1923), jurista e político baiano.

como estiver contido nas premissas políticas estabelecidas. O que será por certo recolher a lição do moderno constitucionalismo por um lado e por outro consultar a realidade dos problemas e que cumpre dar solução.

Ora, esse problema de *unidade da magistratura* prende-se a outro estreitamente - o da *unidade do direito*. Não só do direito adjetivo, mas ouso dizer que do próprio direito substantivo, cuja continuidade nacional não me parece princípio indiscutível. Dir-se-á que não ocorre a ninguém a leviandade de enfraquecer mais um vínculo, e tão seguro, da unidade nacional. E por certo se há de aduzir o velho argumento em que tanto se louvaram os antigos legisladores, de que, assim como a verdade, o direito é o mesmo, em qualquer parte onde um só poder o reconheça e aplique.

Mas nenhum desses argumentos resiste às objeções mais simples. Pois a natureza da *norma jurídica* decorre da sua variabilidade no tempo e no espaço. Nela existem dois elementos: um é o *princípio* da ordem filosófica, a que se submete o fato social; outro é a *adaptabilidade da norma ao fato* que rege. Este se *induz* dos fatos, pelo conhecimento que a experiência tem dos mesmos. Se há uma ciência que os pesquise é a sociologia. Reflete em si a variedade e descontinuidade dos fenômenos, como o princípio de Direito em si revela a unidade substancial da Ordem Jurídica. Eis por que um fato social que ocorra em pontos diversos ou em épocas diversas no campo da jurisdição de uma mesma soberania poderá ser regulado por normas diversas sem quebra da unidade jurídica. O princípio da norma será o mesmo; mas como o fato variará de um ponto para outro, a norma acompanhará a sua variação. O Direito como a Verdade será sempre o mesmo se os princípios forem os mesmos, pois o erro daquele argumento é querer dar ao Direito Positivo uma invariabilidade própria ao Direito Natural. E por certo não se enfraquecerão os laços que garantem a solidez da União, por serem os problemas tratados no seu verdadeiro aspecto em cada lugar, e não em imagem abstrata ou particular a certo meio.

Argumento mais ponderável seria o de que essa variedade até aqui não foi reclamada na prática. Mas creio que a isso se pode opor a falta até hoje no Brasil de legislação social. Para o Direito Comercial, que as Obrigações, ramos jurídicos que tendem a universalizar-se, a variedade diminui a cada dia.

Para outros ramos do Direito Civil, já é sensível. Mas para o nosso incipiente Direito do Trabalho, por exemplo, é clamorosa. Não houve quem não sentisse nas leis do sr. Lindolfo Collor um artigo de consumo urbano, sem alcance nacional. É que todos perceberam como são várias as condições do trabalho no país, e como é inútil pensar em reduzir a um plano legal e único a multiplicidade dos seus aspectos. Isso que se sentiu para o trabalho, mais se sentirá para cada ramo da vida social a que se estende a ordem jurídica. Não se sentiu ainda porque no Brasil se vive fora dela quase totalmente. Mas há de se sentir quando surgir a primeira lei sobre povoamento, sobre as limitações éticas à propriedade, sobre o ensino religioso. Ou talvez não se sinta porque essas leis nunca surjam, ou pelo menos não passem na esfera municipal.

E ainda aí, nessa esterilidade legislativa no que se refere à vida social, está talvez um resultado da nossa unidade de direito substantivo. Também não creio que alguém de senso, convencido disso, possa querer que se atribua às Câmaras Estaduais poderes para legislar sobre direito substantivo. A unidade se comprometeria, nesse caso. Num país sem unidade de cultura política, maiorias socialistas fariam em algum Estado do Nordeste leis que revolucionassem o liberalismo mineiro. Seria preciso conservar a competência nas mãos do Legislativo Federal, ainda que admitindo uma colaboração das Câmaras Estaduais, expressa talvez na faculdade de sugerir à Assembleia Nacional reformas e medidas de caráter regional. O que porém não pode deixar dúvidas é que a variedade do direito substantivo acarretaria consigo a variedade do objetivo e a dualidade da justiça. E que, ainda que se desse ao poder federal o direito de nomear os magistrados para assim furtar a justiça às influências políticas locais, esta melhor serviria dividida em corpos regionais, que conforme a necessidade poderiam ser ou não limitados pelas divisões estaduais.

Se porém se rejeitar a variedade do direito substantivo, creio que é mais vantajosa a unidade da magistratura, bem como a do Processo, que não tem razão alguma para ser múltiplo. Ainda caberia, porém, resolver outras questões. Por exemplo, a da especialização de magistraturas, como a do Trabalho. Essa julgo que deverá ser federal, em qualquer hipótese. As outras poderão ser ou não ser. Tudo dependerá dos problemas anteriores, com que esse da justiça una tem de ser posto em equação. Sem o que ficamos num inútil teorismo constitucional. Não há Poder Judiciário, nem regime federativo. Com esses dados não se concluirá nada. Rompa a Subcomissão de vez com tão serôdios "cânones", e dê-nos um plano de organização de serviço administração da justiça, por tal ou qual sistema de declarações do Direito no território nacional.

A Nação, 21.01.1933.

IMPARCIALIDADE DE IMPRENSA

Há anos que a opinião pública brasileira, nos centros industriais urbanos ou nas zonas rurais fazendeiras, fala na falta que nos faz um jornal imparcial. Como que se espera da imparcialidade de uma *mise-au-point** dos severos julgamentos com que as oposições apreciam a ação dos governos, e dos panegíricos com que as situações a louvam. Ser imparcial significa para essas camadas da opinião não ter o objetivo predeterminado de demolir ou de agradar aos governantes. E a prova da imparcialidade tira-se das alterações com que surgem os elogios e as censuras, à medida que os poderes acertam ou erram.

Esse conceito de imparcialidade é, porém, não só um erro, mas um perigo. Pois funda-se na falsa ideia de que os homens de governo necessariamente ora acertam ora erram, e que a ninguém que denuncie os seus erros pode ser permitido, em justiça, não se referir aos acertos. E nada é mais falso e mais danoso à compreensão do verdadeiro papel da imprensa.

Um governo que adota um plano determinado, ou que não adota nenhum, pode ser condenado de início por essa atitude. Daí em diante não interessa que os seus atos coincidam incidentalmente com a realidade dos problemas. Um jornal que deseja para a política ou para a administração rumos diversos declarados, não só, até o seu exame aos incidentes administrativos favoráveis à balança dos méritos governamentais.

É o caso exatamente do governo brasileiro que a Revolução instaurou, cujas diretrizes casuais e variáveis como os ventos não acompanham rumos que uma imprensa de princípios fosse aprovar, a imparcialidade aqui não pode consistir no jogo alternativo dos comentários pró e contra. Consistirá apenas na disponibilidade para o aplauso, quando houver tempo para se tomar diretrizes certas.

A Nação, 24.01.1933.

---

* Expressão francesa: no caso, avaliação.

INELEGIBILIDADE DOS GOVERNANTES

Se ainda há alguém que se escandaliza com as coisas públicas no Brasil, deve ter tido um grande abalo com a recente lei sobre inelegibilidade.

De fato, nunca se viu um partido no governo - e ainda mais um partido (ou grupo) que recebeu o seu mandato de uma Revolução - tão dramaticamente confessar à Nação que governa a sua suspeição para manter a moralidade eleitoral, na hora de perda do mandato. Ninguém que detenha hoje nas mãos Poder Executivo, policial que seja, poderá ser eleito na ocasião em que o povo brasileiro escolher os seus constituintes. Ninguém que hoje ocupe posições merecerá nessa ocasião confiança.

Coisa indiscutivelmente trágica, e sintomática numa hora de perturbação política: o governo revolucionário reconhece de um lado que o povo brasileiro não acreditará na legitimidade da eleição de algum dos seus membros; e de outro, reconhece que o mandato recebido em outubro pelas armas, com a aclamação inequívoca do povo brasileiro, não terá a mesma autoridade ao tempo em que a Nação terá de pronunciar-se nas urnas.

A nenhum daqueles a quem se entregou o encargo de reorganizar a ordem política dentro dos limites amplos do poder discricionário será dada investidura para reconduzir o país ao plano constitucional. Quer dizer que, em vez de se buscar a experiência dos governantes, quer-se que ela só pese na Carta indiretamente através das críticas que outros elegíveis tenha feito dela.

E como os próceres da Velha República, quase todos envolvidos na Revolução Paulista, estão banidos do número dos elegíveis, segue-se que no Brasil soou enfim a hora dos arrivistas, dos inexperientes, ou dos que se furtaram às impopularidades e agruras da administração, para cultivar a flor ameaçada do seu prestígio eleitoral.

Sem dúvida, aí está a perspectiva de uma situação que poderá desapontar as esperanças depositadas pela Nação no movimento de outubro.

A Nação, 24.01.1933.

UNIDADE E DUALIDADE DA JUSTIÇA NA SUBCOMISSÃO CONSTITUINTE II

É curioso que o problema da organização judiciária tenha sido o ponto nevrálgico dos trabalhos da Subcomissão. Não que falte importância ao assunto. Mas porque outros como o da forma presidencial e da composição federativa do Estado já passaram, e em torno deles nenhuma crise, nenhum debate de vulto até agora se produziu, significará isso que o problema da Justiça tem para os reconstrutores do regime um primado de natureza sobre os demais problemas? Talvez signifique apenas que neste se trabalhou com mais ânimo do que nos outros, o que é um indício da ligeireza de espírito com que se vão arrastando esses vagos trabalhos de uma difusa Constituição.

Já se pode observar dos fatos que motivaram a renúncia do eminente magistrado relator do assunto, que vingará no anteprojeto a unidade da magistratura. Quer isto dizer que foi posta de lado, em boa hora, a falsa doutrina de que o regime federativo exigia a autonomia da justiça estadual. Isso, que o relator defenderá, e que está nos "cânones" do clássico Federalismo, não podia ser para o legislador de hoje mais que um preceito morto, sem atualidade teórica e sem realidade nacional. Não quero hoje discutir aqui até onde pode ser conservada na futura ordem política a estrutura federativa. Mas me parece que na reorganização dos institutos ter-se-á de consultar menos os seus postulados, que as condições de bom funcionamento próprias à cada um deles. E que assim se remeterá à competência dos Estados o que a variedade social lhes tornar particular, e se conservará na competência da União o que a unidade social lhe tornar comum.

No caso da Justiça, por exemplo, eu julgo inúteis e perigosos os pontos de vista estabelecidos à priori. Estou em que tem razão o sr. Ministro Oswaldo Aranha, quando declara, ao iniciar os debates, que não sabe se os concluirá defendendo a dicotomia ou a unidade. Pois tudo resultará dos dados que a experiência nos fornecer à crítica, e não de princípios que serão inúteis, por quererem tornar absoluto o que é vário e relativo ao espaço e ao tempo.

Para opinar depois pela supressão da Justiça Federal de 1.ª instância e manutenção da Estadual, diz, com razão, o sr. Ministro Arthur Ribeiro:* "Quarenta anos de prática do regime puseram em completa desnudez os graves inconvenientes da dualidade de hierarquias jurisdicionais"; e logo adiante classifica em três grupos, primeiro os conflitos de jurisdição, segundo, as anulações frequentes por incerteza no ajuizamento das causas, terceiro, a deficiência do aparelho judiciário federal. Chamemos esses inconvenientes de "técnicos", e adicionemos a eles os "políticos", que por certo têm muito mais às vistas, os que se batem pela unidade nas mãos do poder federal; são eles: a influência do Executivo Estadual sobre a Justiça, a participação consequente dos magistrados nas disputas partidárias, e, sobretudo, a acentuação exagerada da autonomia estadual, que o regime produz, e que hoje, quando o país sente a ronda do separatismo ameaçar as suas lutas internas, precisa instantemente ser compensada e aplacada.

Deste último *inconveniente* tira-se com frequência o argumento de que a unidade nacional exige a unidade da Justiça. Dos primeiros, o de que quem o exige são as próprias condições de moralidade e isenção de ânimo necessário aos julgados.

Fica muito bem ao íntegro magistrado que representou o Supremo na Subcomissão, esquivar-se a este aspecto do problema com as suas entusiásticas referências à magistratura mineira, de cuja Relação veio para a nossa Alta Corte. Não fica bem, entretanto, a outros, sentindo que a calamidade nacional não nos permite mais cortesias e vaidades ilusórias, tapar com tão frouxa peneira os raios da verdade. Em Minas, em São Paulo, nos maiores e nos menores Estados, a verdade é que as autoridades judiciárias muitas vezes têm a participação mais ativa nas questões e organizações partidárias do Estado e dos municípios. E é patente que isso basta para se incidir naquele *inconveniente*, tão apontado contra o regime.

Mais fortes que os inconvenientes, entretanto, parecem ao sr. Ministro-relator as qualidades do sistema de autonomia judiciária. Alias, não é contra essa autonomia que se voltam as suas objeções à dualidade, mas contra a existência de duas jurisdições concorrentes, uma federal, outra

---

* Arthur Ribeiro de Oliveira (1866-1936), jurista.

estadual; a justiça tem que ficar nas mãos da província. E por quê? Porque o contrário feriria de morte o regime federativo.

Creio já se ter dito o bastante para mostrar que falso fundamento é este, em que assentou a proposta. Lembrarei ainda uma passagem do sr. Ministro-relator (página 9, *Do Poder Judiciário*, linhas 25 a 34), que a meu ver deixa patente, ressalvado o respeito que lhe tenho, o incrível anacronismo em que as suas ideias políticas estão mergulhadas. Quero me referir à sua afirmação de que o Federalismo é um progresso, uma conquista, e que assim uma medida de caráter unitário seria *reacionária e retrógrada!*

Não é porém apenas o Federalismo a defesa da autonomia judiciária dos Estados. Argumentos sociais, firmados na realidade, depõem também em favor de uma variedade de organização da Justiça.

E depõem de modo diverso, conforme se mantenha o princípio artificial mas consagrado da unidade do Direito Substantivo, ou com ele se rompa, criando um regime de variedade de leis, inspirado na descontinuidade social que o grupo político brasileiro revela. Para a primeira hipótese, que é a da nova Constituição, com certeza parece-me que os argumentos favoráveis à conservação da variedade de magistratura, resumem-se assim: de um ponto para outro do país não varia a lei que se aplica, mas variam as condições sociais que lhe serão submetidas.

Essa diversidade de meio acarreta consigo uma diversidade de aparelho judiciário, tanto no que diz respeito ao processo, como no que se refere às atribuições dos magistrados.

Ora, resumidos assim os convenientes e inconvenientes que a opinião pública tem em si coordenado, deve-se sem dúvida verificar até que ponto cada um deles resulta do sistema adotado, ou o ocasiona. Pois não parece que seja a ordem estadual da magistratura que causa a sua dependência dos assuntos políticos. Sejam os juízes federais ou estaduais, estão expostos à vida partidária no município. Dependerão de um Executivo ou de outro. E se tiverem de ser instrumentos políticos em horas de agitação, como foram as que se seguiram ao último pleito da República, não será a investidura federal que dará ares à Justiça da imparcialidade dos magistrados.

Mas sobretudo penso que não procede o grande argumento a favor da Justiça Estadual, fundado na variedade do meio social brasileiro. Que diferenças há entre Sergipe e Alagoas, entre Goiás e Mato Grosso para que se estabeleçam diferenças na administração da Justiça em seus territórios?

Sabemos que há diferenças profundas entre São Paulo e o Rio Grande do Sul, entre Minas e a Bahia. Diferenças que vêm de múltiplos fatores, cuja ação modela diversamente a fisionomia política e social de cada meio. É que no Brasil - já é lugar-comum sabido - as divisões em Estados não têm fundamento social, mas simples origens na história administrativa. E se portanto estabelecemos esse acertado princípio - *a organização da Justiça obedecerá à variedade do meio social* -, havemos de chegar a esta lógica conclusão: *os corpos regionais em que a magistratura for dividida não obedecerão a um critério de divisão estadual.*

E daí decorre, daí apenas, a unidade federal da magistratura. Corpos Regionais correspondentes a zonas que uma Lei Orgânica fixará, e periodicamente alterará. O Supremo Tribunal, se se quiser, como prevê o projeto do sr Arthur Ribeiro, para julgar em 1ª instância o que privativamente ficar na sua competência (crimes do Presidente da República, embaixadores, etc.; causas entre a União e os Estados; extradição); e em 3ª os casos da revisão, e aqueles em que for interessada a Fazenda Nacional, em que se contestar vigência ou validade de leis federais e estaduais em que houver jurisprudência diversa em tribunais de 2ª instância. Teríamos assim no Supremo Tribunal - como pede o pomposo artigo do sr. João Mangabeira, que tanto desgostou o sr. Ministro Relator, - o órgão cuja missão seria "manter a unidade do direito", por suas decisões.

E talvez se consultasse assim os prós e os contras dos sistemas, salvo aquele vício que transcenda a natureza do regime adotado: a interferência dos magistrados na política. Isso só medidas legais rigorosas quanto à incompatibilidade podem sanar em parte. Mas é vício de homens, não de sistema. Resiste melhor às providências da lei do que os erros que se corrigem com a atenção íntima à matéria dos problemas.

Esta parece que ainda uma vez está exigindo da Subcomissão mais técnica social no seu trato, e menos respeito aos serôdios dogmas do antigo direito constitucional da República.

A Nação, 29.01.1933.

A LIÇÃO DO HITLERISMO

Como todos os movimentos políticos forçam paralelos, cabe bem colocar o hitlerismo em face do Brasil. Depois de meses consecutivos de contemporização de esforços para conservar o "regime de novembro" nas mãos dos que o soubessem e quisessem defender, depois de assistir a tantas recomposições do *Reichstag*[1] dividido para obter uma maioria eventual operante, teve o presidente do Reich de entregar o governo do partido, que é o espírito e a força da jovem Alemanha. Hitler[2] no poder é a plena posse pelas gerações posteriores à guerra dos postos em que seus pais haviam tratado e formulado os problemas do germanismo. Não é, porém, a vitória de um partido mas de um chefe. Chefe cuja investidura não saiu dos comitês executivos nem dos conselhos, mas do próprio fato da sua conquista e da aclamação do povo alemão. Pois Hitler, desde que em 1925 reorganizou o seu partido, deixou de ser um membro (o número 7) e passou a ser o chefe supremo, o condutor. O partido nasceu dele, desse modo. Membros eram os que o seguiam. E o reconhecimento da sua investidura era um corolário da adesão, que se fazia ao homem e ao regime personificado no homem.

Porque na Alemanha dos programas políticos, um partido não viveria do puro personalismo. E assim teria de conceber um regime, teria de opor como plano das suas conquistas, à ordem democrática presente, os dados constitucionais do seu novo Reich. Hitler, desde o início o fez. O programa nacional-socialista tinha já limites traçados pelo ambiente da sua formação política. Alcançaria nos seus fundamentos a ordem firmada em Weimar, e levaria os seus princípios à realidade para conceber e organizar um novo Estado.

---

1. Coligação política nacional organizada pelas forças tenentistas e políticos civis em março de 1933, visando às eleições para a assembleia Constituinte de 3 de maio de 1933.

2. Adolf Hitler (1889-1945), chanceler alemão, de 1933 a 1945.

E, sendo assim, o partido teria de projetar, não como faz o comum dos partidos, medidas e leis que votaria, mas as próprias bases de uma Constituição. E aqui nos interessa ver como o hitlerismo tratou no seu programa as premissas constitucionais, hoje que no Brasil já se formula o anteprojeto de uma carta, sem que a Revolução de Outubro lhe houvesse firmado qualquer espécie de base doutrinária.

A lição do hitlerismo pode ainda interessar o Brasil de dois modos. Para orientação de partidos, e para crítica do que parece ter sido até agora o erro mais profundo e irremissível da constitucionalização: a falta de preliminares que circunscrevessem e orientassem a comissão,[3] e não permitissem a divagação com que ela vem concertando um projeto sem elevação teórica e sem finalidade prática. Mas sobretudo creio que a grande lição que o partido situacionista alemão nos dá é a da ineficácia da Constituição como meio reajustador da sociedade, e a exclusiva eficiência da ação dos governos.

Já a Itália que o gênio mussoliniano criou nos faz a prova cabal de que a Constituição não pode ser para um regime novo ponto de partida, mas somente síntese dos valores que a ação dos governos for restaurando. Esta, mais dúctil, mais experimental, que os assentamentos de uma Carta política, submete cada caso a uma solução própria, dentro do "espírito" que a dirige. E constrói desse modo um direito constitucional integrando e articulando, e a que afinal a Constituição virá dar um dia unidade.

Se porém a ação dos governos não obedecer a um "espírito" político que finaliza as suas criações, cairemos numa casuística inconsequente, que foi desfecho da nossa Revolução de Outubro. O governo discricionário brasileiro é um poder reflexo apenas. Não cria na ordem política. Aguarda o fato, para lhe tentar uma solução isolada, que sempre se resume num simples tratamento sintomático.

Isso é o que não acontecerá com o governo do chanceler do Reich, cuja política tem uma doutrina declarada até "imutável", e doutrina que não é uma antecipação da ordem constitucional, mas um conjunto de premissas do governo.

Não contém o erro dos antigos regimes, portanto, que era constituir antes de governar, como até no Brasil liberal se fez em 1891; nem o erro

3. San Tiago referia-se aos trabalhos de redação da Constituinte de 1934, então em curso.

dos governos como o nosso, instaurado em 1930, que tratam os problemas sem uma norma teleológica que ponha as soluções em equação com um ideal político. Adolf Hitler não é pela Federação nem pela Unidade: "Não temos nenhum motivo para tomar partido nesta luta entre o Reich e os Países que o compõem, nem para fazer assumir ao Partido uma posição decididamente unitária ou federativa. Nós decidiremos caso por caso", já dizia em julho de 1927 o deputado Frick,[4] hoje ministro do Interior. Em matéria de Monarquia ou República, a fórmula é a frase conhecida de Goebbels:[5] "Uma boa Monarquia é melhor que uma má República, e uma boa República vale mais que uma má Monarquia". Enquanto se refere à Igreja, "o partido é favorável a um Cristianismo positivo, sem se ligar confessionalmente a uma fé determinada". Mas se nisso tudo o partido se despoja do que imobilizaria a invenção política dos seus homens no Poder, não lhe faltam princípios que a rejam de um modo inflexível. É que Hitler, esse homem que na ação é o ponto extremo do partido, e na doutrina o seu termo médio, soube distinguir os valores absolutos dos relativos na concepção de um regime. Relegou ao plano da experiência futura tudo que, sendo mera "técnica do Estado", não pode ser tomado como fim e tem de ser usado na forma e na medida que os verdadeiros fins exigirem. E foi procurar esses fins absolutos como "dados do problema alemão". A esses dados exigiu um programa através dos famosos "25 pontos". Em torno deles os teóricos do partido desenvolvem a doutrina. A essência porém fica intacta. E tão certo está Hitler de que são esses os termos do problema alemão, que estabelece a imutabilidade como garantia do programa. Vejamos, na sua essência, de que consta.

Para Hitler não é o Estado um valor absoluto, ao menos no sentido mussoliniano. A nação, o povo, é que, por condições intrínsecas da sua existência, ocupam a posição de fim, a que a política se dirigirá. A famosa (e falsa) teoria de Rosenberg[6] sobre a raça superior dá ao imperialismo da nação alemã uma base científica de biologia, em que todo o partido se firma ardentemente. E assim postulada a superioridade racial do homem germânico, em todos os setores políticos se vão formar grandes princípios diretores. Na política exterior será o imperialismo, dirigido por Hitler para

4. Wilhelm Frick (1877-1946), ministro do Interior do Reich na Alemanha nazista. 1933-1943.

5. Joseph Goebbels (1897-1945), ministro da Propaganda da Alemanha nazista de 1933 a 1945.

6. Alfred Rosenberg (1893-1946), teórico do nacional-socialismo.

o oriente; será a nova tríplice aliança com a Itália e a Inglaterra, aproximadas da Alemanha pelo antagonismo nacional com a França. Na concepção jurídica do trabalho, será o reconhecimento do grupo profissional natural, e com isso, as premissas da ordem corporativa, um plano de organização preconcebido entretanto. E, no plano econômico, será essa grande e fecunda ideia da autonomia econômica nacional, que arrasta consigo os elementos básicos de uma volta à "Economia do consumo", a que em dezembro de 1930 Mussolini chamava a última porta aberta à restauração da crise mundial e que a doutrina cristã vem, desde a Idade Média, chamando "Economia Perene".

Hitler tem assim, em princípios que pode considerar fixos, a essência da sua política. Sobre um fundamento biológico assentou as suas diretrizes nacionalistas internas e externas. Tudo mais será a técnica com que ele satisfará as exigências históricas da civilização germânica, e que só a experiência do governo guiará e definirá. Sabe-se o que será o terceiro Reich que desde há alguns dias começa talvez a se elaborar, no meio de tumultos da resistência atônita da velha Alemanha e dos estertores do comunismo ferido.

Agora o Brasil. Nenhuma diretriz fixada por um governo a que faltou nível político, e se contentou com uma diligência administrativa. E, sem que os valores nacionais estejam à vista, sem que saiam das clássicas palavras, ("realidade nacional", "objetividades") com os negadores do regime antigo ainda se fartam, está um grupo de juristas indígenas a refazer a Carta contra que se levantaram, em outubro de 1930, três Estados em armas. A esses talvez a lição do hitlerismo possa mostrar a impossibilidade de construir um regime pelo governo ou pela lei sem pôr em equação, previamente, a realidade que se vai trabalhar.

A Revolução não pôde declarar princípios em nome de que ia governar. Não construiu assim, no governo, nenhuma ordem política, não introduziu uma instituição, não legou aos seus sucessores o resultado de uma experiência. A Subcomissão, incumbida de fundar um regime - como podia estar incumbida de encontrar um tesouro dentro de um prazo certo –, não pôde prescindir de preliminares. Senão, os resultados hão de ser os que vemos. Como, por exemplo, a adoção do Presidencialismo e do Federalismo, que nos parece mostrar que os pré-constituintes atribuem piamente a causa da revolução de outubro ao mau gênio do sr. Washington Luís.

A Nação, 05.02.1933.

O JÚRI NA CONSTITUIÇÃO

A tarefa dos detalhes será a mais árdua e a mais perigosa das que o Poder Constituinte terá de defrontar. Os problemas fundamentais, que envolvem nos seus termos o destino político da República, têm a sua eminência própria, e não passam despercebidos a ninguém. Mas as normas de funcionamento, os institutos de segundo plano, ocultam mais facilmente a sua importância a um olhar desprevenido. E no entanto arrastam muitas vezes consigo erros que abatem o nível da vida pública de um povo.

É o caso do Júri. Instituição liberal pela origem histórica e pelo fundamento doutrinário, a Constituição da República deu-lhe as garantias de instituto constitucional. "Os jurados são a base mais essencial da liberdade; sem essa instituição não posso crer que sou livre, por mais bela que seja a nossa Constituição", já dizia Robespierre[1] na Assembleia. E, como tão nitidamente notou Rocco,[2] o Parlamento, a Guarda Nacional, o Júri, tornaram-se, desde a Revolução Francesa, as expressões puras e imediatas da soberania das massas, no governo, na defesa do Estado e na Justiça.

Caíram porém aos poucos da sua primitiva pureza aquelas duas instituições. Restou o Júri, que fora do liberalismo, foi perdendo o caráter político que marcara a sua adoção pela latinidade, e aos poucos se integrou na órbita do Processo, tornando-se um órgão da Justiça Penal. Grandes transformações assim se deram na sua estrutura. Pois além da perda do sentido político que lhe dera o papel da garantia do civismo, saiu da ordem do juízo civil, que fora o seu braço saxônio, e limitou-se a uma nova esfera, estranha a toda a sua origem: o juízo penal. E coisa importante: estranha também o seu fundamento teórico, que sempre foi o valor intrínseco da prova de consciência aplicada à matéria de fato. Nenhum técnico do di-

1. Robespierre (1758-1794), um dos líderes da Revolução Francesa.
2. Alfredo Rocco (1875-1935), jurista e político italiano.

reito ignora isso. A tradição germânica desde os *Eideshelfers*[3] fundava um juramento na validade da prova. Individualismo próprio à índole jurídica dos povos anglo-germânicos, que o Racionalismo filosófico e político do século XVIII recolheu para fundação do seu Direito. E portanto essa tradição e essa filosofia não circunscreviam a este ou àquele campo do juízo a aplicação do instituto. A única prova do fato era a de consciência; e isto, conseguintemente, para o fato civil como para o fato criminal.

Ora, o que isto quer dizer é que na Justiça moderna o Júri sobrevive sem apoio em nenhuma das bases que o elevaram. Na matéria civil restabeleceu-se a objetividade da prova. Na matéria penal excluiu-se da sua alçada uma séria de crimes, que passaram a ser julgados de fato e de direito por magistrados singulares. Logo a sua permanência seria uma superfetação na órbita judiciária, se mesmo as contradições e as incoerências não tivessem uma causa, que as explica e muitas vezes justifica.

E é essa causa da sobrevivência do Júri às doutrinas que o criaram que eu julgo poder encontrar no seu papel de veículo da consciência pública no julgamento. Pois está nisto o problema central da organização da Justiça do Crime, que o Júri tem, não resolvido, mas mitigado, e que é tempo dos legisladores colocarem nos seus termos, para lhe encontrar solução mais completa e mais verídica.

Não é meu propósito desenvolver aqui o estudo desse problema básico da Justiça Penal. Consciência pública e julgamento devem entretanto – diga-se em tese – guardar a mesma relação que consciência pública e crime. A sociologia criminal nos revela como a relação destes últimos nos coloca. A maior ou menor reprovação pública a um crime influencia os motivos do criminoso. Casos há, como o do homicídio por desagravo ao adultério da mulher, em que o criminoso conta com a aprovação pública até. E é preciso assim que essa consciência coletiva, que exerceu sobre o criminoso a sua ação ética repressiva em graus tão diversos de intensidade, concorra no seu julgamento à rigidez da lei figurada no magistrado.

Daí decorre a utilidade do Júri, e o apego que lhe têm as massas e os legisladores, ambos aliás tão céticos quanto ao critério dos seus julgados. Nem o Código de Processo Penal italiano, porém, o suprime. E todos se

3. No Direito alemão medieval, o vocábulo significava testemunha de caráter, que depunha a favor do réu, atestando as suas virtudes.

esforçam, modificando lhe a composição ou o funcionamento, por escoimá-lo dos vícios que na prática tem revelado. Ninguém tem coragem, entretanto, de tocar naquilo que parece estar necrosado, e que gangrena o organismo: o juízo de fato.

Realmente, por que manter o juízo de fato? Para o racionalismo jurídico essa era a essência do Júri. Mas hoje, que a prova objetiva está revalorizada em todos os terrenos do Processo, a essência do Júri é a participação da consciência coletiva na pena. E esta, onde colabora, onde pode colaborar pelo menos – digamos sem temor à tradição –, não é na apreciação da prova, é na gradação da pena. O magistrado, melhor que o juiz popular, pode declarar o provado; é a prática que o está demonstrando. O magistrado, que exprime a lei, é quem a pode aplicar à espécie, e assim condenar ou absolver.

Mas onde é preciso que a sua ação seja temperada pelo rigor ou pela indulgência da consciência social é na medida da pena, na proporcionalização do castigo ao crime. Que consequências acarreta essa transformação na técnica do Processo, e talvez no próprio Direito Penal, não é aqui lugar para discutir e expor. Note-se apenas que a frequência das sentenças absolutórias do Júri de hoje resulta talvez de ser esse o único meio que possuem os jurados para exprimir a sua benevolência com o delinquente.

De modo que a modificação do Júri no sentido que venho expondo é bem um reajustamento desse instituto às bases modernas da democracia. E por certo a legislação que a consagrar terá feito a obra do mais puro realismo jurídico. É o que não sei se poderá fazer a nossa futura lei ordinária que regulamentará o Júri, segundo os termos do artigo redigido pelo sr. Oswaldo Aranha e aprovado pela Subcomissão Constituinte na sua reunião de quinta-feira.

Creio que aquele perigo a que acima me referi, de deixar passar em artigos de segundo plano coisas que porão em risco o nível da vida pública, não foi evitado neste caso pela Comissão. O Júri foi mantido, sem alusão constitucional às condições de sua forma e funcionamento. Diz o artigo: "A instituição do Júri terá a organização e as atribuições que a lei ordinária lhe der. Será, porém, de sua competência o julgamento dos crimes políticos e de imprensa". Fica assim remetida a organização à competência dos poderes públicos, na vigência da futura Constituição. Fica porém entendido que a essência do Júri deve ser a mesma, a que lhe é comum em todas as legislações, a que permite defini-lo – um tribunal coletivo formado, no todo ou em parte, de juízes populares, que julgam a matéria de fato. Se nada se diz em contrário, é que por Júri se entende isso.

Pois é a excrescência judiciária contra que se levantou até o sr. Agenor de Roure,[4] que passa o julgamento daqueles crimes que mais excitam, por sua natureza, a clemência popular, sempre disposta e ver heróis nos criminosos políticos e a se extremar nas lutas de imprensa. Se o Júri recolhesse a opinião popular para gradação da pena, seria justa essa dilatação da competência. Seria imprescindível mesmo. Mas a técnica do Júri antigo, que só traduz na absolvição a indulgência ou a benevolência do povo, essa dilatação virá agravar os males, e ainda mais desmoralizar o tribunal. Continuará o juiz popular a ser acusado de apaixonado, quando o que se quer com o Júri é justamente veicular para o julgamento, ao lado da rigidez da lei, a sua paixão e o seu partido. Tudo porque se dá a quem deve influir o encargo de decidir, e ao juiz que deve decidir, por investidura natural, o encargo ineficaz nas suas mãos de influir.

É pena que tenha escapado ao redator, que é um advogado de carreira, essa lição prática que a teoria tão bem esclarece. A Subcomissão, por sua vez, faltou a um objetivo precípuo do seu mandato: policiar a nossa vida pública contra as instituições que a viciam, reformando as doentes e amputando as mortas.

A Nação, 12.02.1933

4. Agenor de Roure (1870-1935), político. Ministro da Fazenda em 1930.

CONTRA UMA FALSA POLÍTICA CONSERVADORA

Urge aclarar o sentido da palavra conservador. Quando dois partidos, dois grupos ou dois homens defrontam-se hasteando as mesmas bandeiras, impõe-se um trabalho de nomenclatura que distinga a realidade sob a aparência. Há hoje no Brasil grupos difusos de opinião que se reclamam uma política conservadora. E como se começa a imaginar que nisso está só o grande grupo da direita, urge distinguir entre eles para que não se percam nos erros de um os valores do outro.

Os blocos revolucionários acabam de se fundir numa entidade – a União Cívica Brasileira, com um claro espírito conservador. O Partido Economista[1] é, por sua vez, um partido conservador. Nas classes intelectuais, na imprensa, surgem por sua vez ideias afastadas de ambos, mas conservadoras. É lógico que uma ideia os une – a de que no Brasil é necessário salvar da destruição social e do negativismo cultural certos e determinados valores. E nisto se separam: em que cada grupo reconhece uma hierarquia e um conjunto de valores. Para os católicos, e os que defendem a tradição católica, trata-se de conservar os valores espirituais, e firmar a certeza do seu primado sobre a ordem social e política. Para os economistas, trata-se de defender, através da política moderna de coordenação social, as bases da ordem econômica vigente, a empresa livre e a propriedade privada. Para esse grupo mais impreciso, mas talvez mais aproximado do sentido imediato do problema da conservação política que se chama de "nacionalista", trata-se de conservar o que é essencial à vida, à integridade da Nação. Para a U. C. B., que veio desfechar o sentido doutrinário da Revolução de Outubro, trata-se de conservar nas suas bases clássicas a construção jurídica do Estado brasileiro, temperando-o nas modernas doutrinas sobre a *sindicalidade*.

1. Partido Econômico Nacional, fundado na cidade do Rio de Janeiro em novembro de 1932. Em fins de 1933, fundiu-se com o Partido Democrático do Distrito Federal, dando origem ao Partido Economista Democrático do Distrito Federal.

Entre esses sentidos vários da palavra não cabe, como se vê, comunidade da ideologia. O conservantismo católico e o nacionalista são os que melhor se casam.

O economista tem uma dupla face. Por uma identifica-se com os interesses nacionais, que postulam na ordem econômica a harmonização do indivíduo e do grupo, sem o predomínio exclusivo de um ou de outro. Pela outra face divorcia-se do interesse nacional e serve a interesses de classe. O conservantismo político é dos quatro o único cuja caducidade se pode proclamar. O Estado é hoje em dia um meio, um instrumento da ordem social, cuja finalidade está na Nação e no homem. O apego às velhas formas políticas, cujo fracasso a experiência brasileira vem demonstrando, não é conservantismo, é reacionarismo. É espírito de apego e restauração do passado não por senso de conservação de valores, mas por inércia política.

Não é fácil formular os termos do conservantismo verdadeiro. Ensaiemos porém estes princípios fundamentais: 1.º Como a Nação é o fim imediato do Estado, conservar os valores nacionais, isto é, as instituições sobre cuja prática repousa a vida nacional, é o objetivo da política. 2.º Os fins da Nação em si são inferiores aos fins do próprio homem.

Não há pois conservantismo burguês ou liberal que mereça o nível de ideal político. Nós, brasileiros, já devíamos ter percebido que é preciso quebrar os padrões econômicos que se firmaram sobre outra base que não a nacionalidade, e racionalizar o Estado de modo a adaptá-lo à realidade e aos fins nacionais.

A Nação, 19.02.1933.

VARIAÇÕES SOBRE A REPRESENTAÇÃO DE CLASSES

Ainda acredito que a representação seja uma condição objetiva independente de mandato. Lord Beaconsfield[1] dizia que um lorde representava mais a Inglaterra que um deputado à Câmara dos Comuns. E é verdade. Fora da democracia liberal pura e melhor representada quem mais participa daquilo que deve tratar, e não quem tenha investidura formalmente mais perfeita. Assim no Estado Moderno a representação ganha uma complexidade muito maior. E delineia-se um problema que repugnaria os clássicos da democracia, mas que para o mundo moderno tem um interesse palpitante: a representação de classes.

Preliminarmente, para colocação do tema, assentemos que a representação de classes só se funda naquele conceito objetivo de representação. O povo era o sujeito dos direitos políticos. Mas enquanto governado, enquanto súdito, não tinha a homogeneidade que a função política estabelecia; é um organismo, dividido, complexo, distinto, que não recebe de um modo só a influência de cada ato governamental. O que beneficia uma parte, prejudica a outra. Para uma ideia objetiva de representação um problema fundamental portanto se coloca: representa no governo a complexidade, representa o que é distinto e contrário na Nação. Ora, como individualidade esses elementos diversos, como limitá-los na sociedade, para sobre eles fundar a representação? Os campos diversos de interesse econômico, de atuação social, de privilégios, dividem os indivíduos nesses blocos chamados classes. A classe parece ser o fator comum que, evidenciado, reduz a variedade social a um plano orgânico. A representação de classe surge daí como o ideal teórico da representação objetiva.

Muito antes porém de apreciar o lado prático do assunto, que se torna básico em vista do próprio critério escolhido, surge um novo problema

1. Benjamin Disraeli (1804-1881), político britânico. Primeiro Ministro do Reino Unido em 1868 e de 1874 a 1880.

teórico considerado altamente valorativo da representação de classes: o fim da representação é a defesa dos interesses privados em jogo na sociedade, ou é a defesa dos interesses públicos? Num caso concreto: os representantes do comércio no poder público vão defender o comércio e vão se for preciso contrariar o comércio do interesse geral? O problema é de análise teórica muito árdua. Mas numa nacionalização verdadeira do Estado, harmonizam-se os dois fins. O mandato representativo deve ter um fim público ou um fim de defesa privada conforme o órgão por ele constituído, for órgão de governo ou de consulta. E convém até que os dois fins não se distingam nitidamente, em órgãos cuja função é de equilibrar o impulso governativo na resistência passiva dos interesses privados, como hão de ser os parlamentos do futuro. Pois há problemas cujo relevo jurídico não corresponde à sua importância política. Assim o da distinção nesse e em outros terrenos do público e do privado. Que o Direito distingue, e a Política mistura, pelo menos quando se inspira nos seus modelos humanos.

De modo que o problema do fim público ou privado não é um problema valorativo da representação de classes no seu aspecto político. A vantagem mesmo do sistema estaria na media das tendências cumprindo evitar que o critério de eleição transformasse em simples procuradores os representantes.

A grande dificuldade técnica de representação reside em outro problema tanto teórico como prático, que é o de caracterização das classes. De fato, estabelecida a doutrina da representação objetiva, firmado o critério do interesse público, a finalidade governativa dos representantes, trata-se de saber como se diferenciam na sociedade os grupos de interesses diversos, e que características devem eles apresentar para que os possamos isolar e individualizar. Uma confusão de termos tem introduzido aqui um erro grosseiro, que cumpre desde logo evitar. As classes não se confundem com a profissão. Podem coincidir uma com a outra, por simples acidente. Mas as suas características são diversas, e se há motivos para que muitos proclamem a classe como origem fundamental da representação política, não há nenhum para que se atribua à profissão o mesmo papel.

A classe é um grupo de indivíduos diversificados dos demais pela homogeneidade dos seus interesses sociais. Vários fatores podem merecer essa diversidade: interesses econômicos, interesses jurídicos (manutenção de privilégios, dissimetrias), interesses culturais, etc. Várias profissões, várias camadas de procedências diversas, acham-se às vezes reunidas em classe pela resistência comum que operam a certas tendências sociais. Formam classes desse modo. O grande trabalho prático dos homens de Estado é compreender, na confusão da sociedade, as classes que se formam a tratá-las individualmente, cuidando sobretudo de evitar um grande mal moderno, em que no Brasil se incidiu, nesta nossa vocação histórica para as armadilhas políticas de toda natureza, e que alguém ainda chamará de classismo, pois é o regime de um individualismo de classe que compromete seriamente o equilíbrio social no Estado. Esse mal é a livre expansão das classes. Toda classe existe materialmente na sociedade, mesmo quando não tem forma jurídica. Sua força se divide assim, ou melhor, se otimiza no meio nacional. Perde a influência direta, a influência em ato, adquire uma simples potencialidade que os governos oportunamente podem atualizar. Dando-lhes forma jurídica o Estado as retira dessa vida latente, dá-lhes a individualidade em face dos interesses coletivos. Se faz isso com todas as classes, se distingue os elementos sociais para lhes dar força proporcional na direção dos negócios públicos, a evolução no sentido de uma estrutura organizada do Estado é a própria marcha para a realização da democracia. Mas se o Estado permite e fomenta a formação jurídica das classes sem exercer sobre elas um controle mantenedor do equilíbrio, se permite que uma classe secundária pelo complexo de interesses que representa se forme e se caracterize, quando outras mais importantes permanecem desmembradas, então não se trata mais de uma política de integração, mas de integração do Estado. Pois criará o dualismo Classe e Estado, em que aquela é o núcleo homogêneo, organizado, este a coletividade heterogênea e contrária.

Desse dualismo nasce a desintegração do Estado, que favorece a concepção marxista no seio das classes proletárias organizadas, e fere o postulado da sua internacionalidade.

E nasce também o Estado burguês, antinatural e antijurídico, quando as classes organizadas são as capitalistas que em pouco tempo tendem a ver no governo um instrumento de crédito e sucesso de empresa, e pela internacionalização dos negócios acabam também na desintegração do Estado.

De modo que a política da livre formação de classes é uma política que leva à destruição do Estado, o que torna condenada não só a sua prática, como a de todos os sistemas que ponham em relevo a desproporcional influência das classes no governo, inclusive a representação. Em outras palavras, poderíamos dizer que, se a classe vai pesar no governo não pela sua importância nacional, mas pela sua importância individual, isto é, pelo grau de organização material e jurídica que possuir, a sua participação é nociva, pois por sua natureza é antinacional. Do que tiramos esta conclusão: a norma essencial de uma política de organização de classes é a manutenção de uma proporcionalidade constante em todas as fases da organização, proporcionalidade que exprime a relação em que se acham as diferentes classes na sociedade nacional.

Daí logo um novo problema decorre, o do critério da proporcionalidade. Como se mede a proporção de uma classe sobre outra? Pelo número de indivíduos que abrange? Pela avaliação dos interesses econômicos em jogo? Ambos os critérios são falsos. O primeiro faria acreditar que um operário fabril e um magistrado pesam o mesmo na balança das classes. Não seria um critério objetivo. O segundo não daria corpo às classes não econômicas, e já vimos que ao lado dos fatores econômicos há outros, culturais, jurídicos etc. que dão existência às classes. O critério verdadeiro seria o da importância nacional das classes. Uma classe prende a sua existência a determinados valores nacionais que cria ou sustenta. Daí decorre a sua maior ou menor importância, que a ação dos governos pode fazer variar, conforme queira fixar os rumos da política nacional.

Não é fácil resolver *in concreto* o problema da representação de classes. Toda passagem do subjetivo ao objetivo acarreta a dificuldade que a complexidade dos fenômenos opõe à simplicidade dos conceitos. E o exame da realidade nos assoberba de ideias que o gênio político de um homem de Estado supera, mas que atormenta os teóricos. Melhor que estudando normas de representação, compreenda-se o método de resolvê-la no sentido da grande reforma que o gênio mussoliniano concebeu e realizou. Mas deixemos para mais tarde estudá-la, e pô-la em comparação com a matéria tão diversa que nos oferece o Brasil.

A Nação, 26.02.1933.

PERSPECTIVAS BRASILEIRAS DA REPRESENTAÇÃO DE CLASSES

Falava-se do idealismo da Constituição passada como consequência do espírito liberal que a formulara. Entretanto esse idealismo, ou melhor, esse apriorismo político que cerra os olhos a toda objetividade, nunca se revelou tão vivo como nos morosos debates em que a Subcomissão Constituinte vai produzindo artigos da nossa futura Carta. Assim por exemplo na questão momentosa da representação de classes. O debate sobre o assunto é imenso, as ideias são defendidas quase que em todo o mundo, países há em que essa representação se torna como o fecho do trabalho aniquilador das democracias, outros em que se cuida de assimilá-la no mecanismo político democrático, para que classe e povo se integrem, formando um Estado econômico e político. Em tudo porém um aspecto fundamental ressalta: a discussão sobre o papel político das classes não é um tema teórico formulado e debatido pelos técnicos; é uma realidade social.

É porque há classes, e ciosas da sua influência, das suas prerrogativas, é porque na sociedade nacional formaram-se grupos diferenciados pelos interesses e pelo ideal social, que o jurista teve de encarar na ordem técnica o novo problema aparecido. E assim o poder constituinte com sede em Weimar,[1] inclui no texto da Constituição de novembro, sob a pressão das classes que reclamam a sua imediata ação junto ao governo, o artigo 165, que cria o Conselho Econômico do Reich alemão,[2] com direito de se fazer ouvir pelo *Reichstag*. Assim na França, o *cartel des gauches*[3] presidido por Herriot,[4] cria em 1924, o Conselho Econômico Francês.

---

1. San Tiago refere-se à Constituição alemã editada em 31 de julho de 1919, em assembleia realizada na cidade de Weimar.
2. Órgão consultivo criado pelo governo federal em 1924, foi instalado em 1925.
3. Expressão francesa: Cartel das esquerdas coalizão eleitoral de partidos de esquerda, vitoriosa nas eleições parlamentares francesas em 1924 e em 1932.
4. Édouard Herriot (1872-1857), político francês.

Assim em toda parte, onde o movimento sindicalista surge, o problema da sua representação política se delineia. Muitos sabem que é um movimento cujo impulso compromete a pureza dos regimes e até a conservação nacional.

Só a Itália domina nas suas consequências antinacionais, e tira da sua força a energia política com que subverterá a democracia. Todos porém percebem que onde a classe aparece, com expressão sindical e nacional já não é tempo de recuar para dirigir diversamente o curso das coisas.

"É tarde demais para organizar a profissão fora do sindicato e da federação de sindicatos", diz Hauriou.[5] E realmente, na Europa, onde quer que o problema surja, já vem sob o impulso de uma força, - o sindicalismo, que o coloca e alimenta.

No Brasil, entretanto, a representação de classes não tem essa raiz social que a sustenta nos velhos países onde é discutida. Apenas nos centros industriais urbanos, os trabalhadores reunidos começam a se organizar com forma jurídica, e aspiram à influência política, e nas zonas rurais a coligação de lavradores continua a ser a base defensiva dos seus interesses econômicos perante os órgãos da administração. Aqui, pode-se dizer, se há classes que aspiram à representação, o que disse Kelsen[6] das poucas aplicações do sistema através da história: será a forma por que um ou vários grupos tentarão dominar os outros. E sobretudo não será um fato nacional, pois no Brasil não há continuidade nem organicidade de interesses que permitam falar da classe nesse sentido.

Não obstante acredita a União Cívica Brasileira num dos itens do seu programa, que a representação de classe se impõe. Um Ministro de Estado, membro da Subcomissão Constituinte declarou à imprensa que essa imposição era urgente, embora ainda se precisasse organizar as classes. E o Código Eleitoral, recentemente derrubado pela magistratura que o aplica, estatuía ao lado dos mandatários políticos, representando os indivíduos e os partidos, mandatários profissionais, eleitos pelo sufrágio das classes. O que quer dizer que o problema está entre nós na ordem do dia, e encarado não em função de uma realidade que o reclama, mas de uma teoria que começa a considerar a sua solução como uma das condições supremas do reajustamento da democracia. A democracia está em cheque, todos o

5. Maurice Hauriou (1856-1929), jurista francês
6. Hans Kelsen (1881-1973), jurista austríaco.

reconhecem. No círculo do Estado Liberal formaram-se forças que substituem a sua hierarquia à ordem política artificial em cujo seio se criaram. E os teóricos da nacionalização do Estado, compreendendo que se trata de integrar a sociedade no Estado para salvar a democracia, apelam para uma objetivação radical das funções políticas. Não se trata de representar o indivíduo, portanto, mas o indivíduo com o complexo dos seus interesses sociais, logo – a classe. É certo que no Brasil o Poder Constituinte discutirá o assunto, e é então o caso de antecipar conclusões.

Haverá uma Câmara eleita pelo sufrágio universal e outra pelo sufrágio de classes? Ortega y Gasset[7] no plenário das Cortes Constituintes da República Espanhola desvelava com o seu claro espírito as dúvidas com que se nutre a fantasia sindicalista do direito moderno. Em nenhum país se tentou a dupla Câmara. A Itália, fora da democracia, só conhece a Câmara Corporativa. A Alemanha criou um Conselho Econômico que a prática republicana abandonou por inviável. A França e a Inglaterra criaram órgãos dependentes do Executivo, meramente para consultação técnica. Só na Espanha o projeto da comissão presidida por Osorio y Gallardo[8] introduzia as duas Câmaras. Era a primeira tentativa para criar um Senado de classes. Abandonou-a o projeto Jimenez de Asúa.[9] Mas ainda que se renove a ideia em qualquer parte, como discriminar a competência das Câmaras? "Ante uma representação corporativa - em frente à Câmara popular –, diz o grande jurista espanhol, das duas uma: ou conceder à Câmara Corporativa caráter e atributos políticos, ou não: no segundo caso uma Câmara castrada, que não poderá servir de freio às tempestades da Câmara popular, e se lhe derdes caráter político, em pouco tempo de corporativa se converterá - não representando já forças tradicionais - em pura Câmara política, tão popular e apaixonada como a outra" (J. Augusto,[10] "Representação Profissional", p. 85). Não há como discriminar a competência. Se na Câmara Corporativa têm poder deliberativo, não só é impossível isolar assuntos não políticos para serem nela tratados, como são geralmente as questões políticas que, pelo se alcance social e econômico, mais interessam às classes. E é hoje um ponto em que concordam pacificamente os juristas: as câmaras de classes

7. José Ortega y Gasset (1883-1955), filósofo espanhol.
8. Osorio y Gallardo (1873-1946), político espanhol.
9. Luís Jiménez de Asúa (1889-1970), jurista e político espanhol.
10. Jose Augusto Bezerra de Medeiros (1884-1971), político potiguar.

não são técnicas em questões dessa natureza, o célebre Parlamento Francês em 1919, todo de técnicos e heróis, capitulou perante os temas expostos a seu juízo. E não é demais relembrar aquela frase que estranha, numa época de tecnismo, a obsessão em querer afastar da política os que se tornaram seus técnicos. Às Câmaras Corporativas vêm deputados os políticos de classes, não os bons profissionais. Aqueles que tendo embora o temperamento político não tiveram envergadura para a vida pública, vêm assim flutuar na esfera do governo de que a sua condição pessoal os afastava.

Pode-se, porém, pretender que as Câmaras de classes sejam órgãos consultivos apenas. Com isso se pretenderá evitar que o arbítrio dos poderes viole os interesses da sociedade. Ainda isso é inócuo e impraticável. Preliminarmente há uma série de obstáculos que não vou reproduzir. Há uma conferência do prof. Gilberto Amado[11] sobre a representação de classes que eu gostaria de transcrever aqui. Pode-se dizer que os seus argumentos reduzem-se a dois, entretanto: a impraticabilidade da diferenciação real das classes, e a impossibilidade de lhe dosar o sufrágio. Transportemo-nos para o Brasil agora, e vejamos como se agravam essas dificuldades que tornam ilusórias as perspectivas de qualquer Câmara ou Conselho Corporativo nacional. Não há classes nacionais. Não há, salvo nas zonas rurais onde se aglomeram massas proletárias sem vínculo na terra e nos centros industriais, clara distinção entre classes sindicais. Não haverá engenho humano que formule lei eleitoral para as classes ao nível do bom senso. E se ainda se vencesse tudo isso, não se obteria Câmara operante. Descreio, além do mais, de toda técnica em matéria política. Ouvi de um grande pensador brasileiro que passeia o seu tédio pela administração pública esta máxima exata: só poderia haver técnicos no governo se não houvesse problemas. E acho oportuno que o Brasil ouça estas finas palavras do Presidente Alcalá Zamora,[12] nas Cortes da República Espanhola: Os Conselhos técnicos, no momento que se estabelecem, e seus pareceres, seus votos particulares; se discutem à plena luz das Câmaras, acentuarão a crise notória da perícia, far-nos-ão perder o respeito pelo parecer técnico, e até surgirá a dúvida se são exatas as ciências matemáticas porque, preparai-vos para ver – como quantos funcionamos em desapropriações temos visto –, que jamais os peritos coincidem ou se aproximam em qualquer problema, nem são raríssimos os casos em que a própria meditação não coincide (ibd., p. 87).

11. Gilberto Amado (1887-1969), escritor e diplomata.

12. Niceto Alcalá-Zamora y Torres (1877-1949), primeiro presidente da Segunda República espanhola de 1931 a 1936.

Não pode, portanto, a representação de classes, com caráter legislativo ou consultivo, ter expressão nacional no nosso meio. Impraticável, inócua, e se fosse praticada, ruinosa, é uma ideia de empréstimo que há trinta anos o sindicalismo agita na Europa, e que, dentro da democracia, ainda não se abrigou em nenhuma Constituição. É o caso então de passar adiante, conservando as Câmaras de sufrágio popular?

Não creio. Em toda construção jurídica há de separar o princípio do fato, o elemento jurídico do elemento social, que juntos integram a norma. O princípio vale às vezes para material diverso. É então uma técnica de Estado, que regerá os dados oferecidos pela observação, e permitirá que se avance indefinidamente no sentindo de racionalização do Estado.

Na representação de classes há um princípio jurídico e um dado social. O princípio é o da objetividade de representação: a representação política, fórmula de funcionamento da democracia, tem por fim refletir no governo os interesses e os ideais da sociedade: os interesses e os ideais solidarizam os indivíduos, tornam-se grupais por isso. É o grupo, portanto, onde existir, que dá origem ao mandato. Onde não existir [---] é como o indivíduo, como pode ser a instituição que encarna aqueles interesses e ideais (Universidade, Igreja, etc.). Na Europa de hoje, onde a classe soma e organiza interesse social, a classe é o dado social fornecido ao princípio de objetivação da representação. No Brasil não é; e o próprio Alberto Torres, o velho antepassado da sociologia indígena, queria no seu Senado de classe não representantes de cada grupo de interesses econômicos, mas representantes da Igreja, do Positivismo, dos Professores, da Magistratura, etc.

Ainda isso, porém, é incerto. Esse Parlamento sempre se teve na Câmara política do Império e da República, onde houve católicos professores e profissionais de várias classes. Não acho simples aconselhar remédios nacionais. Não é, porém, duvidoso que no Brasil só o município é o ambiente em que se pode pôr em relevo qualquer dado da realidade. Num, onde nada há formado, fica-se nas formas menos democráticas do sufrágio. Noutro se põe em relevo uma força nascente, noutro se articulam pela representação as influências políticas de forças opostas.

Se me fosse permitido citar uma lei social, que o sr. Pontes de Miranda expõe no seu *Sistema de Ciência Positiva do Direito*,[13] eu diria que

13. Pontes de Miranda. *Sistema de ciência positiva do direito*. 1922.

partindo do município para a nação seguimos o princípio da integração dos círculos sociais. No caso era o verdadeiro caminho, pois só organizando e caracterizando as partes chegaremos a dar uma estrutura ao todo.

A Nação, 07.03.1933.

O AMBIENTE DA CONSTITUCIONALIZAÇÃO

Quem viveu no Brasil os dois últimos anos, e ainda acredita que se possa fazer previsões sociais, é cego ou mal dotado para a observação mediana dos fatos. O país desnorteou os calculadores mais exatos. Desanimou os pessimistas e desencadeou o otimismo mais risonho. Revelou aspirações profundas que abandonou quando iam ser apenas satisfeitas. Deixou entrever resistências que se desfizeram como cenários de cartolina. Perpetuou, entregando à falência, os vocábulos, a crise política e a marcha para o abismo.

Ia-se nos vagares dessa marcha, rufando os tambores do constitucionalismo. A caducidade da ordem discricionária pediu que a rendessem, estalaram as armas constitucionalistas, o governo as venceu, e deu-se ao país um mecanismo que lhe fosse aprontando a Assembleia e a Carta.

Os que esperavam ainda julgaram que o país palpitaria no trabalho nascente. Viriam certamente o eleitor e o jurista empenhados na dupla preparação que os interessava. É escusado dizer que erraram. Ainda se o país lhe quis iludir as previsões, e enquanto o movimento de preparação eleitoral desaguava na burocracia como no remanso de um dique, o preparo dos textos vinha achar na prostração do estio a lentidão, o desconsolo e a morte. Estamos em março: não há projeto formado nem eleitorado expressivo. O país que banhou em sangue os seus sonhos constitucionais de tudo se dá conta com sereno pessimismo. Na sua vasta e dispersa consciência cívica, não há continuidade de ideia nem desejo de violência. Sabe que não tem homens, sabe-se perdido na teoria e na prática. Continua a sua marcha lenta de nuvem para o abismo.

Foi a crença de que haveria por alguns meses no Rio debate constitucional que criou a ideia destes comentários. Pois estamos às vésperas da Constituinte, segundo dizem, e há um mês que nem na Subcomissão se discute um grande problema que seja da futura Constituição.

Não se trabalha, não há número: homens a quem se deu a função mais alta que uma República pode delegar aos seus técnicos fazem dela tanto caso que dificilmente se reúnem em número suficiente. Triste, realmente, para quem ainda acredita que o Brasil tenha soluções clínicas. Quem sabe entretanto que com o que há não se pode fazer nada, que da morte não se tira a vida, que não é pelas partes contaminadas de um organismo que se pode começar a empreender a sua restauração, quem sabe tudo isso esperava por certo o fracasso da constitucionalização, como viu o fracasso das comissões legislativas. Pois aqui há duas crises que dissolvem tudo que se venha solidificar na nossa consciência pública: uma crise de inteligência e uma crise decorrente de responsabilidade.

Não se veem os problemas. Homens públicos acreditam que lhes basta a simulação intelectual com que brilham nas suas rodas partidárias. Fala-se da realidade brasileira. Não se diz qual seja ao individualizar problemas. Fica-se sempre no empirismo de soluções ditadas pelas aparências de um caso, ou no verbalismo doutrinário que improvisa os técnicos do Estado. Nem um só homem público que hoje governa o Brasil já deu satisfações públicas à inteligência das diretrizes que guiam seus atos. Os que declararam não se mantiveram nelas. Pois a doutrina política para os que a ela não aderem pela real participação do seu espírito é uma literatura de banquetes ou de saudações à mocidade. Nela não se vive, pois não é para isso que foi feita. E portanto nada vale, e pouco importa o que pensa ou diga um homem público que vive no desrespeito da inteligência. Suas opiniões são adornos ridículos que disfarçam a crueza do seu oportunismo.

Mas a crise de inteligência traz um mal maior. O homem que não vê a função que lhe entregam, o homem que não mede com a razão, o valor e a dificuldade da empresa que aceita, não tem responsabilidade efetiva do que faz. Há dias um membro da Subcomissão Constituinte, homem chamado a fazer história sob o Brasil, numa das horas tenebrosas da nossa vida política, dizia a um amigo meu que estava lamentando que o seu escritório não lhe permitisse dedicar-se como desejava aos trabalhos da Comissão. Esse réu que não se demite da função pública por um estranho misto de vaidade e de irresponsabilidade, estou bem certo que não mede a gravidade e a significação do seu mandato. Se medisse, deixaria incontinenti as funções constitucionais. Ou fecharia o seu escritório se tivesse fibra de homem público, e entregava-se ao mandato.

Não há, afinal de contas, um brasileiro que não sinta a crise de inteligência que dizima os nossos negócios públicos. A inépcia, a indigência cultural, a incompetência, geram a irresponsabilidade, a desordem, a desconfiança, a fraude. O brasileiro ama ouvir a resenha das suas misérias. Acolhe com ruído os seus revoltados detratores. Ergue triunfalmente os retratos que o pintam no esplendor das suas feridas, como se pressentisse misteriosamente nisso o começo de uma purificação. Foi o que aconteceu com esse livro admirável do maior dos brasileiros jovens, *Maquiavel e o Brasil*,[1] o sr. Octavio de Faria.[2] Não foi a crítica oficial das capitais que valeu por ele. Segue a sua acolhida pelas camadas humildes das letras. Moços do Ceará, da Bahia, do Rio Grande vinham clamar a sua participação crítica mais dura com que já se flagelou o corpo da pátria. O livro foi classificado por todos, numa curiosa unanimidade, depoimento. E o era de fato, como ainda mais o foi essa crítica, que correu em jornaizinhos de província às centenas. De fato, o Brasil tem o sentimento da crise que lhe dissolve e aniquila os valores.

Não saiu dela ainda, porque há um grão de saturação a que esse estado de consciência precisa atingir. O movimento constitucionalista, que reuniu a opinião no fim do ano passado, foi a prova, talvez a última, de que esse ponto não foi tocado.

O povo brasileiro sente a crise de homens que lhe tolhe o destino político, não há dúvida, mas imagina remédios para sair dela que os homens aplicarão. Reconhece desse modo que o mal do organismo político que formamos está na presença e na atuação de elementos nos quais confia simultaneamente para regeneração do organismo. Por mim

1. Schmidt editor, 1931.
2. Octavio de Faria (1908-1980), escritor.

creio que virá o momento em que esse paradoxo, hoje imanente, se desvendará à consciência pública. Não se pensará mais então em curar com a doença. E as ideologias regeneradoras terão sentido mais profundo. A consciência da crise, saturada, excluirá a opinião pública do jogo dos partidos. Não se repetirá a experiência constitucionalista cujo fracasso custou e ainda vai custar ao país numerosas energias.

A primeira fase da experiência aí está aos nossos olhos: não sabemos se dá ou não graças a Deus da inércia da Subcomissão.

A segunda fase será a Constituinte. E só Deus sabe o que nos espera.

A Nação, 12.03.1933.

LUZ TARDIA

Se houvesse no Brasil uma consciência pública que traduzisse em atos a sua reprovação e o seu aplauso ao governo, estaria sendo a estas horas cercado do louvor e do reconhecimento público o sr. Oswaldo Aranha. O Ministro da Fazenda responsável por tantos erros da Revolução, que tem mais do que todos a culpa de certos desvirtuamentos políticos do regime, por ter tido também mais que todos a visão dos males e dos perigos, soube anteontem resgatar na Subcomissão Constitucional de que é membro uma parte dos débitos que contraíra com a Nação. Foi o relator do texto constitucional referente ao Ensino, à Religião e à Família. E quer no projeto, quer no debate, revelou uma compreensão profunda dos valores nacionais a conservar, e um senso exato do jogo das nossas possibilidades. Quero me ocupar do projeto e não do homem. Mas não posso resistir mais a mim mesmo no desejo de meditar sobre essa contraditória figura que a Revolução de Outubro revelou ao público subitamente.

Pois ninguém até hoje me iludiu e desiludiu mais do que o sr. Oswaldo Aranha. Só o conheci quando três meses de governo haviam amortecido os entusiasmos populares pela ditadura. Entre as figuras do governo, ele era considerado a maior influência. E já o público, habituado às reservas dos Ministros da primeira República, assustava-se com as suas declarações, com o desalinho das suas palavras, com certas intimidades que revelava no descuido de uma frase ou de uma entrevista. Parecia mais um caudilho que um político. E posso afirmar que a intelectualidade brasileira não fazia fé nas suas reservas doutrinárias.

O que ouvi do Ministro da Justiça nessa época produziu em mim um profundo abalo. Encontrei um homem com o olhar acostumado às paisagens interiores do ambiente brasileiro, enxergando com facilidade na treva do nosso mundo, com o pulso afeito às resistências da realidade. Nem um idealista de princípios abstratos, nem um fantasista de "realidades". Um psicólogo guardando a posição do político, mais próxima de romancista que de sociólogo. Lembro-me de ter ouvido nessa manhã de verão de 1931, um quadro exato da situação brasileira. O Ministro previa a militarização dos partidos, ligava a sorte da Revolução à manutenção da pureza do poder civil. Conhecia os perigos da conservação indefinida da frente única rio-grandense, temia que a unidade política do Rio Grande desequilibrasse a Nação. Era um equilibrado crítico do próprio movimento de que fora um dos chefes. E com o senso da fluidez das nossas bases políticas, resguardava-se de um sistema ou do exemplo de um só homem de Estado.

Não demorei em gastar esse crédito que ficara lançado em meu juízo a favor do sr. Oswaldo Aranha. Vi-o fazer na vida pública tudo que o vira condenar em conversa. Acompanhei, gastando com usura a confiança que nele depositara, as manobras partidárias que o tornaram aos olhos do país não mais um caudilho - um político, não mais um homem de ideias, apenas um homem de partido. Enquanto porém assistia à desilusão popular com a figura que a seduzira em outubro de 1930, conservei por ele não esse desencanto, mas um sentimento amargo de revolta e de desilusão. Pois vejo no sr. Oswaldo Aranha desde esse tempo alguém que, tendo contemplado o espetáculo mais desolado e melancólico para os olhos de um homem público - a vida brasileira -, traiu o espírito com que assumira compromissos indestrutíveis.

E se houve um momento em que a minha consciência mais acusasse a sua duplicidade de homem que ouve os gritos de socorro da pátria e segue adiante - embora tenha como ninguém bravura para socorrê-la - foi este momento em que leio nos matutinos uma demonstração mais do vigor inútil da sua inteligência, o texto constitucional sobre Religião, Ensino e Família, inspirado na Constituição da Alemanha, e tão bem dosado para a nossa realidade.

Creio que eram esses três pontos cuja importância a situação brasileira aumentava de um modo singular. Hoje fala-se da "realidade brasileira", é a moda intelectual proclamar a sua imperativa influência sobre as normas de vida política que as leis e os governos editam. Entretanto nada é mais ignorado. Porque também nada mais vago, mais inconsistente, mais descontínuo, quer no sentido da extensão quer da profundidade nacional.

O verdadeiro realismo político no Brasil é o que compreende que, se a vida de uma instituição depende da existência de um valor, essa instituição não nos serve porque não há o valor. A política é por isso mais difícil.

Pois enquanto os países cristalizados - de que o maior exemplo é a Inglaterra - repousam em fatos sociais os alicerces das suas fundações políticas, no Brasil tem de se procurar o sistema, cuja base prescinda de qualquer mecanismo natural da sociedade. Porque não há valores em ato, ainda que os haja em potencia,.

O que desdobra e aumenta a missão dos governos legislativos, aos quais compete não só descobrir o regime possível como atualizar os valores latentes na vida nacional.

Isso compreendeu o relator na matéria referente à Família, por exemplo. Não quero criticar o assunto pelo prisma social e jurídico, em que, aliás, quase avalizo a doutrina do projeto. Quero mostrar o que cabia ao técnico de direito público. A Família, no momento histórico que atravessamos, é um dos flancos sociais mais expostos à dupla guerra que lhe fazem os fatores de dissolução nacional. O fator que podemos chamar "externo" - a internacionalização política que através da luta de classes conduz ao socialismo - ataca-a por encontrar no grupo familiar, como no grupo corporativo, um elemento de contraste ao isolamento social do indivíduo. Esse isolamento é um pressuposto lógico da tática internacional. Os grupos intermediários, colocados entre o Estado e o Indivíduo, anulam assim a tendência para a absorção de um pelo outro.

O outro fator que chamaremos "interno" ataca a família no próprio mecanismo da instituição. Não creio que esse fator possa ser eficazmente combatido no campo político. Mas ele leva a dois resultados: o anticoncepcionismo e o divórcio, o primeiro dos quais só a moralização do indivíduo pode corrigir, enquanto o segundo encontra o seu freio na providência expressa da lei.

O projeto constitucional apreendeu com uma força admirável o sentido de conservação nacional que tem a manutenção da Família. Proibiu o divórcio, pôs termo ou, pelo menos, freio às anulações abusivas com uma providência de habilidade admirável, estatuiu o dever de proteção do Estado à Família, cercou de limitações e garantia o exercício do pátrio poder. É verdade que conservou essa tolice jurídica que é o casamento civil. Não é reprovável, entretanto, que ainda se conserve o que vem sendo uma tradição do nosso liberalismo. Mas a grande obra do projeto, nesta parte, é a elevação da indissolubilidade do casamento ao nível de preceito constitucional. Nem me dou fé, como houve quem julgasse a matéria da alçada da lei civil. À Constituição cabe reconhecer os grupos sociais naturais que vão viver na órbita do Estado. E uma coisa é reconhecer a Família, outra é reconhecer um contrato de coabitação rescindível, que dê existência jurídica ao grupo andrógeno.

Já não tenho espaço para estudar detalhadamente a parte relativa à Religião e ao Ensino. Ainda aí, entretanto, a comissão revelou o senso natural da nossa realidade. O Ensino, no Brasil, não pode ser privilégio do Estado, não pode ser tampouco obra exclusiva da União. O projeto combina o nosso liberalismo pedagógico às necessidades de formação nacional da cultura. E interpreta esse sentido de unidade nacional indispensável ao seu plano, respeitando a variedade do meio social. Vem da Constituição do Reich a técnica e o fundo deste capítulo. Bem compenetrado das admiráveis lições que nele se encontram nessa parte parece estar o relator quando fala de um ensino normal nacional. Isso resolve, a meu ver, o problema da diferenciação regional do ensino e da sua unidade de orientação, o professor formado pela União garante o cunho nacional da educação.

O ensino religioso encontrou no texto a sua consagração lógica. No que toca à Religião, há que assinalar sobretudo a estatuição da assistência religiosa às classes armadas, conquista inegável e justa das reivindicações católicas no Brasil.

Em resumo, podemos dizer que a Subcomissão, recolhendo a técnica da Constituição alemã precisamente naqueles capítulos, em que Ela faz obra de notável objetividade democrática, não contrariou, antes consultou a realidade brasileira. Revelou, além do mais, uma alta compreensão da importância entre nós desses temas. E cosendo o fio das tradições, apertando as molas frouxas dos institutos, soube ter a prudência de não pôr o país a correr sem recursos, deixando-o, entretanto, em caminho para maiores transformações.

A Nação, 25.03.1933.

FEDERAÇÃO E AUTONOMIA

Com a discussão dos artigos relativos à organização dos estados e municípios, deixou a Subcomissão Constitucional[1] aquele inesperado ritmo em que se pusera com os textos do sr. Oswaldo Aranha sobre a Ordem Social e Econômica. O debate que tomará um tom bruscamente revolucionário, e que enfim encetará um árduo corpo a corpo com os problemas, retirou-se para as clássicas categorias do espírito republicano brasileiro. Já não se encontra a mesma procura audaciosa das soluções revulsivas mas inequívocas, que penetrava corajosamente as bases das instituições para transformá-las ou garanti-las. Volta-se insensivelmente à inexpressividade das reformas que marcaram toda a parte política do projeto constitucional. A Comissão, que sob a visão clara do Ministro da Fazenda bulira até nas raízes do direito privado, criando uma nova forma de prescrição aquisitiva com fundamento no trabalho e não na simples posse, e prescrevendo a enfiteuse privada do número dos direitos sobre coisa alheia, encara esse problema da nossa estrutura federativa com uma conformação tão pacífica, que apenas corrige o sistema passado num ponto, – na facilidade que podia abrir em alguns Estados a reeleição contínua do Presidente.

Acho uma coisa inexplicável o tradicionalismo ortodoxo dos nossos *gros-bonnets*[2] liberais. Organizar os Estados, dosar e definir o mecanismo da intervenção é estruturar o regime federativo. A mentalidade desprevenida e realista de que na Comissão tantos membros se consideram representantes não dá importância ao artigo geral em que enunciam ser a forma federativa a da República brasileira. Dá importância é à organização particular dessa

1. O decreto 22040, de 1.º de novembro de 1932, regulou o funcionamento da Comissão incumbida da elaboração do anteprojeto da Constituição conhecida como Subcomissão do Itamaraty, pois se reunia no prédio onde funcionava o Ministério das Relações Exteriores.

2. Expressão francesa: figura de destaque; no caso, entre os liberais.

forma federal. Aceita o princípio mais como indicação de plano, para discutir depois, à luz da realidade, caso por caso.

Em vez disso, porém, o que se fez foi dar a este capítulo sobre os Estados o tratamento mais ligeiro e mais incompleto possível. Neles se fala da necessidade que tem cada Estado de respeitar, na sua organização e forma republicana representativa, a harmonia e a independência dos poderes. Ilude-se desse modo cada problema, com as fórmulas mais inúteis e mais vazias. Nada se diz que pareça tocar, mesmo na rama, o problema central da Federação brasileira, que é o da fusão inseparável dos grupos na unidade substancial da soberania.

Pois o perigo da forma federativa à arrastar um povo que a adota para simples efeito de descentralização de governo ao desmembramento do Estado numa multiplicidade de soberanias. O que num admirável discurso nas Cortes Constituintes Espanholas,[3] Ortega y Gasset tão bem demonstrou, comparando a noção precisa de *autonomia* com o conceito de *Federação*. Federação é de fato a reunião dos Estados soberanos, que convencionam limitar a sua soberania em benefício de um poder comum por todos reconhecido e constituído. Enquanto *autonomia* é apenas o princípio em vigor num Estado soberano, segundo o qual se divide por órgãos autônomos do poder público a jurisdição política sobre cada trecho do território nacional. Na Federação, portanto, a soberania reside nas unidades federais inicialmente, e delas passa à União.

No Estado que autonomisa as suas províncias, essa soberania fica no Estado, una, indivisível e inalienável, enquanto passa às províncias apenas o exercício do poder. Diferença completa, e não apenas teórica, porque as suas consequências sociais e históricas são as mais complexas e extensas.

Acontece porém que o direito público não possui dois termos para exprimir dois fatos tão distintos.

E tanto aplicamos a expressão *forma federativa* para designar uma Federação como os Estados Unidos, a Suíça ou o Reich, como a empregamos para designar um Estado dividido em províncias autônomas como é a República Austríaca. De modo que quando adotamos para o Brasil a forma federativa, isso quer dizer no entendimento de todos que lhe damos autonomia às províncias, mas tal seja a estrutura dada ao Estado podemos lhe desintegrar a soberania. É fácil explicar por que.

3. Assembleia Constituinte que aprovou a Constituição espanhola em 1931, que vigeu até o final da Guerra Civil espanhola, em 1939.

No poder estadual autônomo reside o exercício da função pública; esse é o dado exterior recolhido e explanado pelo direito constitucional. Mas o poder estadual pode ter esse exercício por delegação da União (caso de autonomia) ou por ser o órgão direto de uma soberania (caso da Federação).

No último caso o corolário constitucional imediato é a indivisibilidade da função pública que nela reside. A União poderá por exemplo *intervir* numa unidade para restabelecer a ordem financeira, mas para isso terá de se substituir ao poder estadual constituído. O que não se daria no primeiro caso, no da autonomia, quando, não havendo essa indivisibilidade, a União poderia chamar a si uma só função - no exemplo, a financeira - deixando entregues à província as outras cuja normalidade não cessara.

Quero concluir que a organização dos Estados é que vai optar verdadeiramente entre a Federação e a Autonomia. Em especial julgo que o mecanismo das intervenções a pedra de toque do assunto. Aí ou se tratará cada província como unidade política, ou como unidade jurídica. Isto é, ou se imaginará o poder estadual como a expressão de uma soberania indivisível, ou como o simples conjunto orgânico de funções públicas, que a União poderá desmembrar ou acrescer em qualquer tempo. A lei não preveria nesta hipótese, a *intervenção federal num Estado*, mas a *intervenção federal num serviço*, desde que este apresentasse tais e tais irregularidades.

Ora, examinando os artigos que o sr. Themístocles Cavalcanti apresentou à aprovação da Subcomissão, não só não encontro nada que garanta a manutenção da unidade nacional da soberania, como sinto até o sinal de uma concepção da forma federativa menos tendente à autonomia que à Federação. Quero me referir ao reconhecimento do poder constituinte dos Estados. É uma tradição da velha República, que a experiência política dos homens da nova poderia bem reformar.

A nada disto infelizmente quis atender porém a Subcomissão quando tratou de assunto tão vital para a nossa ordem política futura. Ainda houve um membro que censurou a imprensa, por fazer restrições aos trabalhos de preparação constitucional. Mas a imprensa tem razão. Nesta procissão de moribundos em que o país vai marchando sem rumo, toda incúria lhe parece criminosa. Injustiça talvez, mas injustiça que tem raízes na alma cívica da nacionalidade.

A Nação, 05.04.1933.

O REGIME E O HOMEM

Acaba de ser restabelecido no projeto da futura Constituição uma das criações mais felizes do direito público do Império – o Conselho de Estado.[1] Não reaparece o instituto com o seu batismo histórico. Será agora o Conselho Supremo da República. Não revigora, por outro lado, todas as particularidades do primeiro. Apresenta uma estrutura nova, e uma das antecipações mais importantes a fazer, para valorização da ordem futura, é o balanço das suas possibilidades no funcionamento da nossa democracia.

Na estrutura dos regimes, o Conselho de Estado tem permanentemente uma significação inconfundível. É um órgão de contraste, um mecanismo compensador, do parecer pessoal dos reis ou da opinião descontínua dos parlamentos. Para o governo monárquico da França, sob Luís XIV, é um aparelho que sujeita ao parecer dos homens probos e elevados os fatos centrais do governo do rei. Para as democracias modernas que o integram, é o órgão isento dos processos de formação política, cuja continuidade e independência supervisionam os negócios públicos. Nas Constituições monárquicas, as funções do Conselho identificam-se com as do Poder Moderador. É o órgão consultivo, como o rei é o órgão executivo desse poder. "Os conselheiros serão ouvidos (...) em todas as ocasiões em que o Imperador se proponha a exercer qualquer das atribuições próprias do poder moderador", salvo na escolha de Ministro, dizia a Constituição de 1824.[2] E a lei que em 1841[3] o restabelece, depois da supressão do Ato Adicional de 1832[4] repete: "Incumbe ao Conselho de Estado consultar (...) em todas as ocasiões em

1. Órgão de aconselhamento do Imperador criado pelo Decreto 234, de 23 de novembro de 1841.
2. Art. 142 da Constituição do Império, de 1824.
3. Lei 234, de 23 de novembro de 1841.
4. Editado em 12 de agosto de 1832.

que o Imperador se propuser a exercer qualquer das atribuições do Poder Moderador" (art. 7.º).

Mas com o desaparecimento da Monarquia cessa entre nós uma tradição que estivera ligada a todas as frases históricas da política do Segundo Império. De um lado desaparecia o Poder Moderador de que o Conselho era uma irradiação e um complemento. De outro lado a República era portadora de uma ortodoxia a que eram repulsivas as ideias de um órgão fora da tripartição de poderes e de um mandato vitalício.

A reação começou cedo, entretanto, vinte anos de República bastaram para que reaparecesse no debate parlamentar o Conselho, alvitrado por um projeto que liga o nome do então deputado Arnolfo de Azevedo[5] à história do direito público nacional. Já se sentia então que a observação da nossa vida política, dos fenômenos eleitorais que nela se processavam, estava exigindo um órgão de contraste no sentido oposto ao primitivo. Não era mais o arbítrio de um Chefe de Estado legalmente irresponsável que se precisava amortecer no remanso de um Conselho. Era agora a necessidade de introduzir no plano do Estado um elemento não político pela forma da sua constituição e funcionamento, que pudesse manter a plena independência de iniciativa em qualquer época, sem sujeição a essas forças de desintegração do Estado, que são os partidos na democracia liberal. Em uma palavra, era preciso criar na República não o poder, mas a função moderadora. O Conselho de Estado, órgão compensador do rei, passava a substituir o rei. Atendia-se também nisso à função contenciosa, que não me interessa aqui, e que reformava as bases teóricas do nosso direito administrativo.

Passados mais de vinte anos desse projeto, eis o Conselho de Estado novamente em cena, e ao que parece recebido na futura Constituição. Mudaram os panoramas do direito constitucional nesses vinte anos como num século. A democracia teve as suas bases solapadas, e encontrou assento em alicerces novos que lhe abrem as vias de um incessante crescimento. O Estado fascista - o maior acontecimento após a Revolução francesa - encaminha-se por uma linha de integração e de expansão de dimensões imprevisíveis, para se resolver integralmente na democracia. Ninguém se ocupa do fundamento liberal dos institutos. Cuida-se da racionalização do poder.

5. Arnolfo de Azevedo (1868-1942), político paulista.

Que significa neste momento o Conselho de Estado? É um reconhecimento preliminar que julgo indispensável antes de um pronunciamento particular sobre essa ou aquela realização.Conselho de Estado é um órgão coletivo, cujos membros são vitalícios e escolhidos pelo valor individual exclusivamente, ou pela participação anterior que tenham tido nos postos mais altos do país. É um aparelho político que atende aos problemas cuja relevância transcende os limites de cada poder ou que afetam de uma maneira intensa e contínua a vida nacional. Nessa conceituação do instituto se abriga o "Grande Conselho do Fascismo",[6] o "Conselho Legislativo" da Romênia,[7] por exemplo. Não cabe nos seus termos um órgão representativo como o Reichsrat.[8]

A tendência moderna para criar órgãos políticos de formação não democrática (no sentido de "não representativa"), é mais uma tendência histórica, política, que uma tendência jurídica das sociedades. Por toda parte uma valorização da personalidade humana cria *condottieri* e ditadores. Por toda parte o descrédito dos regimes restabelece a confiança no homem. A Itália, a Alemanha, Portugal, a Turquia, fazem renascer o individualismo dos governos anteriores à República, confiando-se a um homem. *O príncipe*[9] é um livro infinitamente mais moderno que a *República* de Bryce. E não há povo em crise que não espere um homem de exceção, um herói, que instaure a ditadura e com ela a ordem.

É uma das observações mais preciosas que a vida moderna nos oferece, essa oposição vitoriosa do "homem" ao "regime". Pois surge numa época de empirismo filosófico, em que a razão humana está desacreditada principalmente na concepção dos educadores, e quando já se duvida do valor da consciência até mesmo para exprimir a justiça. O que prova que a admirável intuição política dos humanos, guiando-se pelo faro infalível do senso comum, já deixou para trás os produtos do ceticismo científico, e voltou ao eterno eixo dos seus problemas – o homem. "Não importam tanto as leis, como os homens que as praticam", é uma frase que hoje se

6. Criado em 1922, órgão máximo do Partido Nacional Fascista italiano.

7. Órgão consultivo sobre projetos de lei apresentados pelo poder Executivo ou de iniciativa do Parlamento, previsto na Constituição romena de 1923.

8. Espécie de Câmara Alta, reunindo os Estados. Funcionou até 1933.

9. MACHIAVELLI, Nicollò. *O príncipe*. 1513.

recolheria dos lábios dos modernos *prud'hommes*.[10] E esse modo de sentir exprime no nosso tempo a consciência que vai tendo a sociedade de que é pela reforma interior do homem, pela sua valorização espiritual, que o mundo encontrará o caminho da fundação dos regimes. O artifício constitucional esgota inutilmente em reformas os aparelhos administrativos dos países. Idealiza-se o regime: cumpre fechar por uma peça coordenadora o mecanismo; esbarra-se numa saída única - *o homem bom*. E criam-se os Conselhos, que servem de suporte ao Estado, e cuja formação é a garantia da fixação dos rumos políticos da nacionalidade.

Não há quem possa deixar de ver e entender isso. Enquanto todos os institutos constitucionais tiram o seu valor da própria articulação do seu mecanismo, esses Conselhos valem apenas pelos homens de que se compõem. Mussolini nos dará o exemplo que ficará clássico dessa compreensão. Como se há de organizar a representação na Itália? As Confederações de Sindicatos apresentarão candidatos. Mas seus candidatos não exprimem o interesse público, exprimem o interesse dos grupos econômicos. A Nação é mais que os grupos econômicos. É uma realidade mais complexa. Alguém acima dos sindicados de qualquer grau, pelo contato uniforme com a nacionalidade, pelo senso imparcial do equilíbrio de interesses e de ideias, deverá formular para a referenda do povo italiano a lista completa do seu Parlamento. Esse alguém será um órgão coletivo, formado pelos que se identificaram na vida pública com os altos problemas da Nação, e pelos que nela se tornaram expoentes do civismo e de sentimento nacional. É o Conselho de homens bons do direito municipal da colina, é o Conselho de Estado do nosso Império, com batismo próprio. É, enfim, o homem, como chave do regime.

Ora, antes de pretender estudar no seu valor extrínseco o projeto Melo Franco, sobre o Conselho Supremo, quero afirmar a certeza em que estou da sua presente inviabilidade nacional. Se um Conselho de Estado implica a fundação no *homem* dos alicerces do Estado, mais não se precisa dizer para rejeitá-lo no momento em que nos achamos. País sem tradição política republicana figurada em expoentes nacionais, e sem ideal político expresso, representado em nenhum homem ou corrente, o Brasil não pode justificar o seu como uma cidadela conservadora, mantenedora, como foi o do Império, e como seria ainda nos começos da República, nem como um reduto de pureza revolucionária, como foi o Conselho da Revolução Francesa.

10. Expressão francesa: no caso, integrantes de conselhos julgadores.

Falta-lhe primeiro ideias, e depois homens que as representem. Num país tão pobre de elites, tão inconsciente, tão vago, o Poder Moderador que o Conselho introduz cairá ao nível de todos os institutos do direito público já tentado no Brasil.

Insisto numa fórmula que me parece a única para compreensão da famosa realidade nacional: tudo que supuser a existência necessária de um valor social para bem funcionar não convém ao Brasil, pois não há esse valor.

Política de emergência, e não sínteses constitucionais, é a única coisa que permite a agonia nacional.

A Nação, 11.04.1933.

A CAMINHO DA CONSTITUINTE

Quando as forças revolucionárias paulistas começavam a ceder na sua resistência aos exércitos da ditadura ouvia-se frequentemente dizer que o governo do sr. Getúlio Vargas seria galvanizado pela vitória. Nada era mais errado. Vencedor no Vale do Paraíba, o governo ia perder a paz pouco adiante. E ainda não acabara de refrear um movimento que o visara para restabelecer a ordem constitucional, e já era obrigado, pela coação moral e política com que o ambiente o cercava, a lançar o país não convalescido na vereda da Constituição. Essa desastrosa aventura que será a terceira Constituinte, não foi obra livre da ditadura. Ditou-a o ar irrespirável em que se viu mergulhado o governo, nos dias seguintes à vitória. Não a quis o sr. Getúlio Vargas. Nem o país a suportava. Mas na hora em que a ela se deitou decididamente, a ditadura representava um último e indispensável esforço para salvar da mais asfixiante impopularidade os destroços da Revolução de Outubro.

É preciso que o povo brasileiro não esqueça esses inocentes da Constituinte. Pois só eles conseguem emprestar a marca da fatalidade ao que sem eles seria a responsabilidade e o anátema de um só homem de Estado. Não, o sr. Getúlio Vargas não quis a Constituinte. Nem ele nem os seus Ministros. Foram obrigados a querê-la. Num país onde toda insurreição armada tem os louros da simpatia popular, as armas paulistas derrotadas impunham através da opinião os seus desígnios à nacionalidade. O governo cedeu a um movimento que o arrastava. Imaginou-se a princípio que a política dos jovens militares fosse opor empecilhos à extinção da ditadura. Os mantenedores se transformaram em candidatos. Começou a fase preparatória em que nos achamos, com todos os indícios de uma agonia nacional.

É nas fileiras dos partidos, e nos debates que cercaram a elaboração do anteprojeto, que podemos ler o futuro do movimento constitucional. Aqui estão os ideais, ali estão os homens da Constituinte. O inventário de uns e de outros descoroçoa o mais esquecido otimismo, e não há quem não se renda diante dele à evidência antecipada de um fracasso.

Os homens da Constituinte são os políticos da situação passada ou da atual. Não, porém, os que sobreviveram a si mesmos pelo valor próprio da inteligência ou da virtude, mas os que souberam manter ou refazer a máquina eleitoral que os fazia. Nem tampouco, entre os novos, os que se fizeram expoentes políticos de correntes partidárias ou exemplos de homens políticos, mas principalmente os que tiveram agasalho nas repartições de funcionalismo numeroso ou de grande clientela. São Paulo inclui na sua chapa Cincinato Braga,[1] e Minas o sr. Pandiá Calógeras,[2] é verdade. Mas essas reservas humanas, que estavam esquecidas no fundo vazio dos nossos celeiros, não redimem os dois Estados dos males expressos nas chapas únicas. Minas, de trazer para o poder constituinte, ao lado de cinco ou seis nomes respeitados, uma vara de "amigos" influentes, parentes, protegidos, cujo único título para participar da assembleia, que vai dos estatutos da República, é o laço partidário ou familiar com os expoentes políticos. São Paulo, de emprestar o ritmo heroico da sua atividade eleitoral a uma chapa inexpressiva e medíocre, que é uma trágica exibição da miséria de homens de que morre esse povo, já abatido na guerra civil pela falta de elites que encabeçassem a insurreição dramática do seu civismo.

O Norte reflete nas chapas o que o telégrafo vai revelando, as soldaduras políticas de dois anos e meio de regime. Interventores que agruparam em torno de si a situação passada e a presente, outros que desmembraram partidos, outros que não fizeram mais do que alinhar os seus amigos em frente às antigas formações republicanas. Alguns expoentes revolucionários vêm entre a massa anônima dos candidatos. Os partidos de ideias, os que não refletem a política das províncias, como os socialistas e a Liga Católica, seguiram uma orientação que lhes anula a expressão supernacional.

Os primeiros continuam exteriormente na nebulosa imprecisão de sempre. O segundo, apesar de repetir na doutrina dos seus pensadores que o mundo moderno exige a extremação de atitudes, e não comporta mais a tolerância e a indistinção, dissolve-se em todos os Estados nas alianças e nas chapas únicas. Vem por Minas o seu presidente. Não apareceu ainda

1. Cincinato Braga (1864-1953), político paulista.
2. Pandiá Calógeras (1870-1934), político fluminense.

entre candidatos o seu secretário, sr. Alceu Amoroso Lima,[3] que seria a meu ver a maior figura do catolicismo nacional, se não fosse pelo conjunto harmonioso da inteligência, do caráter, da ação e da vontade, o maior dos brasileiros vivos.

Pelo Sul a mesma coisa. De modo que o panorama eleitoral da Constituinte nos mostra que o país está encerrando essa assembleia como uma nova Câmara do velho regime. Não se pensa na sua função pública, na missão que lhe está reservada de dar organização à República, quando se escolhe uma dessas reuniões dos chefes de partidos, o filho ou o genro para deputado. Vamos ter um circo, um circo fúnebre, porque dará seus espetáculos para o povo moribundo.

No terreno das ideias, por seu lado, não é mais amável a perspectiva constitucional. O fracasso dos trabalhos preparatórios que estão por esses dias a encerrar-se não foi devido a esse ou àquele, nem a uma ou outra falta. Na Subcomissão o membro mais destacado foi o Ministro da Fazenda. Mas os outros, os srs. Mangabeira, Themístocles Cavalcanti, Góes Monteiro, Oliveira Vianna, especialmente, foram com boas e más alternativas, trabalhadores eficazes, e no entanto a obra que nos dão é inútil e inepta, no seu aspecto político e jurídico. Culpa de quê? Não há culpa. O país esqueceu uma frase do Primeiro Ministro da Educação e Saúde Pública, que noutro ambiente mais acústico teria entrado para o fraseário da revolução: "não podemos ter a Constituinte tão cedo, pois não há quem constitua, nem o que constituir". Essa frase exprime o fracasso do anteprojeto. Não há o que constituir. Em todos os povos restaurados por governos ditatoriais, a Constituição tem sido obra final, de seleção de ajustamento e de síntese, fechando o sistema de peças criadas pelo regime. Portugal só agora, quando a Nação sente recair sobre si uma atmosfera de paz, de crescimento e de ordem, é que acorreu as urnas para adotar uma Carta. Dez anos de fascismo ainda não deram à Itália a obra de síntese política dificílima que será a sua nova Constituição. Hitler parece que lhe seguirá o exemplo. Pois não há hoje em dia no mundo um governo consciente e sincero que não considere uma política empírica, ditada por cada fato, a única saída possível para a reconstrução imediata dos povos. E que não considere portanto uma Constituição precoce, obra impossível e inútil.

3. Alceu Amoroso Lima (1893-1983), escritor e líder católico.

No Brasil, por exemplo, a ditadura veio como o desfecho de uma crise política e econômica, que em vinte ou trinta anos de República extinguirá praxes, nivelará os homens, demolirá institutos. Era uma herança negativa a que o sr. Washington Luís deixara ao seu sucessor. A política, que até aí descera incessantemente de desígnios, que rolará da concepção democrática dos históricos ao caráter meramente policial dos últimos mantenedores dos ritos eleitorais, tocou depois de outubro o seu termo de descida, e encontrou-se sem apoio num só instituto ou num só valor. O que era o Brasil em começos de 1931? Nada mais. Quebrara-se a ilusão eleitoral de que se alimentavam "os melancólicos zeladores do superconstitucionalismo", como os chamaria Mussolini. Restava a massa brasileira, que não é isto, não é aquilo, não é nada, e em cuja indistinção os sociólogos confusos procuram a sombra de uma realidade.

Mas a realidade brasileira é como as constelações celestes. Desaparecem se as olharmos de outro ponto do espaço, pois não passam de um arranjo da vista do observador.

Ora, o que isso impunha ao governo era uma política sincera, orientada num só e claro rumo, afeiçoada aos dados empíricos de cada problema. Em vez, porém, de ir ao encontro da sociedade para lhe descobrir e evidenciar os problemas, o governo contentou-se com uma política de reação à posteriori, que age quando provocada pelo fato crítico, inadiável. Quis ser o escudo e não a espada. Não se lembrou que os males do Estado nem sempre o enfrentam para reclamar emenda. Ou são procurados, ou se acoitam onde podem agir com mais vigor.

Resultado foi que chegamos à hora em que soou a paciência nacional, e o governo não nos revelou até agora um instituto que possa ser chamado fruto de sua experiência histórica. Enquanto as Constituintes da Itália e da Nova Alemanha virão pôr em sistemas os institutos criados e selecionados pela experiência, a Comissão Constituinte brasileira teve de inventar institutos. Alguns seriam excelentes. Mas se fossem postos em prática sob formas primárias, cuja evolução atingiria o tipo definitivo. É o caso do Conselho Supremo, por exemplo.

Como Conselho de Estado, é uma peça retrix[4] da democracia. Mas não pode ser hoje obra de uma lei, nem ainda menos de uma eleição. Já vimos

4. No original latim, grafa-se rectrix; diretora, reitora e por extensão orientadora.

em estudo anterior essa sua significação profunda, de órgão compensador e sistematizador da vida pública. Reservemo-nos para um novo estudo das condições precisas para que assim funcione esse aparelho, que vai fazer a sua reaparição no domínio constitucional. Veremos que é logicamente previsível o seu naufrágio nas águas incertas da nossa vida pública.

A Nação, 19.04.1933.

SALÁRIO MÍNIMO

Em política, havemos de separar sempre o particular do geral, a lei, a norma, do princípio. O princípio se elabora no Partido. A norma, só o governo modela diante dos dados da sua própria experiência. Toda doutrina partidária é por isso elaborada em dois tempos: antes do acesso ao Governo, e a partir dele. No primeiro tempo firmam-se princípios, formas gerais em que se enquadrará a experiência. No segundo, ao contato dos fatos, irão sendo modeladas as regras particulares. Mas, com o tempo, as regras particulares tenderão a um sistema.

A repetição da experiência levará à fixação de alguns elementos, ao desaparecimento de outros. Da variedade de soluções particulares, sairá pouco a pouco uma unidade, que não estava contida nos princípios gerais primitivos. Mas em harmonia com eles.

Assim, na Itália, dos dois princípios elaborados no período partidário (1.º tempo) – "agrupamento de profissionais" e "direção nacional da Economia" – saíram normas tendentes de um lado a dirigir a produção e de outro lado a personalizar as classes; e dessas normas, no período governativo da Revolução (2.º tempo), sairá, por indução, o princípio da estrutura social corporativa.

Quem estudou a história fascista sabe disso. O corporativismo é uma doutrina elaborada no governo, pela sistematização da experiência, que começou por aplicar à sociedade os princípios já elaborados no Sindicalismo e no Unitarismo econômico.

Há, pois, na doutrina de um partido, um elemento pré-governativo, resultado da ação administrativa e legislativa, que ele exerceu sobre a sociedade. Se o partido consegue separar na enunciação da sua doutrina o que independe da experiência futura do que por ela há de ser criado, dá um passo valioso na preservação da sua ideologia: consegue não errar nas suas opiniões políticas durante a propaganda e subir ao governo vinculado a ideias e não a planos, mais ou menos difíceis de realizar.

Pelo contrário, a confusão da doutrina pura com a doutrina prática é uma situação intelectual dramática para os partidos. Quase sempre os arrasta à pura perda. E os induz ao erro de fato as suas afirmações de propaganda, ou leva os seus chefes, quando governam, à infidelidade sistemática às suas plataformas.

A política republicana está aí como exemplo. Quando houve luta impessoal pelo governo, não eram princípios, eram nomes que os candidatos prometiam. E, vindos ao poder, não os implantaram porque não podiam. A experiência repelindo as falsas fórmulas, planejadas no vagar inócuo dos gabinetes.

Mas o exemplo talvez máximo que se deve invocar, para deixar líquidos os perigos de tal confusão, é a luta ideológica dos partidos no regime parlamentar. Partidos tão semelhantes nas ideias, que em toda parte se disse não haver diferença entre um conservador e um liberal, entre um republicano e um democrata; entre um *whigh*[1] e um *tory*.[2] Dissemelhantes apenas nas soluções concretas que ofereciam aos problemas daquele momento. Uns querendo levantar tal imposto, outros abaixá-lo; uns querendo proteger, outros não proteger tal indústria. O resultado, bem sabemos. O partidarismo parlamentar tornou-se a negação do próprio partidarismo, e volúveis no poder, equívocos na oposição, transitórios antes de tudo, os partidos não personificaram um espírito político distinto, nunca encarnaram uma concepção da vida pública, nem sequer tingiram de cor diversa o ambiente político onde atuaram. Boiaram antes sobre as instituições, na mesma cena liberal, um ator novo, dizendo ao mesmo público o mesmo monólogo.

A concepção de Partido que hoje temos no mundo, pelo contrário, não se conforma com essa confusão. Há uma doutrina pré-governativa, insistamos, que não contém fórmulas concretas de administração, mas que exprime os princípios dentro dos quais o Partido concebe a vida pública, e fora dos quais nenhuma solução prática pode a seu ver ser fundada. Essa é a doutrina da propaganda. Doutrina pura, dada como imutável dentro de

1. Nome do antigo partido político conservador inglês.
2. Nome do antigo partido político liberal inglês.

certos limites da realidade histórica, da qual um sistema político só lentamente pode ser formado.

É à luz dessas preliminares que quero condenar a possível adoção de uma base de salários mínimos por movimentos políticos que ainda não chegaram ao governo, e que apenas desenvolvem da sua ideologia o que constitui doutrina pura, isenta de toda a experiência. Estariam perdidos os que quisessem encarar o problema da salvação do trabalho como um problema de simples fixação de salário mínimo. Estariam perdidos porque ou enunciariam essa base como norma que seguiriam futuramente, ou como princípio de organização econômica. Se enunciassem como norma, não fariam doutrina pura. Se como princípio, estariam empregando na propaganda um argumento que é, apenas, o disfarce de um dos cardeais princípios da defesa política da burguesia.

Há uma situação pior e mais envenenada que a sujeição de classes: é o falso solidarismo entre classes. Penso que é preciso envolver o "salário mínimo" na denúncia contra a chamada "legislação social" dos Estados burgueses. Ele se articula a outros nomes políticos de proteção ao trabalho, que os governos burgueses constroem [---] estrutura social que a política conservará.

É fácil explicar o problema: de duas maneiras se pode julgar o salário. Ou como retribuição do valor econômico que o trabalho produziu, e neste caso o salário dependerá do trabalho, exclusivamente. Ou como garantia ao operário de sua subsistência, e neste caso o salário dependerá do custo de vida. Foi esta a concepção burguesa do salário, é na sua prática que vivemos: o trabalho produzindo uma parte considerável do valor econômico do produto, os instrumentos de produção (capital), produzindo outra parte. Mas o trabalho não sendo pago em proporção ao valor por ele criado, sendo pago para que o trabalhador apenas se sustente, e deixando passar, assim, ao capital toda remuneração que não lhe toca, sob a forma hoje classicamente denominada "mais-valia". Ora, é contra essa concepção do salário que se insurge um regime social inspirado no equilíbrio e na justiça entre classes.

Tanto o trabalho como o capital devem ter, no plano da economia corporativa, a remuneração proporcional ao valor econômico por cada um deles criado. O salário, como o lucro, seguem a sorte da produção. Esta sobe de valor, a remuneração aumenta; desce, a remuneração diminui. O homem fica vinculado ao seu trabalho nessa íntima união em que se deseja que ele complete e por isso liberte a sua personalidade social. A Justiça do Trabalho aplicando à remuneração dos agentes produtores esse novo conceito de equidade compensa com as suas intervenções repetidas o equilíbrio que a vida econômica, sem cessar, vai desfazendo.

É na concepção burguesa, literal, do trabalho que esse lugar existe, criado pela necessidade de substituir não a injustiça pela justiça, mas apenas a injustiça cruel pela injustiça suave. "Salário mínimo" significa justamente o menor salário possível em face das necessidades de consumo do trabalhador. É para que o salário não desça a tão pouco, que nem sequer viver o trabalhador possa, é para que não se exceda para menos a concepção burguesa da remuneração, que os governos liberais abraçam a filantrópica doutrina do "salário mínimo".

Mas num regime de Justiça social, que obriga o homem a correr o risco do seu trabalho, mas lhe permite participar de todo o produto dele, o princípio político é outro, embora as normas e o sistema só na prática possam ser criados. O princípio é a igualdade entre o valor econômico do trabalho e o capital.

A Offensiva, 17.05.1934.

COMEÇO DE UM DISCURSO AOS MOÇOS

Dizem a todo momento que a nossa geração, de homens entre 20 e 30 anos, será ativa, como as nossas antecessoras foram críticas e céticas.

Não existe porém essa geração que falam. Alguns dentre nós leram ainda os mestres da Guerra, conheceram a confiança na Arte como puro ideal de vida. Outros não conheceram nada disso. Só sabem de comunismo e de fascismo. Uns ainda aprendem, outros já sabem, que o mundo não vive agora momentos em que o seu rumo esteja como que predisposto; que estamos numa hora de deliberação histórica, em que a humanidade disporá de si mesma.

Vejo a geração de 20 e 30 anos dividida em três atitudes: há os homens que ainda se prendem ao fatalismo social de antes da guerra (não interessam, são a matéria inútil que a máquina devolverá ao final do trabalho); há os homens que sabem já que é necessário dispor da sorte humana, mas esperam que surja uma vontade que os levante (são os fracos); há os que já estão de pé, são os homens que nas guerras se inscrevem primeiro como voluntários, os que nos comícios de todos os tempos sempre agrediram primeiro, os que não carecem de exemplo. É da sua raça que gostaria de vos falar.

Um personagem gideano queria escrever um tratado de insuficiência, onde procuraria estudar o momento extremo de toda resistência. Um homem está quase à morte. Ainda o podem salvar. Corre o tempo; ainda podem. Ainda podem, já não podem.

Há um momento limite, um momento imprecisável, um momento, entretanto, em que ao ser segue-se o não ser.

Quando uma sociedade humana tem de mudar de atitude, quando da paz se sairá para a guerra, do repouso para a luta, há um momento limite, igualmente, no qual alguém age sem exemplos, para motivar a conduta dos que depois agirão.

Esse alguém não é um ser escolhido pelo acaso. É sempre o homem de uma certa raça de caracteres. Cada um de nós pode e deve examinar a sua própria consciência para ver se pertence ou não a ela.

Quem age primeiro é quem tem uma mobilidade tão forte, que pela sua pura vontade se move. E quem não teme levantar e ficar depois sem companheiros. O homem comum só se move apoiado no movimento alheio. O homem comum vai à guerra porque estão partindo voluntários. O homem comum rompe com a forma social dentro de que vive, porque já existem outras formas dentro de que ele possa viver.

Há no Brasil milhares de pessoas certas de que o *materialismo da concepção geral de vida e a insuficiência da nossa organização política* vão nos levar ao comunismo. Há no Brasil milhares de moços que acham necessária uma reação espiritual mais ativa do que uma simples mudança individual de ideias. E que ouvem mesmo a palavra do Papa, concitando os espiritualistas do mundo a se unirem. Há mesmo centenas de moços que se dizem uns aos outros gravemente: "vamos agir". E fundam um jornal de pequena tiragem.

Eu reclamo a presença dos temperamentos de primeira linha na Revolução Integralista. Sei bem que há os que só virão no fim, depois da convicção de que ela é boa e forte. Não quero que os cordeiros se tornem lobos. Nem que ninguém renuncie à sua raça.

Mas quero que os moços capazes de se inscreverem numa folha em branco de voluntários acorram às legiões. Um homem que tudo tem a dar, nada a defender, não pergunta: "para onde isto vai?" Entra, para que isto vá para onde ele deseja. E só se isto vier a marchar contra, ele sairá.

Cem mil homens vestem hoje a camisa verde em quase todos os municípios brasileiros. O Integralismo atualizou a grande revolução em potência nos povos dispersos da Pátria. O Integralismo compreendeu que as forças espirituais da Nação queriam se dar totalmente à obra da nossa salvação temporal. Há anos que se agitam essas forças. A Aliança Liberal foi uma mistificação dos seus anseios. A Liga Eleitoral Católica não precisou usar o material de vontade que necessitava justificar.

Chegou a hora dos que sabem dar o primeiro "viva" ou o primeiro "morra". Chegou enfim a hora em que se há de reunir sob uma bandeira os que têm no coração o que desperdiçar. Os que têm modo de gastar à toa as suas virtudes.

Aquele...

A Offensiva, 09.08.1934.

O HOMEM POLÍTICO POINCARÉ

Em tempos como os nossos, predestinados à vida pública, o sentido de um destino como o de Poincaré[1] é um grande tema para o pensamento.

Os homens reassumiram uma grandeza na ordem política que há bem um século tinham perdido. Não se fala senão de regimes. E o ideal teórico era mesmo a descoberta de uma fórmula ótima de automatismo, dentro da qual fosse corrigido o coeficiente de intervenção pessoal do homem, e na qual se garantisse a harmonia, o equilíbrio e o progresso maior de cada Nação. Procurava-se desparticularizar a política, se assim podemos dizer: tornar a vontade do Estado independente da do homem de Estado – o que se fazia pelo emprego normal do sufrágio, do plebiscito, e também pela neutralização recíproca dos órgãos governativos (teoria da separação dos poderes, do poder moderador, do voto de confiança, etc.).

Foi uma longa época em que se aspirou ao predomínio da sociedade sobre o homem. Isso acontece nos períodos de maior adaptação social geralmente. Períodos em que de fato as grandes reformas são realizadas pela sociedade no indivíduo. E em que por isso se espera, tornando a sociedade perfeita, corrigir o arbítrio e reger o equilíbrio da vontade humana.

O nosso tempo, entretanto, é o da miséria dos regimes. A sociedade como fonte de valores está esgotada. Em todos os planos por que passa a existência, é do homem que se esperam a renovação e a fecundidade. Apela-se para o artista, e não para a arte. Para o santo, e não para a instrução moral. Para o herói e não mais para as repúblicas.

O mundo que confiará na "necessidade" está entregue ao "arbítrio". E é notável que o próprio Comunismo, proclamador do primado do social sobre o humano, seja o regime fundado à sombra de um homem, e que, há

1. Raymond Poincaré (1860-1934), político francês.

anos no cenário histórico, seja principalmente, perante o mundo, o diálogo de dois heróis.

O heroísmo é a vitalidade do mundo presente. Mussolini, como Stálin[2] e como Hitler, são fundadores de regimes, não há dúvida. Mas de que regimes? Dos que se hão de realizar, num rumo teórico visível, através dos seus atos e dos seus pensamentos. É o herói como objeto imediato da nossa paixão política. E atrás dele, através dele, o regime do seu advento.

Poincaré na história moderna foi uma figura de transição para o heroísmo. Sua vida, seus limites, seu ocaso respeitado e glorioso, contêm as vivas lições que outrora os povos, hoje os homens, sempre nos dão. Porque ele foi o semi-herói. O grande homem da civilização infecunda. O esforço grandioso e efêmero, que teve limites causadores do seu triunfo e da sua queda.

A grande aparição na história da França que melhor mede o valor do seu destino como exemplo foi o advento do seu gabinete de salvação pública em 1926. O *Cartel des Gauches* (Cartel das Esquerdas) se esfacelava no desastre da sua política financeira. Caillaux[3] fizera votar uma confiança, um ano antes, em que os votos vencedores partiram da direita, do centro, e os vencidos precisamente dos socialistas unificados e dos outros partidos da extrema esquerda. Em 1926 a libra a 250 francos, significava a certeza do abismo iminente. Era o momento da desordem, das oscilações parlamentares indicativas de tempestades, o ocaso do regime que conhecera a segurança na vitória do primeiro gabinete Herriot.

Foi esse o momento em que Poincaré representou o ato heroico da salvação da República. Ele despertou as energias da "Union Sacrée" para formar com elas a energia nova do seu gabinete. E é aí que vamos compreender o espírito do poincarismo. Ele, que via diante de si, abertos pela ruína monetária, os precipícios da democracia, teve, como bem observa um dos melhores críticos da política francesa a suprema intuição do presente, e a ciência das possibilidades. Foi o planejador da reforma realizável: não quis transformar a sociedade, mas compreendê-la. E tirando a média das soluções, separando nos fatos o essencial e o secundário, concebeu o plano

2. Josef Stálin (1878-1953), secretário-geral do Partido Comunista da União Soviética de 1922 a 1953.

3. Joseph Caillaux (1863-1844), político francês.

de salvar a França de amanhã à custa da França de hoje, de salvar o governo sem perder o regime.

Todos conhecem a manipulação parlamentar que foi a chave do seu gabinete. Poincaré soube conciliar o "cartel" das esquerdas e o bloco nacional, esses dois fenômenos polares da política francesa logo depois da guerra. De um lado ele assimilava a tradição financeira, que era o prestígio da direita, burguesa e clerical. De outro lado recebia os ares do cartelismo onde este mais solidamente afeiçoara a opinião nacional: na política externa. E ele, o político financeiro imperdoável perante as esquerdas, dominava-as, jungia-as ao seu prestígio e à sua eficiência, recebendo no gabinete, como um símbolo, Herriot, e entregando a Briand[4] os estrangeiros.

Foi então que o realce incomparável da sua figura deu-lhe as suas proporções heroicas. Em torno dele, não de outro, essa composição se faria. O seu nome foi a bandeira da fórmula que propunha. Logo o seu trabalho e a incansável coragem "ao serviço da França" iriam ser os condutores da vitória. O perigo iminente se dissiparia pouco a pouco. Em 1928 as urnas elegeriam 607 deputados, 440 poincaristas. Mas como era o apogeu, já era o declínio. Haviam passado as razões urgentes da paz dos partidos. E essa mesma Câmara vai recomeçar as divisões primitivas que os chefes políticos se apressavam em remarcar com energia. E logo a demissão de Herriot. E cedo o regime Poincaré se transformará no clássico governo de direita e centro, perdida a unidade moral que ele conseguira estabelecer por um curto momento na vida política francesa, de tal modo que a demissão do Primeiro Ministro em julho de 1929 já não deixa senão lograr a que recomecem as oscilações e as agonias do Parlamento.

A lição de Poincaré estava dada. Esse homem exponencial da cultura política europeia, que tivera o que a tantos condutores de homens tem faltado – a compostura e a dignidade inacessível de atitudes –, havia encerrado a sua trajetória circular na história, saltando no ponto de partida das suas ações. O mar que ele juntara se dispersava de novo na tempestade. Tentando conservar o presente para sobre ele fundar o futuro, Poincaré dera limites efêmeros e frágeis à sua obra.

Não melhorou o homem nem o mundo onde ele vive. Teve o destino dos prudentes, dos cultivados, dos que manejam as formas acabadas

4. Aristide Briand (1862-1932), político francês.

da civilização presente, que são incapazes dessa ressurreição cuja virtude é nativa, e habitual antes nos que estão mais perto da pura natureza humana.

Mussolini, por exemplo, é o tipo supremo de herói moderno: o homem que põe aparentemente no ar os fundamentos do seu edifício; que não consulta o presente para se conter nos seus limites; que parte da desconfiança pública, da violência, da repulsa, do ridículo, mas que dura - e vê mais tarde a sociedade humana se reconstituir em torno dele. (Quem não pensa na teoria bergsoniana da invenção moral?)

Poincaré, porém, foi um semi-herói. Porque à parte o grande exemplar que foi de homem público, não trabalhou na única obra que hoje nos interessa: na criação de valores novos para a existência. Não rejuvenesceu o mundo. É homem ainda do século do primado dos regimes, concebeu a ideia fatal de salvar uma sociedade à custa dos próprios males que a devoram.

Gazeta de Notícias, 27.09.1934.

INTEGRALISMO E BURGUESIA

É uma opinião corrente, nos meios intelectuais sobretudo, que o movimento fascista mundial é uma reação da burguesia. Esta ideia é comum nos espíritos mais separados do marxismo. E entretanto o grande erro que a fundamenta é um dos mais atingidos já pela crítica primária desse sistema.

Imagina-se a sociedade simplificada em dois polos únicos: o proletário e o burguês. E não se vê ação possível num ou outro, que não seja para aumentar as suas próprias condições de progresso e permanência. O que vem do burguês é contra o proletariado. O que vem do proletariado, mesmo como agitação, sem rumo certo, deságua no curso central do movimento comunista.

Raciocina-se então que o que vem contra o comunismo é contra o proletário. Defesa da burguesia, por conseguinte.

É difícil conceber-se um primarismo tão elementar na compreensão dos movimentos históricos. Ainda acho que se possa admitir sem absurdo a simplificação das classes ao dualismo marxista, pois o que importa no seu dinamismo é a soma de forças, a oposição das resultantes. Mas o que é impossível é não ver que as classes muitas vezes operam contra si mesmas. Que ao longo da história nos períodos de civilização mais que nos da cultura certamente (para usar uma distinção spengleriana), as classes se defendem, se agridem, se suicidam, se rendem, como organismos sujeitos não à necessidade natural mas ao hábito, e ainda mais às leis da construção livre do homem.

O quadro social é de uma riqueza de movimentos que o estudo elementar econômico das suas formas não deixa prever um só momento. É necessário um estudo mais profundo (o que vale dizer: todas as privações de cada classe). Poderemos então compreender para onde é o seu movimento. E conseguiremos isolar classes (ou formas), que aparentemente se acham colocadas debaixo de uma perfeita unidade. Talvez voltemos depois

– reduzindo a um resultante comum as forças concorrentes – a encontrar o dualismo social na base da transformação histórica presente. Talvez não seja, porém, o dualismo marxista o binômio "burguesia-proletariado". Será outro, em que exprimiremos não o imaginário instinto de conservação da classe todo-poderoso, mas as tendências antagônicas que no seio da mesma sociedade trabalham pela transformação dos *standards* espirituais e materiais da existência.

Bem sei que nada disto é tema para uma curta nota. Que seria necessário dar ao que estou dizendo uma exposição mais nítida. Mas é que sem essas premissas não vejo por onde entrar na questão da filiação burguesa do movimento fascista, e do Integralismo em particular. Deixo de lado algumas questões preliminares por hoje: como seja a de saber até que ponto há um movimento fascista mundial. Quero apenas tratar do fenômeno integralista.

E mostrar desde logo por onde ele se opõe ao que podemos chamar de burguesia. É talvez uma face própria do Integralismo brasileiro, que não se encontra no fascismo europeu. Mas ela indica o sentido profundo da revolução, que os primeiros combates em São Paulo já estão anunciando. Esse sentido é que as elites da Nação precisam recolher com presteza. Por ele o Integralismo deixa de ser uma reação – o que nada vale – e passa a ser uma construção em cujo plano está interessado todo homem que recebe as grandes e vivas ideias do primado do espírito e da função humana das pátrias. O Integralismo forma um complexo organismo de doutrina; mas em massa, considerado como estado de alma, é a volta ao "verdadeiro" na vida da sociedade humana.

Todos os grandes movimentos históricos, seguindo talvez a lei imutável do retorno ao Paraíso, apresentaram-se aos homens como "voltas" a uma ordem verdadeira e perdida. Todos viram no presente o artifício, e lutaram pela purificação das instituições. Variaram na concepção da "verdade", que os revolucionários do século XVIII colocaram na natureza da qual haviam excluído a sociedade, e que os revolucionários do século XX veem precisamente nessa sociedade, organizada como um corretivo ao desequilíbrio e às insuficiências do homem.

A burguesia moderna é a forma social que não vê o progresso como um retorno mas como um prosseguimento. Se o maquinismo abre problemas, ela os quer resolver com mais maquinismo. Se a vida social desorganiza a família, ela a reorganiza sobre o divórcio. Ainda ligada ao sentimento do progresso indefinido, que fundou o otimismo do século XIX, ela espera salvar-se da grande indústria pelos *trusts*, da imoralidade pela licença de corrupção pecuniária, dos governos pelo governo dos homens de negócio. Seu movimento social é o de ir adiante. Seus ideais todos se resumem em utilizar a vida pública como instrumento para melhorar a vida privada.

Há toda uma ética, uma religião, uma arte, uma filosofia, uma ciência, criadas pelo movimento da burguesia. Cercada de ameaças, ela segue sem pânico, armada da sabedoria que ao policiamento para o futuro ascensional garantido pela sua filosofia.

E quem quiser compreender a origem da energia integralista conhecerá agora o heroísmo de retorno. O Integralismo reúne na sociedade o antiburguesismo. Repete a cena histórica presente, a eterna revolta do homem contra a falsidade das suas próprias criações.

É próprio da razão e do seu funcionamento histórico separar as instituições das suas raízes. É próprio do coração humano, nesse momento, abandoná-las.

O que há de eterno na face efêmera do movimento integralista é a sua orientação para a pureza do homem. Voltar à simplicidade dos costumes, romper com o gosto do luxo, sonhar com a sociedade rústica dos fundadores de nações, parece-me o ideal que melhor revela a categoria fundamental do pensamento integralista. Onde o burguês põe o pacifismo, põe o integralista a violência, não como arma revolucionária, mas como gesto autêntico, como reação genuína do caráter humano. Toda a teoria política que a massa não sente que se elabora nos órgãos de pensamento do partido, nada é, a meu ver, senão a pesquisa da pureza e das condições da sua conservação. Qual o regime que conserva a vida humana fiel à sua verdade? Que instituições impedem a desagregação íntima e social do homem? Como manter aquela austeridade necessária à dignidade da vida? São perguntas que erguem, diante dos burgueses, os moços que renunciaram dar a sua energia a uma verdadeira chamada vida prática para dar a sua energia a uma verdadeira Revolução.

São homens que vêm no mundo em progresso dos burgueses o espetáculo trágico de uma decadência e que marcham contra ela.

Gazeta de Notícias, 14.10.1934.

BASES POLÍTICAS DA DOUTRINA INTEGRALISTA

A Nação[1] ouve o sr. San Tiago Dantas, secretário provincial de doutrina da Ação Integralista Brasileira.

O sr. San Tiago Dantas é um dos elementos da nova geração de maior prestígio nos círculos culturais pela sólida base de sua formação espiritual. Dedicado ao Integralismo, o sr. San Tiago Dantas é essencialmente um homem de convicções e de doutrina. Uma entrevista com esse expoente da nova corrente política proporcionará vários esclarecimentos.

O secretário provincial da Ação Integralista prestou-se gentilmente a fazer as seguintes declarações:

O Integralismo já modificou profundamente a política brasileira. Vivíamos no inútil diálogo dos partidos, empenhados na conquista dos cargos públicos. Partidos sem ideias, que nas suas fases de oposição proclamavam-se mantenedores da liberdade, e nas fases de governo mantedores da ordem. Por programa, endossavam sempre os atos administrativos populares na ocasião. E anunciavam concessões simultâneas ao trabalhador e ao capital, como se cada um deles pudesse aumentar seu império, sem subtração correspondente no do outro.

A República, a cujos últimos tempos estamos assistindo, foi a face da miséria política do Brasil. Perdeu-se tanto nesses longos anos, que a própria essência de todo o governo, a orientação da sociedade por uma certa forma de vida humana, deixou de preocupar os homens públicos e acabou por ser banida, mesmo dos atos formais como os manifestos.

---

1. Jornal carioca diário lançado em 14 de janeiro de 1933. Saiu de circulação em 1939.

O país passou a conhecer uma política de reação aos acontecimentos e de providências imediatas. Salários aumentados nas ocasiões da greve, obras hidráulicas no tempo das faltas de água, reconstituição de arsenais nas vésperas das revoltas, medidas econômicas de urgência na hora das crises, dos cataclismos, das bancarrotas. Todos esses atos desligados de qualquer plano de construção moral ou econômica. Todos subordinados ao presente e não ao futuro. Um casuísmo administrativo, uma política de naufrágio permanente, em que, na maioria das vezes, não se procurou senão retardar o desastre completo para o outro quadriênio.

Várias foram as consequências dessa fixação de caráter dos governos; a primeira, foi a transformação da política em simples administração. Poucos homens sentem hoje a extensão dessa mudança. E se perguntam se a boa política não será puramente administrativa. Esqueceram o sentimento profundo das palavras, evidentemente. Não se lembram de que "político" é o que se refere ao conjunto, ao sistema dos atos de governo; "administrativo", o que se refere ao particular, ao caso isolado. De modo que não pode haver "administração" superior que não seja aplicação de certa "política" sem a qual o governo perderia toda construtividade, e se resumiria na função negativa de impedir o conflito e a desordem.

A segunda consequência foi no plano da consideração devida à conduta dos homens públicos. O estadista ideal pela maioria do povo brasileiro é o homem capaz de diminuir o sacrifício popular. Isto é: o homem que mantém o seu governo contra os assaltos de quem quer que seja, o homem capaz, mesmo sem uma grande força militar, de impedir que se avolumem as forças contrárias, cujo choque traria a desordem, e, com ela, o sacrifício.

Ama-se o estadista de oportunidades, que se deixa guiar pelos fatos, em vez de guiá-los. E se hoje indagarmos, entre cidadãos desprevenidos, qual a virtude governativa por excelência, quem duvida que seja consagrada a tolerância, o tato de se submeter aos acontecimentos?

Entretanto, nada é mais contrário à noção verdadeira de política. O grande político é o que usa o tato para dirigir os acontecimentos, segundo um plano visado. É próprio da sua natureza cair quando o plano se torne irrealizável. Mas é impróprio dela relaxá-lo.

O Integralismo

A primeira transformação que o Integralismo trouxe a esse estado geral de coisas foi a quebra do quadro em que se continha a numeração dos partidos brasileiros.

Ele não se opõe a este ou àquele partido, mas ao conjunto de partidos. Lá onde todos eles concordam que cumpre executar o regime constitucional e discordam quando às medidas imediatas da administração (e no Brasil essa discordância hoje é já quase exclusivamente quanto aos homens), o Integralismo estabelece a necessidade inicial de ter uma política, um sistema de construção social a realizar, e logo, pela matéria da sua política, condena a conservação do regime constitucional.

Poderia explicar-nos em que consiste a "política integralista".

Pois não; mas concluindo o que dizia: há uma oposição de gênero, como se vê, entre o Integralismo e os Partidos. Estes diferem entre si pelas medidas imediatas que prometem. O Integralismo não promete medida alguma, não anuncia programas administrativos. A sua administração será a execução concreta da política que ele estabelece em doutrina. Não será premeditada, mas elaborada pela experiência de governo, com o conhecimento e a escolha deliberada dos rumos. Só existe um movimento político no Brasil congênere ao Integralismo; é o comunismo. Só este tem, como nós, uma política. Por isso é com ele que nos medimos. E já não há quem no Brasil não saiba que será entre nós o diálogo final.

É verdade que a democracia teve também uma política. Mas em nenhum desses partidos hoje existentes ela está representada.

Contudo, é proveitosa, no plano teórico, a comparação da política integralista à política liberal.

Deixemos de parte as premissas filosóficas de uma e de outra.

Lembremos só que o homem, na concepção liberal, era um ser perfeito por natureza, e alterado nessa perfeição pela organização social.

A filosofia da época recebia em todos os terrenos a ideia da existência de uma "ordem natural", dentro da qual todas as coisas se harmonizavam pela simples destinação própria de cada ser. O homem natural seria o homem completo, de que não poderíamos pensar nenhuma falta e nenhum erro, como não poderíamos atribuir essas coisas à natureza mesma.

Fora da natureza estava a sociedade. E a ela, ao constrangimento que exercia, sobre o homem, já através da lei, já através dos costumes, cabia a responsabilidade pela destruição da excelência natural. Ora, toda "política tem um fim comum (diríamos melhor: uma causa final)": o aperfeiçoamento do homem. E dada a origem da imperfeição na sociedade, é clara a política liberal: resume-se na diminuição na supressão mesmo (não se tardará a dizer) de toda violência sobre o homem, de toda ação social sobre a sua conduta e a sua existência. Eis por que se pode dizer que a política liberal, como o nome está mostrando, consiste em proceder ao aperfeiçoamento humano através de uma concessão cada vez maior de liberdade.

A concepção integralista do homem leva-nos, porém, a uma política contrária. O homem aqui nos aparece como uma natureza incompleta, imperfeita. Sua grandeza não está realizada nele, pela constituição do seu ser. Sua grandeza é alguma coisa a ser conseguida, depende do ser rigorosamente, que depende do superamento da sua natureza.

Por isso, o homem natural é uma diminuição do homem. E para o progresso, só dois caminhos ficam abertos: o aperfeiçoamento espiritual do indivíduo, e a educação que exerce sobre ele a sociedade. A sociedade nos aparece assim, não como alguma coisa que contraria a natureza, mas que a completa e engrandece. Pode-se mesmo dizer que a concepção da sociedade recebida pela doutrina integralista é a de um instrumento necessário à perfeição humana, por trazer ao homem, através da lei, da educação e do costume, as verdades acumuladas pela experiência dos grandes espíritos e pela virtude dos povos. Isso dá uma dignidade excepcional ao governo, à ciência e ao direito. No que vamos ainda aqui ocupar atitude simétrica à dos filósofos liberais (relembre-se o Rousseau do "Discurso sobre as Artes e a Ciência").

Mas isso dá também uma realidade indestrutível aos grupos que, dentro da sociedade, distribuem entre si a missão do aperfeiçoamento.

E por isso a defesa da sociedade não é no Integralismo a defesa da coletividade total de homens. Estamos nisso com o filósofo que disse que a palavra "humanidade" é vazia de toda significação.

Quando falamos em "sociedade", não é um conjunto aritmético de homens que pensamos; mas um grupo principal, com movimentos de organismo, e legitimado, por assim dizer, pela unidade e necessidade dos seus fins. A "sociedade da doutrina integralista pode-se definir aproximadamente como um sistema de grupos ou formas, necessários à vida humana". Desses grupos destacamos, pela permanência da sua natureza, a Família, o Estado a Igreja; pela necessidade com que se apresenta certo período histórico, a Corporação, o Sindicato.

Ora, se examinarmos a sociedade burguesa a cujo esplendor material e miséria humana estamos assistindo, o que vemos é a degradação de todas essas formas fundamentais da sociedade, a sua inaptidão para as funções que se espera dela, e muitas vezes a sua utilização para executar a função contrária. A Igreja vive numa convivência com o Estado que impede a boa discriminação das suas funções próprias. O Estado é um órgão de administração de negócios, fraco e arbitrário, oneroso e inútil, intervindo nas coisas privadas mas como instrumento de particulares. A Família é uma ficção jurídica para regular o regime de bens, a sucessão, o pátrio-poder.

E o Sindicato, grupo cuja função natural é a condição dos interesses, mas da sua grandeza é a sua virtude comuns, é hoje o veículo da desordem e da luta de classes.

Fica por si inteligível numa vista geral da política integralista. Se ela reconhece a necessidade desses grupos à conservação da dignidade humana, a sua política inicialmente se resume não na liberdade, mas na autoridade. E esta dirigida, então, a um objetivo nítido, a conformação da sociedade orgânica às funções próprias de cada grupo, de modo que essa sociedade possa ser o instrumento não da miséria e da satisfação do homem, mas da sua grandeza e da sua virtude.

Daí parte o sentido mais profundo da ética e da política integralista. Em que consiste essa grandeza, em que consiste essa virtude? Nada inventamos sobre a moral cristã neste particular. Na verdade, inventamos quase tudo sobre a moral burguesa. Queremos educar os Brasileiros no amor da temperança e do sacrifício de si mesmos, e não mais no amor da prosperidade e da riqueza.

O que pensa o Integralismo das grandes desproporções de fortuna?

As grandes desproporções de fortuna resultam da economia liberal, como todos sabem. A economia integralista de distribuição proporcional, de organização cooperativa moderará o lucro do capital, e por isso, na sociedade futura, não se há de conhecer desproporção de riqueza entre as classes, na medida em que hoje se conhece.

Quando às grandes fortunas de hoje (que a sucessão, como sempre acontece, dividirá), quanto a elas, o Integralismo pensa o mesmo que o Cristianismo; que elas trazem deveres consideráveis aos seus possuidores para com a sociedade onde vivem. Apenas lá onde os doutores da Igreja punham sanções de consciência, nós colocaremos as sanções do Direito.

No mais, quero que se tenha bem presente que o Integralismo não vê o luxo, a pompa, como um prazer que os particulares possam se oferecer. O Integralismo é um retorno à vida simples e austera.

O luxo, para nós, só é digno quando exprime o respeito, a grandeza simbólica, a homenagem.

Hoje, há pessoas que acham que o Papa deve se vestir pobremente, porque o luxo é próprio dos milionários. É uma das inversões de juízo próprias dos tempos. O luxo não pode ser fútil nunca, e ele se torna, quando é privado.

Mas, para uma transformação tão completa da sociedade, com que conta o Integralismo?

Foi Spengler[2] que disse na conclusão da sua *Decadência do Ocidente:*[3] "um poder só pode ser derrotado por outro poder, e não por um princípio". Não há, entretanto, outro poder que se possa opor ao do dinheiro senão o do sangue. Só "o sangue superará e anulará o dinheiro".

O Integralismo é desde já a força vencedora contra a burguesia, porque esta se habituou a mandar matar e a mandar morrer. Nós outros, que hoje somos centenas de milhares no Brasil todo, estamos no partido do sangue. Nosso inimigo verdadeiro é o comunismo.

Ele possui o dinheiro e o sangue.

Mas ainda contra ele somos desde já vencedores. Porque eles guerreiam em nome da voluptuosidade e do ódio. Nós, em nome do sacrifício e da justiça. E os jogos mais altos do coração humano, são os nossos motivos que ascendem.

A Nação, 25.10.1934.

---

2. Oswald Spengler (1880-1936), pensador alemão.
3. *Der Untergang des Abendlandes*, no original alemão, publicada entre 1918 e 1922.

O COMUNISMO E A DEMOCRACIA

Não é exagerado nem ridículo dizer que são poucos os países como o nosso, tão propícios ao comunismo. Falo do comunismo não como regime, mas como propaganda, como estado comum de espírito revolucionário.

É inútil pensar que isso nos venha de uma circunstância qualquer territorial ou histórica. Vem tão somente da superficialidade da nossa democracia.

A falta de organizações resistentes, que no plano moral e no plano econômico se interponham à sociedade e ao indivíduo, não é um estado próprio da vida brasileira. É uma situação comum aos povos sem maturidade, agravada imensamente no mundo ocidental pela decadência da burguesia. Deve-se distinguir com muita prudência a parte do país e a parte do continente ou do mundo. Pelo lado da fraqueza das instituições, não há responsabilidade primariamente brasileira. O que se projeta em nós é o drama universal da quebra de moldes exaustos e dos padrões inutilizados.

Não fica o Brasil, porém, nesses limites. À incursão do revolucionarismo da esquerda, o país abre por sua conta própria uma nova porta: esta lhe vem do que podemos chamar "a frivolidade da sua democracia".

Está claro que é da reação policial das últimas semanas que estou falando. O Governo burguês saiu a campo, alertado pelos nossos primeiros comícios de sangue, e exibiu a sua velha e inocente arma: o martírio da inquisição policial. À primeira vista, podia parecer apenas que o governo quisesse opor a sua polícia ao terrorismo e à propaganda agressiva. É claro que nesse caso ninguém teria de condená-lo. Mas a atitude do Estado tem significação mais profunda. Ele não contrapõe a polícia a uma certa ameaça vinda de um partido. Na verdade, ele quer é criminalizar o comunismo, e pô-lo fora da lei. É contra essa erradíssima política, na qual o descontrole da burguesia nos está lançando, é contra ela que precisamos esclarecer a opinião pública.

Ela sintetiza a suprema imprudência na defesa de classe.

Encarna a causa efêmera de alguns burgueses, mas abandona a causa permanente do povo brasileiro. Abre uma janela franca para a infiltração das esquerdas. E, refletindo num espantoso flagrante a mentalidade atual da classe que a emprega, é uma política para poucos anos - para quebrar uma fraca onda, para se render a um turbilhão.

Vejo dois erros tremendos na defesa policial do Estado democrático. Dois erros propiciatórios ao crescimento da propaganda revolucionária entre nós. Um, que todos sentem, é o efeito contrário produzido por essas medidas sobre a vitalidade dos homens de opinião marxista e dos agitadores. O velho, o clássico benefício das perseguições. Outro, mais sutil e mais perigoso: é a contradição que se insinua na prática legal do regime, e que se deve imputar à frivolidade da nossa democracia. Vimos há pouco ser negada a participação eleitoral ao Partido Comunista. Já não falo no ridículo deste ato, que deu tão boa auréola a um partido inexistente. Já não falo na sua inoperante formalidade que fecha solenemente a porta de uma casa sem paredes. As Coligações, Uniões Camponesas etc. logo se incumbiram de deitar cinza nos olhos piscos dos magistrados. Falo do que essa denegação de registro significa para a lógica íntima da democracia.

Todos sentem que o direito de ser comunista é tão legítimo como o de ser separatista ou nacionalista. Num regime em que o Estado não professa doutrina alguma relativa aos seus destinos, em que se vê na vontade do indivíduo o molde único das formas políticas, há uma contradição interna, de uma violência espiritual imprevisível, nessa brusca condenação de uma atitude do pensamento humano.

Os leigos ignoram a espantosa força das ideias. Se a democracia se funda em princípios cujas consequências são claras, unívocas ao espírito de todos, ela não transgredirá impunemente os limites que se traçou. A violência contra o comunismo será uma contradição, o que na ordem das ideias significa uma injustiça. A princípio, ninguém sentirá. Mas o perseguido, o violado, recolherá o benefício que os princípios lhe davam e que pela força lhe fora tirado. Nada existe de mais explosivo no mundo que uma ideia contida no seu plano de vida lógica. Ora, a ideia democrática coloca a liberdade de pensamento de tal maneira, que a sua autolimitação, podemos dizer, a impede de cassar qualquer uso que se faça dessa liberdade. É o que se sente nos países de democracia profunda, como a Inglaterra e a França.

Nos países como o Brasil, porém, de democracia externa, frívola, a máscara das ideias cai facilmente. Fica a nu o rosto da classe ou do grupo que se defende. Se hoje ressurgisse aqui um Victor Hugo,* com o sonho meramente oratório de uma República dos Estados Unidos do Universo, tombaria também a máscara? Seria proibida a vida eleitoral, seria reprimida policialmente a propaganda dos seus partidários? É claro que não.

Pois o Estado democrático não defende a Nação brasileira, defende a classe que o governa. Os princípios democráticos são deixados facilmente à contradição. E, no entanto, que soberba defesa contra o comunismo nascente a democracia pura conseguiria! Tirando-o da névoa, do mistério, do martírio, obrigando-o a assumir os limites da sua realidade atual, o regime nos exibiria o famoso Partido Comunista, na sua escassez política completa, dividido em seu próprio corpo, sem homens de relevo para a vida pública, com o seu centro de responsabilidade definido e seguro. A democracia ainda teria podido prestar um serviço ao país que está quase em hora de abandoná-lo. Teria conseguido tornar explícito um movimento ilimitado na sua grandeza como tudo que se encontra em potência.

Mas falta ao país regime democrático. O que aí temos é o sistema contraditório e imprudente. Todo revolucionarismo torna-se logo um crime. Esquecem-se que não há nada mais perigoso que tornar as ideias criminosas.

Gazeta de Notícias, 13.11.1934.

---

* Victor Hugo (1802-1885), escritor francês.

O VALOR DA INJÚRIA

Acabo de ler num jornal matutino, os insultos que proferiu o general Manoel Rabello[1] contra o integralismo e contra a honorabilidade dos seus chefes. Trata-se ao que parece da continuação de uma atitude que esse militar há poucas semanas assumiu contra a mais alta figura do clero brasileiro, e com a qual inicia ele uma campanha, cujos verdadeiros desígnios não são por mim conhecidos.

De ambas as vezes, o ex-interventor federal em São Paulo faz uso de uma linguagem de arruaceiro, infelizmente comum nos seus escritos, e dirige ataques e injúrias a pessoas que não estima, sem apontar os fatos, razões ou ideias que o inspiram. Não seria caso para resposta, se não decorressem duas circunstâncias, aliás inverossímeis: a qualidade militar do agressor, e a sua passagem incidental na vida pública brasileira. Trata-se de um ex-interventor e de um general. Não faltará quem empreste às suas palavras o relevo desses cargos. Não faltará quem queira ver nelas o julgamento de uma parte do Exército sobre o movimento integralista. Por isso merecem uma resposta, embora esta contradiga o justo silêncio a que se deve voltar todo gesto de desatino.

Aqui é o general que se ouve, é a ele que se responde. O homem exonerou-se há muito tempo dos debates respeitáveis. E mesmo um homem moço como o autor deste artigo,[2] que se reconhece um direito mínimo a prejulgar um ancião, não dedicaria um comentário às opiniões desse personagem, que se celebrizou pela ligeireza da língua e pelo disparate das resoluções, como agressor da Assembleia reunida como protetor e legislador da mendicância e titular suscetibilíssimo do apodo de cidadão.

---

1. General Manoel Rebello (1873-1945). Militar. Foi interventor federal em São Paulo entre dezembro de 1931 e março de 1932.
2. San Tiago completara vinte e três anos em 30 de outubro.

Mas esse homem é um general do Exército brasileiro. E, quer por princípios políticos, quer por tradição de família,[3] habituei-me a respeitar superiormente as suas insígnias. Não pensarei no homem, mas na patente que ele investe, para vencer os escrúpulos que me detêm do propósito de responder ao general Manoel Rabello.

Desde logo quero expor os limites desta resposta.

Não se trata de reputar ideias expendidas, nem de repelir argumentos alinhados contra o papel moral e político da Ação Integralista Brasileira, ou contra a conduta de seus chefes. Isso não se encontra na entrevista. Não foi formulado para aqui ser retorquido. Um homem ergueu-se, e pronunciou uma injúria. Só há uma resposta: devolvê-la. É nesse campo moral que este artigo se confina. Mas quero juntar um comentário sobre a nenhuma significação que devemos atribuir à triste associação, que eventualmente se produziu, entre o despautério de um juízo mal equilibrado e a dignidade do generalato brasileiro.

Ouvi dizer que alguns militares pretendiam afrontar publicamente um grande brasileiro que há dias replicou à primeira ousadia do general Rabello, em termos vivos e indignados. Não acreditei. Estou certo que no Exército não há uma voz que se levante para aplaudir a insensatez do ex-interventor. Não está nos moldes do Exército a injúria e o escândalo. Não me lembro de um precedente. E esse Exército que a Revolução lançou na aventura política ilusória de purificar o regime, esse Exército que hoje está coordenando o seu patriotismo e a sua vocação cívica com as grandes linhas da Revolução Integralista, esse está mais alheio ao que diz o general Rabello do que às opiniões de um remoto delegado municipal sertanejo.

Não nos iludamos: está se caldeando um novo Exército. Os moços que hoje acorrem às escolas do Estado-Maior, e que sentem a grandeza da missão nacional das classes armadas, estão voltados para um ideal político de unificação da vida brasileira que cedo ou tarde os levará ao Integralismo.

Penso mesmo que se há uma classe a cujos sentimentos convenha imediatamente esta doutrina, não se pode duvidar que ela seja o Exército. E digo o Exército mais do que a Marinha, porque foi aquele que recebeu mais a fundo o derradeiro golpe da democracia liberal, desferido nos quatro anos da ditadura.

---

3. San Tiago era filho e neto de militares.

De fato, o papel do Exército hoje na vida brasileira é de "solidificação" e de "unidade". De unidade, porque ele, como força interna incontestável, será o único instrumento eficaz de um poder político que leve a sua vontade uniforme a todas as regiões da República. De solidificação porque um país como o nosso, onde a vida social não se desenvolve em sistema, mas aos recuos e avanços desordenados, a simples existência de uma grande e organizada vida militar, sujeita a um só plano, a um só ritmo, seria incomparável fator de amadurecimento e de ordem.

Ora, não há um jovem oficial, da maior à menor patente, que não saiba que a continuação do regime impedirá esse sentido nacional de se desenvolver no Exército. Este não pode ser o guarda do destino político da Pátria, enquanto ela for guiada pelo acaso das candidaturas e pela imaginação dos candidatos. A República democrática não tem um plano de educação ou de finanças, mas cada homem de governo tem o seu. É fora de dúvida que as classes armadas estão sentindo que a grandeza de seu papel resulta de se incorporarem pela sua poderosa disciplina à execução da vontade não de um homem, mas do Estado. E essa vontade, com as suas características, e de permanência e de uma conveniência histórica. Enfim, só a Revolução Integralista comunicará à República.

Cedo ou tarde, o Exército Nacional e também a Marinha vestirão o uniforme profissional, o uniforme integralista. Conduz a ambos não uma simples propaganda de ideias, mas a força de uma convivência histórica. É isso que se precisa saber para tirar todo sentido militar ao gesto do general Rabello. O verdadeiro soldado não falaria daquele modo.

Foi o anedótico histrião da interventoria paulista que ainda desta vez pediu a palavra.

Gazeta de Notícias, 22.11.1934.

UMA ENTREVISTA COM O PROF. SAN TIAGO DANTAS SOBRE A LEI DE SEGURANÇA NACIONAL

O desenvolvimento do Integralismo – Catolicismo e Integralismo – "Criminalizar as atitudes políticas contrárias é sinal precoce do desaparecimento do antigo espírito republicano".

O que é a Lei de Segurança Nacional

– A lei de segurança nacional, disse-nos o dr. San Tiago Dantas, é um episódio do fim das democracias. Estamos assistindo a um fato simétrico ao da dissolução das seções de assalto na Alemanha pouco antes da vitória do hitlerismo.

Leis como esta não servem para defender, duradouramente, o regime. Servem para atestar a facilidade e a fraqueza com que se passa sobre os seus princípios basilares.

Criminalizar as atitudes políticas contrárias, subversivas, como tão exatamente se diz – é sinal precoce do desaparecimento do antigo espírito republicano que muitos julgam tão profundo no país.

Dela só resta hoje o corpo vazio dos sentimentos e das ideologias que o criaram. O povo brasileiro vive à margem do regime, dele não participa, porque não consulta às suas necessidades reais.

Há, disse S.S., dois conceitos de segurança nacional em confronto: o dos deputados subscritores do projeto e o do povo brasileiro, que não sabe que segurança lhe oferece o regime, para cuja defesa as prisões do Estado querem se abrir.

O Integralismo ainda não foi combatido pelo governo

– Tanto o integralismo como o comunismo, ainda não foram combatidos pelo governo e, provavelmente, não o poderão ser, porque todo o combate será aos comunistas ou aos integralistas, mas não às ideias que eles representam e que são muito mais fortes e duradouras que os seus interesses e as suas vidas. É preciso opor doutrina à doutrina. Ora, a liberal-democracia não apresenta mais um corpo de doutrinas sociais e econômicas capazes de resolver os graves e complexos problemas da hora em que vivemos.

Nesse sentido é certa a frase de conhecido publicista: "No mundo não há mais lugar para liberais". O dilema é fatal - ou o integralismo ou o comunismo.

- Como o Chefe Nacional já disse, em várias das suas entrevistas, a lei Ráo[1] só é uma lei contra o Integralismo, pois o modo de organização da propaganda comunista e de filiação dos seus adeptos escapa, completamente, aos processos judiciais de formação de culpa estabelecidos na lei. A prova de que a lei não prejudica o marxismo está neste fato: entre os subscritores do projeto se encontram vários deputados comunistas no mandato político.

O desenvolvimento do Integralismo

- O movimento tomou um tal desenvolvimento no país e, sobretudo, é um movimento tão desconcentrado pela sua infiltração nos municípios, que não existe mais nenhuma medida legislativa e mesmo nenhuma medida de administração que possa envolver o Integralismo no seu conjunto.

Tudo o que se fizer pode atingir pessoas de integralistas, ou mesmo organizações locais do movimento. Mas isto não impedirá que a grande parte restante reconstitua, com as suas próprias energias, o que lhe vier a faltar. Nem os chefes da Ação Integralista poderão, hoje, obstar a marcha do movimento.

A posição dos católicos em relação ao Integralismo

- A posição dos católicos em relação ao Integralismo, julgo-a perfeitamente esclarecida nos artigos que, sob o título de "Catolicismo e Integralismo", vem publicando na *A Ordem* o sr. Tristão de Athayde. E desejo frisar, no entanto, uma opinião pessoal.

---

1. Lei Vicente Ráo, assim chamada a Lei de Segurança Nacional. Redigida pelo Ministro da Justiça e professor de Direito, Vicente Ráo.

Uma coisa são as responsabilidades e deveres mínimos dos católicos, e outra coisa é a sua atitude imposta pelas circunstâncias históricas que atravessamos.

Pelo fato de não entrar no Integralismo, não se torna um católico mau católico, mas, ao meu ver, dá uma prova da incombatividade do seu temperamento e da falta de amor ao risco social e intelectual que temos de correr pela defesa dos nossos ideais.

Catolicismo e Integralismo não são doutrinas idênticas nem contrárias, em qualquer ponto. O Integralismo é um sistema de princípios filosóficos que se tornaram, por circunstâncias de adaptação histórica, valores da vida social presente.

É o que faz dele uma doutrina eminentemente temporal.

Acontece que a vida desses valores é igualmente cara aos princípios diretores da Ação Católica.[2]

Julgo, pois, um dever dos católicos, não ditado pelos limites dos princípios, mas pelo conhecimento do momento histórico que atravessamos, a adesão ao movimento integralista, influindo nas suas tendências e na sua morfologia, em vez de assumirem uma atitude intemporal, contrária aos interesses da salvação social do homem.

A Offensiva, 14.02.1935.

2. Ação Católica: Movimento criado pelo Cardeal D. Leme, em 1935, para formar leigos para colaborar na missão evangélica da Igreja Católica no Brasil.

A LIÇÃO DA LEI DE SEGURANÇA

Não se pode saber coisa alguma sobre os destinos da Lei de Segurança. Mas quer o famoso projeto se converta em lei quer seja sufocado na Câmara pela compressão popular, nele se contém uma lição que os integralistas devem recolher preciosamente. Talvez muito cedo toda a Nação brasileira a receba. Hoje ao menos os camisas-verdes não podem deixar de compreendê-la.

Realmente, a Lei Ráo é a manifestação de um equívoco que seria ridículo cometido por um homem, mas que toma proporções históricas cometido por um regime ou por uma Nação. É o ultimo eco da opinião do sr. Washington Luís sobre a questão social, opinião mais famosa pela excepcionalidade da sua estultice do que pelo escárnio que dela se tornou costume fazer. A questão social é uma questão de polícia, pensava o infortunado presidente. O velho espírito das palavras vem animar depois de tantos séculos o projeto de lei pela segurança nacional.

Não importam as dissemelhanças que se apontem entre a lei e a frase. São diferenças de escolha dos métodos executivos. Sob os métodos, o mesmo espírito se estende, a mesma inteligência das coisas reúne as duas atitudes.

Pois o que funda a doutrina da repressão policial do sr. Washington Luís e a doutrina da repressão judicial do sr. Vicente Ráo[1] é uma confusão de valores idêntica entre as razões e as formas externas de uma revolução social. Não tendo a penetração suficiente para descobrir as primeiras através das segundas, os dois doutrinadores da defesa republicana atiram-se encarniçados contra as aparências. Não indagam porque surgiu uma revolução integralista no povo brasileiro, nem perguntam pelo segredo da sua espan-

1. Vicente Ráo (1892-1978), professor de Direito. Ministro da Justiça de 1934 a 1937.

tosa propagação. Observam apenas que essa revolução toma tais ou quais formas contrárias à vida do Estado democrático, e condenam solenemente essas formas, sem pensar que a revolução produzirá outras tão mais eficazes quanto mais contidas, pois as fontes da sua criação política está fora do alcance das leis repressivas.

Será de uma comicidade irresistível a projeção na história dos teorizadores da Lei de Segurança. Terão sido os inimigos do óbvio. Os que não compreenderam a evidência. Defensores desnorteados de um regime que lhes serve, mas em que não acreditam, terão tomado a nuvem por Juno, os comícios exaltados pela revolta das massas operárias, os camisas-verdes pelas razões integralistas da Nação.

Terão, porém, direito a uma [---] que só não lhes será paga, porque eles se terão tornado merecedores involuntariamente. Terão feito aos integralistas uma grande e feliz advertência. Terão feito sentir aos mais inadvertidos as raízes ocultas do movimento. Aqueles que confundiam a revolução com a organização, e depositavam nesta uma confiança e um amor exagerado, terão sentido que é num ponto muito mais sólido e menos visível que reside o segredo das conquistas presentes e futuras.

A República democrática teve o destino trágico e ridículo de alimentar as larvas dos seus futuros inimigos. Abandonou a Nação para que as grandes revoluções se esboçassem fora do seu velho âmbito agasalhador. Veio afinal a esclarecer as revoluções; e, no caso da Revolução Integralista,[2] veio dar aos mais inadvertidos camisas-verdes a consciência da substância espiritual irredutível que alimenta as nossas grandes caminhadas, e da transitoriedade material dos nossos magníficos meios de organização política.

A Offensiva, 16.03.1935.

2. San Tiago refere-se à fundação da Ação Integralista Brasileira, em outubro de 1932.

GUERRA NA ÁFRICA

Para nós a guerra na África[1] tem o valor de uma advertência. No mundo haverá sempre lugar para os homens fracos, mas já não há para Estados fracos. De tempos em tempos, os povos prestam contas do que souberam fazer de sua riqueza e dos seus patrimônios históricos: esse é o sentido de muitas guerras. Há os que se mostram com as mãos vazias, e lançam um olhar desesperado para os tesouros da terra que os anos passados lhes confiaram. Há os que chegam com as mãos transbordando, e exibem ainda os braços fortes diante de uma tarefa realizada. Deus dá então aos povos fortes a tarefa que não foi cumprida pelos fracos. Destes, a terra passa a novos donos, os filhos a novos chefes, e a tradição histórica vai alimentar uma nova vida, fecundar um futuro. Assim, Roma recolheu há milênios a grandeza dos primeiros gregos, abandonada pelos sucessores. Assim também há milênios, Roma recolheu, sob a proteção da sua força criadora, povos e terras de mãos vazias no Ocidente e no Oriente. E assim também os nossos antepassados tomaram sob seu governo as terras e as gentes que na América estavam perdidas, sem mensagem e sem socorro para transmitir a irmandade.

A guerra na África nos adverte do futuro, é inútil ouvir os sentimentalistas eternos ou as ridículas espécies dos Jurisconsultos.

O que temos é de ver com todos os nossos olhos o destino dos povos conformados e vagarosos. É assim o choque do trabalhador com o preguiçoso. Ali está o mundo tomando a dois povos contas rigorosas do que fizeram da riqueza e da vida que lhes foram confiadas.

Pois nem uma nem outra podem ser guardadas, têm de ser postas em marcha, têm de se aplicar na produção universal da existência humana: as nações não são proprietárias com direito à incúria e à avareza; são administradores, dispensadores de um tesouro que, nas suas mãos, ou rende, ou não para.

---

1. San Tiago refere-se à invasão da Abissínia, hoje Etiópia, determinada por Mussolini em outubro de 1935.

O povo abissínio é dono de tesouro parado. Pela voz tormentosa da história, o mundo está em vésperas de lhe tirar esse mandato, inútil. Há povos em torno deles cheios de força, que pedem uma tarefa. Os velhos povos desaparecidos, depois de glórias apagadas ou de longos destinos tão medíocres que deles não guardamos nem os nomes, estão chamando para o seu grêmio os povos senis de hoje, e os que não conseguiram sair de uma infância interminável. Não se resiste a esse apelo muito tempo. O renascimento de certos povos, as suas jovens e vivas experiências no caminho da verdade e no caminho do erro, as suas marchas de expiação ou de redenção, o reaparecimento neles dos sinais misteriosos e evidentes da vida de criação, tudo indica que o fim do nosso século assistirá à liquidação histórica como as que se deram nos momentos divisores da civilização. Sobreviverão os que tiverem honrado a sua investidura política. Desaparecerão os que tiverem deixado no passado a noção da sua força, e os que não tiverem chegado a se aperceber da sua missão no universo.

A guerra na África é para nós uma advertência quase insolente. Somos depositários de *stocks* necessários à existência, *stocks* que temos de manipular, de pôr em marcha. Somos, além disso, senhores de uma estatura que pede uma voz e um espírito criador em proporção com ela. Toda a nossa história colonial e inúmeros instantes da vida no Império foram prenúncios de grandeza, desmentidos pela precocidade da descendência.

Um dos maiores países do mundo, um dos mais fortemente fundados, um dos que tiveram mais fecunda infância, a mais melancólica mocidade.

Temos diante de nós já poucos anos para dizer ao que viemos, para dizer se viemos testemunhar a grandeza ou a miséria do homem, para optar entre a grande vida e o túmulo.

Não estamos numa época em que se possa optar pela pequena vida, pela tranquila mediocridade. Não podemos esperar tolerância de um mundo em que há nações que não apenas "querem", mas "podem" viver.

Estamos num momento exemplar da história moderna. Os povos que não projetaram no universo o seu espírito criador, e que se fizeram gerentes todos do seu patrimônio, estão sendo chamados a uma prova irresistível.

O esquecimento abre-se para os receber. O sol iluminará os estandartes da vitória.

A Offensiva, 19.10.1935.

ASPECTOS POLÍTICOS DA CRISE MILITAR

Há tempos que medito um longo ensaio sobre a crise militar brasileira. Não será ainda hoje que o escreverei, mas julgo oportuno antecipar a sua ideia, e numa hora tão grave para o Exército, como esta em que sobre ele repousa a existência nacional. Tomo a pena para fazer algumas acusações veementes a tudo que preparou e criou esta grande crise.

Em primeiro lugar penso que o início da crise, se lhe quisermos fazer uma topografia, está nas relações atuais entre o Exército e o povo. O povo perdeu a consciência da função do seu Exército, e nada arrancamos mais do espírito político, a esse respeito, senão frases vazias sobre a defesa nacional. Ora, o povo só sente que um Exército o defende quando essa defesa se refere a alguma coisa; e por *alguma coisa* o que se entende é um perigo certo, concreto, real, possível, de algum modo presente nos dias atuais. O povo francês sente que o seu Exército o defende da Alemanha; o povo russo que o seu o defende do fascismo e do capitalismo, e que o aparelha para a revolução mundial. Todos os povos devem ver no seu exército o realizador das suas ambições ou o protetor que os guarda de seus perigos. O povo brasileiro porém vê no seu Exército um organismo mais ou menos inexplicável: ambições, não as temos; inimigos, só os inimigos acadêmicos dos jogos da Escola do Estado-Maior. De sorte que não nos enganamos dizendo que o exército na imaginação e no sentimento popular, é – como o voto, a liberdade parlamentar e outros valores – mais uma instituição cultural que uma entidade viva sobre que nos apoiamos para existir. Fora daí, o povo conhece muito bem a "força federal", elemento interno de ordem pública, de proteção judicial e de ação política. Mas do Exército no sentido orgânico dessa palavra, há muito se cessou de discutir.

Ora, o que engrandece e qualifica a vida de um Exército é menos a perfeição do seu preparo militar, do que o papel que ele desempenha nos quadros da vida nacional. Se atrás dele está o respeito, o amor, a confiança, eis que ele se equilibra, e que a sua missão avulta no cenário social. Se atrás dele está a incompreensão, a indiferença, se dele só se conhecem as funções internas, secundárias, eis que ele se vai enquistanto, voltando-se para si mesmo, e ganhando um sentido de classe, um sentido que chamarei de "sindical", grandemente desfavorável ao cumprimento do seu papel. E daí resultam choques, desconfianças, e sobretudo uma tal diferenciação de interesses e de espírito, que muitos não tardam a considerar as classes armadas como um grande partido, o que compromete de modo definitivo o sentido nacional, a unanimidade, que deve esteiar os seus passos.

É tempo de compreendermos que esse divórcio é o preço por que estamos pagando nosso pacifismo. Nenhum país fez até hoje tanta praça de desambição, e até de humildade, como o nosso. Nenhum confiou tanto no arbitramento. De modo que a política militar depois do Império foi-se perdendo, tornou-se um tema de Estado-Maior, e não, como ela deve e precisa ser, um tema comum das multidões. Pois é necessário que o povo sinta a sua política militar; que ele tenha a consciência permanente dos problemas que as suas armas podem ser chamadas a resolver. Sem isso não se fazem esperar os que as julgam um aparato custoso e inútil, e que maldizem mesmo o serviço militar pelas desvantagens que ele traz, por exemplo, à agricultura. Foi o que entre nós desgraçadamente aconteceu por obra do pacifismo sistemático, que se tornou a bem dizer a nossa política militar.

Ora, o pacifismo é um ideal, mas não pode ser um princípio. Ele é um resultado, que se espera da civilização e do comercio cada vez maior do espírito humano. Mas o pacifismo por principio, eis um sentimento que só se compreende como renúncia à defesa da soberania, e sobretudo como renúncia a qualquer missão internacional por parte do povo que o agasalha.

Mas vão mais longe as consequências dessa crise; penso que a isto se liga a crise da disciplina.

Há hoje no Exército uma grande dúvida sobre o destinatário da sua fidelidade política. Há os que professam uma disciplina formal, sem conteúdo, e dão assim seu apoio fiel a tudo que tenha forma e figura de governo. Há também os que se julgam ligados pelos juramentos, não aos governos, mas à nação brasileira. São opiniões típicas da crise, pois revelam apenas o esforço de alguns crentes para circunscrever o objeto da sua crença.

A primeira é de uma insuficiência indiscutível. O Exército nela aparece como um corpo imenso de homens que fizeram um juramento de fidelidade *ao portador*.

Aquele que se apodera do título seja pela via mais clandestina, a qualquer momento pode cobrá-lo. E a tomada do poder por uma rebelião toca com vara mágica o espírito militar para pô-lo do seu lado.

Revista da Escola Militar, ano XVI, agosto 1936.

LIBERALISMO E DEMOCRACIA

É comum ouvir-se dizer que o liberalismo forma uma categoria do pensamento político brasileiro, e que fora dele ou contra ele nenhum movimento se enraizará profundamente na opinião pública. Os estrategistas dos partidos, quando procedem a uma revisão dos seus instrumentos de luta, pensam logo nas palavras mágicas dos velhos líderes liberais. E se não as empregam por pura demagogia, outros o fazem por estarem convencidos de que o liberalismo faz parte da nossa psique racial, e de que é por meio de enxertos nesta, de transformações nele, que a evolução da república terá de se processar.

Certamente, há nesse raciocínio um grande erro; e o simples fato histórico da extensão a que atingiu o Integralismo é suficiente para o demonstrar. Pois foi martelando no anti-liberalismo que pudemos melhor fazer sentir aos brasileiros a significação política da doutrina que pregamos.

E entretanto penso que a confiança no liberalismo, nutrida mesmo por políticos que nele já não creem, é um fato sobre que o país precisa meditar, pois encerra, de mistura com o erro, aos grãos de uma outra verdade. Realmente, é uma observação muito justa, e que o exame da história só pode corroborar, essa de ter sido sempre a liberdade o grande sentimento condutor da paixão pública e do heroísmo político nacional. Nenhum título entre nós tem maior prestígio desde os primeiros séculos, que o título de "Libertador"; nenhuma rebeldia se fez senão para sacudir grilhões; e nos anais políticos, na poesia, na eloquência, é sempre sobre a ideia de liberdade que tomba a ênfase dos homens de ação e dos escritores.

Somos, como todos os americanos, uma raça de homens libertários, odiando a tirania mais que tudo, e com uma noção inata dos direitos irrenunciáveis da pessoa humana. Como explicar, então, que tenha sido possível a um homem criar o maior partido da nossa história, agitando, em vez da bandeira do liberalismo, a do anti-liberalismo, mais radical e imoderado?

Penso que isso se explica muito bem, quando desfazemos o equívoco, perpetuado no espírito dos políticos da república, entre os líderes do liberalismo e dos ideais da democracia. Uns e outros se confundiram há mais de um século, e é tempo agora de os separarmos e distinguirmos, se não quisermos que a ruína dos primeiros arraste irremediavelmente os segundos. Mas nada há de mais diverso que o liberalismo e a democracia. É desta que nunca cessaram de cogitar, na profundeza do seu espírito de raças, os povos do Brasil e da América. É da democracia que nos veio esse amor à dignidade da pessoa, esse respeito incondicional pelo homem, qualquer que seja na sociedade a sua posição. A democracia, governo do povo, forma de sociedade antiquíssima e cristianíssima, não recebeu do liberalismo mais que uma forma transitória, forma que os anos verão se apagar, sem que a face do regime democrático perca uma só parcela da sua juventude.

Estão assim errados os que pensam que o liberalismo é uma categoria do espírito brasileiro. O liberalismo não é mais que uma doutrina de autoridade mínima, na qual se aceita a supressão do governo como um meio de permitir que a ordem natural através da liberdade instintiva se estabeleça. Seu fundamento teórico está na aceitação do princípio da ordem natural, que vê na entrega do homem a si mesmo, ao seu próprio impulso, o meio mais seguro de aperfeiçoá-lo. Dessa ideia nada existe enraizado na consciência racial dos brasileiros. Somos democratas por índole, somos democratas por formação histórica, a democracia não é para nós o melhor governo, mas o único permitido pela dignidade humana.

Eis porque o Integralismo não é um movimento reacionário nos quadros da nossa história política. Movimento em que a Chefia obedece a um pensamento claro, divulgado, aberto, ele consulta os hábitos nacionais de liberdade de pensamento. Diante das cadeias econômicas e políticas que pesam sobre a república, ele renova o gesto dos heróis brasileiros, defensores do povo e quebradores de grilhões.

A Offensiva, 27.08.1936.

INTEGRALISMO E ARTE

Há dias fui questionado por um integralista, dos que mais tem compreendido o sentido Revolucionário do Movimento, sobre a atitude que nos cumpre em face da Arte Moderna. A ele parecia que todo modernismo obedecia aos interesses sociais e à índole cultural da esquerda; e que a nós o que convinha era um culto profundo e sistemático da tradição, revivendo as criações do nosso passado, estimulando as demarcações de estilo nacional em face dos estilos diferentes dos países.

Lembrei-lhe logo que Plínio Salgado sempre foi e é nos seus romances um criador de arte moderna, e que dada a íntima conexão entre a doutrina integralista e a concisão do seu Chefe, só isso devia advertir os espíritos contra a definição rigorosa que o meu interlocutor estava fixando.

Depois, analisando mais o problema, vim a compreender que essa definição fundava-se num só e grande erro: o mau emprego do tradicionalismo.

Efetivamente, há dois tradicionalismos: um que consiste na perda do poder inventivo, da fecundidade metódica; outra que consiste precisamente no oposto, na assimilação de toda a experiência, na fixação de toda riqueza adquirida para sem cessar invertê-la no fluxo da criação.

O primeiro é o tradicionalismo dos colecionadores, dos estilizadores da concepção alheia; seu aperfeiçoamento é o requinte o posto decadente pelas composições procuradas. O segundo é o tradicionalismo de todas ás grandes épocas e de todos os grandes criadores, que assimilaram do passado não os produtos, mas as leis de produção, não as aparências, mas a essência, e até num sentido mais filosófico, pode-se dizer, não a matéria, mas a forma.

Ora, há uma Arte moderna que é tradicionalista, neste último e grande sentido. Só ela é Arte Moderna, a outra não sendo mais que uma imbecilíssima pasquinada. Com tal Arte Moderna o Integralismo está de corpo e alma e engana-se quem pensa que há um esquerdismo infuso na sua concessão.

Não pretendemos remeter nas cidades o futuro, a técnica ou o estilo das cidades coloniais.

Não povoaremos as ruas com novas adições dos sobrados severos da monarquia, nem ergueremos templos inspirados nas praças do Aleijadinho.

Não pensamos em manter o prestígio das velhas escolas de pintura ou de escultura (si é que temos aqui um patrimônio a considerar), nem meditamos rechear os prédios públicos com o nobre mobiliário dos vice-reis e capitães Moraes.

O que procuramos é mais simples exemplificar no terreno mais debatido da arquitetura, o que procuramos é a racionalidade dos prédios, é o poder criador da técnica moderna cujo emprego pleno, eficiente e lógico, determinará para as construções de hoje, uma Ordem Assim agiram as épocas e os espíritos criadores, fundando sobre os recursos da ciência e sobre o seu fecundo emprego a massa das soluções que cedo se chamaria o estilo grego, o estilo romano, o gótico, os estilos do renascimento.

Poder-se-ia objetar que essa concepção da Arte fiel aos métodos criadores do passado, mas não aos seus produtos, é contrária à diferenciação nacional da Arte, que é conduzida à internacionalização crescente, como a própria Técnica em que ela se apoia. A isso, porem, devemos replicar com coragem, que toda Arte sincera e grande aspira à universidade; não houve jamais Arte que se votasse a um destino regional ou mesmo nacional; é ao Universo que ela aspira, e todos sabem a que ponto esse trabalho comum dos povos para pôr acima de si uma Arte sem fronteiras tem sido um grande espírito de concórdia humana, e tem se oposto à Babel que é a terra.

Entretanto a marca das nações assinala sempre as suas obras. A arte aspira ao universo, mas cada povo concebe de uma maneira esse ideal e enche do seu particularismo a contribuição que oferece à tarefa comum. Toda Arte é universal no momento em que se concebe toda Arte é nacional depois que se executa. A nacionalidade banha as matrizes da criação humana, emprega as obras, os espíritos, e quando a humanidade inteira tem o coração no mesmo ideal, são com obras diversas que se estão gerando.

Acção, 23.01.1937.

GIDE E A RÚSSIA

Quero deixar nesta coluna uma breve notícia sobre o último livro de André Gide,[1] *Retour de l'U.R.S.S.*,[2] publicado em novembro passado. Há sobre este novo elo da obra de Gide, sem duvida a mais grave e a mais importante do nosso tempo, uma quantidade de coisas a dizer envolvendo não só a sua pessoa, como certos aspectos mais profundos da sua adesão ao comunismo.

Aqui, entretanto, é no seu valor como documento histórico que estou pensando. Gide pôs entre as nossas mãos um instrumento político cujo poder é extraordinário, pois deu-nos um instantâneo da Rússia de hoje com a garantia de ter sido feito pelo mais voraz e intransigente dos homens.

Sempre duvidei das reportagens e impressões da Rússia, exceto pelos agentes intelectuais da burguesia. Duas coisas invalidam os seus testemunhos: primeiro, a má fé com que quase todos veem e escrevem: segundo, a falta real de sensibilidade para suas experiências cuja precariedade nos apavora, mas cujos surtos instantâneos de mocidade não nos podem muitas vezes deixar de deslumbrar.

Nunca pude admitir que se identificasse, numa única e indivisível condenação, o comunismo e a experiência soviética.

O comunismo é uma das doutrinas mais insignificantes e pálidas sobre a sociedade e sobre o homem; a Rússia, porém, sacudida de si uma forma de vida seca e inútil, tentando a experiência sempre radiosa de dar possibilidades novas ao homem, essa foi e é para mim um dos grandes fatos do nosso tempo, rico de lições, de exemplos de vida diante do qual, longe de qualquer repugnância, devemos experimentar a curiosidade e a avidez

1. André Gide (1869-1951), escritor francês.
2. GIDE, André. *Retorno da URSS*. Rio de Janeiro: Editora Vecchi, 1937.

com que se seguem os esforços da criação humana. O que há de precário na Rússia vem da fraqueza do seu dinamismo ideológico; não há nas ideias, nos ideais da Rússia, força bastante para conduzir, alimentar e preservar o trabalho revolucionário. O comunismo traça um círculo intransponível ao poder mágico da Revolução; e, cedo ou tarde, uma política conservadora, e um artifício físico vem cumprir as tarefas abandonadas pelo espírito.

Contudo, à medida mesmo que a Revolução se desagrega, que espetáculos de criação a experiência russa nos fornece. Como anticomunista e integralista faço questão de afirmar que tenho pela Rússia mais admiração do que ódio, que considero as lições soviéticas tão preciosas para a formação da nossa consciência de governo, como as de Mussolini, Hitler e Roosevelt.[3]

Um ponto, porém sempre me ficou obscuro na vida russa de hoje, ou pelo menos, sempre recusei, por suspeitas, as informações dos escritores: até que ponto já teria desaparecido na revolução soviética o princípio interno da criação de construção revolucionária, de crítica? Até que ponto a coação psíquica, o conformismo, a passividade, já o teriam vindo substituir?

Confesso a importância transcendente que deu a essas perguntas. Uma revolução que perde a energia psíquica, para adaptar a energia física, exterior e coautora, desapareceu como revolução. Como tem ensinado Plínio Salgado, a verdadeira revolução não cessa, não se mobiliza, encontra na autocrítica o seu alimento, e entende pela sua própria energia a incessantemente só ultrapassar. Que o comunismo não pode ser a doutrina de uma verdadeira revolução, é fácil de concluir. Mas até que ponto a U.R.S.S. já nos faz disso praticamente a demonstração?

É o que diz André Gide, no seu pequeno livro, depois de ter ido à Rússia, como hospede de Stálin, assistir aos funerais do Górki,[4] de ter viajado pelo país com seu prestígio de maior dos escritores comunistas da Europa, vendo a vida russa e registrando o modo por que o seu progresso se desenvolve.

Eis alguns períodos desse seu importantíssimo documento:

3. Franklin Delano Roosevelt (1882-1945), 32.º presidente dos Estados Unidos de 1933 a 1945.

4. Máximo Górki (1868-1936), escritor, russo.

"Esse estado de espírito pequeno burguês, que tende, como eu receio, a se desenvolver por lá, é para mim profundamente e enraizadamente contrarrevolucionário. Mas o que se chama "contrarrevolucionário" hoje na URSS, não é isso, de maneira alguma.

É mesmo quase ao contrario. O espírito que se considera como contrarrevolucionário hoje é esse mesmo espírito revolucionário, esse fermento que de início fez estourar as [---] meios podres do antigo mundo nazista. Nós gostaríamos de poder passar que um transbordante amor pelos homens, ou pelo menos uma necessidade imperiosa de justiça, enche os corações. Mas uma vez a revolução consumada, triunfante, estabilizada, não se cuida mais disso, e tais sentimentos que animavam de início os primeiros revolucionantes, tornam-se incômodos, embaraçantes, como tudo que deixou de servir."

E um pouco adiante:

"Então, não valeria mais, em vez de jogar sobre as palavras, reconhecer que o espírito revolucionário (o mesmo simplesmente espírito crítico) não é mais usável, nem preciso? O que agora só pede é a aceitação, o conformismo.

E duvido que em algum outro país, hoje em dia, mesmo na Alemanha de Hitler, o espírito seja menos livre, mais [---], mais receoso (aterrorizado), mais [---]."

Penso nas outras palavras de Gide, que em seus últimos livros vimos lendo, cheio de esperança e de fervor pela U.R.S.S.

Penso mesmo nesta sua frase do discurso nos funerais de Górki, ao pisar no solo da Rússia.

"E às grandes forças internacionais que incumbe o cuidado, e o dever de defender, de proteger e de ilustrar novamente a cultura. A sorte da cultura está ligada em nossos espíritos ao destino mesmo da U.R.S.S. Nós a defenderemos."

Sua experiência da Rússia teve para todos nós uma extensão e um sentido inestimável, porque o mais verdadeiro e sincero dos homens deu-nos a certeza do fracasso do stalinismo, e provou-nos a indignidade da Rússia para interpretar os anseios dos trabalhadores de seduzir a Revolução Universal.

Acção, 01.02.1937.

CONCEPÇÃO DE FORÇA ARMADA

Entre as várias concepções políticas que encontramos ligadas à doutrina liberal do governo e do Estado figura, sem duvida, uma concepção de força armada, da qual involuntariamente partimos para definir o que é Exército, o que é Marinha, e o que são as demais forças colaboradoras da defesa nacional.

Proponho-me a examinar este problema nas breves linhas que se seguem, porque dele me parece decorrente um dos mais sérios problemas estruturais do Integralismo: o problema da milícia e de sua entrosagem na força armada do país. Todos os governos fortes que se têm implantado no mundo, após o advento de regimes nacionalistas, precisaram organizar milícias para que sobre elas se apoiassem grande parte de sua obra; e, onde a princípio os governantes prescindiram dela, não tardou que se fizesse sentir a sua falta e que elas surgissem como meios indispensáveis à revolução.

O Integralismo compreendeu cedo a necessidade e a urgência da milícia, mesmo no período de propaganda em que nos achamos, Já sentíramos o papel que ela teria de desempenhar no futuro Estado, e por certo hoje a veríamos estendida nas ruas e nas estradas, com efetivos de centenas de milhares, se a má inspiração do governo não nos houvesse tirado das mãos a arma eficaz entre todas com que operávamos a renovação das energias populares. Entretanto, convém logo dizer que nunca víramos a milícia como uma "tropa destinada a certa ação militar nos quadros do governo integralista"; em grande parte ela o era, e explicar a sua entrosagem com as forças armadas é o que nestas linhas me proponho. Mas a milícia tinha na concepção de Plínio Salgado uma outra missão, cuja importância política excedia espantosamente o seu papel como instrumento de fixação revolucionária no Estado futuro. Tal missão era reconciliar o povo brasileiro com o espírito do seu Exército.

Decênios de vida pacifista, de arbitramentos sistemáticos, de repúdio às armas, de espírito jurídico, de ideais paisanos, haviam como que introduzido uma cláusula compromissória na nossa história, e o povo brasileiro havia se tornado, como ainda é, não apenas antiguerreiro, mas antimilitar em todas as acepções do termo. O Integralismo quis fazer da sua milícia um campo de cultura, um laboratório onde o espírito militar se recreasse. Infundindo no homem civil o gosto e o orgulho dos costumes militares, prestigiando as virtudes e os símbolos da vida de guerra, estávamos realizando a mais formidável obra educativa que entre nós já foi tentada, pois estávamos dando ao povo a consciência de ser a reserva do seu Exército e o depositário natural das suas glórias passadas e futuras.

Entretanto nossa milícia não era uma simples escola: o Chefe Nacional pensava em fazer dela uma força organizada, não com o intuito de promover golpes de mão nas cidades, mas com o intuito de enquadrá-la no sistema de defesa do Estado futuro. Toco aqui a questão que tantas vezes tenho visto debater, dentro e fora do partido. Muitos pensam que queremos a milícia para contrabalançar a influência do Exército. Outros pensam que queremos transferir funções desta para aquele. E ainda há os que supõem possível uma fusão das duas entidades, incorporando-se ao Exército os milicianos, que assim iriam enriquecer com elementos de confiança 100% os efetivos do pessoal.

Tais ideias são absurdas, e servem para nos advertir de como é difícil à velha mentalidade compreender as modificações trazidas pelo mundo moderno à concepção de Força Armada. É, pois em torno dessa concepção que devemos raciocinar para boa compreensão do tema.

A ordem liberal possui entre outras uma característica só hoje em dia posta à luz pela transformação política dos países: é o que poderemos chamar a crença na imutabilidade natural do regime. Todos os regimes do passado sempre sentiram o caráter voluntário, político da sua construção. Todos sempre tiveram a consciência de haver criado artificialmente uma ordem de coisas, mantida pela vontade dos homens no interesse do bem comum. O liberalismo, entretanto, pelos seus próprios fundamentos filosóficos, acreditou sempre que a ordem de coisas por ele criada, longe de ser um produto da vontade humana em uma ordem natural, quer dizer, mantida pela natureza, numa ordem, por conseguinte que, uma vez realizada, não cessaria de encontrar em si mesma os elementos da sua indefinida renovação.

Essa crença ou confiança na invulnerabilidade do regime presidiu a concepção liberal de força armada.

Ela pode considerar dois únicos bens, como carecedores de defesa armada: o primeiro seria a Soberania Nacional, o segundo seria a Liberdade privada, que outro violasse com a força. Daí resultou a concepção de uma especialização da Força Armada em dois ramos únicos: a polícia de um lado, o Exército e a Marinha de outro. O que ferisse a soberania externa ou interna entrava no campo do Exército; o que ferisse a ordem pública, quer dizer o terreno das liberdades particulares, cabia sob o império da Polícia. E ninguém veria onde alojar outra força, ninguém compreenderia onde situar qualquer tropa, se não a incluindo num dos grandes ramos criados pela doutrina do regime.

Ora, no Integralismo, como em todas as grandes doutrinas modernas do Estado, a concepção que temos de um regime não é a de ordem natural que por si se mantenha num equilíbrio e nuns progressos invioláveis e infinitos. Pelo contrário, vemos o regime como uma criação da vontade humana, como um esforço consciente para organizar e manter o bem comum. Há, pois, ao lado das liberdades e da soberania, um terceiro bem a defender; esse bem é o regime. Ao lado da guerra civil e da desordem interna, há uma guerra social, que assume as formas mais graves e sutis, que se traduz em greves, em campanhas de descrédito, em formas incontáveis de sabotagem e de contrarrevolução. A força para esta guerra é a milícia, defensora da revolução naqueles inúmeros terrenos em que a luta contra ela não envolve a soberania. Tal é a destinação da milícia, que, em face das doutrinas modernas do Estado, não se confunde com o Exército nem com a Polícia, não os contrasta, não os diminui, nem os enriquece. Pois diante dela há outro inimigo.

Acção, 12.01.1937.

A MISSÃO DO ENSINO ECONÔMICO E ADMINISTRATIVO NA RECONSTRUÇÃO BRASILEIRA

Aula inaugural dos cursos da Faculdade de Ciências Econômica e Administrativa do Rio de Janeiro, proferida em 17 de Março de 1939 pelo Professor Dr. Francisco C. de San Tiago Dantas.

SUMÁRIO: 1. Explicação necessária. 2. Conceituação da administração como ciência **3.** Fato básico da administração ou conjuntura administrativa. **4.** Princípios fundamentais da Ciência da Administração. **5.** Tipo de autoridade nas sociedades politicamente organizadas. **6.** Três princípios básicos da Ciência da Administração. **7.** Método de estudo a seguir. **8.** Considerações finais.

1. Esta aula duplamente inaugural do ano letivo e das atividades desta Faculdade deve começar por uma explicação do motivo por que estou dela encarregado. Parece-me, numa Congregação onde tantos nomes ilustres poderiam dar fácil desempenho à tarefa, que a escolha somente se justifica por desejarem meus colegas que a vida do Instituto se iniciasse dificilmente, como incentivo ao trabalho e à tenacidade na luta pela implantação de um novo ramo de ensino superior. Na realidade, através deste curso de economia e finanças, vamos abrir caminho para o estabelecimento no Brasil de estudos sobre a ciência da administração e do governo. Dificilmente, portanto, esta aula há de transcorrer, tanto para mim como para vós, visto que me será difícil dá-la e vos será difícil ouvi-la até o fim.

2. Propus-me tratar aqui de um problema que julgo dominar pela sua amplitude toda a extensão do ensino econômico e administrativo e o sentido da missão a que destinamos a nova Faculdade: o da conceituação da administração como ciência.

Pode a formação de administração ser objeto de ensino, como disciplina autônoma, capaz de receber tratamento especial, segundo certo método, visando a determinado fim e possuindo campo próprio? O problema exige meditação apurada de quantos desejam encontrar-lhe solução. À primeira vista, o ensino da administração parece não se mais do que um conjunto de disciplina de cujo estudo esperamos resulte boa preparação mental para o administrador, e não uma disciplina autônoma com os característicos epistemológicos de uma ciência.

Seria uma reunião de matérias dos diversos setores do pensamento sobre as quais cumpre ao administrador ter ideias formadas para bem realizar sua missão.

A uma reflexão mais prolongada, entretanto, ela pode revelar aquilo que a torna uma ciência, necessitando como tal ser pensada e sistematizada, pois apresenta o característico que a separa das vizinhas no quadro geral do conhecimento objeto formal e método próprio.

O que a diferencia das outras ciências é exatamente o ponto de vista de onde ela encara qualquer problema social. Este pode ser examinado pelo prisma econômico, moral ou sociológico, mas ainda há outra face pela qual pode ser observado, e é justamente a quem vem constituir o objeto formal da ciência da administração: toda questão social pode ser considerada *questão de governo,* isto é, pode ser matéria de intervenção do poder público, que exerce sobre ela determinada modificação. Podemos, então, verificar se tal intervenção é possível ou não, se deve se orientar desta ou daquela forma, para consecução deste ou daquele fim. E a descoberta de um resultado dessa ordem é o objeto principal da ciência da administração, não o sendo de nenhuma outra.

3. As diversas ciências sociais partem sempre da elaboração de uma noção primeira sobre a qual se vão erguendo os princípios iniciais do conhecimento naquele ramo e, posteriormente, todo o edifício estruturado. A sociologia, por exemplo, partiu nas suas construções mais relevantes de uma depuração muito exata do conceito de *fato social*... Determinado este, dar à noção a generalidade suficiente que pudesse fazer dele objeto de raciocínio foi tarefa básica na preparação da sociologia moderna. Em economia o mesmo aconteceu com as noções fundamentais de *fenômeno e ato econômico*. Ambas as noções foram trabalhadas cuidadosamente e sobre elas se construíram os princípios básicos dessa importante ciência do nosso tempo.

Também a ciência da administração possui objetos básicos, noção primeira sobre a qual construímos seu edifício, e que não podemos dizer seja a de *problema de governo*, pois esta denominação, tecnicamente pouco precisa, tem uma latitude incapaz de ser reduzida à exatidão necessária ao pensamento científico.

Digamos, portanto, empregando palavras hoje muito divulgadas, que o fato básico, a noção primeira da ciência da administração é a da *conjuntura administrativa*, situação resultante do entrelaçamento momentâneo de determinados fatores que interrompemos no seu dinamismo para considerá-los como objeto de nosso pensamento.

As sociedades se transformam; o mesmo fato não apresenta aspecto idêntico em dois momentos sucessivos. Quando, porém, atentamos a um desses fatos em dado momento, levando em conta o entrelaçamento com os demais, estamos examinando a conjuntura administrativa, noção que nos parece essencial à elaboração dos princípios posteriores. Toda situação social que se apresenta à ação do governo como uma unidade, isto é, que não pode ser dividida em duas fases, a serem trabalhadas em momento distinto e absolutamente independentes, é uma *conjuntura administrativa*, um fato elementar diante do qual temos de pensar qual a posição em que a autoridade se pode colocar para modificá-lo ou imprimir-lhe esta ou aquela direção. E o trato dessa *conjuntura*, o modo pelo qual provocamos a intenção da autoridade, vai gerar os princípios básicos da ciência da administração e também daquilo que será o *método administrativo*, do processo especial pelo qual pensamos as soluções a serem encontradas.

As diferentes ciências sociais que se sobrepõem estudando o mesmo fenômeno consideram-no de determinado ponto de vista, abstraindo dos demais, que são objeto de outras ciências. Para encararmos um fato pelo mesmo prisma econômico, abandonamos vários outros aspectos - políticos, religiosos, antropológicos, etc. - que ele encerra e não interessam à elaboração da noção econômica. Quando, porém, consideramos uma situação social como problema de governo, ou *conjuntura administrativa*, vemos, como num corte vertical, compreendidas todas as fases que as várias ciências isolam e que aos olhos do administrador têm de se apresentar no seu entrelaçamento particular. A visão do administrador é, por isso, totalizada no fenômeno social, o que constitui uma peculiaridade da ciência da administração e tem importância capital na formação do método administrativo.

4. Posta esta noção, é justo que se pergunte quais são os *princípios básicos ou fundamentais* da ciência da administração. Tais princípios, nas várias ciências, são de grande simplicidade, e o leigo que pela primeira vez os conhece duvida que de coisas aparentemente tão simples se possam tirar tão delicadas conclusões e teorias. Os primeiros princípios da ciência econômica são de extrema singeleza e, entretanto, conhecemos os edifícios de sutileza doutrinária sobre eles construídos. A noção de necessidade, a de ofelimidade, e das várias particularidades nelas introduzidas, são todas claramente inteligíveis, bem como os princípios que daí derivam imediatamente.

É de se indagar se a ciência da administração permite sejam formulados alguns princípios básicos dentro dos quais evoluam seus conhecimentos peculiares. Essas proposições que permitem a construção científica e devem ter, tanto quanto possível, o caráter absoluto a serem realizáveis em todas as condições em que as pretendamos fazer funcionar, podem talvez ser obtidas e sistematizadas se nos aproveitarmos dos trabalhos de um grande sociólogo dos nossos tempos, que, embora não estudando diretamente os fundamentos epistemológicos da ciência da administração, encarou um dos seus mais difíceis aspectos - o dos tipos de distribuição da autoridade. É ele o alemão Max Weber[1] que, nos seus diferentes escritos e sobretudo no seu livro *Wirtschaft und Gesellschaft* deu especial cuidado à questão da diferenciação dos tipos de autoridade nas sociedades politicamente organizadas e formulou alguns princípios gerais hoje correntes sobre a distribuição científica da autoridade dentro de um país determinado.

1. Max Weber (1864-1920), sociólogo alemão.

5. Nas sociedades politicamente organizadas aparecem dois tipos de autoridade. Um, em que o vínculo de dependência se estabelece apenas como resultado de uma ascendência psicológica do governante sobre o governado, constante nas sociedades mais rudimentares e que aparece também nas superiores, embora mesclado a um segundo. Esse primeiro tipo de autoridade é o dominado *carismático*, designação tirada da palavra *carisma* que indica ascendência de um homem sobre outro e no terreno político exprime o dom de confiança absoluta, aquele que tem o homem de exceção de se impor integralmente à confiança dos seus governados. Ao lado desse, há um outro, cujo objetivo é o automatismo político, a função independente do homem que se coloque neste ou naquele lugar. A esse segundo tipo de autoridade política chama o mesmo sociólogo de *burocrático*. O ideal dos regimes do século XIX foi o governo burocrático, ao passo que em alguns Estados modernos, como o alemão, por exemplo, há predomínio acentuado do governo carismático, pois não existe mecanismo constitucional de revisão de atos do chefe, nem de sua destituição, que se faz pela perda do vínculo interno de confiança entre eles e seus subordinados.[2]

Em toda burocracia domina o princípio da divisão coletiva do poder por diferentes órgãos, destinados a desempenhar as várias funções, e *a* razão técnica é a diminuição das probabilidades de erro. Tal princípio, entretanto, é contrabalançado por aquele a que pode ser dado o nome, de colorido científico um pouco exagerado, de *monocratização das esferas indivisíveis de autoridade*, e que vem a se resolver no seguinte: a divisão de poderes ou de autoridade cessa no ponto exato em que se encontra uma "tarefa indivisível", uma daquelas que, para serem bem executadas, não podem ser divididas, pois do contrário, em vez de diminuírem as probabilidades de erro, aumentariam as mesmas com os choques capazes de surgir entre seus executores.

O *primeiro* princípio introduz a divisão do poder dentro da burocracia, o *segundo* marca o limite exato em que a fragmentação deve parar.

6. Ora, seria interessante verificar se existem princípios muito simples como os acima expostos, válidos em qualquer situação, e nos quais possamos enquadrar todo o desenvolvimento posterior dos raciocínios que façamos no

2. Marcel Cot, *La conception hitlerienne du droit*, 1938.

campo da ciência da administração. Parece-me haver alguns, decorrentes da noção que temos desta, pois eles são mais ou menos dedutivos, geralmente estabelecidos não pela experiência mas por dedução do conceito que formulamos da ciência no momento inicial em que a apreciamos.

Assim, por exemplo, temos os seguintes princípios básicos ou fundamentais:

Primeiro princípio básico: "todo problema social, considerado como conjuntura administrativa, há de receber solução ou modificação, por meio de ação de governo".

Esta proposição, muito simples, tem a vantagem de afastar do campo das cogitações da ciência da administração todo problema social insuscetível de ser modificado pela ação do governo. Embora esta ação possa atingir, ainda que superficialmente, problemas que parecem escapar por completo à sua alçada, há outros, de fato, fora de seus limites, quer por impossibilidade física, quer como consequência de normas de conduta, isto é, regras éticas que definem a esfera de atividade do Estado na sociedade.

Segundo princípio básico: "toda conjuntura administrativa é limitadamente mutável".

Talvez pareça, à primeira vista, uma tautologia afirmar-se que a mutabilidade dos fatos sociais não é limitada, pois ninguém contesta que o número de modificações por eles comportado é restrito. Pretende-se, entretanto, significar que, quando se apresenta uma situação peculiar na qual o administrador deseja intervir, este tem necessidade de proceder ao exame da possibilidade de fazer transitar o problema da situação em que se encontra àquela ideal que ele teve em mente. Não é possível conceber reforma social ou administrativa, ampla ou restrita, e supor que os fatos sobre os quais vamos agir comportam desde logo a implantação de novo estado de coisas. Este, muitas vezes, deve ser atingido indiretamente: o administrador tem de considerar as possibilidades que uma situação comporta e, dentro delas, escolher uma solução talvez incompleta mas capaz de conduzir a uma segunda e esta a uma terceira, até se chegar à definitiva.

Tal princípio tem, a meu ver, grande importância, pois criou raízes na vida administrativa do Brasil e na de outros países numa espécie de princípio filosófico segundo o qual as boas leis são sempre praticáveis; ou melhor, quando se formula legalmente uma situação para a qual se deseja fazer evoluir a atual, a prova principal de que o novo estado é atingível encontra-se na sua excelência. Isso nos veio, talvez, dos fundamentos democráticos nos quais formamos o nosso pensamento social e político, pois um dos seus princípios básicos foi sempre o do *aperfeiçoamento natural*, o da tendência própria da sociedade de evoluir para o melhor estado de coisas.

Parece-me, entretanto, que uma das conclusões a que a ciência da administração fatalmente conduz é a de que nem todas as *reformas* são possíveis, e um dos seus alvos precípuos é descobrir o meio de verificar as condições de viabilidade das transformações sociais para, em alguns casos, permitir que se tente a modificação imediatamente e, em outros, exigir que ela se opere em fases controladas, visando-se em primeiro lugar a atingir determinada situação cujo número de possibilidades esteja mais próximo do objetivado. Essas ideias estão atualmente muito em foco com o grande surto, em economia e em administração, da *planificação* de serviços de iniciativas. Compreendendo que tudo estava em cobrir as fases intermediárias, muitas nações conseguiram em curtíssimo período realizar transformações sociais de extraordinária amplitude, implantando situações industriais com que eram incapazes de contar poucos anos antes.

Ainda, um terceiro princípio, básico, deriva da visão total que o administrador deve ter dos problemas, interessando simultaneamente e como num corte vertical todos os aspectos - econômicos, sociológicos, políticos, etc. - que o mesmo fato social apresenta; e é o seguinte: "toda ação de governo sobre uma conjuntura administrativa está sujeita a ser modificada pelas conjunturas que se acham em sistema com a primeira".

7. A ciência da administração precisa pois conduzir suas pesquisas para que se forme um *método de estudo* absolutamente adequado ao seu objetivo, que não é descrever ou explicar fenômenos, mas encontrar *soluções*, demonstrar as transformações que um fato social pode apresentar pela ação do Estado, indicar o modo pelo qual este último deve intervir em determinada situação para modificá-la e obter certos resultados.

É de crer que a administração, ou antes num sentido mais largo o governo, se torne, no futuro, uma técnica aprendida nas escolas, de tal sorte que a política venha a ser uma arte profissional? E é possível admitir seja a ciência de governar alguma coisa que se transmita, que constitua esfera de ação das escolas, no ramo da educação?

Parece-nos que a política jamais será redutível a uma técnica. Há no governo uma substância mais rica, sobretudo mais acidentalmente humana do que todas as disciplinas que se possam aprender e que representam sistematização do pensamento. Tem talvez muita razão o sociólogo há pouco referido quando diz ter sido a burocracia, durante muitos anos, o ideal supremo da organização política, tendo por fim a equivalência dos homens, indiferentemente substituíveis nos postos de direção. Na verdade, carisma e burocracia são dois elementos, um dos quais predomina na organização política, mas que sempre coexistem. A política é alguma coisa que faz parte do homem, das atividades excepcionais do indivíduo, e nele existe como um dom, um carisma, ora com extraordinária violência, levando a um tal grau de confiança dos subordinados que a burocracia desaparece transformada num simples vínculo de dependência, ora em menor escala, mas sempre suficiente para não poder ser suprida pela interferência dos técnicos.

O ensino da administração, isto é, o estudo dos problemas de governo, eleva, esclarece e, sobretudo, tem o poder capital de permitir que a ação do *homem de iniciativa* seja perfeitamente fixada pelos que dele dependem e devem reproduzir em minúcias o ato dele oriundo, especializado nos órgãos que lhe são subordinados. É, portanto, um ensino para a grei, muito mais do que para o chefe, essencialmente destinado a seus cooperadores, dando-lhes a possibilidade de recursos capazes de levá-lo a uma eficiente atividade.

É de um grande sociólogo alemão, Vierkandt,[3] uma notável análise dos impulsos humanos para obedecer e comandar.[4] Em toda sociedade, como força principal da transformação das instituições de direção e, sobretudo, como manifestação do espírito gregário, encontramos o duplo instinto de *dominar* e de *obedecer*, ambos legítimos, nobres, elevados, de grande valor na existência das sociedades. O homem precisa ser chefe de sua grei, que pode ser a casa, o pequeno número de amigos por ele orientados, o município, o país ou o mundo. Ao lado desse instinto exige o de fazer o dom de sua pessoa, obedecer, incorporar-se a alguma coisa maior do que ele.

Atos *políticos*, chama o sociólogo francês Esteves, estudando-os em interessante livro intitulado a *Filosofia do Imperialismo*, aos impulsos de comando, compreendendo a vocação política do homem e imperialista das nações; *atos cívicos* denominados de obediência, que fazem do homem um disciplinado e

3. Alfred Vierkandt (1867-1953), sociólogo alemão.
4. VIERKANDT, Alfred. *Gesellschaftslehre*: Hauptprobleme der philosophischen Soziologie, 1923.

devotado às categorias sociais às quais deseja pertencer, e aí estão incluídos gestos nobilíssimos de martírio, devotamento e amor pela pátria.

A digressão veio para acentuar como é substancial na natureza humana e sobretudo irredutível ao plano do conhecimento isso que em toda ação do governo vamos encontrar: a predestinação do indivíduo para ocupar o governo. Temos conhecido no mundo inteiro a experiência do órgão técnico elevado a função de governo, com maus resultados sempre, pela simples razão de não bastar ser grande técnico para ser grande governante. É necessário possuir visão especial, sentimento íntimo da conjuntura administrativa, para poder ver com particular amplitude as relações entre os problemas. A ciência da administração, entretanto, longe de ser supérflua para os possuidores desses grandes dons, amplia sua capacidade, dilata os recursos dos que já encontraram em si matéria política de tão alta qualidade e, principalmente, difundida pela grei, faz com que a passagem do seu verdadeiro chefe nunca seja em vão.

8. Vamos encerrar estas considerações com algumas palavras sobre o papel que julgamos poder ter no Brasil uma Faculdade como a que no momento se organiza. O problema brasileiro que desde muitos anos agita os espíritos de todos nós é essencialmente o da reconstrução administrativa. Por tradição, por temperamento nacional, por circunstâncias mesmas do nosso desenvolvimento, o povo brasileiro vive da iniciativa oficial, verdadeiramente o primeiro motor de todas as suas transformações importantes. Nunca foi de outro modo.

País nascido sob o signo da administração pública teve talvez na primeira provisão do seu primeiro governador o mais alto documento da ciência da administração de toda a sua existência e, daí por diante, não cessou de se observar entre nós a obsessão dos problemas administrativos.

A primeira fase da nossa história governativa foi a do *empirismo administrativo*, sob a qual viveu o país durante os séculos de sua existência colonial, trazendo-nos contribuição inestimável na construção da nacionalidade, por ter sido exatamente o que permitiu que a administração da colônia se fizesse sempre banhada no espírito realista, com a mais justa consideração das circunstâncias reais em que os problemas se apresentavam. Muitas vezes nos vieram benefícios de toda essa administração empírica, ajustada aos fatos; descosida, sem nexo lógico, sem princípios coordenadores que permitissem sistematizá-la. Foi estendida sobre o país como um grande pano de retalhos, uma série de medidas adaptadas ao ambiente e, por isso, a administração colonial conseguiu ser a mais sincera que tivemos.

Conhecemos em seguida um *período de forte racionalidade da vida administrativa*. É um lugar-comum dizer-se que foi com o Marques de Pombal[5] no governo português que o racionalismo penetrou em todas as esferas do pensamento e da ação do governo: no direito, na filosofia, nos costumes e também na administração. Tomando o aspecto brasileiro da questão, a organização do vice-reinado foi o início do sistema puramente racionalista, com os critérios sistemáticos e esquemas.

Finalmente – através do Império e de uma vida administrativa que tem merecido sempre a crítica de que as instituições se desajustaram aos fatos por se atender mais ao critério racionalista de distribuição em sistema – chegamos ao *período atual em que o Brasil se encontra face a face com o seu destino*, pois vivemos um momento em que cada povo não pode deixar de estar perscrutando o futuro.

Não há brasileiro ou nacional de qualquer país que não esteja hoje examinando consigo mesmo o destino de sua pátria e que não veja a sua existência futura confiante ou com melancolia. E para nós esse futuro, que já podemos desvendar, assim se encontra colocado: ou damos vida e expressão a tudo que temos conservado em inércia e fazemos do Brasil a grande Nação que ele pode ser, ou faltará, no futuro, a substância que preencha a nossa existência política.

Eis por que a necessidade inadiável a que têm de atender as novas gerações brasileiras é a total criação da grandeza material do país, a reconstrução da sua mentalidade administrativa e política, a preparação de cada homem para ser governante ou governado.

E eis também porque a criação de uma Faculdade como esta assume um sentido muito mais profundo desde que consideramos o momento em que é fundada e os problemas que vem estudar dentro do país. Isto nos dá a todos, professores dispostos a executar com o maior fervor e honestidade essa tarefa, um sentido exato das nossas responsabilidades e deveres, e abrimos os nossos cursos não voltados apenas para os cuidados do ensino, mas para o destino do Brasil.

Revista de Economia e Estatísticas, ano 4, n. 2, abril de 1939.

5. Sebastião José de Carvalho e Melo (1699-1782), estadista português.

A REVOLUÇÃO FRANCESA

Há cento e cinquenta anos, no mês de julho, a Revolução Francesa começava pela tomada da Bastilha. Não se sabe explicar por que razão a velha fortaleza foi o primeiro alvo da revolta popular: nela não eram presos homens do povo, nem ali se havia recolhido nenhum favorito da multidão. Era uma prisão de intelectuais e de aristocratas, e aqueles que fizeram a história da Revolução sob o entusiasmo dos primeiros anos não duvidaram em ver ali um grande símbolo: o povo iniciava a sua obra destruindo o que representava a opressão da inteligência, a escravidão do pensamento.

Desde o dia 13 a cidade estava entregue à pilhagem. Uma população em farrapos, engrossada por vagabundos vindos do estrangeiro e das províncias, homens e mulheres excitados dia e noite pela fermentação política das ruas, pelos discursos, manifestos e proclamações que a assembleia permanente do Palais-Royal lançava de hora em hora, mais viva e mais poderosa que a Assembleia nacional, soldados indisciplinados, mulheres da vida, toda uma multidão impaciente e embriagada pelo uso ilimitado de seu poder permanece acordada, assalta as padarias e as casas de vinho, percorre as ruas em correria, invade residências e ataca cidadãos, sem que nenhuma força se lhe possa opor, sem que ninguém lhe detenha os passos.

O ataque à Bastilha nasce nesse clima, e antes que a velha fortaleza de Carlos V abra suas portas ao povo vencedor, longas horas de fuzilaria levam ao ponto ígneo os instintos mortíferos da multidão.

O que então se verifica é o episódio culminante da anarquia popular, e em toda a história não encontraremos outro que tão bem exprima, na sua trágica cegueira, a injustiça da Justiça do povo.

A Bastilha foi o episódio máximo dessa injustiça, como se a providência tivesse querido estampar naquele ato supremo da libertação e justiça direta os erros atrozes de que tais atos sempre terão de ser acompanhados. A guarnição da fortaleza é quem baixa a levadiça e abre as portas aos sitiantes;

o povo entra em multidão, e os que vêm no fim já atiram sobre os que entram adiante. Destruindo-se uns aos outros, procuram a guarnição, e pensam que os suíços, por causa dos uniformes, são os prisioneiros, e os libertam; e atiram-se aos inválidos, dizimando-os. Um deles - acrescenta Taine[1] - que fora o salvador do povo e da cidade porque impedira o comandante de fazer saltar a fortaleza, é esquartejado e seu corpo levado em triunfo.

Teve depois a Revolução outros lances igualmente patéticos, ou mais. Sob o ponto de vista da dramaticidade e como expressão da força redentora do povo, talvez o 4 e o 5 de outubro ultrapassem a Bastilha. Mas nesta se reuniu, com uma rara eloquência e uma rara exatidão, tudo que personificaria mais tarde a Revolução Francesa, o seu sentido de força contida que transborda, de fogo justiçador, de demolição da antiga ordem e da antiga servidão simbolizadas nos muros feudais arrasados. E hoje, decorrido um século e meio de história, é de novo na Bastilha que pensamos para julgar a Revolução Francesa; a Revolução dos clubes, dos comitês de salvação, do "terror", do "thermidor", pode-nos encher de uma clara repulsa; mas o verdadeiro problema da Revolução, esse nós o colocamos quando perguntamos a nós mesmos: - teria sido melhor que não houvesse caído a Bastilha?

É um erro querer julgar a Revolução Francesa como um acontecimento histórico limitado pelo de 14 de julho e pelo 18 Brumário.

Tem-se de julgá-la na sua extraordinária projeção histórica, quando, decorrido um século, ela ainda alimentava com a sua ardente substância os ideais e as lutas dos povos. Tem-se também de julgá-la considerando o que seria o mundo sem ela, e de que riqueza nós diminuiríamos a humanidade se suprimíssemos do seu passado a década da Revolução. Alguém ainda estudará a Revolução Francesa acompanhado até o fim o seu destino, e descobrindo as reencarnações dessa grande entidade, que se tornou para a história do Ocidente, ao lado de César e em oposição a ela, uma das forças que eternamente construirão o futuro da humanidade.

O que alguém já faz com César será feito com a Revolução. Ao lado do acontecimento visível será estudado e conhecido o processo por que passou, ao longo dos tempos, não direi a *ideia,* mas a *substância* de Revolução, a ponto de se tornar um dos elementos vivos, uma das coisas

1. Hippolyte Taine (1828-1893), historiador francês.

do destino de cada nação. Para chegar a tanto, o estudo há de começar por uma investigação exata do que nos deixou a Revolução Francesa, dos valores que ela incorporou ao homem do Ocidente, marcando com eles a sua vida política.

Ora, o mundo de hoje ainda está tão dentro da Revolução Francesa, que uma tal investigação é difícil; uns veem nos princípios que ela proclamou, e que por assim dizer revelou aos homens, o ideal inseparável da dignidade humana, e querem que as instituições sobre eles se modelem, embora não mais dedutivamente, como fazia a Assembleia Legislativa, mas mediante um ajustamento às condições nacionais; outros renegam os "imortais princípios", em que veem a conclusão dos erros filosóficos do individualismo e as premissas da degradada vida pública das democracias; de modo que o julgamento da Revolução Francesa tornou-se uma questão de ideologia. Os homens da direita a renegam, os da esquerda a aceitam, os do centro, na maioria republicanos e liberais, mostram descendentes do seu pensamento e são seus campeões. Essa disputa mostra o quanto a Revolução está presente nos debates de hoje, e faz surgir a questão que nos parece fundamental para a sua história e julgamento: é possível apontar na Revolução Francesa valores que ela tenha produzido e com que tenha enriquecido o homem, e que nenhuma ideologia possa hoje contestar?

Por mim penso que a Revolução Francesa pode ser vista e julgada de dois modos: primeiro, como ideologia política, fundada numa certa concepção do homem e do mundo; segundo, como experiência que a humanidade atravessou, e de que lhe vieram traços indeléveis, possibilidades novas, condições novas a que estarão sujeitos para sempre os caminhos do homem. E penso que é este segundo modo de ver e julgar a Revolução Francesa o único que nos pode dar a medida precisa do que ela representou e representará para os povos ocidentais.

Preliminarmente, a Revolução foi um acontecimento trágico, inçado dos maiores erros cometidos na história, mas com um direito indiscutível ao nosso entusiasmo. Nela não podemos falar sem a emoção que as grandes coisas nos despertam. E isso não apenas porque tenhamos os ouvidos cheios da glorificação revolucionaria em que todos nos formamos, mas porque a Revolução Francesa foi uma tentativa gigantesca de melhoramento do homem, um esforço desesperado, mas consciente e lúcido, para tirar de um presente sem esperanças o homem novo sobre que o mundo seria reedificado. Ora, uma tal tentativa, por muito errônea e fracassada que seja, será sempre gloriosa. Na Revolução nada que lembre a frieza dos golpes técnicos, e nada que se pareça com o ferver da *jacquerie*[2] contra as injustiças e os privilégios; se nas ruas e nos campos o povo se amotina, e a onda da anarquia vai tragando e violentando os seus inimigos, não podemos esquecer que a desordem preside uma consciência. Cada homem na rua se faz um filósofo; na linguagem do povo, nos manifestos de praça públicas, passa o vocabulário da ideologia revolucionária; um mesmo ideal, o sentimento claro de trabalhar por uma nova ordem, e por uma ordem universal, fazem desta Revolução uma categoria nova na existência dos povos e um acontecimento sem similares no passado. A distância que há entre César e os grandes chefes do passado, mesmo Alexandre, é a distância que há entre a Revolução Francesa e todas as revoluções anteriores. Naquela tudo se reúne de tal modo que com acerto achamos simplesmente a Revolução. Outras tiveram a sua intensidade, mas não a sua amplitude. A umas faltou aquele sentido popular que se iria delineando desde a convocação dos Estados, e o juramento no *Jeu de paume*, para afinal extremar a Nação em dois campos únicos, o povo e o não povo, isto é, "aquele a quem seus títulos, seus cargos, suas alianças, seu modo de vida, distinguem da multidão".

A todas faltou essa substância ideológica difundida na massa, essa esperança consciente de uma ordem nova que dá à Revolução Francesa a sua nota imperecível de grandeza, e faz dela, com todos os seus crimes, um acontecimento de que sempre se orgulhará a humanidade.

O que pode o homem? Um grande pensador do nosso tempo já disse que essa é uma questão maior do que aquela: o que é o homem? Sobretudo quando colocada historicamente, a primeira questão é de uma grandeza singular. Nela se contém a tentativa de um mundo melhor, e com ela se responde aos que se conformam à ideia de que a humanidade terá de viver sempre sobre as bases da injustiça, da desigualdade e da corrupção. Eis por que toda revolução feita para ver o que pode o homem, merecerá sempre, quaisquer que sejam os seus erros, não direi o aplauso, mas o respeito dos que não se conformam.

Que valeu porém a Revolução Francesa como experiência? De que valores enriqueceu ela os homens? Estou certo que podemos encontrar fora do campo de disputas filosóficas e políticas, no simples inventário histórico, uma certa mutação do espírito e da vida humana, que foi o seu melhor fruto.

2. Expressão francesa: revolta camponesa.

O primeiro desses valores foi justamente aquele que mais lhe tem sido contestado: a liberdade. Tem sido a crítica predominante à Revolução Francesa a sua impotência para tornar os homens livres, para cumprir portanto aquilo que era a sua missão. Os historiadores que escreveram sobre ela ainda sob o calor do acontecimento não puderam se furtar à constatação da reação napoleônica e foram dominados pela necessidade de explicá-la. E os historiadores que vieram mais tarde, e que viram o fracasso da liberdade nos países governados segundo os princípios de 89, esses ainda mediram mais exatamente a extensão dos erros que a ideologia liberal trouxe do berço, e por uns e por outros foi negada a inclusão da liberdade entre as conquistas da Revolução.

Ora, se é verdade que a servidão do homem ao homem não cessou de existir nestes 150 anos, e até se tornou mais cruel, mais sistemática e irremissível, não podemos negar que o problema da liberdade assumiu de 89 para cá um outro sentido e uma outra forma.

A Revolução não implantou a liberdade, mas implantou o ideal da liberdade. A servidão, o privilégio tornaram-se clandestinos. A ordem social, embora incapaz de garantir a liberdade, não mais consagrou a opressão. O ideal de ser livre tornou-se no coração do homem mais alto que o ideal de viver, e o receio de Edgard Quinet,[3] de que os povos abdicassem da liberdade, se vissem como a vida seria mais fácil na escravidão, tornou-se um absurdo. O homem aprendeu a dar a vida pela liberdade, e sem hesitação podemos dizer que sobre esse degrau ergueu-se uma moral mais alta, porque mesmo os grandes ideais de disciplina que floresceram nos dias mais próximos e que serviram de base a uma nova hierarquia social são profundamente impregnados de espaço de liberdade pública e representam uma imolação consciente daquilo que mais prezamos em nós mesmos a um outro ente que colocamos acima de nós.

Desse modo, é o ideal revolucionário da liberdade o que se interpõe entre a moderna disciplina e a antiga servidão. O homem que viveu a Revolução Francesa não pode mais esquecer o preço que ela lhe ensinou a dar à liberdade, e quando ela a dá ou quando ele a declama, seus atos têm um valor e um sentido que em vão procuraríamos no mundo pré-revolucionário. A liberdade deixou de ser um meio, tornou-se um valor absoluto, e não só uma condição da felicidade, como da alegria, e da virtude humana.

---

3. Edgard Quinet (1803-1875), historiador francês.

Por ela a vida nos parece bela, o trabalho honroso e a obediência digna. Por ela oferecemos todos os bens e com ela glorificamos mesmo as horas humildes da existência.

Será um estudo interessante o que se fizer sobre a história da liberdade; nele se verá que o Cristianismo fortaleceu no mundo o primeiro sentido orgânico da liberdade, mas que a Revolução Francesa foi quem edificou o que hoje temos para sempre. Antes do Cristianismo, na verdade, a liberdade era a ausência de escravidão; era uma relação de pessoa a pessoa, era um *status* no sentido jurídico da palavra; em face do universo nada era menos livre do que o homem, que, como a tragédia grega nos ensina, expiava mesmo os atos involuntários. O Cristianismo deu à liberdade uma substância nova, mais precisamente porque deu ao homem a mais alta posição nas suas relações com o universo, não considerou o problema social da liberdade, ou, pelo menos, não fez desta um bem indeclinável na sociedade. Este seria o caminho da Revolução Francesa, e tornar-se-ia o seu mais alto legado aos homens, que dela saíram vinculados para sempre ao ideal de serem livres uns perante os outros. É um erro acreditar que o homem seja substancialmente o mesmo ao longo dos séculos, e que as formas sociais e as ideologias passem por ele como uma roupagem acidental. O homem mudou, viveu, incorporou à sua natureza as experiências fundamentais da sua milenar existência, e enriqueceu a sua alma de substâncias que a princípio ela não comporta. O Cristianismo foi sem duvida a maior experiência do homem; a Revolução Francesa foi uma das maiores; e seria um grave erro histórico ignorar o quanto o homem saiu engrandecido.

Se a implantação da liberdade foi o fato mais grandioso dessa experiência, entretanto não foi o único. Pode-se apontar logo um outro: foi a Revolução Francesa que deu ao mundo a consciência de que as ideias movem a história. Essa consciência existiu antes no espírito de um ou outro filósofo, mas com um sentido todo interpretativo, quase como uma especulação sobre a marcha da história. A Revolução Francesa, porém, exibiu macroscopicamente o poder invencível das ideias, mostrou o seu dinamismo, fez ver nelas uma força criadora de acontecimento. Pela primeira vez se amotinava o povo aos milhares em torno de algo, mais do que uma violência ou uma crise de víveres. Porque se é verdade que a crise existia e que a indigência do povo acendia a *jacquerie* por todo o território do país, também é verdade que desde o primeiro dia a Revolução Francesa naquela época, como o inglês Arthur Young,[4] cujo depoimento se tornou famoso, todos a pressentiram. E na convocação dos Estados Gerais, o que se ergue nos *cahiers*[5] das cidades mais longínquas já é a voz da revolução política, "un idéal nouveau de la nature humaine, un fond d'enthousiasme réglé et déjà codifié, un peuple qui se sent dépouillé de tout, digne de tout!"[6]

Quanto a essa revolução que se levanta o seu substrato, como iria dar os seus rumos, uma ideologia a mais teórica e sistemática das ideologias.

Vejamos nela o erro ou a verdade, num ponto nos reuniremos todos: é que essa ideologia mostrou a força de uma ideologia, e por isso a Revolução Francesa inaugura no mundo a chamada política das ideias. A partir dela são os filósofos que forjam as armas das revoluções, e essas armas, que outrora alguns já forjavam mas para as mãos dos príncipes, hoje vão diretamente para a mão do povo.

Um terceiro legado da Revolução Francesa, uma nova criação sua incorporada à humanidade, foi a entronização do povo na política. Comunismo e fascismo nos dias de hoje, governos de classes ou ditaduras, são ordens antagônicas, mas que nisto se igualam: são regimes de massa, de pronunciamento popular de participação da multidão no governo ou na atmosfera do governo. Discute-se o sufrágio universal, o regime representativo, o parlamento; mas não se compreende mais governo que não venha do povo, que não tenha nele o foco originado de ação, e que os juristas chamariam a sede da soberania. No próprio Estado alemão, onde a autoridade obedece à mais rígida hierarquização, e onde, pela aplicação do "*Fuhrer* não o é" esclarece Reinhard Höhn,[7] "senão porque age de acordo com o espírito de *Volk*.[8] Se ele sai desse limite necessário, cessa de representar a Alemanha para não ser mais que um simples cidadão, cujos atos não podem recair sobre a comunidade; e no caso de ele se manter no poder, apesar de tudo,

4. Arthur Young (1741-1820), agriculturista inglês.
5. Expressão francesa: cadernos onde a população formulava seus pleitos e reivindicava reformas, endereçados à Assembleia Geral (Estados Gerais). San Tiago refere-se à Assembleia reunida em 1789, que precedeu a Revolução Francesa.
6. "Um novo ideal da natureza humana, um fundo de entusiasmo já disciplinado e codificado, um povo que se sente despojado de tudo, digno de tudo."
7. Reinhard Höhn (1904-2000), jurista alemão.
8. Vocábulo alemão: povo.

então não será mais que um poder, até o momento em que um verdadeiro *Fuhrer*, saído da nação, rechace o impostor.

A política moderna é, pois, em qualquer campo ideológico, política do povo. Nenhum regime se legitima se não tem, o pelo menos se não alega ter por si a opinião dos governados. Sem isso o poder é uma usurpação, o Estado uma máquina de opressão, e mesmo que se admita a um chefe o ato momentâneo de violação da vontade popular, não se lhe dispensa, como prova de ter bem agido, que ele possa mostrar, decorrido o tempo, a reconciliação dos seus governados.

Ora, essa declaração para as massas da política foi a Revolução Francesa que a inaugurou. Inaugurou-a não apenas proclamando direitos. Como outras revoluções já o haviam feito antes dela, mas dando ao mundo o mais completo exemplo desse acontecimento portentoso que é a diversão de poder às mãos do povo, seu originário detentor. Daí para cá a sombra da revolução popular paira sempre no horizonte, como um apocalipse dos regimes. Ela dá às classes governantes um sentimento preciso de responsabilidade e retribuição, e dá ao povo a confiança em si mesmo, a certeza de que no limite da sua paciência haverá o remédio supremo de tomar o governo nas mãos.

Nota-se que a Revolução Francesa, apesar dos seus erros e crimes, apesar das vítimas que fez entre os seus próprios partidários, depôs mais em favor da confiança do povo em si mesmo do que em favor da desconfiança. As classes dominantes desagregavam-se ante a estupenda vitalidade do povo. No seu *Journal Politique National* Rivarol[9] salienta que a Nobreza e o Clero já não eram ordens, eram *classes privilegiadas*, o *tiers*[10] era todo o corpo da Nação. E desse povo havia de surgir uma classe dirigente, formada por profissionais sem sucesso, homens que no antigo regime eram de segunda ordem, e que se revelaram líderes no momento da confusão. Esse povo encontra nas suas três assembleias o campo de expansão de seu engenho revolucionário. Os que só pensam nos *comités de sûreté générale* e de *salut public*,[11] geralmente esquecem o alto tom em que elas procuraram fazer a

9. Antoine de Rivarol (1753-1801), jornalista francês.

10. Vocábulo francês: literalmente terceiro. No caso, Terceiro Estado. No Antigo Regime - anterior à Revolução Francesa - estrato, majoritário, da população, formado por aqueles que não eram nem nobres, nem eclesiásticos.

11. Comitê de Segurança e Comitê de Saúde Pública. Criado o primeiro em 1792 e o segundo em 1793. O primeiro ocupava-se da segurança interna, e o segundo exercia funções executivas.

sua política, esse sopro genial que perpassa de vez e quando na Revolução Francesa, e o espírito de fraternidade em que procuraram vazar as suas leis de assistência.

Nas mãos do povo o governo não foi apenas o exército da vingança. A Revolução não fundou um regime mas deu ao seu momento de vida um sentido que inegavelmente engrandece a intervenção do povo na história.

Acrescentamos ainda dois aspectos do legado revolucionário. O primeiro foi a introdução de um clima novo nos negócios públicos, onde passaram a ser jogados e vividos os grandes problemas da humanidade. "Le goût des grandes choses",[12] diz de passagem um dos grandes historiadores da Revolução. E, de fato, esse gosto deu à política um sentido que ela não tivera ainda, e que depois já não poderia perder, porque os problemas, uma vez lançados, não mais se ocultam, e vibram mesmo sob os regimes que os querem contornar.

O homem se tornou, a partir da Revolução Francesa, o objetivo primordial da política; todos os assuntos passam depois dele, e a consideração dos interesses universais que nele se encarnam, traça um limite preciso à liberdade de governar. Esse primado do homem radicou-se no mundo moderno, e tornou-se independente do individualismo político que proclamara. Nos nossos dias nenhum problema prevalece sobre o da justiça social; por ele se definem e se distinguem os regimes, e sobre ele repousa a sorte dos governos instituídos; é o homem, é o problema do homem, e à Revolução Francesa devemos ter ele sido colocado.

O último aspecto a que me quero referir é o da vocação universal da França, que a Revolução decide para sempre. Melhor diria a vocação de Paris, pois Paris sai da década revolucionária, ao lado de Jerusalém e de Roma, como um dos polos do destino da humanidade. A Revolução Francesa não colocou perante si o problema de uma nação, mas o problema do mundo, e isso os seus homens públicos sentiram desde o primeiro instante. Não se tratava da liberdade de um povo, como no episódio da Magna Carta, nem mesmo como na Revolução Americana; era a liberdade do povo em geral, qualquer que fosse o seu nome, a sua raça ou o seu tempo; era por isso uma revolução mundial, e a França, consumando a si mesma, definia a universalidade do seu destino, e positivava a vocação que nela Luís XIV já

12. Expressão francesa: "O gosto das coisas boas".

sentia, quando, falando das monarquias, afirmava estar certo "que la nôtre soit premiere de toute la chrétienté".[13]

Entretanto o espírito da Revolução Francesa é alguma coisa de diverso da França e do próprio espírito europeu. Na alma francesa entram algumas notas nacionais que a particularizam, que fazem dela um pouco mais e um pouco menos que o espírito saído da revolução: entra alguma coisa de terra francesa, de espírito do pequeno burguês e do soldado, entra tudo isso que nos está falado por Barrès,[14] e que é uma substância rica, peculiar, irreproduzível, em tudo diversa da ampla generalidade do espírito revolucionário. A este penso que poderíamos chamar o espírito de Paris, pois se a Revolução irrompeu em toda a França foi em Paris que ela concentrou e derramou o seu impacto e traçou seu destino.

"Paris déborde La France", diz Michelet,[15] "la dépasse, et suit sa route dans la voie du genre humain.[16]"

Esse caminho, Paris não o abandonaria mais. O próprio de sua ideologia havia de ser essa adaptabilidade universal que assinala a obra da Revolução; uma palavra só dirigida a todos os novos; uma instituição única para servir a todas as nações; uma só lei para todos os homens: uma só verdade para todas as mentes; eis o espírito parisiense tal como a Revolução Francesa o esculpiu e animou, para ser no correr dos séculos o anti-particularismo, o contrário de tudo que divide os povos, o caminho de tudo que os reúne.

Esse seu destino Paris só o assumiu realmente a partir da Revolução, durante a história anterior, é a França que domina, Paris é a sua cidade. Sob os Merovíngios e os Carolíngios o centro do império passa a leste: os Capetos moram em Paris, e nos séculos XII e XIII a cidade teria em toda a Europa a grande fama, como centro de estudos; *lócus deliciarium*, já se diria, mas as delícias eram os livros, as escolas e os monumentos. Os séculos passam e Paris cresce, como crescem nos nossos dias Nova York e Buenos Aires. Nada lhe assinala ainda a predestinação histórica. Luís XI e seus herdeiros habitam as margens do Loire, Francisco I volta a Paris, e a vida da capital aí floresce longos anos, até

13. Expressão francesa: "Que a nossa seja a primeira de toda a cristandade"

14. Maurice Barrès (1862-1923), escritor e político francês.

15. Jules Michelet (1798-1874), historiador francês.

16. Expressão francesa: "Paris transborda a França, ultrapassa-a, e segue a sua rota pelo caminho do gênero humano".

que Luís XIV se retira para Versalhes. Versalhes será a cidade do *ancien regime*, Paris a cidade da Revolução. Esta é que decide o seu destino, e lhe entrega um papel quase igual ao de Roma na construção da humanidade futura.

Será o espírito parisiense o próprio espírito europeu? O espírito europeu é difícil de aprisionar em palavras, e hoje melhor o explicamos dizendo que é o espírito de Goethe,[17] no qual toda a Europa se reúne e se reconhece. Mas talvez seja possível dizer que o espírito europeu, fusão do mundo antigo e do Cristianismo, atmosfera comum a todas as épocas, superposição de todas as nações, é acima de tudo formado por essa experiência do humano, por esse senso da compensação e do limite que falta ao homem do Oriente e que o homem da América adquire na medida em que se europeíza.

Esse *critério*, em que o espírito europeu se resolve, não é o espírito que a Revolução Francesa confiou a Paris, embora o contenha.

É um espírito de outra ordem, e embora possa torna-se um grito, dificilmente será uma ideologia. O espírito de Paris, esse é uma ideologia, sobretudo. Que ideologia? Não mais a da *igualdade, liberdade e fraternidade*, mas uma outra, raio longínquo dessa, refratado através de meio século. É o ideal, digamos, de que a humanidade encontrará a solução de todos os seus problemas numa fórmula que sirva a todos os povos. Que fórmula? Aquela que se puder encontrar dentro de um tal espírito, aquela que não sirva a uns, excluindo outros; aquela que tiver seus fundamentos no homem, e que se puder exprimir na diversidade das nações. E fiel ao seu destino, Paris se desenvolve no sentido do universo.

"Ni Londres, ni Vienne, ni Berlin ne peuvent prétendre à une pareille destiné. À Paris seulement, comme à Rome, l'on se sent vivre au centre d'un univers humain."[18]

Tal foi o lado belo do destino da Revolução Francesa. No meio dos seus erros, do morticínio, da injustiça, o que se ergueu mais alto e ficou vibrando através dos tempos foi o seu grito de desespero pela liberdade e a oferta de um povo à causa de todos os povos.

Revista do Brasil, julho 1939.

---

17. Goethe (1749-1832), escritor alemão.
18. Expressão francesa: "Nem Londres, nem Viena, nem Berlim podem pretender um destino semelhante. Já em Paris, como em Roma, podemos sentir que vivemos no centro do universo humano".

CAMÕES E A RAÇA

Meus senhores.

Duas ordens diferentes de ideias trouxeram-me ao tema da curta palestra, que por amável escolha dos dirigentes desta ilustre casa, coube a mim pronunciar no dia de hoje. A primeira foi o papel de ideia de raça na consciência do homem moderno A segunda foi o valor didático do grande homem para explicação dos problemas do seu povo.

A ideia da raça, seja quais forem as opiniões dos filósofos, dos antropologistas e dos sociólogos, constitui uma obsessão para o homem do nosso tempo. Sob a influência dos sucessos extremos que põem antes os olhos de todos, as questões de princípio e de fim, que distraem o mundo do relativo para inteiramente absorvê-lo no absoluto, cada homem se faz um filósofo, e especialmente um filósofo da história. A solução da guerra, a paz futura, o destino dos povos, o destino e a duração do seu próprio povo, agitam em debates e reflexões intermináveis as consciências dos cidadãos.

E a ideia da raça prima sobre todas, porque a primeira e grande lição da guerra de hoje é a falência dos regimes. Vimos uma democracia cair corroída pelas suas instituições, minada pela sua vida pública, e vimos outra tirar dos mesmos princípios e normas de ação política o alimento para uma combatividade sem par. Vimos de outro lado uma nação tirar do regime totalitário meios de ação e um espírito de luta verdadeiramente singular, enquanto outra nesse mesmo regime parece ter encontrado o esgotamento e a quebra da força moral. De modo que o ideal de salvar os países por meio de regimes sofreu no espírito do homem de hoje uma desvalorização irremediável. A opinião de que o futuro de um povo depende das instituições que ele adota cedeu lugar à opinião de que a raça, a qualidade intrínseca do povo, é que vitaliza ou desvitaliza as instituições.

O que vale a nossa raça? Esta passou a ser a questão crucial a que prendemos as nossas reflexões e previsão do futuro.E quando dizemos "raça" não tomamos a palavra no restrito significado antropológico que os racistas lhe atribuem, mas no significado amplo que abrange o conglomerado nacional de povos de várias origens, reduzido à unidade pela ação das circunstâncias históricas e dos fatores culturais. Esse aglomerado humano a que pertencemos e em que reconhecemos um fundo cultural e psicológico comum, o que vale como vitalidade, como poder criador, como agenciador da civilização universal?

Disso depende, aos nossos olhos, o futuro da nacionalidade, muito mais do que das instituições sociais e políticas que forem adotadas, pois estas se inclinarão num ou outro sentido conforme a personalidade coletiva que através delas se exprime.

Meditar sobre raça é, pois, um dever que a hora presente nos impõe, e para tal reflexão temos de estar reunidos – os brasileiros e os portugueses – examinando e auscultando a nossa natureza comum.

As nossas ideias nem sempre são as mesmas, nossos interesses divergem em muito ponto, a identidade de Portugal e do Brasil é uma afirmação vazia que, por ser inofensiva, serve de diversão a muito homem de letras, mas o certo é que abaixo das diferenciações históricas dos nossos dois países jaz um fundo comum, e nesse fundo comum é que podem ser esclarecidos certos sinais do nosso destino que afloram dificilmente à consciência.

A outra ordem de ideias que me trouxe ao tema de hoje foi, como há poucos lhes dizia, o valor didático do grande homem para revelar os problemas do seu povo. Penso, por certo, naquele discurso sobre o Pushkin[1] em que Dostoiévsky[2] demonstra a natureza e a vocação do povo russo através da mensagem do seu poeta nacional. Um homem já se torna o herói, o poeta de um país, pela identificação de que ninguém se apercebe entre o sentido da sua vida (ou da sua obra) e o sentido histórico ou espiritual do seu povo. Um povo não tem consciência do sentido que corresponde à sua presença no mundo, mas todo povo cumpre um papel, vive um símbolo, como escreveu Léon Bloy[3] no seu livro sobre Napoleão.[4] Quando esse povo encontra na obra ou na vida de um dos seus filhos a formulação do sentido

1. Alexander Pushkin (1799-1837), poeta russo.
2. Fiódor Dostoiévsky (1821-1881), escritor russo.
3. Léon Bloy (1846-1917), romancista francês.
4. *L' Âme de Napoléon*, 1912.

que nele obscuramente se contém, a afinidade dos dois destinos faz com que aquele povo eleja naquele homem o seu herói.

E começa, então, através do estudo da meditação sobre o herói, e também através das irradiações do seu exemplo, o esclarecimento da consciência coletiva sobre os seus próprios problemas. O que o povo não compreendia em si mesmo, o que jazia inexprimido e obscuro no recesso da sua natureza, ele sente, descobre, explica através da personalidade do seu herói. Lendo nele como num microcosmo, e a nós mesmo que estamos descobrindo e dominando. De sorte que a presença do herói nacional, a vigilância da consciência em torno dele, constitui a base do exame de consciência, verdadeira pedagogia das nações.

O que não compreendemos na vida dispersa e imperscrutável de uma raça, descobrimos no poeta ou no herói que a encarnaram. O que devemos aconselhar a um povo na emergência histórica que o ameaça sugere-nos a obra ou a vida do seu homem símbolo.

Que mais precisarei dizer, meus senhores, para abordar diante de vós o grande tema deste dia? Numa hora em que as nações se concentram na dramática indagação do seu futuro, perguntando a si mesmas se lhes corresponde um papel na criação da civilização universal, nós, brasileiros e portugueses, nada temos a fazer de melhor do que meditarmos sobre a figura de Luís de Camões, herói e poeta da nossa raça.

Não pretendo redizer-vos o que outros, com mais gosto e autoridade, tantas vezes vos disserem sobre o poeta e sobre o poema, sobre o lírico e sobre o épico, sobre o guerreiro e o desafortunado, sobre o doce e o terrível Camões, que nos deu o melhor da nossa honra e da nossa língua.

Quero apenas dizer-vos o que significa, a meu ver, essa presença trissecular do nosso poeta máximo para a formação e a compreensão da nossa raça.

Em primeiro lugar, devemos ver em Camões uma das forças vivas que construíram, dia a dia, a nossa raça, dando-lhe estabilidade e unidade. Não só a religião, o direito, as instituições sociais, a língua, fundem os grupos nacionais e lhes acrescentam coesão e durabilidade. O homem, o grande homem, o grande livro, agem como fatores sociais tão poderosos como outro. Camões e *Os Lusíadas* representam na consolidação da nossa raça, e sobretudo na manutenção desse vínculo que une as nações de língua portuguesa, um fator preponderante, por nenhum outro igualado. Lembro-me da frase de Nabuco na famosa oração pronunciada há 60 anos, nesta mesma data e neste mesmo gabinete: "o teu tumulo será, como o de Maomé, o ímã de uma raça". Tal ação magnética ligando incessantemente a inteligência da nossa raça aos *Lusíadas* foi o aspecto primordial da influência camoniana.

Ele dava-nos a todos o sentimento vago mas irresistível da grandiosidade quase mitológica das nossas origens, e fosse qual fosse o materialismo do século, a fábula da expedição às Índias ainda sustentava a nossa capacidade de sonhar. Sentir-se "alguém", orgulhar-se das suas origens, é para os povos como para os homens a base mais espontânea, e talvez a mais segura, do amor e do respeito de si mesmo. Por causa dos *Lusíadas*, sempre tivemos a certeza de sermos grandes povos e de havermos conquistas.

Mesmo a glorificação das "bandeiras", que entre nós, brasileiros, tornou-se uma réplica da epopeia das navegações, ainda é uma projeção do canto camoniano, ainda se nutre de uma sensibilidade por ele despertada e alimentada.

De sorte que Camões nutriu a nossa raça, durante séculos mais difíceis, mais áridos e mesquinhos da sua história, de uma inalterável confiança no destino. Ele impediu que se apagasse na consciência o amor das grandes coisas, ele deu organicidade, duração, profundidade, a uma glória que sem ele não sobreviveria como força ativa, não poderia preservar a grandeza passada da ação corruptora dos acontecimentos.

Não nos esqueçamos, porém, de colocar, ao lado da ação estabilizadora que sua obra desempenhou, a ação unificadora, pois foi Camões o elo fundamental que manteve, entre as nações da sua língua, a consciência de formarem uma só raça.

Tenho visto muitos homens lamentarem o horror que tomaram aos *Lusíadas*, pelo fato de o terem tido como texto de classe. Foi como "texto de classe" que esse livro, obscuro para a infância, e só acessível em sua inteira beleza ao homem de gosto maduro, cumpriu a sua admirável tarefa, que foi a de dar aos nossos povos um fundo de consciência comum. Pouco importa que os homens distraídos dos trabalhos literários não voltem a ler os *Lusíadas* depois dos bancos colegiais. Os grandes livros, a Bíblia, o Talmud, o Corão não influem porque sejam muitos lidos, são âncoras lançadas profundamente, são pontos de referência assentados, e não tardam que sejam "tábuas da lei", sobre que passam os debates, as heresias, as paixões, as indiferenças e as dúvidas, sem que elas, na grande profundidade em que se acham, oscilem por mais de um instante.

Graças a sua adoção como "texto" tornaram-se *Os Lusíadas* um livro santo da nossa língua, e, portanto, da nossa raça. Seu primado é um convite constante a heresias, uma provocação aos renovadores, uma forma de gerontocracia literária que não se ousa abolir. E através dos mistérios da ordem inversa, das orações intercaladas, dos arcaísmos, das licenças poéticas, imprime-se na mente dos adolescentes uma iniciação que os faz participar de um segredo da nossa raça: uma exaltada e sombria corrente de palavras, em que passam tremendas coragem, misteriosos nomes de povo e de lugares, e cenas lascivas em que se acende a nossa imaginação.

Lembro-me da minha primeira incursão nos *Lusíadas*, ao vos dar este testemunho; e quando pela primeira vez li uma das estrofes sem lhe alcançar senão parcialmente o sentido lembro-me que senti ter atingido um terrível privilégio que só diminuía de horror à ideia de que com ele se quebrava uma dessas privações da infância que tanto detestamos.

Transformados em dever, *Os Lusíadas* não puderam ser, para a maioria dos homens, um desses prazeres intelectuais que a leitura nos proporciona. Mas a sua influência tornou-se maior, a sua autoridade passou a provir não da nossa arbitrária escolha, mas das sanções de que a coletividade os cercava, e por isso a sua ação como fator cultural tornou-se, como disse, a de um livro sagrado, espécie de compromisso da nossa comunidade racial.

Além da sua ação como força construtora da nossa raça, Camões ainda tem para nós um interesse desmedido por ser através da sua obra, especialmente dos *Lusíadas*, que melhor podemos compreender a vocação histórica do nosso povo.

Pouco importa que um poema narre um episódio do passado.

Se ele é um poema nacional, é também e principalmente uma profecia, pois o fato que ele narra exprime e simboliza um movimento que se repetirá até a consumação histórica daquele povo. Os *Lusíadas* celebram um feito quatrocentista, mas nesse feito exprimem a vocação da nossa raça, e traçam um movimento que se repetira muitas vezes, em fatos grandiosos e em fatos cotidianos, pois nele se traduz o que há de peculiar e de irredutível no nosso destino.

Qual é essa vocação da nossa raça que explica e legitima a nossa presença entre as nações?

Se vós desculpais que eu ouse responder a questão tão alta, direi que o destino da nossa raça, aquele que a Providência lhe imprimiu nos seus desígnios, e que nos *Lusíadas* se exprimiu para sempre, é unir dois mundos, misturar as civilizações.

Outros povos sobrepujam os nossos na capacidade de criar, de organizar, de executar. Alguns são inclinados a desenvolver a sua civilização no sentido do seu peculiarismo étnico ou racial; outros procuram criar uma civilização universal. Nós somos levados a vencer todo particularismo pelo esforço de adaptação de uma cultura universal. Todos os grandes movimentos históricos do nosso passado estão subordinados a essa diretriz constante.

O português, como tem observado historiadores e sociólogos, e melhor do que todos Gilberto Freyre,[5] apresentou-se para a aventura da colonização revestido de um temperamento que o predispunha a todas as adaptações que fossem precisas. O seu caráter antagônico, a sua tradição racial e cultural formada pelo contato constante com a África, preparavam-no para a missão que realizou de aclimatação da cultura europeia nos grandes espaços conquistados.

A civilização brasileira nada distinguira melhor, como acentuou Sergio Buarque de Holanda,[6] do que este constante propósito de criar uma civilização europeia na América, vencendo os peculiarismos do meio não raro com sacrifício da sinceridade das soluções.

E para onde quer que nos voltemos, o que descobriremos sempre, como sentido histórico derivado do que os alemães chamariam a nossa *Gesittung*[7] racial, é o desejo e o poder de aclimatar as instituições criadas pela civilização, sobrepondo-as ao particularismo dos povos. Na América, tornou-se o Brasil um centro de europeização, isto é, de universalização. Assim como Portugal cumpriu no Renascimento uma singular missão difusora da cultura europeia, assim o Brasil contribuiu para a formação americana recebendo as ideias e as instituições universais. Numerosas atitudes nossas, apontadas como vícios de formação, são decorrências desse

5. Gilberto Freyre (1900-1987), sociólogo.
6. Sergio Buarque de Holanda (1902-1982), historiador.
7. Vocábulo alemão: no caso, cultura.

temperamento comum; o desapego a certas tradições, o mimetismo político, o gosto de inovar, explicam-se num povo que sempre viu na civilização um estilo adaptável a todos os povos, e que não tem o sentimento da diferenciação racial.

Pode dizer-se, assim, que o antirracismo é uma das características primordiais da nossa raça. E pode acrescentar-se que a sua vocação tem sido e será difundir os valores da civilização, adaptá-los aos povos, ligar e misturar as culturas. Vós me acusareis, talvez, de esta dando às minhas palavras uma conclusão política. Mas pode uma palestra sobre a raça deixar de ser um discurso político? Devo confessar-vos que, quando pergunto a mim mesmo se o mundo perderia com a extinção da nossa raça ou com a supressão da sua independência política, se respondo imediatamente pela afirmativa, é porque estou certo que nenhum outro povo possui como o nosso a capacidade de difundir e misturar as civilizações, e não creio que nenhuma outra missão seja mais necessária num mundo como o de hoje, em que parece perdida a ideia de uma civilização universal. Essa ligação de dois mundos é o assunto, a técnica e o estilo da epopeia camoniana. Não é a gratuita aventura que sustem o heroísmo do tema. Navegar por navegar, seria uma glória esportiva que não manteria o tônus épico de um poema tão cristão como *Os Lusíadas*. Nele não se celebra, tampouco, uma cruzada, nem a fundação de uma pátria, nem a vitória numa guerra. Celebra-se a conquista de um mundo novo, o encontro de nações sobre que se derrama a história, isto é, a ligação portuguesa.

E se o assunto é em si o entrelaçar-se dos dois mundos lusos e cafres, Índia e Castela, Cristo e Mafoma, reis cristãos e reis gentios, milagres e lendas, a técnica do poema é ela própria, como já foi cem vezes dito, uma conquista da arte e dos símbolos do paganismo pelo espírito cristão. Matéria e forma exprimem, desse modo, nos *Lusíadas* aquele movimento profundo da nossa alma que está nas raízes da história dos nossos povos e paira como uma boa profecia sobre o seu futuro.

Cristianizar e civilizar, foram essas as tarefas que fizeram com que a nossa raça merecesse a glória de Luís de Camões. Cristianizar e civilizar, isto é, acomodar ao particularismo de cada povo os valores humanos, sejam eternos, sejam temporais, continuam sendo os grandes sentidos da existência dos nossos povos.

E agora quero concluir, meus senhores, aplicando a Luís de Camões aquelas palavras que a respeito de Dostoievski, escreveu Berdiaef, o maior dos seus críticos. No dia do julgamento final das raças, Camões testemunhará por nós diante de Deus.

Palestra proferida no Gabinete Português de Leitura, 10.08.1940
(Arquivo San Tiago Dantas)

DISCURSO DE POSSE DA CADEIRA DE DIREITO CIVIL DA FACULDADE NACIONAL DE DIREITO DA UNIVERSIDADE DO BRASIL

Eu faltaria ao dever da verdade para comigo mesmo e para convosco se vos dissesse que esta grande hora é, para mim, uma hora de contentamento. Os caminhos do coração são difíceis. Os sentimentos formam, não raro, dentro de nós, combinações que não deciframos.

A alegria é que me invade, certamente, quando me ponho a considerar a desmedida recompensa que esta cátedra representa para os estudos a que dediquei a juventude. Com alegria, revejo neste instante os anos ainda próximos da minha vida acadêmica, quando se me impôs, como sugestão irresistível, o ideal do magistério jurídico. Revejo muitas cenas desses tempos de estudante, rememoro o formar-se das esperanças e das ambições, sinto de novo ao meu lado o apoio dos que me encorajaram, e vendo chegar tão cedo a recompensa extrema a que aspirara, não posso dominar o júbilo que me enche o peito – e meu pensamento parte ao encontro de meu pai, que a esta hora, no seu veleiro, está singrando o oceano.

Se porém, me concentro sobre o sentido dessa cerimônia, uma ideia grave não tarda a ir mudar o rumo destas emoções. Sinto que ao ocupar tão cedo essa cátedra não estou apenas vencendo uma etapa da minha carreira, mas estou escolhendo e assumindo o meu destino. Ora, o encontro do homem com o destino não se dá sem amargura. Pouco importa saber que o desejamos; pouco vale lembrar que combatemos para o alcançar. O que pesa em nós é um sentimento indefinido e irresistível; talvez nesta nossa condição humana, plasmada na hesitação e na dúvida, é o sentimento que nos deixa a renúncia à disponibilidade em que um momento antes nos achávamos.

O que experimento agora, meus senhores – e vós excusareis que antes de vos dizer os meus propósitos, eu vos comunique as minhas emoções – é precisamente esse sentimento de que terminou a disponibilidade dos primeiros anos, e de que o destino se enunciou diante de mim como uma lei, definindo a posição e o rumo dos meus trabalhos futuros. Professor é o que serei; a existência do professor será a minha existência; meus ideais, meus trabalhos, minha vida pública, quero que se contenham no professorado, e, se possível, que dele irradiem.

E é aí que um terceiro sentimento vem se combinar ao júbilo e à secreta amargura que esta solenidade encerra para mim. O entusiasmo, não o transparece numa exaltação externa, mas o que faz ferver nas veias as nossas energias mais profundas, enche-me o peito de estímulo para trabalhar ao vosso lado e partilhar a tarefa que nos impusestes, de estudar e ensinar o Direito.

Essa tarefa assume nos dias de hoje um sentido e um alcance que em raras oportunidades históricas tem tido: vivermos em quase todos os países sob o sentimento da inutilidade do Direito. As lutas sociais, as grandes revoluções que inclinaram aos seus ideais políticos os sistemas de Direito positivo, as guerras que fizeram *tábua rasa* dos princípios e formas do Direito Internacional, reacendem no espírito público a opinião de que a norma jurídica é de uma fragilidade que a torna inútil e de uma versatilidade que, a bem dizer, a identifica com o arbítrio do soberano. Fala-se mesmo numa decadência do Direito, que parece pairar sobre as instituições em ruína, e solapada pela inundação das leis especiais que se avolumam cada vez mais, em todos os países, oscila a estrutura da ciência do Direito construída pelos explicadores do Direito Romano.

Eu, porém, não duvidaria em afirmar que a hora que passa, considerada apenas do ponto de vista da ciência jurídica, é uma hora salutar. Nada falseia mais o espírito jurídico, nada o afasta mais perigosamente do seu verdadeiro sentido, do que a convicção, favorecida pelos longos períodos de estabilidade, de que a vida social deve se ajustar aos conhecimentos jurídicos, em vez de se adequarem estes àquela. Digo muito de propósito "conhecimentos jurídicos", pois é nisso que reside a anormalidade da convicção. A ciência do Direito calca-se sobre as normas jurídicas, como o conhecimento se calca sobre o objeto. Não tarda, porém, que ela aspire a se tornar uma norma jurídica ela própria, e desse abuso nasce outro maior – a opinião de que o Direito está em decadência todas as vezes que surgem da lei ou dos tratados normas que extravasam dos quadros científicos pré-elaborados.

Acresce que em todo desequilíbrio social extenso e profundo, causador de uma ação política ou de uma ação privada que as normas jurídicas não regulam, nós devemos ver um sinal de que o sistema de normas está exigindo revisão mais ou menos ampla, pois o Direito é a disciplina do equilíbrio social, e a sua excelência se mede pela exatidão com que modera e contrasta as forças em trabalho pela desagregação da sociedade.

A hora em que vivemos é, assim, duplamente salutar para a orientação do pensamento jurídico. Os fatos sociais que se consumam sem o conduto das leis, tornando-as inúteis ou desviando-as de seus fins, não fazem tanto o elogio da força como fazem a crítica do próprio Direito, e apontam ao legislador o caminho das inovações e das reformas.

E por outro lado a legislação especial, rápida, abundante, embora instável e nem sempre coerente, vem trazer um abalo saudável à antiga sistemática, e lembrar aos professores que os textos legislativos são as fontes diretas dos seus estudos e o ponto legítimo de partida para as suas generalizações.

Nenhuma disciplina parece estar tão comprometida pelo momento de transição que vivemos, como o Direito Civil, e nenhum trabalho, como o do civilista, pode ser produtivo se for exato e prudente. Nas outras províncias do Direito, as transformações se fazem com rapidez, e com rapidez também se desfazem. No Direito Público, no Direito Constitucional, especialmente, as mudanças se operam de alto a baixo, com a presteza dos acontecimentos políticos que de um golpe reestruturam a sociedade. Disciplinas que lidam com grandezas macroscópicas, extremamente acessíveis às ideias filosóficas, dóceis ao pensamento especulativo, aparentam-se mais com a ordem dos conhecimentos abstratos e as transformações por que passam não são irremediáveis.

O Direito Penal sempre foi a disciplina especulativa, por excelência, o campo em que as ideias sobre a vida moral mais ardentemente se contendem.

O Direito Civil é, porém, o campo das aquisições lentas, das transformações aluvionais. Lidando com grandezas microscópicas, penetrando nos alvéolos sociais, analisando e perquirindo os tecidos, decompondo as células, o trabalho do civilista não atinge a forma geral, mas atinge a substância, fixa os detalhes da sociedade. Quantas vezes uma grande transformação política deixa inalterada a vida civil, deixa de pé o sistema de valores sobre que a existência dos indivíduos repousava! E quantas vezes sob uma estrutura política que os séculos conservam, transformam-se o espírito, a forma e estilo de vida privada, e acusam-se na ordem jurídica as mais completas mutações moleculares!

Caberá à ciência do Direito Civil registrar as alterações profundas que os tempos de hoje parecem estar trazendo não só à vida do Estado, mas à vida do povo. No seu trabalho de síntese e sistematização das instituições novas, reconhecendo a abdicação de certos princípios e a entronização de outros, concedendo uma alteração de sistema, abolindo um aforismo, identificando ou separando dois institutos, vai o civilista executando a paciente alquimia de que sai transformada a substância da sociedade.

Nele se hão de reunir e combinar dois elementos sem os quais será falseado o seu trabalho: o espírito conservador do sistema e a docilidade às normas jurídicas. O espírito conservador é talvez a essência do espírito civilístico, e se exprime naquela tendência que os jurisconsultos romanos levaram à perfeição de ligar o novo ao antigo, de conquistar para o moderno os brasões do passado, só reconhecendo no sistema uma alteração quando os seus quadros são inflexíveis à recepção do fato novo. O segundo elemento – a docilidade às normas – é o que dá vida e autenticidade ao trabalho do jurista, e impede que o seu ensinamento recaia sobre um sistema hipotético, diferente na verdade do que rege as relações humanas na vida real.

Integrado nesses seus elementos de vida, quem duvidará da excepcional missão que o mundo moderno reserva ao civilista? É em outros domínios do Direito que as ideias novas travam seus combates, mas o Direito Civil é o campo de escolha e de fixação das vitórias definitivas. Ele ainda tem para a mocidade um alto sentido educativo, qual seja o de acostumá-la aos estudos pacientes, que não atraem pelo brilho, nem oferecem prontamente o gosto dos pontos de vista, nem alimentam o orgulho das originalidades de opinião. O Direito Civil é estudo ascético, em que as colheitas são tardias; paciência, constância, método e tempo são, mais do que quaisquer outras, as condições do êxito. Não pode, assim, haver melhor escola para a formação mental da mocidade, num país como o nosso, em que se prestigia demais o dom da improvisação e o brilho da inteligência, e em que os moços – e mesmo os velhos – se satisfazem com as facilidades de um como que barroquismo intelectual.

Foi o entusiasmo crescente pelos estudos civilísiticos que me levou, senhores professores, à ousadia de procurar o vosso convívio, partilhando as responsabilidades do ensino de uma disciplina que aqui foi e continua a ser professada por alguns dos homens de leis mais preclaros que tem produzido o Brasil.

Relembro, neste instante, homenageando na sua veneranda figura todos os passados titulares, o jurisconsulto genial que eu mesmo ainda encontrei nesta Faculdade, lecionando o seu último curso sobre o Direito das Obrigações: Lacerda Almeida.[1] E igualmente rendo as minhas homenagens aos titulares de hoje, ao Doutor Philadelpho de Azevedo,[2] pertencente à linhagem dos maiores jurisconsultos brasileiros, ao Doutor Hahnemann Guimarães,[3] que introduziu, entre nós, a cultura universitária nos moldes dos grandes centros de estudo, e a ele associo já o Doutor Arnoldo de Medeiros,[4] de quem nunca me considerei nem fui concorrente, tantos e tão indiscutíveis eram os seus títulos à sucessão de Sá Freire.

Não quero encerrar estas palavras sem dizer aos meus eminentes colegas da Escola Nacional de Belas Artes o quanto me confrange deixar a sua companhia, no dia de hoje. Ali passei os anos melhores da mocidade, cultivei e obtive a amizade de homens ilustres e íntegros, de cujo exemplo e palavras fiz grande cópia de ensinamentos. Se os deixei, foi porque a outros campos me impelia o natural desenvolvimento dos meus estudos jurídicos, mas, por longo tempo, ainda sentirei em torno de mim o calor do seu convívio e o daqueles estudantes que me deram a inesquecível prova de afeto de, por três anos sucessivos, me fazerem seu paraninfo.

E agora terminarei, tomando um compromisso com os meus novos alunos, nos quais prefiguro as gerações que passarão sob o meu magistério. Prometo-lhes que esta cadeira que hoje assumo, eu a exercerei com amor e com indeclinável entusiasmo. Hei de amá-la, como sempre se ama o que se custou a conquistar. Ela me custou não só o esforço e o trabalho aturado durante anos, como a luta contra os obstáculos que à posse de uma cadeira sempre se nos antolham; antipatias fundadas em antigas atitudes assumidas na minha modesta porém clara e inequívoca vida pública, intrigas que se fazem mais perigosas quando disfarçadas na amabilidade e na blandícia,

1. Lacerda Almeida (1850-1943), professor de direito.
2. Philadelpho de Azevedo (1894-1951), jurista.
3. Hahnemann Guimarães (1901-1948), professor de direito.
4. Arnoldo de Medeiros (1894-1957), professor de Direito.

tudo isso serve para estreitar ainda mais os laços que nos prendem ao objeto desejado, e para criar entre ele e nós um vínculo indissolúvel, pois os tecidos são mais fortes no lugar das cicatrizações.

Desse amor pela cátedra, desse sentimento vivo de ser ela uma conquista e um lar, é que desejo nutrir o meu magistério, suprindo pela dedicação e pelo esforço um pouco do muito que me falta para me igualar aos meus pares. Possa eu ser, entre vós, um professor digno: é o que fervorosamente desejo e espero de mim.

Jornal do Comércio, 13.09.1940.

A ENCÍCLICA "RERUM NOVARUM"[1]

Convidado para falar no centenário de Goethe, respondeu o grande Ortega y Gasset: "No estoy para commemoraciones".

Veio-me logo à mente essa resposta, quando o ilustre diretor cultural deste Departamento teve a gentileza de me encarregar do discurso de hoje. Também não estou, não estamos, para "commemoraciones".

Numa hora como a que vivemos, neste mês de maio de 1941, entre acontecimentos cuja magnitude nos exalta, cujo imprevisto nos oprime, e a cujo destino irremediavelmente estamos presos, o homem sente o seu futuro livre das predeterminações históricas, e não pode ter pelo passado um interesse real. As comemorações são obras da satisfação e da tranquilidade. Oportunas e espontâneas quando o homem repousa sobre a segurança do seu patrimônio, são absurdas nas emergências como a de hoje, em que cada um atônito pergunta o que se salvará dos bens adquiridos, e em que a inteligência se emprenha na perscrutação do futuro, ansiosa por antecipar as surpreendentes formas em que nos envolverá a nova existência.

Todo exame do passado é, num momento desses, uma deserção temerária. Toda curiosidade que não se dirija para a frente é frívola. Toda comemoração, um ato de inconsciência, que faz pensar num insensato folguedo nas antessalas da morte.

Repilamos, pois, a ideia de que aqui viemos para comemorar o 15 de maio de 1891; na verdade, aqui estamos para defendê-lo. Não viemos relembrar o feito, rememorar a glória de uma grande palavra, nem mesmo homenagear o seu grande prolator. Move-nos a inquietude, e não a segurança; move-nos o medo de perder, e não a satisfação de ter ganho; impele-nos não

1. Encíclica editada pelo Papa Leão XIII, em 15 de maio de 1891, cujo tema central era a condição das classes trabalhadoras. Expressão latina: "das coisas novas".

o aplauso e o regozijo, mas o receio de que no mundo em formação dos nossos dias algo se subverta e pereça, em que o dia de hoje nos faz meditar.

Esse "algo" não é a carta pontifical de 15 de maio, mas é um espírito que nela se encontra, que dela irradia, de que ela se tornou o mais alto e puro exemplo, pela força com que o infundiu nos acontecimentos universais. Não direi que esse espírito seja o espírito cristão, de que estão banhadas as palavras do Pontífice, embora no plano de uma especulação mais alta essa identificação seja possível. Quero aqui procurar definir esse espírito sem nomear a sua origem, encará-lo como categoria histórica, como experiência que flui do coração humano para ditar critérios e normas de existência.

De onde vem o êxito da Encíclica? Porque, entre tantos documentos pontifícios, não ficou este como uma definição - exata, nítida, integra mas reservada à boa ordenação o espírito daqueles que buscam se esclarecer nas fontes do ensinamento apostólico - sem ressonância e sem ação sobre o destino próximo das nações? Vezes inúmeras a palavra dos Papas não ressoa além das consciências. Seu alcance histórico não se percebe no século, embora os anjos o leiam no destino da humanidade.

O que surpreende em "Rerum Novarum" é que ela se tenha tornado um código tácito na prática dos povos, e que o seu ensinamento tenha contido um dos mais poderosos movimentos de subversão histórica, qual se anunciava o socialismo no século XIX. Como se processou essa influência, é um tema bom para os sociólogos. O certo é que a onda socialista teve a imponência de uma convulsão universal das ideias, como nem o liberalismo e o racionalismo lograram aparentar. É só percorrer a vida intelectual europeia durante o último século: o socialismo herdara certos valores da revolução liberal, incorporara ao seu impulso nascente a experiência histórica de 1789, que vinha conduzindo pela ousadia das elites mais esclarecidas; trazia como anteparo doutrinário a obra de Marx,[2] que era a mais genial especulação já conduzida sobre a ordem econômica, e que tinha o prestígio de uma revolução copernicana; alimentava-se do mais vivo e cruciante dos problemas: a miséria e a escravidão das massas populares; vinha com o ruído e a pressa irresistível de uma tempestade, com a simultaneidade do cataclismo; se houve vitória previsível, foi a sua; na Inglaterra, que a superficialidade de muitos representa como o centro das resistências antissocialistas, uma grave agitação pré-revolucionária se esboça a partir do manifesto cartista de 1838 e perdura

2. Karl Marx (1818-1883), filósofo alemão.

sob a forma conciliadora das *trade unions*, conquistando adeptos de força nas classes intelectuais; na França, de Proudhon,[3] aos agitadores políticos a ideia flameja, adquire cambiantes, espraia-se na consciência pública, funde-se com a tradição radical vinda da Revolução Francesa, atinge o âmago do sentimento popular; na Alemanha, o socialismo cresce na elaboração doutrinária, vem ao encontro das tendências coletivas e autoritárias do povo, parece uma causa ganha; e no mundo em que as tendências de escola brilham um momento intensas, para baixar ante a pressão das correntes viáveis, pouco a pouco se confinam os socialismos para deixar lugar ao Socialismo que adquire um corpo político, cria um sistema de ação e dá uma consciência à desordem; mais do que isso: sobre a revolução paira uma técnica que tudo aproveita, fazendo da profecia uma matemática a que o futuro da humanidade não pode recusar nenhum segredo.

E é realmente espantoso assistir-se nos primeiros anos deste século à decomposição do movimento gigantesco, em que parecia colhido o destino do mundo ocidental. Todas as previsões desfeitas: as classes cultas desertando pouco a pouco os princípios e os temas intelectuais revolucionários; novos problemas, novas ideias, nossas atitudes envelhecendo na infância o que parecia ser o clima para o milênio: e o que é talvez o aspecto decisivo: a própria substância ideológica e política do socialismo sofrendo uma alteração estrutural, atômica de que só o nome sairá talvez conservado.

Seria uma afirmação enfática e temerária fixar a publicação da "Rerum Novarum", como o ponto de inversão de rumo dessa trajetória triunfante. Mas se abandonarmos a ideia de uma causa brusca, mecânica, visível, não duvido que ali possamos procurar a fonte das transformações.

É que sobre o Socialismo não agiu uma causa microscópica, capaz de contrariar o seu ímpeto e de fazer refluir a sua força. Sobre a grande onda que ameaçava desatar-se sobre o mundo, atuou um princípio redutor, invisível aos contemporâneos, e que gastou a força revolucionária daquelas grandes ideias sem permitir que elas se empregassem num choque decisivo. O Socialismo sofreu uma desagregação íntima quando as suas reinvindicações básicas passaram ao patrimônio comum dos povos.

E foi aí que a ação da Encíclica operou nos acontecimentos. Como em séculos passados, coube ao Pontífice traçar a história próxima dos Estados.

3. Pierre-Joseph Proudhon (1809-1865), filósofo francês.

O novo Direito que nasceria em toda parte para satisfazer às exigências da ordem social nova, o novo tipo de Estado que se plasmaria sob a influência dos deveres atribuídos à autoridade política em face das lutas e desequilíbrios sociais, remontam ambos, Direito e Estado, aos princípios que a "Rerum Novarum" fixou na consciência da cristandade.

Lá está enunciada com a sóbria majestade da linguagem pontifícia, a doutrina com que o Estado Moderno responderia ao dogma socialista da luta de classes:

"Assim como no corpo se unem membros entre si diversos, e de sua união resulta essa disposição de todo o ser, a que bem podemos chamar simetria, assim na sociedade civil dispõe a natureza que aquelas duas classes se unam concordes entre si, e uma à outra se adaptem de modo que se equilibrem".

E tal como o Estado Moderno exigiria - para que na colaboração de classes não ficasse mero anelo e palavra vã -, vem a encíclica erigir o Estado em protetor e árbitro das classes, respeitada a harmonização que elas próprias promovam através dos órgãos que as representam:

"Entre os deveres não poucos nem leves dos príncipes, a quem toca velar pela boca do povo, o principal de todos é proteger as classes de cidadãos por igual, isto é, guardando inviolavelmente a chamada justiça distributiva".

É preciso seguir, passo a passo, ao longo da carta apostólica, a afirmação de tudo que hoje passou a ser a estrutura do Direito Social, e que se encontra nos fundamentos da nova ordem política, para saber a que ponto esse documento vale como uma nova "declaração de direitos do homem", e inova o pacto político sobre que se levantam os Estados.

Lá está o princípio da hierarquia - reputado uma das bases da moderna ideologia política - afirmado pelo Santo Padre contra as ideias igualitárias de que o Socialismo fizera uma base para o seu sistema e um atrativo para a sua ação. Lá está, igualmente, o intervencionismo do Estado, a obrigação de não se aliar ao poder público nas lutas e males a que a vida econômica conduz os particulares, afirmação com que se feriu o dogma liberal do absenteísmo do Estado e se criou a consciência da sua identificação com os problemas em que está em jogo a ordem, a justiça ou a prosperidade dos cidadãos.

Passando às grandes afirmações da Encíclica em relação ao trabalho, salientemos o profundo conceito da "relação de trabalho" entre o patrão e o empregado, que o texto recusa a tomar como contrato locativo. Toda a elaboração do Direito moderno viria aí ao encontro do Pontífice. À sua larga visão de jurisconsulto não fugiu que a relação de emprego é substancialmente diversa das locações, e que existe nela uma comunhão de interesses e de esforços, cujas consequências práticas a *locativo operis* não logra explicar. Há um contrato de trabalho numa locação e uma sociedade. Os deveres dos patrões para com seus empregados, que uma estreita concepção do contrato de trabalho como locação de serviço deixara que se apagassem, ganham nitidez especial quando sabemos que entre uns e outros se forma uma sociedade, onde surgem laços de solidariedade e deveres de assistência muitas vezes unilaterais.

E Leão XIII,[4] com o rigor lógico do seu pensamento, forjado na convivência do Doutor Angélico, opõe à concepção liberal da equidade do salário uma outra, fiel à tradição cristã do salário justo, onde melhor do que em qualquer outra base assentam os princípios modernos da remuneração do trabalho. Vale a pena acompanhar o curso do seu pensamento:

"O salário, diz ele, responde a um fim que transcende a liberdade do homem. Pode o homem dar livremente a outro o seu trabalho, convencionando o salário que quiser; mas se o salário depende da manutenção da sua vida e da sua família, sendo essa manutenção um dever, não pode o homem pactuar um salário que não logre esse fim. Se pactua, premido pela necessidade ou pelas circunstâncias, pouco importa que a convenção tenha sido livre.

Isso seria fazer ao operário violência, e contra essa violência reclama a justiça".

Vem da Encíclica a recomendação que os trabalhadores e os patrões se organizem em associações de classe; dela vem a recomendação dos acordos coletivos e do julgamento das questões de trabalho por órgãos de conciliação e de arbitragem, formados com representantes dos dois gêneros de associações.

Essa seria, como sabemos, a técnica moderna de harmonização das classes, posta em prática em os povos que optaram em tempo pela política de intervenção.

---

4. Leão XIII, (1810-1903), Papa de 1878 a 1903.

E as reinvindicações sociais depois traduzidas nas leis dos países e nas prescrições dos órgãos internacionais - a limitação de horas de trabalho e descanso semanal, o trabalho de mulheres e crianças - encontram na Carta de 1891 proclamação peremptória e abundantes fundamentos.

É, porém, a defesa da Propriedade, e a reposição desse instituto no seu fundamento natural e nas suas finalidades humanas, o fecho da grande ideia de reforma que se contém na Encíclica. Renova-se em Leão XIII o desapreço da Igreja pelas grandes diferenciações da fortuna. Pondo embora no pórtico da sua carta de 15 de maio a defesa da propriedade como um imperativo da razão contra o Socialismo, é patente o seu conselho para que se restaure a possibilidade de todo homem, pelo seu labor, atingir os benefícios da propriedade. Por isso mesmo que esta deflui da natureza humana, e é uma aspiração normal do homem, urge que se transforme uma sociedade em que "possuir" é o privilégio de alguns poucos, e em que nenhum dos benefícios desse instituto pode se fazer sentir sobre o bem geral.

"A violência das revoluções dividiu os povos em duas classes de cidadão, pondo entre eles imensa distância. Uma poderosíssima, porque é riquíssima, que, como têm em mãos todas as empresas produtoras e todo o comércio, atrai a si, para sua própria utilidade e proveito, todos os mananciais de riqueza, e ainda tem não pequeno poder na administração da coisa pública. A outra é a multidão pobre e débil, com o ânimo chegando e sempre pronta a se amotinar.

Pois bem: se fomenta a indústria atividade desta multidão com a esperança de participar na propriedade da terra, pouco a pouco uma classe se aproximará da outra, e desaparecerá o vazio que hoje existe entre os que são riquíssimos e os que são paupérrimos".

Essas ideias, essas palavras, que afirmavam, perante a sociedade liberal do fim do século XIX, como aspirações legítimas, reconhecidas pela Igreja, algumas das teses mais comprometidas pela procedência revolucionária, deram à "Rerum Novarum", durante muitos anos, a reputação da ousadia. Hoje, relendo as suas afirmações cautelosas e sólidas, implantadas sempre em razões detidamente analisadas, é a ideia de moderação a que nos assalta, quando mudada a perspectiva histórica; colhidos os frutos semeados, comparamos o seu texto ao de outras declarações mais recentes, como o dessa carta com que o grande pontífice Pio XI,[5] há dez anos, comemorou a mesma data da cristandade.

Hoje, que melhor se lê a "Rerum Novarum" nas legislações das nações onde a sua doutrina se projetou; hoje que a lição da Encíclica se tornou o Direito comum dos países; renovemos a pergunta que de início nos propúnhamos, e procuremos buscar no grande documento leonino o espírito que o veiculou e incorporou à existência dos povos.

Há nos grandes movimentos espirituais que da Igreja irradiam um sentido de irredutibilidade e de afirmação a que se junta, sem contradição prática, nem lógica, um forte espírito de adaptação às contingências humanas. O homem muda porque vive. Sua existência sem cessar o impele para dificuldades novas, e a paz que procuramos no século para as nossas lutas e males não é senão a premissa de novas lutas futuras. Transformar o homem, transformar o mundo, tem sido a tarefa milenar do Cristianismo. E daí a conquista de um critério, de uma lei, que atrás do feito de hoje devemos buscar compreender e alcançar.

Esse é o espírito que nos revela a leitura da Encíclica quando a fazemos em comparação com os grandes documentos socialistas do nosso tempo. Nestes, o esforço para colher a verdade num sistema a que só a lógica, o raciocínio conduz; naquela, ao invés da ciência dos conceitos, esta difícil e misteriosa ciência do humano, que se impregna das sugestões múltiplas que só as coisas concretas nos trazem.

Essa consciência do possível, do suportável, do provável, esta delicada posologia política que a Igreja na sua incomensurável experiência do homem possui, esta advertência para os perigos da especulação sobre o homem, em que a cada passo a lógica nos impele a cortar os fios de contato com a realidade, dão ao pensamento de Leão XIII, nas páginas da "Rerum Novarum", de um lado a atualidade incorruptível que é própria do pensamento do sábio e, do outro lado, a força do pensamento que impregna das suas ideias os acontecimentos exteriores.

Difíceis de decifrar são os caminhos do homem, perigosa a ciência das suas possibilidades de "conduzir" e de "ser conduzido". O espírito moderno tem como uma das suas mais graves fraquezas, a perda dessa

5. Pio XI (1857-1939), Papa de 1922 a 1939.

sabedoria a que nenhum raciocínio dá acesso, mas que vem da experiência e do íntimo conhecimento dos limites da nossa condição.

O espírito moderno é dominado por uma contradição singular: subestima o homem na sua capacidade de se deixar conduzir; superestima na capacidade de conduzir. As ideias políticas refletem amiúde essa grave contradição; se é de conduzir os homens que se trata, acredita-se que eles possam aceitar as transformações sociais mais extensas, sofrer as mutações mais violentas e bruscas, porque a realidade social, na verdade, não passa de uma aparência, a consciência comum de uma cera branda, onde podem ser gravadas todas as alterações.

Se é, porém, de dar ao homem o poder de guiar que se trata, estima-se de outro modo a força da sua consciência. Dele se espera o heroísmo contínuo, dele se exige que exceda no dia de hoje o seu mérito de ontem, e não se lhe perdoa o desfalecimento, o erro ou a fraqueza.

De modo que o espírito moderno, pelo custo que dispensa ao "herói" e pela passividade que atribui à "massa", transporta a moral e a política para um plano desumano e constrói a sua ordem já com o princípio que a destruirá e negará.

É a esse espírito inumano, para que hoje se orientam os acontecimentos e as ideias, que devemos opor o espírito cristão de que a Encíclica de Leão XIII nos dá um exemplo singular. A leitura dos seus preceitos teóricos e práticos, o que nos assedia incessantemente, e essa prudência no tratamento do homem, esse conhecimento vivo e íntimo da sua natureza, que dando melhor do que tudo à nossa condição o sentimento da sua dignidade, repõe as instituições e as normas de agir na contingência da nossa inexorável fragilidade. De sorte que, exigindo o que é possível a poucos, o pensamento pontifical ergue um monumento de prudência e de sabedoria prática já onde os sistemas filosóficos haviam feito o campo de batalha de uma vasta contenda intelectual.

Esse humanismo no trato das questões sociais decisivas, essa adaptação ao humano que dá viabilidade às verdades, eis a fonte do poder operante da Encíclica, e a surpreendente lição que ela reserva aos reformadores da ordem social.

À desumanização do espírito moderno opõe ele o humanismo profundo do espírito cristão. Muitos dirão que falta originalidade às concepções esplanadas que não quis o Pontífice subir à sistematização do seu pensamento social, como fez Pio XI na encíclica "Quadragésimo Anno", editada em 15 de maio de 1931, sobre a "Ordem social cristã". Essas críticas têm o mérito de ressaltar o que podemos chamar o "espírito político" da grande encíclica sobre a "condição dos operários";[6] Leão XIII não pensou em fornecer à Cristandade um quadro sintético das doutrinas da Igreja, nem era aquele o tempo próprio de fazê-lo. Sua ideia, bem claramente enunciada, foi comandar, influir, lançando sobre as consciências cristãs uma certa compreensão de deveres, e sugerindo reformas aos dirigentes dos Estados.

E é aí que o seu espírito de guia resplandece, lançando as reformas viáveis, e através delas alcançando a transformação substancial das instituições.

Que melhor exemplo invocar portanto para as desorientações do espírito moderno que o de Leão XIII! Para ele volvemos, neste doloroso mês de maio, o nosso ânimo conturbado, e por ser ele um dos que podem retificar os nossos gestos e palavras, sentimos a atualidade plena do seu ensinamento.

À desumanização da política, opomos com ela a reumanização e o equilíbrio. Diante dos destinos que se abrem para o mundo e para o homem, sem que a nossa inteligência ouse uma previsão e uma escolha, pensamos no poder misterioso dessa palavra com que há meio século o Vigário de Cristo contribuía para inverter o que parecia o rumo inexorável da história moderna. E com o exemplo desse grande homem, retemperamos nossas vidas nas fontes mesmas da Vida.

O Jornal, 25.05.1941.

6. Encíclica "Rerum Novarum".

RENOVAÇÃO DO DIREITO

São os aniversários ocasião propícia à meditação e ao julgamento de si mesmo. As instituições que envelhecem - como os homens - fazem nestas grandes datas uma pausa no tumulto dos seus dias, e recolhem o olhar pousado nas tarefas externas, para concentrar a consciência no exame do seu próprio destino.

Hoje completa o seu cinquentenário a nossa jovem e gloriosa Academia. E se por um dia se suspende o nosso labor, é para que possamos, reunidos nesta doutoral, meditar sobre o destino da instituição viva que com os nossos alunos encarnamos, e não só sobre o seu destino cumprido como sobre o seu destino a cumprir, procurando através dele conhecer o sentido, o útil e o inútil das nossas próprias existências.

Num mundo que se transforma tumultuosamente, não só nas formas aparentes como em toda a sua ordem fundamental de valores, o espírito humano vive num perpétuo examinar-se.

Nenhum estudo, nenhum ideal, nenhum programa; nenhum organismo, profissão ou atividade está justificado aos nossos olhos se não o sentimos radicado no futuro, se não podemos ter os sinais e garantia da sua sobrevivência às transformações que passam.

Essa inquietação com o destino - próximo e distante - das coisas e das ideias, esse temor dos compromissos com valores efêmeros, é por certo um dos aspectos dramáticos e, ao mesmo tempo, fecundos do espírito moderno. Toda cultura aspira a durar. Pode-se dizer mesmo que a cultura não é senão um esforço para vencer as contingências do tempo e instaurar uma ordem que sobreviva à marcha incessante da história, que domine e observe o novo dos acontecimentos. Quanto mais rápidas, quanto mais vastas são as mudanças, quanto mais velozmente se transformam as sociedades e os homens, mais se exaspera, no plano da cultura, a ânsia de durar; e indagar pelo destino de cada instituição, de cada sistema, de cada coisa torna-se o problema capital a que inelutavelmente volvemos nas horas em que o nosso espírito se recolhe para meditar.

Estamos aqui debruçados sobre o passado da nossa Faculdade, e como impedir que o nosso espírito todo se absorvesse em perscrutar o seu futuro?

É certo que encontramos nas tradições, mesmo tênues, da nossa casa, um elo poderoso que nos prende e nutre a nossa convivência intelectual. Uma hora como esta dá lugar a meditação grave, mas também sugere a evocação como vida daqueles que deixaram impresso o seu vulto na memória dos seus discípulos de ontem, colegas de hoje, e retirando-se pela morte, pelo apelo de outros postos, ou pela idade, a eles legaram o encargo de manter as cátedras que ilustraram.

Quero render-lhe a homenagem que no dia de hoje transborda dos nossos peitos; seus grandes nomes são as nossas glórias, seus pensamentos e livros são os episódios culminantes da nossa história externa, os gestos e palavras que deles nos ficaram são a crônica doméstica que de cada escola faz uma imensa família, por onde sem cessar se escoam as gerações.

Para evocar sob um só nome todos esses vultos, lembro aquele que representa as nossas tradições domésticas mais caras, cuja exemplar figura estendeu sobre gerações de estudantes, de que a minha foi a última, a sua sombra afável e patriarcal: falo do Conde Afonso Celso.[1]

Mas é em vão que procuramos absorver nessa evocação como vida, o espírito que se impacienta em indagar do presente e do futuro.

Repassando mentalmente a galeria dos nossos professores, repondo-nos naquele ano, que nos parece tão remoto, em que esta Faculdade se fundava, o que logo nos assalta é o gotejo desses dois momentos, tão diversos para a cultura jurídica, e que apenas meio século separa.

Há cinquenta anos, quando nossos cursos se abriam, a ordem jurídica parecia formada de um corpo de normas, tão estáveis nos seus fundamentos éticos e econômicos, tão interdependentes e coesas, que o Direito vigente podia ser julgado uma conquista definitiva da civilização, e as instituições civis, os princípios jurídicos, podiam parecer, nesse mar

1. Afonso Celso de Assis Figueiredo Júnior (1860-1938), professor. Titulado Conde de Afonso Celso pela Santa Sé.

de incertezas que é a história dos povos, um vasto continente, conhecido e explorado, ao abrigo das surpresas e aventuras. As regras se transformavam, as instituições evoluíam, segundo leis e princípios internos que tudo legitimavam, dando ao Direito a ilusão de ser uma autarquia.

No Direito Privado, a autoridade constante dos textos romanos e da legislação filipina, sobre que se vinham depositando ao longo dos anos as inovações legislativas processadas lentamente, dava a sensação de que o Direito era mais um fruto da história do que a obra do legislador. Como outrora, descobria-se, atrás da *Lex*, um vasto campo interminado, que era o *Jus*, por cujos labirintos só pela mão dos intérpretes autorizados podia alguém se aventurar. O Direito Privado parecia independer por completo da ordem política. Suas normas, entretecidas nos interesses dos indivíduos, escapavam à influência das instituições públicas, e o jurista, neste domínio melhor que em qualquer outro, julgava lavrar um solo próprio, que só de sua vontade dependia.

No domínio do Direito Público os princípios do governo democrático, representativo, se haviam identificado de tal forma com a técnica jurídica, que nenhuma distinção era possível fazer entre o pensamento político e o pensamento jurídico, a não ser na esfera daqueles atos de governo que se processam fora do império da lei. Essa tinha sido uma consequência histórica irresistível do modo por que se forma o Direito Público moderno. Quem criou o Direito Público, que há cinquenta anos atrás regia, como sistema único, o pensamento jurídico, foi o liberalismo. Das ideias liberais saiu o movimento constitucionalizador; nele se fundaram as Constituições republicanas ou monárquicas, de modo que o Direito Constitucional, ao se formar, incorporou esses elementos históricos originários e elevou a princípio jurídico o que não era mais do que uma ideologia.

O Direito Público de há cinquenta anos parecia ser o único Direito Público, embora fosse, na verdade, um Direito Público. A sua construção legislativa e doutrinária visava fazer do Estado um autômato, espécie de máquina capaz de atender a toda a qualquer emergência histórica, sem que a colaboração do homem político fosse além do necessário para fazer funcionar o aparelho constitucional. Tudo que perturbasse ou ferisse esse automatismo perturbava ou feria a ordem jurídica. O Direito se tornara solidário com uma certa concepção política do Estado e graças a isso alargara suavemente os seus domínios, até operar esta transformação singular; a Política passava a dever obediência ao Direito; este, em vez de ser como sempre fora, uma criação dos governos passava a ser uma ordem imanente a que toda boa política devia se circunscrever e sujeitar.

Foi a essa concepção de Estado que Max Weber deu o nome de domínio legal ou burocrático, mais amplo e adequado que o de democracia; pois na verdade democracia exprime a relação entre o governo e os governados, e não o modo por que a autoridade se exerce ou se legitima (M. Weber, *Wirtschaft und Gesellschaft*).

Tal era, há cinquenta anos, a concepção da ordem jurídica, que jazia não nos escritos onde se aprofundavam os problemas, mas no fundo da consciência comum. A ciência do Direito podia se esquecer dos vínculos que prendem a ordem jurídica à ordem política, quando o Direito Privado parecia emanar mais de uma transformação histórica do que do arbítrio dos governos, e do Direito Público erigia em preceito jurídico o que não era senão uma construção política fundada no liberalismo. O Direito era um mundo criado, seus alicerces estavam assentes, sua evolução se processava sem quebra de continuidade, e a legitimidade de cada norma estatuída provinha não só da outra, que autorizava a sua promulgação, como da coerência interna que integrava a nova regra no sistema, em cujo seio não era possível conceber antagonismo.

É compreensível, quando se pensa nesse quadro, que o mundo moderno, aberto aos nossos olhos, tenha significado para muitos a falência da ordem jurídica, pois o aspecto fundamental da reforma política e social contemporânea é a brusca revelação da relatividade do Direito.

Tudo que aspirava ao absoluto, ao imutável, foi envolvido na grande transformação das ideias, e quer no Campo do Direito Público, quer no do Direito Privado, a Política restaurou de súbito o seu incontrastável império, pondo diante do jurista um vasto material novo que os seus instrumentos doutrinários nem sempre estão aptos para trabalhar.

E é aí que nos cabe indagar pelo destino da ciência do Direito. Pertenceria ela a uma cultura cujas raízes foram rompidas brutalmente, e seu fim será declinar e retirar-se ante o arbítrio do legislador? Ou terá ela um papel a desempenhar no mundo que se ergue, neste meado de século XX? Será o seu papel histórico resistir e domesticar as lições que surgem, ou procurar audaciosamente criar sobre elas uma ordem nova?

São estes os problemas cruciais do espírito jurídico moderno, e deles depende, para uma congregação de professores, o conhecimento e a aceitação do seu verdadeiro destino. Pode-se dizer que tais problemas se resumem num único: o da relação entre a Política e o Direito. Falo não apenas da relação lógica, mas também da relação histórica, e pois que todo problema filosófico só é possível de uma discussão fecunda, quando enquadrado na vida e na consciência de um só homem, quero, como jurista, tomar minha posição nesse debate capital de que pendem os nossos destinos.

Não me importa, aqui, indagar qual seja o objeto próprio da Política, nem discutir se esta reparte ou não com o Direito o seu campo de aplicação. O que me interessa examinar é somente este ponto: pode qualquer política criar um Direito ou o Direito está comprometido com certos princípios éticos e sociais que colidem com alguns sistemas políticos e com outros se harmonizam?

Bem sei que esta questão pode envolver aquela outra – o que é o jurídico – e, nesse caso, responder a ela seria tomar partido nas questões centrais da Filosofia do Direito, o que por ora não é o meu intento. Por isso ainda quero esclarecer que o meu tema se situa no puro terreno histórico; quando falo Direito estou me referindo a um corpo objetivo de normas, a um sistema capaz de apresentar a continuidade e a estabilidade necessárias ao reconhecimento de sua existência.

Ainda há quem pense que a ordem jurídica só tolera um regime político, ou os regimes que se aduzem sob princípios determinados.

Sabemos que essa era uma convicção radicada na consciência dos nossos juristas antes do grande abalo externo que as inovações legislativas recentemente lhes trouxeram.

E se não era uma convicção dos que trabalhavam nos aspectos filosóficos e críticos da nossa disciplina, era pelo menos um dado da consciência comum, radicado naqueles que se absorviam nos estudos puramente dogmáticos.

Tal concepção se funda no desconhecimento completo da análise da norma jurídica, em que se patenteiam necessariamente dois elementos: um predominantemente formal, que é o elemento jurídico: e o outro, material, finalístico, que é o elemento político. Toda norma é, pois, essencialmente contingente, e o elemento político que nela se insinua determina o seu sentido, orienta a sua eficácia e, se for alterado na mente do legislador, pode conduzir à formação de uma norma oposta, à qual não se recusará o nome de jurídica, desde de que ocorram os elementos formais que como tal a caracterizem.

Por se reconhecer que a norma jurídica pode reger os fatos num sentido ou noutro, sem perder a sua natureza, foi que se chegou à afirmação doutrinária oposta à que até aqui consideramos – a imparcialidade da ordem jurídica. A estes pareceu que toda e qualquer vontade de governo, desde que se revista dos requisitos formais da norma, é capaz de criar um sistema jurídico de validade indiscutível. O Direito é, perante tal doutrina, indiferente ao pensamento político. Ao invés de estar comprometido com uma ideologia, solidário com um regime, sua posição seria de equilíbrio indiferente às oscilações dos princípios sociais, o que leva à afirmação de haver um número de sistemas jurídicos tão infinitos quando o forem os caprichos e as invenções do legislador.

A meu ver, essa consequência extrema a que o formalismo jurídico chega, partindo de uma análise razoável e fecunda, pode ser facilmente evitada se considerarmos o Direito no plano histórico, onde podemos fazer esta observação capital: nem todo corpo de normas vigentes num momento dado constitui um sistema jurídico. Para que haja um sistema jurídico é indispensável não uma coerência teórica interna, a qual facilmente se altera nas fases de transição e mudanças, mas é indispensável que haja entre as normas, entre os comandos jurídicos, um equilíbrio, um ajustamento prático, no qual se enfeixam e explicam todos os imperativos. Esse equilíbrio interno não se encontra necessariamente onde quer que um governo legisle, e quando se encontra é um índice verificador da legitimidade da sua política.

É fácil apontar a falta desse equilíbrio, desse ajustamento prático, nas leis dos povos que não atingiram o nível histórico do Estado. Entre elas não se forma aquela recíproca conveniência que é a base de toda especulação jurídica, pois só é possível uma ciência do Direito graças a essa continuidade interior que aproxima e hierarquiza todas as normas, e que não está na técnica mas na vontade do legislador.

Não é, portanto, admissível que se considere a ordem jurídica como compatível apenas com certo regime, ou com um dado corpo de princípio político. Também não é admissível que se proclame a indiferença absoluta do Direito ante à vontade do homem de Estado. A verdade está numa terceira opinião; podemos enunciá-las deste modo: se é certo que nem toda política cria um Direito, também é certo que criar um Direito é a suprema verificação histórica a que se pode submeter uma política. Um regime político que dá nascimento e força a um novo sistema de Direito positivo demonstra a legitimidade e o sentido do seu advento, pois o Direito é o fixador das inovações e das criações políticas, as quais têm vida e sentido efêmeros se não produzem logo um resíduo jurídico através do qual se incorporem à vida das sociedades.

E é sobre essa observação que me fundo para concluir o exame do destino que à nossa Faculdade se abre, no mundo moderno. O destino de uma Faculdade é o destino do Direito, que ela serve. E se os que consideram a ordem jurídica vinculada a um certo pensamento político têm motivos para olhar repassados de tristeza a era presente como um tempo de decadência jurídica, aqueles que conhecem a independência ideológica da nossa ciência só o podem considerar como tempo de ascensão, de inquietação fecunda, em que o jurista vê se processar aos seus olhos, sob o escalpelo da sua crítica, a vertiginosa elaboração de um sistema novo de Direito positivo, no qual se venham exprimir o espírito e as exigências do mundo de hoje.

Estamos neste meio centenário, os juristas desta casa, diante de um universo em que não mais se reconhecem os valores sociais com que trabalharam os juristas de há cinquenta anos atrás. Mas se indagarmos pelo destino do Direito e das escolas que o ensinam, partindo de uma concepção verdadeira das relações entre o Direito e a Política, veremos que no mundo moderno a nossa missão se engrandece: em torno de nós se processa uma vasta e grandiosa reforma do sistema legislativo; no Brasil, como de resto em todo o mundo, a velha sistemática elaborada sobre as bases de outro direito positivo não abre espaço para as inovações. Refazer a doutrina, reajustar a ciência jurídica ao seu mutável objeto, que é a lei, eis à tarefa a que os nossos esforços devem estar consignados. Para o jurista as leis novas são como para o físico as grandes descobertas que reformam as concepções sobre a estrutura da matéria: elas obrigam a uma alteração de sistema, cujo alcance muitas vezes alarma os estudiosos tímidos e desencanta os rotineiros.

O que, porém, singularmente engrandece a investigação jurídica nos dias de hoje é que o jurista, nos estudos que empreende sobre a nova ordem legal, está fazendo um trabalho ao mesmo tempo de experimentação e de integração da obra do legislador. Ele experimenta cientificamente as normas, quando as envolve no tecido das suas induções e deduções; do seu trabalho resulta, portanto, uma verificação da Política, a qual já sabemos que se legitima graças ao Direito que se mostra capaz de engendrar. E ele, jurista, ainda integra a obra legislativa quando dela extrai os princípios, as analogias que depois vão passar, por obra dos juízes, ao corpo do Direito positivo.

Só se consideraria, pois, em crise, no mundo de hoje, uma Faculdade em que o saber jurídico houvesse assumido a forma de um precipitado insolúvel, resistente a todas as reações. Seria ela um museu de princípios e praxes, mas não seria um centro de estudos. Para uma escola de Direito viva, o mundo de hoje oferece um panorama de cujo esplendor raras gerações de juristas beneficiam. O objetivo dos nossos estudos foge, se transforma, fixa-se um segundo, diluindo-se quando parecia assente em definitivo, e sobre esse chão que ondeia sob os nossos passos, estendemos a improvisada engenharia das nossas construções doutrinárias. As leis sobre o trabalho, as leis fiscais, as que exprimem a transição da economia livre para a dirigida, o novo Direito Público, esse mundo em gestação que é o Direito Administrativo, tudo assoberba e solicita o jurisperito, que está no mundo de hoje, como deve ter estado o geógrafo na época das descobertas.

Assim, é a confiança, o entusiasmo do trabalho, o que experimentamos nesta data, quando vemos a nossa cinquentenária Faculdade cruzar os mares novos e difíceis da Política contemporânea, cônscia da importância crescente de sua missão. Os nossos juristas têm o seu olhar voltado para a renovação do Direito, e, reprovado todo academismo, em que a mentalidade científica corre sempre o risco de se estagnar, aqui estão investigando, articulando, experimentando o novo, e procurando ligá-lo, uni-lo ao antigo, porque é um dos princípios cardeais da cultura jurídica o esforço para garantir a continuidade das instituições.

Meus colegas. Estes cinquenta anos cumpridos deram à nossa Faculdade de Direito aquela "glória obscura" que toca ao jurisconsulto na partilha das grandes recompensas humanas. Nascemos de duas escolas livres, as primeiras que lograram com êxito competir com o ensino oficial, e fundidos esses dois confluentes, viemos ocupar este posto primaz, em que representamos na Universidade do Brasil o estudo e o ensino do Direito. Nossa marcha ascensional faz com que o dia de hoje seja o triunfo dos nossos fundadores. Penso na fundação das aldeias predestinadas, que entre tantas fadadas à mediocridade sem remédio, espalham-se depois em vastas cidades, portadoras da civilização. Os amigos que um dia se juntaram para abrir uma escola particular, onde, com sacrifício próprio, ensinassem o direito, porventura não sonharam estar fundando aquele que seria a Escola Jurídica da Universidade Brasileira.

Desse destino cumprido, nós, os professores e estudantes de hoje, fazemos cabedal para enfrentar o futuro e já agora o que sonhamos não terá talvez a modéstia de quem começa, mas o arrojo de quem prossegue com a experiência das vitórias.

Queremos que outros venham um dia, neste mesmo 25 de outubro, comemorar não apenas decênios, mas séculos da nossa fundação. Essa esperança nós a nutrimos não apenas de um amor viril pela nossa vocação professoral, mas também de uma serena confiança no futuro da nossa raça, da nossa cultura, do nosso Estado feito por Deus para durar para a civilização.

Discurso proferido por ocasião do cinquentenário da Faculdade de Direito da Universidade do Brasil.

Jornal do Comércio, 26.10.1941.

OS ESTUDOS FILOSÓFICOS E A SUA SIGNIFICAÇÃO NO MUNDO MODERNO

Quando recebi de Vossa Excelência, Senhor Ministro, o honroso convite para dirigir esta Faculdade, não pude deixar de me interrogar a mim mesmo sobre a atualidade ou inatualidade dessa missão. Estamos numa hora extrema, para o mundo ocidental a que pertencemos: a guerra, que dentro em pouco tempo se alastrará por todos os países, põe em perigo o corpo físico sobre que repousa a existência de cada povo, e faz um apelo tão urgente à técnica, à indústria, às ciências aplicadas, que o prestígio de uma Escola de Filosofia, a bem dizer, empalidece, e a sua missão se relega para o número daquelas tarefas da paz votadas à latência nestes grandes tempos, marcados pelos gestos de execução e pelos atos de vontade.

Noutra oportunidade, eu teria recolhido logo, sem inquietação e com júbilo, o mandato que tanto honra a minha carreira de professor. Estas circunstâncias, porém, fizeram com que me assaltasse, de início, uma grande dúvida, e não me resolvi a tomar em mão este encargo, senão depois de encontrar os argumentos que a aplacassem.

Dou-os agora a Vossa Excelência e aos professores e alunos desta casa, para com eles clausular os compromissos que assumo ao tomar posse deste cargo.

A primeira razão que, a meu ver, torna vivo e atual o papel desta Escola prende-se ao destino da cultura brasileira e, de certo modo, à nossa existência de povo livre. Nossa cultura nacional, como não podia deixar de suceder, dado o tempo e as circunstâncias em que nos formamos, desenvolveu-se dos ramos para o caule, do caule para as raízes. Já no início da nossa vida independente possuíamos um patrimônio de ideias em várias ciências aplicado. O ensino superior, a pesquisa desinteressada, a investigação pessoal dos doutrinários, se não nos deram a riqueza, pelo menos deixaram-nos longe da indigência, nos grandes domínios do Direito, da Medicina, da

Engenharia, das Ciências e técnicas correlatas. No domínio da Filosofia, porém, a obra de um ou outro pensador não conseguiu contagiar, mesmo instantaneamente, o clima cultural do seu tempo. Como nunca atingimos à elaboração de uma cultura filosófica que nos fosse própria, o pensamento nacional, mesmo nos domínios especializados por onde enveredou, jamais deixou de ser contribuinte de uma cultura alheia e, talvez por isso, nunca traduziu as peculiaridades infungíveis da nossa natureza.

Se me permitem uma comparação audaciosa, direi que a cultura filosófica tem para um povo, e para a sua liberdade espiritual, papel semelhante ao que desempenha a indústria pesada na sua independência econômica e política.

De fato, assim como a produção de matérias-primas e manufaturas pode enriquecer um povo, mas não assegura a sua independência econômica enquanto a indústria pesada não lhe dá as próprias máquinas de que precisa para trabalhar, assim a ciência, a erudição, as artes e as técnicas de um povo não lhe engendram uma cultura verdadeiramente nacional enquanto a especulação filosófica não se exerce, com a autonomia e as peculiaridades do seu gênio, sobre aqueles temas fundamentais que dão validade e ordem à toda criação intelectual. Sendo a filosofia a forma de saber que conduz o pensamento a si mesmo, que verifica a consciência do homem e mede o ajustamento da inteligência ao seu objeto, bem se compreende que não pode ser espiritualmente autônoma uma cultura a que falta o eixo da indagação filosófica, pois ela estará presa, nos seus fundamentos dogmáticos e críticos, a um pensamento que o seu gênio aceitou mas não criou.

Nem se diga que o saber filosófico, representando a esfera mais geral dos conhecimentos humanos, é universal nos seus resultados e, portanto, independente do caráter das nações. Semelhante opinião atentaria contra a natureza mesma do saber filosófico, que é sempre o produto de uma experiência consumada pelo filósofo em si mesmo, de tal maneira que, sendo universal nos seus resultados, está sempre impregnado do particularismo da vida em que se plasmou.

Ora, assim como o conhecimento filosófico se refaz na consciência de cada homem para que possam atingir a ordem dos conceitos os problemas que só através dela se colocam ante nós, assim cada povo contribui para a meditação filosófica com as peculiaridades do seu gênio, as imposições e as inquietações do seu destino, dando aos seus filósofos um clima comum, uma via mental cuja escolha é um enigma para o historiador, um centro de interesse cuja permanência só pelo parentesco nacional pode ser alcançada.

Considere-se, na diversidade das criações individuais que apresentam, a filosofia francesa, a filosofia alemã, a inglesa. Os traços nacionais estuam aos olhos do historiador, e não cabe duvidar que por ser nacional e pessoal é que cada sistema se legitima e pode aspirar à universidade.

Temos, pois, nesta Faculdade Nacional de Filosofia, criada há apenas cinco anos, o órgão da Universidade Brasileira do qual se espera a tarefa suprema de autonomização e diferenciação da cultura nacional. Na verdade, não existirá um Direito brasileiro, uma Medicina brasileira, uma Técnica ou uma Ciência brasileira, enquanto não existir, viva, contínua e autônoma, uma Filosofia brasileira. Só então, como um fruto amadurecido por si mesmo, sem a falsidade e impostura das culturas sazonadas à força, teremos criado uma concepção do mundo em que se estampe o conceito que fazemos do nosso próprio destino, e teremos formado o clima intelectual em que o pensamento do nosso povo poderá frutificar. Há, porém, uma segunda razão que, a meu ver, alimenta a atualidade da nossa missão no mundo de hoje. Aqui, já não falo apenas da Filosofia, mas de todos os ramos de estudo que fazem desta Faculdade uma academia de altos estudos humanistas, abrangendo as ciências puras e as letras.

Vivemos numa hora em que o destino das instituições, dos valores, das ideias, é a preocupação de cada homem para a direção das coisas públicas ou da sua consciência individual. Tive, há poucos meses, ocasião de examinar a amplitude desta dúvida no terreno especial do Direito, mas é inegável que ela assume toda a sua grandeza de sentido quando consideramos, na perspectiva da filosofia da história, as várias transformações do mundo moderno. Cada acontecimento novo põe em crise uma estrutura cuja solidez parecia, até há bem pouco tempo, indiscutível. E levado pelos desenvolvimentos lógicos a que o exercício da previsão o convida, o homem profetiza transformações radicais de que o curso dos fatos de repente o desengana.

Neste mundo de incertezas em que nos movemos, e em que o nosso espírito busca obstinadamente uma orientação que reja a economia dos nossos passos, qual o melhor alimento para a inteligência, qual o corretivo eficiente dos erros de previsão? Pensem alguns, embora, em construir curvas sobre as estatísticas e os índices, pensem outros em analisar, com recursos técnicos exaustivos, o complexo tecido das sociedades, a verdade é que o homem só na boa e profunda cultura humanista encontra a educação daquele sexto sentido que o adverte do possível e do impossível, do irrelevante e do grave, da segurança e do perigo, do permanente e do transitório.

Pouco importa que a lógica nos convide a conclusões coerentes e extremas; há uma experiência sutil que diante do novo dá ao homem a sensação do "visto", e que não vem dos cálculos e estudos, mas do conhecimento de antigas ideias, da leitura de muitos poemas e muitos romances, onde aos poucos a vida nos entregou os seus segredos.

De modo que o saber humanista, num universo convulsionado como o de hoje, é um preservador do equilíbrio mental e um constante corretivo à sedução das generalizações.

Ele nos auxilia a resguardar a "constante humana" que as transformações históricas mais catastróficas não comprometem jamais. Ele indica o plano de recuperação por onde se fará a volta dos corpos agitados a um estado de equilíbrio. E ele tranquiliza os espíritos alarmados, graças ao seu poder de desmascarar as novidades.

De que mais se precisaria, para demonstrar a atualidade palpitante desta Faculdade, no mundo de hoje? Poucos centros de estudo estarão tão justificados em face dos problemas culturais do Brasil e do mundo, e tenho a ventura de verificar que poucos estarão, como este, tão bem equipados de homens para enfrentá-los. Constitui um orgulho, para mim, sair das ocupações obscuras da minha cadeira na Faculdade de Direito, para vir receber a direção deste Instituto das mãos do Reitor Magnífico. Sua austera e ilustre figura, que tem servido de regra aos professores brasileiros, será o exemplo a que recorrerei para bem desempenhar este mandato.

Discurso de posse na Faculdade Nacional
de Filosofia da Universidade do Brasil, 09.12.1941.
DANTAS, F. C. de San Tiago. *Palavras de um professor*.
2. ed. Rio de Janeiro: Forense, 2001. p. 135-139.

SAUDAÇÃO A UM PROFESSOR

Miguel Reale[1]

Não é simplesmente congratulatória a homenagem que neste momento lhe prestamos. O seu ingresso na Congregação de Professores da Faculdade de Direito de São Paulo, e a sua nomeação para o Departamento Administrativo do Estado por certo encheram-nos de júbilo, e disso ansiávamos por lhe dar testemunho. Mas nos grandes tempos que correm, os atos de mera cordialidade tornaram-se inatuais. Eu mesmo, confesso, não me abalaria até aqui apenas para renovar ao amigo de tantos anos os sufrágios da minha admiração, se não visse nesta homenagem um sentido mais profundo; que dela faz para o homenageado menos uma festa que uma advertência. E sinto-me orgulhoso e tranquilo de estar com a palavra em nome de todos, ao pensar nas nossas existências, tantas vezes paralelas, e ao sentir que, sendo talvez dos seus amigos aquele em que mais confia, sou por isso mesmo o mais indicado para tudo exigir.

Poucos assistiram, como eu, às primeiras definições de sua vocação para a vida pública, e acompanharam os passos rápidos da sua formação intelectual. Juntos fizemos, em plena adolescência, a nossa estreia política, militando naquele grande partido cuja pregação de ideias deu ao Brasil as sementes da sua nova consciência cívica. E juntos experimentamos a atração do magistério jurídico, através do qual não só visávamos à expansão natural dos nossos estudos, mas também à ação educativa sobre a mocidade, de cujas angústias e males ainda trazíamos feridos os corações.

Esse foi, por certo, o sentido da sua vocação para o professorado. Desde cedo, os seus escritos revelam um homem inquieto com os grandes problemas da ordem jurídica, e inclinado a tratá-los no plano filosófico onde se examinam e discutem os fundamentos das instituições. Estudando

1. Miguel Reale (1910-2006), jurista.

o Estado na sua tríplice perspectiva - histórica, jurídica e filosófica -, o seu espírito caminhava naturalmente para a filosofia do Direito, que havia de ser o campo eleito para a sua maturação intelectual. Mas ao mesmo tempo que a inteligência o impelia para esses estudos, uma outra força ainda mais ardentemente lhe apontava o magistério. Falo dessa força, porque também senti o seu irresistível apelo, e a ela entreguei deliberadamente a orientação do meu próprio destino. Essa força nada mais é que um compromisso de juventude, e, talvez por isso, é um compromisso revolucionário: tomamo-lo nos bancos acadêmicos, quando sofremos, ao lado dos nossos companheiros de geração, a falta dilacerante de uma educação universitária como a que almejávamos.

Ressalvado o exemplo dos grandes mestres, que nunca desertam por completo, sentíamos sobre nós, acoroçoando a dispersão e indisciplina natural daquela idade, a negligente desatenção dos professores e a complacência do poder público. Em artigos, em discursos de estudantes, em manifestos de centro acadêmico, clamávamos por uma ordem universitária que amparasse o nosso desejo de trabalho útil e guiasse a nossa curiosidade intelectual; e recebíamos, cada ano, como única resposta, as aprovações maciças dos professores desautorados pela impontualidade com que cumpriam os seus deveres, quando não os decretos e leis com que eram jubilados os indolentes.

Daí nasceu, para a nossa geração acadêmica, um sentimento de "salvação, pela escola", que não se registrou, ao menos com igual força, em outras épocas. A história que presenciávamos não nos mostrava um mundo sólido, cujos problemas pudessem ser resolvidos pela tradição ou pela analogia; e embora compreendêssemos a urgência das soluções novas, embora víssemos que da exatidão delas dependia a salvação de tudo que prezávamos, recebíamos nas escolas um equipamento antiquado e fraudulento com o qual nós próprios percebíamos que não conseguiríamos lutar.

E foi assim que para muitos de nós criou-se um compromisso irrescindível com a mocidade, no momento em que deixávamos a escola. Já que ninguém morrera por nós, havíamos nós de morrer por ela - e não é outro, Professor Miguel Reale, o sentido profundo da sua, da nossa vocação para o magistério.

Daí a sua tenacidade, daí a sua obstinação na defesa do seu posto, daí a sua vida consagrada aos estudos, isto é, à matéria-prima com que vai nutrir e aparelhar as novas gerações.

Basta, porém, o que acabo de dizer sobre a sua vocação para o ensino, para revelar que o membro do Departamento Administrativo de São Paulo não se afastou de sua carreira. Não foi como um humanista, que vive entre os seus livros, e se compraz em falar deles, que Vossa Senhoria se tornou um professor; foi antes como um homem público, que põe o seu arsenal de ideias a serviço da sociedade.

Essa vocação de homem público, a que também dirigimos a nossa homenagem, é que particularmente nos faz refletir quando consideramos a sua trajetória futura através do mundo difícil de hoje. E aqui a homenagem toma a gravidade de uma aliança e de uma advertência. O ingresso na mais gloriosa das congregações brasileiras – a da Faculdade de Direito de São Paulo – foi, de certo modo, para o homem de estudos, um vitória final. O ingresso nas funções administrativas, para que o convocou o Chefe do Governo, é, pelo contrário, uma estreia. E portanto, os nossos olhos se fixam, de hoje em diante, nos seus passos, com a expectativa ansiosa dos que acompanham a experiência daqueles em quem colocamos nossas esperanças.

Que espera o Brasil, hoje, de um homem público? Cada época tem uma fórmula ideal para a conduta do homem de governo, uma fórmula que depende de critérios historicamente variáveis. O julgamento do homem público é particularmente difícil, porque não lhe basta, para obter aprovação, ter sabido agir como homem de bem; é preciso também que a firmeza moral do seu comportamento não lhe tenha deixado fugir o êxito. O homem que, por amor do sucesso e para alcançar ou conservar o poder, infringe os princípios éticos a que o exercício da autoridade deve estar intransigentemente subordinado pode chegar a ser um político habilidoso, mas não será jamais um grande homem público. Da mesma forma, aquele que, fiel aos seus princípios não logra ou não sabe conservar o poder, será um grande homem de bem, mas não será um grande homem político. De modo que a política pode ser definida como a arte de assegurar ao mesmo tempo o bem e o êxito, ou melhor, a arte de assegurar o êxito do bem.

Os caminhos do êxito variam de ano em ano, e conhecê-los já é conhecer os problemas, as necessidades, os ideais, os dramas do povo, e orientar os esforços para que se garanta o sucesso das soluções.

Longe de mim a ideia de debater com Vossa Senhoria, Professor Miguel Reale, os caminhos que convêm à sua carreira de homem público;

quero apenas dizer-lhe da confiança com que o seguimos, certo de que a sua ação administrativa se multiplicará em proveito para o nosso país.

Conhecemos as suas virtudes, tanto públicas como privadas. Nesta homenagem honramos a integridade, a nobreza do seu caráter; a sua dignidade intelectual; o seu amor deste grande Estado e da nossa pátria; sobretudo fazemos saber a Vossa Senhoria que a confiança com que o acompanhamos autoriza-nos a tudo exigir do seu valor.

Oração proferida durante a homenagem prestada ao Professor Miguel Reale, pela sua nomeação para a cátedra de Filosofia do Direito da Faculdade de Direito da Universidade de São Paulo.
Edição do autor, São Paulo, 1942.

A UNIÃO NACIONAL E OS ANTIGOS INTEGRALISTAS

O Sr. San Tiago Dantas, advogado e professor, é atualmente diretor da Faculdade Nacional de Filosofia. Recebendo em seu escritório o repórter do Diário de Notícias, colocou-se imediatamente à sua disposição para responder a todas as perguntas que lhe fossem feitas, e desde logo afirmou:

– Tenho muito gosto em atender o convite do *Diário de Notícias*, uma vez que essa "enquete" não se dirige apenas aos que romperam com a Ação Integralista ao tempo das suas atividades partidárias, mas alcança todo homem que, tendo militado naquele partido, se sente no dever de opinar publicamente sobre a posição da ideologia e dos homens de direita em face da atual guerra. Sob muitos aspectos deve ser encarada essa questão, e uma vez que me disponho a falar sobre ela, não omitirei o tratamento de nenhum deles, sem considerações de oportunidade e sem reticências, pois estou certo de que devemos tratar estas grandes coisas pensando menos no dia de hoje que no de amanhã.

Em primeiro lugar, prossegue o Sr. San Tiago Dantas, é necessário que fique bem assente o seguinte: o integralismo surgiu no Brasil em fins de 1932, como expressão do ideal político da direita, e cessou de existir como partido legalmente organizado em fins de 1937; daí para cá escoaram-se cinco anos – tantos quantos o partido vivera – e na ordem brasileira, como na ordem mundial, produziram-se mutações extensas e profundas; entre nós inaugurou-se um novo regime, cujas características teóricas e práticas são radicalmente diversas daquelas que marcavam a ordem política anterior. No mundo, a luta das direitas e das esquerdas teve uma evolução imprevista, pois entre os regimes e a política da Rússia e da Alemanha surgiram afinidades estreitas, quer de ordem econômica, quer de ordem social. Mudou assim, radicalmente, nos cinco anos que nos separam do fechamento dos partidos, o quadro nacional e internacional em que floresceu o integralismo brasileiro. Os homens que nele militaram podem ter permanecido ilhados nas formas políticas concebidas sob o império de outras circunstâncias históricas, e podem também ter evoluído para outros princípios, pois a experiência política dos últimos anos veio ensejar um julgamento novo dos regimes, dos partidos e das ideias que eles encerram.

Tivessem existido no Brasil, nestes cinco anos, centros de debate político como são as Câmaras e os próprios partidos, e os homens que até 1935[1] ou 1937[2] militaram publicamente na esquerda ou na direita estariam hoje redistribuídos em quadros novos, ficando naturalmente alguns em suas antigas posições. Tendo feito, porém, o país uma prolongada pausa na sua vida pública, invertendo na tarefa administrativa as energias dos seus homens de governo, a circulação política deixou de se fazer aos olhos de todos, e cada homem consumou quase que no seu foro íntimo as suas próprias transformações.[3] Daí resultou, inegavelmente, um grande mal: quando o país veio novamente, como hoje, a precisar de política, quando de novo se quis abrir debate sobre as ideias de cada um relativas ao Estado e à ordem social, ninguém tinha uma informação exata da posição ideológica dos nossos homens públicos.

Admitir que essa posição continue a ser a mesma de há cinco ou sete anos atrás, pode convir aos ressentimentos partidários ou pessoais de alguns indivíduos subalternos, mas não convém aos brasileiros, que se precisam conhecer mutuamente para fundar na confiança recíproca a sua verdadeira união. Não creio que depois de 1935, e do surto criminoso a que nos conduziu o movimento esquerdista parlamentar,[4] tenhamos de continuar identificando como comunistas todos os que coordenaram seus esforços no quadro daquele movimento.

Entre eles estão alguns homens, que conheço de longe ou de perto, e que considero valores imprescindíveis à construção brasileira. E o

---

1. San Tiago refere-se à revolta comunista, ocorrida em novembro de 1935; uma vez vencida, inúmeros comunistas foram presos.
2. San Tiago alude ao golpe, deflagrado em novembro de 1937, com o qual Getúlio Vargas instaurou o Estado Novo, de inspiração fascista.
3. Imposto o Estado Novo, todas as casas legislativas do país foram fechadas, assim permanecendo até a queda, em novembro de 1945, daquele regime, com a deposição de Getúlio Vargas.
4. San Tiago faz referência aos episódios sangrentos verificados no curso da Revolta Comunista.

mesmo acontece com o Integralismo; depois de 1937[5] e 1938,[6] cada antigo integralista pode ter reajustado ao mundo presente, especialmente à nova ordem brasileira, os seus princípios políticos, de sorte que fazer conhecer a posição doutrinária de cada um, verificar até que ponto perduram os compromissos morais ou intelectuais com a direita, é obra de esclarecimento público que muito aproveita à nossa preparação coletiva para a guerra e para a fundamentação da paz.

Falência irremediável da direita

A uma pergunta nossa, sobre se ainda admitia os programas direitistas políticos e sociais como aplicáveis, o Sr. San Tiago Dantas respondeu:

– É necessário que se tenha a coragem de proclamar a falência irremediável da direita no mundo moderno, por ter ela chegado, em quase todos os países, a uma contradição com os seus ideais primitivos. Por toda parte os movimentos de direita tiveram, como inspiração original, o propósito de resistir ao internacionalismo e à luta de classes preconizada pela esquerda, contrapondo-lhe o nacionalismo e a doutrina do equilíbrio das classes através dos sindicatos e dos organismos corporativos. Nessa sua primeira fase – tão bem caracterizada em 1926[7] pelo fascismo – não criara um aparelhamento burocrático cerceador da iniciativa privada e das liberdades públicas como o que hoje se tornou característico das nações totalitárias, e o ideal corporativo parecia um corretivo à onipotência do Estado e uma garantia para a justiça social. Ao mesmo tempo, no plano político, o nacionalismo fascista afirmava que as instituições por ele engendradas eram peculiaridade do próprio povo, de modo que não havia entre os fascismos dos vários países um laço confederativo, nem mesmo um espírito comum que os unificasse.

Quando, porém, com o advento do hitlerismo, o acento tônico se deslocou para o fascismo alemão, que logo se tornou o mais criador e o mais típico entre os regimes da direita, duas mutações importantes entraram a se processar: na ordem social o fascismo abandonou o princípio corporativista para se tornar um simples socialismo de Estado, e informando o

5. San Tiago alude ao golpe do Estado Novo, deflagrado em novembro de 1937.
6. San Tiago alude à Revolta Integralista, ocorrida em maio de 1938.
7. O ano de afirmação do regime fascista na Itália, suprimida a oposição parlamentar ao governo de Mussolini.

regime ergueu-se uma filosofia – o racismo – cuja influência se faria sentir nas minorias germânicas europeias, contaminando o primitivo sentido nacionalista do fascismo com um elemento novo – o expansionismo alemão.

Os países latinos não tiveram compromissos com o racismo

Com esta filosofia racista jamais os fascismos de países latinos tiveram o menor compromisso doutrinário, embora alguns intelectuais houvessem sido conquistados pelo lado antissemita, que não é senão uma das faces do racismo. É inegável, porém, que nos dias de hoje a identificação do comunismo e do nazismo se tornou a insígnia principal da direita, ao mesmo tempo em que todos os partidos direitistas se tornaram satélites históricos do regime alemão.

Dos partidos da direita saíram os *quislings*.[8] Nacionalismo não é doutrina: é virtude

O fascismo nacionalista misturou-se, na cena universal, com o fascismo das minorias germânicas. É certo que num país como a França, onde o poder de diferenciação política é extraordinário, nós vemos uma parte da direita na vanguarda do mais torpe colaboracionismo, e uma outra parte, autenticamente nacionalista, em plena sabotagem ao invasor ao lado dos comunistas e dos verdadeiros patriotas; é também certo que em muitos países invadidos pela Alemanha, dos partidos da direita saíram os *quislings*, como é certo que em outros as organizações partidárias da direita se preservaram dessa mácula. Mas, vistas em conjunto as forças da política moderna, não há negar que os partidos da direita fracassaram como órgãos de defesa nacionalista, pois ou vivem como satélites do regime alemão, ou dele se isolam numa sadia demonstração de força moral, mas sem com isto poderem preservar o seu poder criador na política.

Eis por que já se disse, com propriedade, que o fascismo deixou de ser a doutrina política do nacionalismo e tornou-se, não raro, a do antinacionalismo. Ele criou um parentesco intelectual tão íntimo entre os fascistas

8. *Quislings*, traidores da pátria. Deriva do nome do chefe de governo norueguês a partir de 1942, Vidkum Quisling, tristemente celebrizado pela sua colaboração com o invasor nazista. O vocábulo foi recebido em diversos idiomas.

de todo o mundo, que o fascismo se tornou um movimento supernacional, e assim como a Rússia teve nos comunistas dos países que invadiu uma espécie de vanguarda política, assim as nações totalitárias encontraram nos partidos minoritários e, às vezes, nos partidos nacionalistas, as suas famosas "quintas colunas". O que prova que o verdadeiro nacionalismo não é uma doutrina, é uma virtude, pois a sua base é o simples amor à pátria, e não uma concepção do Estado criada pela razão.

Nazismo, ideologia para escravos

Será, porém, admissível, perguntarmos ao Sr. San Tiago Dantas, que um partido da direita siga conscientemente as aspirações da política alemã, por lhe parecer essa a orientação mais condizente com os interesses do seu próprio povo?

O nosso entrevistado se apressa em responder:

– Certamente nada sabem da filosofia racista aqueles que em sã consciência preconizam para o seu povo uma política de aceitação da influência nazista. O racismo não é uma teoria antropológica; é uma filosofia da vida, que, se tivermos de resumir pelo mais característico dos seus postulados, deve ser chamado a doutrina da "verdade pelo sangue". Quer dizer: para os racistas cada homem tem diante do mundo uma compreensão e uma atitude determinada pela raça, de sorte que a verdade, em vez de uma conquista da razão universal, é uma sugestão do sangue, apenas acessível aos que comungam no mesmo mistério, na mesma unidade racial.

Se as raças são diversas, e se entre elas há uma hierarquia, bem se vê que a verdade das raças superiores, inacessível às demais raças, há de ser fundamento de uma ordem universal, em que cada povo desempenha um papel histórico fixado pelo povo superior. É aí que poderíamos chamar ao nazismo "ideologia para escravo", como já se falou de "moral para escravos", pois há um povo que perde seguramente a sua vocação no universo: é aquele que entrega a outro povo a descoberta e a determinação do seu próprio papel.

Seria esse, talvez, o lado mais trágico do destino dos movimentos fascistas: conduzir os povos à abdicação dos seus próprios dons proféticos, e à crença, ainda que inexprimida, nas intuições do sangue estrangeiro.

Os integralistas devem romper seus compromissos

Desejamos saber qual a atitude que deveriam tomar, na opinião do San Tiago Dantas, aqueles que, embora extinto o partido integralista, ainda se consideram ideologicamente filiados ao Sigma.

– É preciso, diz-nos ele, que a mocidade brasileira que se engajou no movimento integralista, num espírito de puro e ardente patriotismo, não objetivando outra coisa senão a justiça social, a preservação da família, das tradições espiritualistas do nosso povo, e a consolidação da nossa independência, tanto econômica como política, rompa corajosa e resolutamente com os seus compromissos ideológicos com a direita, numa hora em que as circunstâncias históricas vieram alterar os quadros políticos dentro dos quais elas se haviam mobilizado, tornando obsoleta a antiga posição partidária e condenando mesmo os princípios e fórmulas que nela pareciam fundamentais. Lembro-me dos nobres e puros moços integralistas que conheci nas atividades do partido; eles saberão rechaçar o jugo malicioso dos que os querem imobilizar numa posição ideológica, de que só não evoluíram publicamente nestes cinco anos decorridos, porque a vida publica brasileira não fornecia um quadro para novas definições. Igualmente, eles não se deixarão ganhar por aqueles que perseveram numa vida partidária inadmissível, ligando as aspirações do antigo partido à esperança de uma vitória totalitária, ou – o que é pior – fazendo distinções de consciência sutis entre o dever de obediência à sua pátria e o dever de felicidade à sua causa política, para que um se cumpra sem prejuízo do outro, como se numa emergência histórica como esta fosse possível um homem empenhar metade do seu coração.

União Nacional

Resta-me apenas dizer o que penso da assimilação do Integralismo na União Nacional brasileira, para a qual devem estar neste momento voltadas as nossas esperanças, pois a guerra é uma oportunidade vital para o congraçamento de um povo, que nela bem pode sair renovado nas suas energias, nos seus ideais de vida e na sua capacidade de ação. Penso que a União Nacional é o primeiro fruto que temos a colher desta guerra, mas que o teremos sacrificado se não dermos ao nosso congraçamento moral uma base firme, refratária às especulações partidárias para as quais os momentos de união são simples oportunidade de expansão ou de infiltração política.

Entendo que o Integralismo, quer que o concebamos como partido latente, quer como ideologia da direita, não pode contribuir para a união brasileira contra o hitlerismo, pois a causa da direita nos últimos anos tornou-se uma causa alemã, e os partidos que a defendem, mesmo quando se mantêm puros de infiltração estrangeira, são satélites da ordem futura inspirada pelo pensamento germânico.

Entendo, porém, que os brasileiros que ingressaram na Ação Integralista entre 1932 e 1937 não podem ser considerados homens de direita no Brasil de hoje, senão quando as suas atividades ou manifestações de ideias mostram que lhes passou despercebida a radical transformação de sentido do movimento fascista mundial.

Comunhão de ideias das Nações Unidas

Não posso deixar de acrescentar uma palavra sobre a assimilação dos comunistas na União Brasileira. Entendo que também a respeito deles impõe-se uma diferenciação clara: há os que se mostram identificados com o Brasil e com a América na plenitude da sua causa, e há os que veem na União Nacional uma simples ideologia intermediária, através da qual objetivam uma aproximação maior com as organizações revolucionárias de esquerda, que julgam acobertadas pela comunhão das Nações Unidas.

Esta comunhão existe, e não podemos admitir União Nacional senão solidária com os Estados Unidos, com a Comunidade Britânica e com os demais Estados aliados; mas essa comunhão existe para que conservemos, nós e os nossos aliados, a liberdade de escolhermos e determinarmos, de acordo com o gênio dos nossos respectivos povos, as nossas instituições e ideais da vida. Essa liberdade é a primeira cláusula do Pacto das Nações Unidas, e, por conseguinte, é também a primeira do pacto da união dos brasileiros.

Diário de Notícias, 04.10.1942.

CONFERÊNCIA DE SAN TIAGO DANTAS, DIRETOR DA FACULDADE NACIONAL DE FILOSOFIA

Felicito o dr. Dardeau Vieira* pela excelência da exposição que fez do problema do ensino superior de Administração Pública entre nós, trabalho que considero, pela sua concisão e justeza, de grande importância para a boa orientação do governo e dos técnicos que têm estudado a questão. Já que devo apresentar algumas observações ao estudo feito, quero apenas referir-me a dois pontos em que, aliás, julgo estar de acordo com o conferencista, apenas trazendo algumas observações complementares. O primeiro deles diz respeito ao ensino de administração para o homem de Estado. Com muita razão observa o dr. Dardeau Vieira que jamais se conseguirá reduzir a uma técnica transmissível didaticamente essa complexa ciência do homem de Estado, na qual se conjugam os conhecimentos técnicos à cultura geral, à experiência de vida e à superior intuição dos acontecimentos que a ninguém é dado explicar ou transmitir. Repito aqui, com a devida vênia, as palavras que disse sobre o assunto na aula inaugural dos cursos da Faculdade de Ciências Econômicas e Administração do Rio de Janeiro, proferida há quatro anos:

"Parece-nos que a política jamais será redutível a uma técnica. Há no governo uma substância mais rica, sobretudo mais humana, do que todas as disciplinas que se possam aprender e que representam sistematização do pensamento. A política é alguma coisa que faz parte do homem, das qualidades excepcionais do indivíduo, e nele existe como um dom, um carisma, ora com extraordinária violência, levando a um tal grau a confiança dos subordinados, que a burocracia desaparece transformada num simples vínculo de obediência pessoal, ora em menor escala, mas sempre suficiente para não poder ser suprida pela interferência dos técnicos".

---

* Astério Dardeau Vieira (?-1976), diretor do Departamento Administrativo do Serviço Público (DASP).

Entendo que seria, entretanto, muito útil se o administrador que atinge a primeira plana da administração se submetesse a cursos de tipo informativo, semelhantes aos de alto comando e aos cursos para generais. Neles não se visaria formar, mas dar informações simplesmente; informações sobre os problemas da atualidade, sobre a evolução da técnica administrativa nos diferentes ramos, sobre as grandes experiências realizadas no estrangeiro, sobre os resultados de atividades administrativas locais interdependentes.

Creio que um tal curso, lecionado pelas mais altas expressões do pensamento econômico, jurídico e técnico do país, poderia apresentar um grande atrativo e ser de imprevisíveis resultados para a direção política dos negócios públicos. E a ele não se poderia mover a acusação de pretender ensinar o que não ensina ou de procurar formar homem de Estado através de uma didática necessariamente primária e ineficaz.

O segundo ponto a que desejo aditar algumas observações é aquele que diz respeito ao conteúdo de um curso de Administração de nível médio, isto é, para formação de oficiais administrativos e técnicos de Administração. Observa muito bem o dr. Dardeau Vieira que, num curso desses, devemos fugir a dois perigos: primeiro, o de sobrecarregarmos o estudo com o exame superficial, e portanto inútil, de várias questões técnicas que reclamam os seus especialistas. Segundo, o de resvalar para assuntos excessivamente banais, de mera técnica de organização de escritório, tendência a que necessariamente se inclinam os cursos sem um conteúdo técnico determinado.

O problema que aí se nos depara é de grande transcendência e, a meu ver, não poderá ser resolvido por quem organizar uma escola de Administração, visto que nela reconhecemos o próprio problema da existência de uma ciência da Administração, como disciplina autônoma entre as várias ciências práticas que se estudam no complexo das ciências sociais. É óbvio que a ciência da Administração, por mais que se venha raciocinando sobre os seus problemas, ainda não atingiu o nível teórico em que se acham a economia política e outras ciências sociais, para não falar do Direito. Observando a perspectiva histórica, podemos dizer que a ciência de Administração está hoje numa fase que podemos chamar tecnológica, isto é, consta principalmente de um tecido de observações intensamente meditadas, mais ainda não dominadas por alguns princípios dedutivos fundamentais.

Estou certo que num futuro próximo a ciência da Administração definirá o seu campo racional e autônomo, pois assim como encaramos em economia política uma conjuntura econômica, podemos encarar uma conjuntura administrativa e estabelecer princípios e normas para compreender e operar. Na citada aula tive mesmo a ousadia de apresentar alguns desses princípios básicos, puramente dedutivos, que entendo devem ser colocados na base da nossa ciência, assim como na base da economia política estão quatro ou cinco proposições extremamente simples, mas que dominam e orientam o raciocínio econômico.

No dia em que a ciência administrativa conquistar um nível teórico igual ao que hoje mantém a ciência econômica, o problema suscitado pelo dr. Dardeau Vieira certamente não mais terá razão de ser. Veremos, então, que há uma disciplina teórica para toda e qualquer ação de governo, quer ela se exerça sobre a educação, quer se exerça sobre a agricultura, as finanças, a justiça ou sobre as demais atividades sociais. E a existência de uma tal linha mestra ou eixo de gravidade, se quiserem, logo esclarecerá a formação dos currículos e a técnica de trabalho das escolas em cuja criação estamos pensando.

Reconheço, entretanto, que estas considerações não estão seguindo o espírito prático da conferência do dr. Dardeau Vieira, espírito que louvei mas de que não estou sendo bom discípulo. Precisamos de escolas de Administração Pública e não podemos adiá-las para esse momento em que uma verdadeira ciência de Administração, por obra de homens de pensamento se constituirá. Aceitemos, portanto, que ela hoje se faça com um conteúdo empiricamente determinado, de acordo com a necessidade que o meio apresenta aos nossos olhos, para formar bons técnicos, ao serviço da inspiração do homem de governo, capaz de transmitir com exatidão e em termos administrativos aquilo que na lucubração do homem de Estado é política nas mãos do jurista é lei, e nas mãos do administrador deve ser providência, regulamento e decisão."

Revista do Serviço Público - DASP,
ano VI, v. II, n. 2, maio 1943

NOVA DOGMÁTICA JURÍDICA

A vasta transformação por que presentemente passam, no Brasil e em todo o mundo, os vários sistemas de Direito positivo, impõe aos juristas o grande trabalho de renovação da antiga dogmática, quase toda construída sobre um corpo já obsoleto de leis. A *lei* é dado imediato sobre que a doutrina se levante. E se bem que nos progressos da *Ciência do Direito* surgiram frequentemente inovações legislativas, a ordem natural da evolução jurídica é que as modificações apareçam primeiro no campo da lei, e deste passem ao campo da *ciência* por obra de especulação doutrinadora.

Direito e Ciência do Direito

Nem sempre essa concepção das relações entre o *Direito e a Ciência do Direito* está, porém, bastante clara na consciência jurídica comum. Os longos períodos históricos de estabilidade, em que as leis evoluem lentamente, sem quebras bruscas de sistemas, favorecem a fixação de quadros doutrinários tão resistentes, que a ciência jurídica se esquece da sua relatividade, e aspira a se converter numa *norma das normas*, num *Superdireito*, que domina e legitima os vários sistemas positivos.

Ora, uma coisa é o *Direito*, e outra é a *Ciência do Direito*. O primeiro, objetivamente tomado, é um corpo de normas editadas pelo poder público sob a ameaça das sanções; pode ser bom ou mau, adequado ou inadequado à sociedade que rege, conforme ou desconforme a princípio ético ou à lei natural. Para compreender e unir, logicamente, essas normas, para evidenciar o sistema em que elas se encontram, para erguer, enfim, sobre os comandos isolados que elas representam o organismo uno de que elas são as partes, é que surge a *Ciência do Direito*, ou, por outra, essa *Ciência do Direito positivo*, que melhor denominamos a *Dogmática Jurídica.*

A Dogmática encara a norma jurídica do mesmo modo por que o naturalista encara os fenômenos da Natureza. Assim como as Ciências

Naturais deixam à Filosofia a investigação sobre as causas primeiras desse fenômeno e as grandes perguntas sobre a matéria, a extensão, a vida, o movimento, assim a Dogmática deixa à Filosofia do Direito indagar sobre as causas primeiras do fenômeno jurídico, e sobre este instante, ainda arbitrário, em que a norma se plasma, em que o comando se decide, até se fixar num sentido único a vontade do legislador.

Criada a soma, plasmado o instituto, inicia-se o trabalho da *Dogmática Jurídica*. Ela ergue o sistema, explica as relações e a interdependência dos comandos, destaca os institutos inclusos, hierarquiza princípios, faz generalizações, e exerce mesmo um papel revelador da excelência ou da imprestabilidade da lei, quando a submete às deduções extremas e a experimenta nas várias situações práticas possíveis.

E é graças a esse último aspecto que os estudos dogmáticos construídos *sobre a lei* revertem na própria legislação os seus melhores produtos, pois muitas reformas e inovações legislativas encontram sua origem não nos fatos econômicos ou políticos, mas na própria elaboração doutrinária que o Direito anterior suscitou.

Que dizer, porém, das épocas em que a transformação vertiginosa da ordem econômica e da ordem social leva o legislador às medidas de exceção logo convertidas em regras comuns, às soluções que extravasam dos quadros sistemáticos e, portanto, da topografia doutrinária já assentada?

A lei nova e a doutrina antiga

Nessa época, como é inevitável, forma-se uma crise entre o *Direito* e a *Ciência do Direito.* A Dogmática criada sobre um corpo de normas e instituições já profundamente alterado pelas inovações resiste na mente de muitos juristas, e uma situação artificial de compromisso se cria, parecendo que há leis fora da lei.

Os livros, os artigos de doutrina, os julgados dão-nos conta desta crise: explanam a doutrina antiga, reproduzem os princípios e os dogmas calcados no Direito anterior, que lhes parece ser o Direito comum; e acrescentam a lei nova como se fora regime transitório ou medida especial, a que se não reconhecesse o direito de ir acrescer e alterar o quadro sistemático geral.

Essa absorção lenta e difícil das instituições novas no corpo da doutrina antiga compreende-se que existisse em outra era, quando muito diverso se apresentava não só o trabalho de investigação do jurisperito, como o próprio mecanismo de criação do Direito positivo. No período clássico do Direito romano, que é, sem dúvida, a época que logo nos acode como exemplo, compreende-se que as inovações ficassem fora do quadro do Direito, moldadas ao sabor da *jus civile:* é que ali as inovações entravam por uma via anômala, qual fosse a mera concessão de remédios judiciais por parte dos magistrados, ou então se formavam por obra dos prudentes, como conselhos que só vinculavam as partes a que eram dados. Logo, porém, que, naquela Antiguidade, o sistema legisferante se transformou, iniciou-se a marcha rápida para a assimilação das inovações jurídicas, fato que se consumou, é verdade, com pequeno apuro de técnica, mas por ser esta já bastante falha na idade em que teve lugar.

No Direito moderno, radicalmente outro é o quadro em que se processam os fatos examinados. O aparelho legislativo é rápido, a elaboração do Direito tornou-se obra exclusiva das Câmaras ou dos governos que enfeixam funções legislativas e executivas, e a Ciência do Direito, igualmente, equipou-se de recursos novos, de critérios de sistematização capazes de assimilar as inovações mais súbitas e radicais.

Fixar e unir

Claro que nisso não vai o elogio da precipitação e da imprudência, defeito de que deve ser estreme o verdadeiro espírito jurídico. Toda Ciência do Direito deve banhar as suas especulações diante do velho ou distinguir entre as formas de ação intelectual. *Fixar e unir*, eis o sentido do trabalho mental do jurista, sentido que lhe vem não de qualquer particularidade metodológica, mas da própria natureza do Direito, da sua configuração ontológica.

Unir significa especialmente reduzir a uma *unidade inteligível* a multiplicidade inesgotável das regras e normas de conduta. *Fixar* significa assegurar essa unidade *inteligível* no tempo. O ideal da Justiça e o ideal da Segurança, os dois objetivos a que tende o Direito, seriam inatingíveis se o homem em sociedade se encontrasse diante de um conglomerado fragmentário de normas ou comandos, que ele não pudesse pensar de forma unitária, subindo neles, por generalizações sucessivas, até aqueles poucos princípios básicos que ficam impressos na consciência comum.

Unir e fixar são, pois, palavras que exprimem algo de substancial à coisa jurídica, e também à norma de trabalho do jurista em face das inovações positivas.

Porque lhe cabe *unir*, o jurista luta contra o pluralismo, busca reduzir a sistema o que parece disperso, e conciliar o que se mostra contrário. Porque lhe cabe *fixar*, o jurista defende a integridade do sistema criado, e a ele procura acomodar o fato novo. Uma dessas direções metódicas corrige e equilibra a outra: se o jurista se mostra conservador exagerado, e se, pelo dever de *fixar*, reluta em abrir mão de construções sistemáticas tornadas obsoletas pelas criações da lei, não tardará que ele falte ao dever de unir, e que deixe dispersos e desconjuntados princípios e normas em vigor que lhe cabe manter articulados. Se, pelo contrário, o jurista tende para as mutações apressadas, e refunde os quadros dogmáticos ao sabor da primeira novidade, agora por muito *unir* falseia ele o seu dever de *fixar*, de assegurar a duração da ordem em que se ajustam e vivem as instituições.

Eis por que o espírito jurídico se define, sobremaneira, como equilíbrio. A boa ciência se nutre da dosagem desses intuitos contrários que se contrastando e travando-se mutuamente dão às épocas criadoras, como aos homens, esse equilíbrio poderoso em que as forças de combinação e de permanência deixam sentir a sua constante presença, sem que nenhuma delas logre arrastar num sentido único a massa a que se aplica.

Não é, pois, sob o signo de um compreendido *modernismo jurídico* que proclamamos a ingente necessidade de se procurarem os lineamentos da nova Dogmática no vasto material legislativo que se desdobra até o jurista de hoje.

Por excessivamente estimarem a *duração* dos sistemas é que os juristas não se balançaram, ainda, a rever as construções doutrinárias infirmadas pelas inovações verificadas na ordem positiva. Desestimam com isso a *unidade* do sistema, pela qual devem igualmente velar, pois deixou que fique à margem do quadro doutrinário tudo que exprime a readaptação à vida moderna das antigas instituições. Não se deve mesclar a esse movimento de renovação puramente técnica qualquer julgamento político das normas ou das instituições. Na formação de cada instituto, cada lei, entra um elemento político que ao jurista não cabe, dentro do seu campo, analisar.

Política e Direito

A Política é ela própria uma ciência, na formação de cujo critério normativo entram a Ética, a Economia, a Sociologia e, de modo geral, todo conhecimento da sociedade. A ela cabe decidir os grandes problemas de orientação legislativa, para os quais a Ciência do Direito apenas contribui com o elemento técnico, a fim de assegurar a coerência, a coatividade e a exequibilidade do comando.

Erram os que supõem que o Direito se empobrece quando atende às reivindicações da Política para deslindar os seus domínios vizinhos. O espírito jurídico e o espírito político são complementares, mas distintos. A Política visa a um objetivo mais distante e serve-se do sistema de Direito positivo como de um meio para atingi-lo. Se ela se desvencilha dos laços que a subordinam à Moral, torna-se injusto e inumano o sistema de leis que ela engendra. Esquece-se dos ensinamentos advindos das ciências sociais, ou das inspirações da consciência popular, não tarda que a sua obra jurídica se inutilize, ou por despertar reações contrárias às que o legislador teve em vista, ou por escaparem os fenômenos à malha das normas feitas para regulá-las.

Direito positivo

A Ciência do Direito positivo, menos ambiciosa do que a Ciência Política é, porém, infinitamente mais complexa, e quer no seu objeto, quer nos seus métodos, oferece uma riqueza e um rigor que a outra não alcança nas suas vastas generalizações. Como linhas acima ficaram ditas, o trabalho do jurista, não o trabalho de quem cultiva a Filosofia, mas a Dogmática do Direito, começa na aplicação da norma jurídica, de modo que já pressupõe um Direito elaborado. As normas jurídicas são os *fenômenos* de que se ocupa esta ciência, onde o problema não consiste em colher o Direito que deveria ser, mas em saber o Direito que é, em reduzi-lo a uma unidade inteligível, em fazer atuar a vontade do legislador.

Não haveria, talvez, exagero em dizer que a obra fundamental reservada ao pensamento jurídico dos nossos dias é, pois, a renovação da antiga Dogmática.

No Brasil, como em todos os países, vivemos um momento de dualidade teórica que urge ultrapassar. A visão do Direito objetivo que muitos juristas conservam e defendem é a de um sistema harmônico de normas de Direito comum, em torno do qual cresce a congérie das normas de Direito especial, caprichosas, contraditórias e efêmeras. A doutrina abona e explica as primeiras; para as segundas, temos de cair numa positividade estreita, pois não se reconhecem estruturas doutrinárias capazes de lhe dar continuidade e coerência.

É essa visão que precisa ser substituída nos livros de doutrina, no ensino universitário, no foro, nos trabalhos legislativos, por igual nos Códigos e nas leis especiais, os elementos com que se retificarão os conceitos técnicos e o próprio sistema, e numa palavra, a nova Dogmática Jurídica.

Revista Forense, nº 291, maio 1944.

ILEGAL O ATO ADICIONAL

1 – No difícil instante de transição política que está sendo vivido pelo povo brasileiro, e em que os esforços se unem para fazer emergir da ditadura uma ordem democrática nacional, os professores de Direito da Universidade do Brasil julgam-se no dever de romper o silêncio que envolve o labor universitário, para trazer a público a contribuição sincera da sua meditação sobre os problemas que assoberbam a consciência jurídica do país.

A este momento de transição e de crise fomos conduzidos pelo antagonismo em que se colocaram, e cada vez mais se extremaram, o tipo de governo imposto ao país em 1937 e os sentimentos e ideias de que se formara aquela consciência jurídica.

Um ideal de Estado estranho à nossa compreensão do poder público, uma mística da autoridade pessoal incompatível com o nosso senso humanístico, uma passividade popular inconciliável com a nossa formação libertária, divorciavam e contrapunham a Nação brasileira e o Estado que sobre ela implantou o golpe revolucionário de 1937. Desse divórcio entre a Nação e o Estado nasceu a incoerência aparente da nossa participação no conflito mundial: pois embora o tipo ideológico de Estado nos impelisse para a facção totalitária, a Nação reagiu vitoriosamente sob a armadura política e impôs a aliança com as democracias unidas.

Desse divórcio também gerou-se e fomentou-se a presente crise do Estado para cuja superação o governo não dispõe, como dentro em pouco veremos, de meios jurídicos idôneos.

Falta de pronunciamento do Poder Constituinte

2 – Toda análise do Estado implantado em 1937 e da atual ordem jurídica interna tem como ponto de partida a identificação do Poder Constituinte, por obra do qual a Carta de 10 de novembro teria alcançado vigor.

Não é o nome de "Constituição" que confere a uma lei esse caráter bem definido e determinado na ciência jurídica. Pelo fato de ser lançada como lei constitucional pelo detentor de fato do poder, não cobra uma norma política aquela qualidade da qual defluem tão essenciais consequências. Para que uma Constituição o seja, requisito primordial é que a sua adoção emane de um Poder Constituinte, o qual não pode ser outro que o detentor originário da soberania.

Dentro da concepção absolutista do Estado esta soberania residiu no príncipe; dentro da concepção democrática passou, porém, a residir no povo, acima do qual não se reconhece outro poder. "Pelo termo "soberano" - escreve Jameson,[1] entende-se a pessoa ou corpo de pessoas, a quem, politicamente, nada existe de superior, num Estado determinado".

É pelo fato de emanar do soberano, no exercício do Poder Constituinte, e não em virtude de qualquer característica formal ou material, que a Constituição assume a natureza de lei fundamental, vincula o Poder Legislativo ordinário, e obsta a aplicação de toda lei que a contradiga.

3 - A história constitucional não nos revela a existência de Constituições outorgadas, se não em Estados onde se reconhecia a soberania de uma monarca. É o caso da Constituição de Luiz XVIII, de 1814, outorgada como graça pelo príncipe, na plenitude do Poder Constituinte, de que, como soberano, se revestia.

4 - Cedo, porém, a própria índole do movimento constitucionalista em todo o mundo reagiu contra as cartas concedidas unilateralmente pelos príncipes e preferiu conceituá-las como um pacto entre os soberanos e seus povos. Já as democracias ligavam o ideal constitucional à soberania, e durante a Revolução Francesa Sieyès[2] desenvolvera a tese do povo titular do Poder Constituinte. O clássico Klüber,[3] e com ele, a ciência jurídica em diversos países monárquicos do século XIX, repele a doutrina da outorga e reclama para o ato constitucional um caráter bilateral.

1. John Alexander Jameson (1824-1890), jurista norte-americano.
2. Emmanuel Joseph Sieyès (1748-1836), revolucionário francês.
3. Johann Ludwig Klüber (1786-1837), jurista alemão.

"O ato constituinte - escreve ele - é por sua natureza, uma obra sinalagmática: é um ato entre partes, das quais uma e outra dão e recebem por sua vez".

Com este caráter de pacto entre o príncipe e o povo, prevalecendo às vezes o poder de um sobre o do outro, fizeram-se já, no século XIX, as Constituições de dezenas de reinos, principados, ducados e cidades livres europeias.

5 - Nas grandes e pequenas democracias onde a soberania reside no povo, fonte única do poder político foi sempre este, por obra de seus representantes ou mediante sufrágio direto, que criou ou legitimou suas cartas básicas.

Teríamos de chegar ao nacional-socialismo alemão, de cuja doutrina constitucional dentre em pouco trataremos para encontrar de novo a Constituição legitimada com a simples enunciação da vontade do Führer.

6 - Poderia a Carta Constitucional de 10 de novembro legitimar-se com o simples fato da outorga pelo chefe do golpe de Estado triunfante? Claro que não. A detenção do poder de fato não lhe transferiria parcela mínima que fosse da soberania popular e, não sendo soberano, não podia ele exercer o Poder Constituinte que é o apanágio indeclinável da soberania. Isso mesmo reconheceu a Carta de 10 de novembro ao dispor no seu art. 1.º:

"O poder político emana do povo" e ao ordenar, no artigo 187, que a Constituição seria submetida ao plebiscito nacional, na forma regulada em decreto do Presidente da República.

7 - Esta aprovação plebiscitária deveria ter lugar, como se depreende do artigo 175, 2ª parte, dentro de um prazo breve, em caso algum superior aos seis anos fixados para a duração do primeiro mandato presidencial, e graças a ele, por força dele, se legitimaria a Constituição.

"O povo manifesta seu Poder Constituinte mediante qualquer expressão recognoscível da sua imediata vontade de conjunto", escreve na sua *Teoria da Constituição* (1927) o constitucionalista Carl Schmidt,[4] e admite

4. Carl Schmitt (1888-1985), jurista alemão.

entre esses modos de expressão, o "plebiscito geral sobre uma proposta surgida de um modo determinado", de que são exemplos os plebiscitos napoleônicos.

Poderia, pois, a Constituição de 1937 ter sido adotada como lei fundamental do nosso país se em tempo hábil, o povo brasileiro, no exercício do Poder Constituinte, atributo de sua soberania, houvesse declarado, através de um plebiscito, que a ela queria conformar o seu Estado e as condições básicas de sua ordem jurídica. A falta desse plebiscito, entretanto, tolhe à Carta outorgada toda a legitimidade e, podemos dizer, toda vigência, transformando-a numa simples norma de fato, a que não resta outra existência senão a da força que a mantém.

8 - Nem se diga que a falta de aceitação plebiscitária pode ser suprida por essa outra aceitação popular que é a ratificação do uso, em alguns países fonte precípua do direito constitucional.

Da Carta de 10 de novembro pode dizer-se que jamais regeu a vida do povo brasileiro, fosse embora pelo espaço de um dia. Nas suas disposições finais trazia ela o arsenal dos expedientes transitórios que deixariam em eclipse, desde o instante da outorga, todas as instituições constitucionais. E não terá sido outra a razão que deteve o poder público ante o pronunciamento plebiscitário do povo brasileiro, senão aquele divórcio a que acima aludimos entre o regime autoritário e as aspirações democráticas da Nação.

Faltou, pois, à Constituição de 37 esse requisito vital, cuja ausência lhe retira o próprio ser: faltou-lhe o pronunciamento do único Poder Constituinte que transmudaria em substância constitucional, juridicamente operante, o plano de organização do Estado apresentado pelos autores do golpe de 10 de novembro e por eles imposto, desde logo, como norma de fato provisória, até que se pronunciasse a Nação.

Ilegitimidade das leis constitucionais

9 - Essa ilegitimidade a que ficou condenada a carta de 1937 ainda mais se acentuou com os sucessivos atos de força praticados sob a rubrica de *reformas* ou *leis constitucionais.*

Se a carta outorgada ainda não recebera a sanção plebiscitária que lhe inauguraria a vigência constitucional, se não estavam criados os órgãos de cuja colaboração e contraste dependia, segundo a própria carta, o mecanismo das suas ementas e reformas, é evidente que cada reforma decretada pelo chefe do governo corresponderia a uma nova outorga, a um golpe de Estado complementar.

Não tendo entrado em vigor antes do plebiscito, a Constituição não podia, no sentido jurídico do termo, ser reformada, pois que a reforma de um estatuto tira sua validade dos próprios termos deste, da interação que ele troca, das condições que obriga a preencher. Se o estatuto não entrou em vigor como lei constitucional, com que lhe falta a aceitação do Poder Constituinte soberano, toda reforma é mera norma de fato, ato complementar da outorga, que o povo aceitará ou repelirá.

10 – Estivesse, porém, a Constituição aprovada pelo povo e ainda seria duvidoso que o Presidente da República pudesse, na falta de um Parlamento instalado, expedir, sob a forma de decretos-leis, reformas constitucionais. É esse um ponto que examinado em toda extensão da sua significação dogmática nos coloca frente a frente com as mais aterradoras consequências da doutrina constitucional do regime.

11 – Em primeiro lugar, notamos que a expedição das nove Leis constitucionais, de 16-5-38, 16-5-38, 18-9-40, 20-9-40, 10-3-42, 13-5-42, 30-9-42, 12-10-42 e 28-2-45, se baseou sempre na prerrogativa transitória concedida ao Presidente da República pelo art. 180 da Carta outorgada de "expedir decretos-leis sobre todas as matérias da competência legislativa da União (...) "enquanto não se reunir o Parlamento Nacional". As matérias "da competência legislativa da União" são as que vêm discriminadas no art. 16, e entre elas, com toda a propriedade constitucional, que, sendo embora alterado por iniciativa de órgãos do governo federal, está na competência originária do povo, tomado em seu conjunto, e não na competência de uma pessoa jurídica de Direito Público interno.

Considere-se, agora, que o art. 174 com os seus parágrafos adota, para a reforma constitucional, o sistema da consulta plebiscitária no caso de não haver conformidade entre o Presidente da República e o Parlamento, e bem se compreende a subversão da solução constitucional representada pelas reformas em que o Presidente da República reúne, na sua declaração de vontade, o pronunciamento de dois órgãos do governo. Desaparece o contraste do qual emerge o exercício do voto sancionatório popular, e a

Constituição fica à mercê do Presidente, moldável nas suas mãos como cera, e sendo por ele perpetuamente criada e recriada, sem outra medida que sua prudência e sua vontade.

12 - São essas as consequências terrificantes da interpretação dada aos arts. 180 e 174 da Carta de novembro, graças à qual o chefe do Governo se tornou a Constituição viva. A rigidez, a estabilidade, que são requisitos conceituais da Constituição, tal como a entende a ciência jurídica, cedeu lugar à flexibilidade absoluta, à completa versatilidade legislativa. E é aí que em vão procuraremos para a nova regra outro fundamento doutrinário a não ser o que está nestas palavras de Koellreutter:[5] "no Estado autoritário do Führer, a Constituição resulta da vontade política da chefia, que a desenvolve segundo os princípios da renovação do Estado".

Essa não pode ser a doutrina constitucional brasileira, nem é mesmo a que legitimamente se deduz da Carta de 37, a qual não pode ser reformada por leis constitucionais senão depois de instalado o Parlamento nacional, cuja colaboração é imprescindível ao mecanismo ali determinado. As leis constitucionais expedidas mediante decretos-leis antes sequer da aprovação plebiscitária não são leis constitucionais, mas simples normas de fato, já hoje fadadas a permanecerem sem qualquer efeito jurídico, porquanto se deixou de realizar a adoção da Carta e de suas alterações pelo Poder Constituinte popular.

13 - Está feita, ainda que brevemente, com a exposição *supra*, a análise dos pretendidos fundamentos constitucionais da ordem política vigente em nosso país. Um governo de fato, que edita normas políticas munidas de sanção, pode ser obedecido, mas a ordem dentro da qual ele se move, não tendo sido fixada pelo Poder Constituinte, que é o povo soberano, não é uma ordem jurídica, e não pode, por conseguinte, vincular os legisladores ordinários cuja escolha o povo se prepara para realizar.

Essa é a crise atual do Estado brasileiro, que desejando passar a uma forma democrática de organização política, e à construção de uma ordem legal válida, não pode fazer nascer o legítimo do ilegítimo, não pode ingressar num novo período da sua vida jurídica para ele levando os compromissos fictícios de uma simulação constitucional.

5. Otto Koellreutter (1883-1972), jurista alemão.

Condições básicas da tradição para a democracia

Examinemos, porém, se a Lei Constitucional n. 9, de 28-2-45, entendida embora como norma de fato, criadora de pressupostos para a expedição da lei eleitoral e para a instalação e funcionamento dos órgãos de governo futuro, atendeu ao objetivo democratizador que, segundo os seus próprios considerandos, inspirou a sua elaboração.

A tradição do país da forma autoritária para a forma democrática de governo poderia obedecer a modalidades as mais diversas, e ensejar fórmulas de organização política numerosas, ao sabor de homens de Estado e de doutrinadores. Também quanto à extensão e profundidade das reformas, desde as que se limitassem ao puro campo político até as que alcançassem a ordem econômica e social, seria possível reunir uma rica variedade de sugestões, nas quais se haveria de fazer sentir a multiplicidade de opções ideológicas do nosso tempo. Certas condições básicas, entretanto, dificilmente seriam objeto de debate e de dúvida, de tal modo estão elas ligadas à implantação de uma ordem jurídica, digna desse nome, e à restauração das instituições livres.

14 – O primeiro desses requisitos, ou pressupostos da democratização, seria o restabelecimento desses dois princípios essenciais à caracterização do Estado de Direito: a independência dos poderes e a demarcação de sua amplitude. Não existe democracia nem Estado de Direito onde algum órgão do poder público desfruta de uma competência ilimitada, ou onde aqueles que desempenham as funções correspondentes a um dos poderes constitucionais se encontram na dependência pessoal dos que exercem outro desses poderes.

15 – Ora, dentro dos preceitos que emanam da Carta outorgada e do seu Ato adicional, faltam, de maneira absoluta, um ou outro princípio. Mantida a vigência da Lei Constitucional n. 2 até a realização das eleições, está toda a magistratura brasileira privada da garantia da indemissibilidade, e, a rigor, cada juiz, desde o Ministro do Supremo Tribunal Federal até o magistrado de primeira entrância, aposentado *ad nutum*[6] pelo Presidente da República. Mantido igualmente o preceito do art. 42 e conservado com a emenda de 1/3 para 1/5 o sistema de iniciativa das leis, ilusória é também a independência dos membros do órgão parlamentar futuro, aos quais falta

6. "Demissão de um funcionário, a exclusivo critério de seu superior".

a imunidade durante o tempo que lhes durar o mandato político e não cabe o direito de propor medidas legislativas senão por grupos, isso mesmo desde que o Poder Executivo não tenha em mente apresentar projeto seu sobre o assunto. A falta de iniciativa na apresentação de projetos de lei não desfigura o Poder Legislativo apenas onde o mecanismo do governo atribui essa faculdade a um Ministério: operando no seio do Parlamento em regime de isolamento entre os dois poderes, faz das Câmaras meras assembleias passivas, a exemplo do que vieram a ser parlamentos totalitários.

Ao mesmo tempo que recusa imunidade aos parlamentares, a não ser no período de quatro meses em que as Casas do Parlamento se acham em atividade, e estabilidade no cargo dos juízes, pelo menos até as eleições próximas, os preceitos vigentes conferem ao Presidente da República faculdades ilimitadas.

16 – Não basta a plenitude da função de governo, representada pela confusão na mesma pessoa dos atributos de dois poderes constitucionais tornando a autolimitação da sua vontade, que a outorga de uma Constituição poderia representar um obstáculo ilusório, forçou-se, como vimos, o sentido do art. 180 e conferiu-se ao Presidente da República aquilo que jamais se conferiu a uma assembleia e talvez a um soberano: o Poder Constituinte permanente; e a essa faculdade somaram-se duas outras: a de decretar a constitucionalidade ou inconstitucionalidade das leis ordinárias e, pela declaração do Estado de Guerra, a de suspender a vigência da parte que lhe apraza do texto constitucional.

17 – Todos sabem o que tem representado para a integridade da ordem jurídica entre nós o cancelamento da faculdade, outrora reconhecida ao Poder Judiciário, de proclamar a inconstitucionalidade das leis. Era essa uma tradição e uma característica do nosso Direito Constitucional, de fundo americano, e um aparelho moderador do poder político que realçava a firmeza e a dignidade da Constituição. A própria natureza técnica do juízo emitido sobre a constitucionalidade de uma lei conduz à adoção do sistema de controle jurídico, poupando aos tribunais a tradição de aplicar o que lhes parece inaplicável. Na vigência do sistema atual temos visto os tribunais, convencidos da inconstitucionalidade de uma lei, deixarem de aplicá-la, sem contudo suscitarem a questão que iria terminar na alçada do poder supremo, o que representa uma reação compreensível mas perigosa, geradora de incoerência nos julgados.

Conclusões

18 – Têm, assim, os professores da Faculdade Nacional de Direito cumprido o dever moral que lhes inspira a eminência do seu magistério, dando à Nação o seu sincero testemunho sobre as condições atuais da ordem jurídica interna, especialmente no que respeita à vigência de uma norma constitucional.

Não se tendo realizado em tempo hábil o plebiscito geral que daria vida e vigor à Carta de 10 de novembro, tornou-se esta não uma Constituição, mas uma norma de fato, imposta pelos detentores do poder, aos quais falece o Poder Constituinte, atributo do povo soberano, nos próprios termos da Carta em questão.

Não se tendo convertido em Constituição, a Carta de novembro não podia ser objeto de emendas e reformas constitucionais. Em face da ciência jurídica as leis constitucionais são outras tantas outorgas que não dispensariam, para assumir a dignidade constitucional, outras tantas aprovações plebiscitárias. Está neste caso o chamado Ato Adicional (Lei Constitucional n. 9), a que não poderíamos dar maior alcance que o de uma norma de fato, aceita como instrumento político para operar a transição do regime ditatorial para o democrático.

Essa função, porém, ele não preenche satisfatoriamente, pois não libera do Poder Executivo os membros da Magistratura e do Parlamento, e não retira a total insegurança em que envolve os cidadãos e as instituições, a abusiva extensão dada ao Estado de Guerra.

É obvio que, nessas condições, a instauração de uma democracia verdadeira, escoimada de fascismo prático ou teórico, depende de medidas radicais que todos têm o dever de apontar ao patriotismo do Governo, e que visam permitir a convocação de uma assembleia, com o pleno exercício do Poder Constituinte, a qual nada impede que se ofereça um projeto básico, e que assumirá o Poder Legislativo ordinário, como exige a conjuntura histórica que atravessamos.

19 – As mesmas razões que levam a considerar mera ordem de fato o atual dispositivo do governo conduzem a reconhecer que não há inelegibilidade para os detentores de qualquer função pública. É claro, entretanto, que se faz mister o afastamento do chefe do Estado e dos chefes do governo locais e a sua substituição pelo Presidente do Supremo Tribunal Federal e pelos chefes das Magistraturas locais enquanto se processa a preparação eleitoral, até que sejam empossados os novos mandatários do povo, pois de outro modo as leis constitucionais, plasmando cada dia a fisionomia do Estado, não assegurariam as condições de estabilidade indispensáveis à transição para a democracia.

Esse afastamento dos chefes executivos não diminui, antes enaltece a figura moral e política de cada um deles, e representará para o país um sólido retorno à segurança, uma garantia de paz e de ordem - essa paz e essa ordem interna de que tanto precisa o nosso Estado no cenário internacional em que se prepara para assumir o seu grande destino.

20 - Lamentam os professores signatários que à sua voz não se possam juntar neste instante as dos seus colegas despedidos das cátedras por motivo de opinião. No corpo moral que é a congregação de professores eles jamais deixaram de ter o seu assento, e aos cargos públicos, que perderam, os próprios tribunais já decidiram que hão de ser reconduzidos.

21 - O dever que hoje pesa mais que todos na consciência do povo brasileiro, o de preservar o país da desordem em que o afogará, cedo ou tarde, a mistificação constitucional, determinou este pronunciamento coletivo, com que os professores da Faculdade Nacional de Direito esperam ter contribuído para que a República se restabeleça na dignidade e no gozo dos regimes livres.

Rio de Janeiro, 2 de março de 1945.[7]

Diário Carioca, 03.03.1945.

---

7. Firmaram o parecer redigido por San Tiago os seus colegas de magistério: Oscar Francisco da Cunha, Arnoldo Medeiros da Fonseca, Artur Cumplido de Santana, Alcindo de Paula Salazar. Benjamim Morais Filho, Demósthenes Madureira de Pinho, Francisco Oscar Penteado Stevenson, Joaquim Pimenta, José Bonifácio Olinda de Andrada, Jose Ferreira de Souza, José Carlos de Matos Peixoto, José Candido Sampaio de Lacerda, Haroldo Teixeira Valadão, Hélio de Souza Gomes, Lineu de Albuquerque Melo.

NOVOS RUMOS DO DIREITO

Terminam hoje os vossos anos de aprendizado, decorridos em meio às mutações profundas que a guerra trouxe aos destinos do nosso povo e da própria civilização ocidental. Vossos estudos se desenrolaram, no recesso da nossa Academia, enquanto se operavam, em tempo acelerado, essas mudanças. Vossa formação recebeu, consciente e inconscientemente, os benefícios e os malefícios da atmosfera de crise, engendradora de dúvidas, de opções apressadas, de perda de confiança e também de objetivismo, de curiosidade, de meditação.

Trazendo-vos até às portas da escola para vos dar as despedidas dos vossos professores, quero associar-me ao vosso exame de consciência coletiva, e dizer-vos o que nós, homens da geração anterior, esperamos e confiamos da vossa geração. Hei de falar-vos com a franqueza que sempre coloquei no que vos disse, e haveis de ouvir-me com a independência que sempre encontrei e amei em cada um de vós, e que foram, uma e outra, o fundamento tácito do pacto de amizade ao qual devo o júbilo deste paraninfado.

Deixais na Faculdade de Direito, junto aos vossos mestres e colegas, o renome de uma turma excepcional. Cada ano que passa, são lançados às carreiras jurídicas bacharéis de mérito; mas não é frequente assinalar-se, como entre vós, o alto nível médio de preparo, e a deliberada vocação jurídica. Partis, assim, portadores das melhores esperanças da nossa Casa, e onde quer que a vida pública e profissional vos reclame, podeis estar certos de que os nossos votos vos acompanham e de que os nossos olhos exigentes estão postos sobre vós.

Não será, porém, leve a vossa tarefa. O arsenal de princípios, de regras e métodos que, em seu conjunto, constitui o Direito, vós não podeis esperar que vos seja dado simplesmente aplicá-lo; na verdade, tereis de defendê-lo. Essa defesa não consiste na propaganda dos ideais jurídicos, nem na formação de ligas ou partidos, que velem sobre o comportamento do poder público para denunciar com presteza os atos de arbítrio ou as violações de princípios; nem consiste mesmo em manter, através do estudo e da vida profissional, o culto do Direito, para que a fidelidade de uns poucos sobrepuje o ceticismo, ou a indiferença do grande número.

Se queremos defender o Direito, temos de saber, primeiro, o que o ameaça; e temos, depois, de examinar, sem ideias preconcebidas, o que ele pode representar na solução dos problemas sociais de hoje, desde o problema do Estado ao das relações humanas, especialmente das que se referem à produção e distribuição de riquezas.

De onde vem a maior e mais séria ameaça ao prestígio do Direito, no mundo em que vivemos? Por mim, não hesito em afirmar que vem da própria cultura jurídica.

Tem sido a grande culpa dos juristas de hoje - não apenas entre nós, mas em todos os países - não assumirem uma posição avançada na revisão dos conceitos dogmáticos e no ajustamento da ciência às novas realidades legislativas e às superiores exigências da reforma social. Apegada a estruturas que exprimem, no Direito Público ou Privado, as condições econômicas e espirituais de determinadas épocas, a cultura jurídica não se lançou à procura de formas novas, e vendo-as brotar desordenadamente na legislação empírica, forjada pelas circunstâncias, via de regra desdenhou o seu estudo sistemático e o seu julgamento teórico.

Daí resultou a falsa opinião, muito generalizada nos meios técnicos, burocráticos e mesmo populares, de que a evolução legislativa e a solução de problemas hão de ser obtidas "contra o Direito", isto é, vencendo as resistências, superando os obstáculos que a mentalidade jurídica opõe à rápida decisão e ao pleno esclarecimento das coisas.

Daí resultou também um *mal du siècle* dos juristas: uma espécie de saudosismo que, não concebendo facilmente a ciência jurídica adequada à sua época, sonha uma época adequada à sua ciência jurídica.

Ora, é certo que a ciência do Direito, que aprendemos, e que vós ainda hauristes nos vossos anos de estudo em nossa Academia, está impregnada de ideias políticas e moldada por formas de vida em vias de desaparecer; mas o Direito, em sua essência, transcende essas ideias e formas, apresenta-se como algo de superior às contingências do tempo, independente de época, regime ou ordem social determinada.

Para bem compreendermos essa força perene que tem o Direito de consumir e refazer sistemas, mais instrutivo que o estudo de um ou mais ordenamentos legislativos, com sua coerência interna e seus princípios, é o estudo das transformações que sofreram quando mudaram diante deles as realidades sociais. Nessas grandes experiências, revela-se aos nossos olhos a plasticidade, o infinito poder de adaptação do que chamamos a "ordem positiva" e observamos que o novo Direito não é menos Direito do que o antigo, porque nele sobrevivem aqueles princípios morfológicos e elementos finalísticos capazes de modelar um sistema novo em continuidade perfeita com o sistema anterior.

Que sucede, porém, com a cultura jurídica quando ela se obstina em defender um sistema de conceitos e ideias já inadequado às criações legislativas e às funções sociais que reclamam regulamentação?

O resultado dessa atitude, onde quer que ela ocorra, é o desprestígio do pensamento jurídico, e, por via de consequência, a incoerência e o arbítrio na feitura das leis, a pletora legislativa, e a tendência a entregar o maior número de atividades sociais ao controle direto do Estado, não porque elas exijam uma coordenação coletivista, mas apenas como meio mais simples de evitar os conflitos de interesses, o que faz com que, em vez de um grau maior de adaptação, apenas se logre um maior contingente de despotismo.

Defender o Direito é, assim, essencialmente, renovar o Direito.

Não é romper com os princípios morais e métodos que condicionam o trabalho de criação jurídica e o seu estudo científico. É remontar a esses princípios os métodos para formular, diante de condições sociais novas, um Direito novo, assim como o arquiteto, partindo dos mesmos princípios lógicos, alheios ao tempo, descobre para os seus problemas, cada vez que variam os meios construtivos, novas soluções racionais.

Em que medida pode, entretanto, a cultura jurídica contribuir para a construção de um novo Direito Positivo? O campo em que se exerce a investigação do jurista não é o da *lex ferenda* e o da *lex lata*;[1] a política legislativa - que inspira e conduz as transformações da ordem positiva - recebe contribuição de todas as Ciências Sociais, e nela a economia, a ciência dos costumes parecem influir mais decisivamente que a teoria jurídica. Assim é, logicamente; mas se nos pomos a considerar historicamente as coisas, não

1. Brocardos jurídico latino: respectivamente, lei a ser criada, lei vigente.

tardamos a perceber que as grandes soluções e inovações legislativas têm sido antecipadas pela especulação dos juristas, e via de regra só têm ingressado no corpo de normas positivas depois de um período mais ou menos largo de debate acadêmico, em que as preferências do legislador futuro se preparam e afinal se definem. De sorte que a investigação jurídica, embora tomando como ponto de partida o sistema positivo, tem sido, nas épocas de fecundidade e de espírito criador, a fonte principal da política legislativa, à qual fornece sugestões hauridas na legislação comparada, na experiência do Direito vigente, e no próprio estudo das condições sociais novas a que se devem adaptar as normas e aplicar os princípios.

E é aí que cabe indagar o que pode a cultura jurídica em face dos problemas sociais e políticos de hoje. O bem-estar coletivo, a maior satisfação das necessidades humanas com as utilidades ilimitadas que a técnica moderna pode proporcionar, a igual repartição das riquezas, a justiça social, em que medida exigirão a intervenção arbitrária do Estado ou o remédio descompressivo das revoluções?

Por mim, creio que a cultura jurídica, renovada ao contato do mundo moderno, pode inspirar e realizar uma transformação do Direito, em cujos quadros se atinja e se discipline a mais completa reforma da sociedade.

Desde logo cumpre reconhecer que o sentido geral da reforma a que a sociedade moderna aspira é uma "mudança de base" da ordem jurídica: o deslocamento do centro de equilíbrio social da "propriedade" para o "trabalho". No Direito vigente, só a situação do proprietário apresenta condições de segurança e de estabilidade capazes de conferir ao homem o pleno sentimento de independência. O "instinto de previdência", que é o próprio "instinto econômico" do homem, impele cada indivíduo à luta pela conquista da propriedade. Ora, houve épocas em que a propriedade privada era um *optimus maximus* a que cada um podia aspirar, e em que o trabalho escravo, ou mesmo assalariado, tocava às massas humanas sem aptidão para a plenitude da vida política civil. Mas a época em que vivemos - por imposição da grande técnica e pela amplitude da divisão social de esforços - faz do trabalhador assalariado o padrão humano universal, a que tende a incomensurável maioria dos indivíduos, dos menos aos mais aptos, e não estando a direção dos negócios e atividades imediatamente em mãos de proprietários, mas de *managers*, a classe dos proprietários decai de qualquer liderança, e se converte num estreito círculo de beneficiários, protegidos pela ordem civil. Para essa coletividade ilimitada, que vive do seu trabalho, e não tem outros ingressos além dos salários, a ordem civil oferece apenas insegurança, e o Estado o inocente paliativo da "assistência" em caso de desemprego ou de infortúnio.

Esse é, a meu ver, o primeiro e o mais amplo problema que se abre à cultura jurídica no mundo de hoje: devemos deslocar da "propriedade privada" para o "trabalho" o centro de gravidade do sistema jurídico. A ciência econômica, a ciência política, e, também, numa proporção decisiva, a ciência jurídica, devem confluir seus esforços para erguer a estrutura legal adequada ao novo tipo de sociedade em que vivemos.

Não é necessário crer que o individualismo jurídico só pela explosão das revoluções sociais possa ser destruído. Repito aqui o dito de um filósofo:

"As previsões mesmas do socialismo são de índole puramente morfológica. Por que razão o advento do comunismo não seria tido por supérfluo, ou não seria apressado por esses descobrimentos técnicos que até hoje produziram, como o próprio Marx assinala, as maiores convulsões históricas?" (CROCE, *Materialismo storico ed economia marxista*, Bari, 1900).

Será a empresa capital da cultura jurídica do nosso tempo planejar a estrutura legal que retirará o problema da segurança econômica do trabalhador do campo assistencial em que está colocado, e permitirá reconstruir a ordem civil partindo da ideia de que o trabalho é a forma definitiva e normal de participação do homem nas funções da sociedade.

Desde o primeiro objetivo que, em sua amplitude, abrange toda a renovação do Direito, podemos passar a outros, que oferecem ao nosso pensamento faces diferentes do mesmo problema.

Tudo indica que a ordem econômica futura, em cujo seio as nações poderão encontrar o equilíbrio e a harmonia de suas possibilidades, e cada homem, cada família, uma participação legítima nas riquezas existentes, terá de ser uma ordem voluntariamente estabelecida e orientada pelo homem, e não um produto do livre jogo das leis naturais.

A economia de concorrência e de iniciativa livre, que permitiu aos povos galgar a etapa industrial e substituir a antiga "economia de consumo" por uma outra, "de produção", não se mostra, em face da técnica moderna e da necessidade de empreender negócios não remunerativos com escopo puramente social, capaz de engendrar outra coisa senão a crise, o desnível na distribuição e o desemprego.

A transição para a economia planificada ou para a economia dirigida representa, assim, uma tendência irreversível, mas é necessário que se faça, antes de tudo, como observa um sociólogo, "a diferença entre a planificação como instrumento da liberdade e da variedade" (MANHEIM, *Diagnóstico de nuestro tiempo*, 1943). Ora, ao processo "liberal" de produção e circulação de riquezas corresponde um sistema de meios jurídicos desenvolvidos a um alto ponto de perfeição prática e teórica, mas ao processo econômico que se observa em "economia planificada" ou "dirigida", e que pode assumir grande complexidade, desde que as iniciativas particulares sobrevivam nos quadros normativos, não corresponde hoje outra técnica senão o tosco aparato das proibições estatais.

Ora, não é certo que a economia de plano tenha como corolário inevitável a retratação dos meios jurídicos e sua substituição por uma atividade administrativa de caráter compulsório, a arbítrio do poder público.

"Planificação significa", no dizer de um dos seus mais reputados doutrinadores, "coordenação através de um esforço consciente, em lugar da coordenação automática que se verifica no mercado, e esse esforço consciente deve ser feito através de um órgão da sociedade. Assim sendo, é uma atividade de caráter coletivo e é regulamentação das atividades individuais pela comunidade, seja ou não o plano compulsoriamente aplicado" (CARL LANDAUER, *Theory of National Economic Planning*).

Cabe ao jurista de hoje elaborar, para o tipo de economia que os povos reclamam, as regras e instituições adequadas, sob pena de se operar o que mesmo entre nós verificamos: o arbítrio do órgão do poder público, menos esclarecido sobre o processo econômico que o arbítrio do homem de negócios, sobrecarregando a sociedade de esforços inúteis e prejudicando a criação e o consumo adequado de riquezas.

Passemos agora ao campo em que o jurista de hoje está chamado a cumprir sua tarefa original e mais ingente: o Direito Público.

Em nenhum outro se encontra a cultura jurídica em face de tão decisivo dilema, pois, ou encontramos, dentro da realidade de cada povo e das condições espirituais e materiais da nossa época, a forma governativa que realize e preserve a "democracia essencial", ou veremos reaproximar-se das nações a sombra do cesarismo, que as massas, nas horas de crises, reputam mais capaz de resolver rapidamente os seus problemas, do que os regimes criados ao longo da história constitucional, e ensaiados entre os povos.

Não contribuem para a defesa do ideal democrático no mundo moderno os que deixam de atentar na significação histórica das ditaduras a que tantos países se entregaram no intervalo das duas guerras. Desde as ditaduras de partido ou de classe, armadas de sua ideologia, e da monumental aparelhagem de sugestão coletiva que formam os instrumentos de propaganda política, até os despotismos de caráter puramente pessoal, todos os totalitarismos tiveram sentido, e estenderam pelo solo adentro raízes difíceis de extirpar.

A ditadura de que estamos emergindo, por exemplo, não foi um episódio destituído de origens históricas, de mera significação pessoal. Afluentes numerosos convergiram para ela, e o historiador por certo remontará à cabeceira de cada um deles, explicando então esta sombria fase de oclusão das liberdades públicas, durante a qual se operam, entretanto, importantíssimas cristalizações.

Ao primeiro exame o que salta à vista é a influência, sobre nós, do surto fascista europeu que criou o modelo de Estado, a doutrina política, fornecendo, em toda parte, um *logos* ou apenas um clima à ditadura. Percebem-se, depois, as componentes nacionais, e entre elas avulta o fracasso do sistema constitucional brasileiro, que suscitara, no seio do povo e na *intelligenzia*, uma profunda crise de ceticismo contra o que se chamava o "Idealismo da Constituição", ou seja, o divórcio entre o regime político e as nossas realidades sociais. A tudo isso se somou a contribuição castilhista, e o instinto "centralizador", que periodicamente se manifesta na nossa história, contrariando e compensando um movimento "descentralizador", antecedente. De sorte que o governo despótico encontrou bons alicerces, capazes de suportá-lo largo tempo.

Se há um dever da consciência jurídica brasileira que se possa considerar primordial é esse de colocar o nosso país a salvo de toda ditadura. Poderão variar amplamente as características do regime futuro; deverá, mesmo, nele ser respeitada a necessidade que temos de manter elevada a um alto nível a autoridade do Poder Executivo; mas a consciência jurídica não deve deixar que se abram fendas na muralha de suas convicções democráticas.

Tal afirmação importa em algo que a muitos pode parecer convicção mais política, que jurídica: a de que só o regime democrático é compatível com o Direito. Essa afirmação é uma conquista da civilização contemporânea, pois a uma distância de pouco mais de um século, a história nos aponta regimes autocráticos que foram objeto de disciplina jurídica. Não importa: o corpo de princípios que informa e qualifica os sistemas positivos, não permanece o mesmo em todas as épocas e em todos os graus de civilização. À medida que o homem vive e que novos valores se incorporam à sua existência, o que ontem parecia jurídico torna-se incompatível com o nível ético atingido pelo Direito, o que se admitia variasse entre as legislações dos povos, passa a ser julgado insuscetível de variação. Serão necessários exemplos? Baste-nos o da escravidão.

Assim como a consciência jurídica dos povos civilizados repele hoje um sistema civil fundado na divisão de pessoas em "livres" e "escravos", assim repelirá amanhã uma forma de Estado em que não estejam asseguradas as condições de humanização e racionalização da política: 1.º) a consulta periódica ao povo para que ele escolha e, desse modo, legitime o seu governo; 2.º) a faculdade de cada indivíduo enunciar sem risco, individualmente e em grupos livremente organizados, a sua crítica às instituições e aos governantes.

A geração brasileira de hoje não conseguirá fazer de pedras o edifício da democracia se não procurar criá-lo com as autênticas aspirações e sentimentos do povo, e com o conhecimento de realidades modeladas pela vida moderna, em tudo diversas das que puderam ocorrer nos anteriores momentos de estruturação constitucional. As massas populares estão presentes ao processo político, de hoje em diante; e se ainda é cedo para antever o sentido constante de sua intervenção, já podemos sentir tudo que o seu aparecimento faz instantaneamente envelhecer.

Vós, meus caros bacharéis, pertenceis ao povo, tendes de caminhar para ele, com o dever de amá-lo, de compreendê-lo, de guiá-lo. Numa sociedade reformada e renovada pelo Direito, não haverá lugar para a demagogia cesarista, que pode corromper no povo o espírito democrático e distraí-lo dos seus verdadeiros objetivos de luta.

Reorganizar a vida democrática e fazer conhecer os seus processos de governo é a única maneira de ganhar as sociedades para a democracia. A propaganda política é a técnica de sugestão com que se implanta o totalitarismo; o exercício da autocrítica, a prática dos direitos políticos, o gozo das liberdades públicas, o meio de implantar a democracia.

De modo que, se queremos pregar democracia aos povos, cumpre democratizar o Estado. Que os juristas brasileiros contribuam com os frutos da sua reflexão e da sua experiência, para que se crie um aparelho político, onde se projetem, com proporção e fidelidade, as grandes correntes de opinião; um regime que assegure o livre funcionamento de todos os partidos; um sistema crítico de governo em que as forças políticas contrárias possam exercer sua influência, sem diminuir o potencial de autoridade do Executivo; um mecanismo restaurador da vida pública nos Estados-Membros, sem sacrifício da obra de centralização operada no decurso da ditadura; e teriam, a meu ver, concorrido para instauração de uma vida constitucional sincera, onde as forças de renovação social possam atuar com proveito para o povo, sem se represarem ou desviarem para falsos alvos de luta.

Mas ainda existe algo que completa e eleva a missão da cultura jurídica no mundo de hoje. A par da reconstrução interna do Estado, da disciplina da nova ordem econômica, e da criação de um novo Direito Privado fundado não na propriedade, mas no trabalho, a cultura jurídica alarga sobre os povos um novo humanismo, vencendo no plano das instituições as diversidades nacionais, e ligando o esforço criador de todas as épocas.

O que é realmente o humanismo senão a doutrina da unidade e da universalidade do homem, contraposta a todos os particularismos? O homem é uno; o homem de hoje e o de ontem formam um *continuum*, através do qual se transmite o esforço milenar por um nível mais alto de poder e de perfeição. O homem é uno; as raças, as religiões, as etnias, as línguas são divisões efêmeras que não vencem a sua substancial identidade.

Ora, nada tem contribuído mais para patentear a consciência dessa unidade que a cultura jurídica. Foi o Direito uma experiência do homem antigo semelhante ao Cristianismo. As nações antigas e, séculos mais tarde, as modernas por ele trocaram seus próprios costumes, reconhecendo no sistema de regulação social que a sabedoria romana lhes transmitia, a "razão" escrita, isto é, uma criação racional, superior às contingencias de determinada nação ou época, e feita para governar a todos. E é óbvio que o futuro do Direito é unir, cedo ou tarde, os povos num só corpo de princípios e de normas, consumindo as diferenciações nacionais. Eis por que todo "nacionalismo jurídico" é uma negação da própria cultura jurídica, a qual tende, por natureza, ao humano e ao universal.

O ideal da civilização única - que melhor diríamos da "unidade da ordem jurídica" - não se poderá antecipar, é certo, às condições econômicas determinadas, mas cabe à cultura jurídica, hoje como sempre, difundi-lo e radicá-lo na consciência das nações.

Tudo isso que vos digo, meus caros bacharéis, poder ser dito de outra forma, se preferíssemos ler os vossos compromissos ideológicos na escolha que fizestes de Franklin Roosevelt para vosso patrono. O sentido da vida desse grande homem vincula as vossas carreiras mais do que todas ação profissões de fé.

Foi Roosevelt um profeta do mundo futuro, nesse sentido de que a vida aponta caminhos não só de reforma da ordem social interna, como da convivência internacional. Sua profunda intuição dos problemas e reações morais do povo fazia com que sua política tivesse o que podemos chamar o "dom da atualidade", e o seu poder de liderança ficará nos anais da história política como exemplo perfeito de ascendência pessoal isenta de cesarismo.

Sua obra social ficará sendo um esboço inacabado, mas portentoso, de coordenação coletiva das atividades econômicas, sem sacrifício do princípio da liberdade.

Sua obra internacional valerá definitivamente como vencimento de uma etapa da história americana em que aquele povo predestinado pode encontrar, para o seu imenso potencial de energia humana e de riquezas, uma distinção universal. Assim como a Revolução Francesa deu à França um destino universal, que até então coubera apenas a Roma, a guerra de 1939-1945 conferiu sentimento semelhante aos Estados Unidos.

O espírito de Franklin Roosevelt - sob o qual vos quisestes abrigar ao ingressardes na vida pública - é, assim, aliança com o povo, ideal de vida em comum para as nações, e compromisso de refazer a ordem social interna sobre a base do trabalho, da segurança econômica para todos e da liberdade de consciência e de opinião.

Possa esse espírito, meus caros bacharéis, vos acompanhar e assinalar a partir deste momento, último em que vos podemos ver reunidos, porque amanhã tereis começado as vossas jornadas, por caminhos diversos, que só ocasionalmente se cruzarão. Não importa. Nos vossos anos de academia, foi-vos dado viver em comum, intensamente, as horas agitadas que atravessou o mundo e que tanto repercutiram na nossa pátria. Entre vós, de homem para homem, criou-se uma comunhão, que vós exprimistes no nome de Roosevelt, assim revelando os desígnios com que encetais a vossa carreira jurídica. Dessa comunhão que vos manterá ligados fazem parte os estudantes que deixais conosco nas salas de aula, e fazem também parte os vossos professores, que, à frente das vossas entusiásticas colunas, naqueles dias de que ainda sentimos o áspero e vivificante calor, clamaram pela nossa participação na guerra ao despotismo, e depois pela restauração, entre nós, do regime de liberdade. Nessa comunhão continuaremos, pois, a viver unidos, parcelas que somos do mesmo espírito, forjado em nossa Faculdade e por vós levado a todo o Brasil.

Discurso proferido a 12 de dezembro de 1945, na cerimônia de colação de grau dos bacharéis da Faculdade Nacional de Direito.

Revista Forense, n. 104, dezembro de 1945. p. 11.

POSFÁCIO

*José Casado**

Numa evidência da natureza sísmica das mudanças, um grupo civil atravessou uma tarde dominical de maio de 1934 no parque central do Rio de Janeiro em mimetismo da disciplina militar. Com o passo mecânico no chão batido, cadenciado por tambores, a corporação transpirava submissão sob camisas verde-oliva adornadas por gravatas negras. Braçadeiras na manga esquerda expunham o sigma (Σ), letra do alfabeto grego, ostentado como símbolo matemático de união. Ao líder, o coletivo respondia uniforme, braço direito erguido, dedos unidos e mão espalmada para frente, mantendo arriado o braço esquerdo, perfilado aos quadris.[1] "Anauê!", bradava em coro.[2]

A coreografia paramilitar ocorreu entre as árvores do Campo de Santana. Epicentro político da capital, foi ali que, na sexta-feira 15 de novembro de 1889, o marechal Deodoro da Fonseca, com os pés geralmente inchados e a cabeça tangida pelo ódio a um senador do Império, antigo rival na paixão pela baronesa do Triunfo, liderou a derrubada do Imperador Pedro II, a quem chamava de amigo.

Do Instituto dos Meninos Cegos, no entorno do parque, saíra o decreto inaugural da República "proclamada provisoriamente", dizia o primeiro artigo. Durou 41 anos, uma Constituição e vários períodos de estado de sítio

* Jornalista.

1. "Saudação romana", nos jornais da ocasião, à maneira do antigo "Ave, César!". Na realidade, era cópia do gestual adotado pelos integrantes dos "Fasci", grupos de combate criados em 1919 em Milão, ao cumprimentar seu líder Benito Mussolini. Eles foram reunidos no Partido Fascista Italiano, fundado dois anos depois. O gesto foi copiado no Brasil pelos integralistas de Plínio Salgado, e, na Alemanha, pelos nazistas de Hitler. Acabou estigmatizado como "saudação nazista". Uma outra imitação foi a camisa-verde, versão integralista da camisa-negra do uniforme fascista italiano;

2. Não há consenso sobre a origem da palavra, que muitos acreditam ser uma remissão à ideia de irmandade ou parentela, em tupi, e que desde o início dos anos 1920 seria usual no escotismo brasileiro.

decorrentes de sublevações militares. A República Velha acabou no golpe civil-militar de 1930, que levou o político gaúcho Getúlio Vargas ao poder.

Naquele epílogo do enredo republicano inaugurado pelo marechal monarquista, o desfile espalhafatoso no Campo de Santana anunciava a novidade de um grupo que se achava predestinado ao governo. Seus integrantes partilhavam um fervor messiânico na "revolução em marcha" para refundação da República. Pregavam a "salvação nacional" a partir de uma fórmula brasileira de fascismo, "o mais cristão dos sistemas políticos modernos".[3]

Ofertavam um elixir composto por um "Estado forte", totalitário, nacionalista, único e organizado a partir das classes profissionais, avesso aos "erros" do capitalismo e do comunismo, conciliado na doutrina social do catolicismo, sob o estandarte da crença em Deus, na Pátria e na Família - lema que os adversários, como o Barão de Itararé, logo converteram para "Adeus, Pátria e Família!"[4]

A sedução autoritária arrebatava corações e mentes de políticos experientes como Vargas e os jovens tenentes do Exército que o empossaram, e, também, civis aspirantes à liderança como Francisco Clementino de San Tiago Dantas, um ativista carioca de 19 anos de idade, inquieto com "verdades parciais", "cansado de relatividade" na política e ansioso por escapar "ao cultismo que cegou os olhos das gerações passadas e as impediu de ver e compreender o Brasil", escrevia.

Em 1930, ele é um privilegiado terceiranista da Faculdade Nacional de Direito cuja escrita eloquente e elegante sugere um cérebro em êxtase na procura de um horizonte muito além do projeto em preto e branco disponível no mercado político repartido entre liberais-democratas e comunistas-bolcheviques.

Com ímpeto juvenil, planejou reformatar a República seguindo o manual fascista que o enfeitiçara, adotado na Itália do início do século XX sob a liderança de Benito Mussolini. Pode ser considerado um dos primeiros fascistas brasileiros, seu principal teórico e ardoroso defensor de Mussolini.

---

3. Para a fórmula brasileira do fascismo, ver *Manifesto integralista* de outubro de 1932; Para "o mais cristão dos sistemas políticos", ver San Tiago Dantas, neste livro, em *Catolicismo e fascismo*, de janeiro de 1931.

4. Para conversão do lema integralista, ver Claudio Figueiredo em *Entre sem bater*, de 2012.

Para San Tiago, na "pureza" e no "finalismo revolucionário" da doutrina fascista italiana estava a base ideal para o êxito da Ação Integralista Brasileira, abertamente patrocinada pela Igreja Católica e liderada por Plínio Salgado, chefe nacional do movimento.

Ambos se toleravam. Ele sonhava em ir além dos limites de Salgado, que julgava burocráticos. Parceiros, esgrimiam indulgência para com a ferocidade do *Duce* e também do *Führer* em seus projetos expansionistas. Coincidiam em culpar as vítimas pelo "merecido castigo", na definição Salgado.

Quando os generais do *Duce* realizaram carnificinas na África, inclusive com uso de armas químicas, San Tiago coloriu o massacre com tinturas de "momento exemplar da história moderna", simbólico de um novo mundo onde os fracos não teriam vez. Absolveu os fascistas italianos na invasão genocida da Abissínia de 1935, hoje Etiópia: "No mundo haverá sempre lugar para os homens fracos, mas já não há para Estados fracos (...). O esquecimento abre-se para os receber. O sol iluminará os estandartes da vitória".

Distinguia-se de muitos dos arquitetos do integralismo na percepção da patranha de Alfred Rosenberg sobre a superioridade racial germânica que embalou o nacional-socialismo alemão - "falsa", qualificou a tese em artigo publicado cinco dias depois da ascensão de Hitler, em 1933. Refutou-a como "ideologia para escravo", mas preservou-se em harmonia na sociedade política com os que flertavam com o antissemitismo.

Para San Tiago, "o gênio" político era Mussolini. No surdo embate com Salgado pelo comando do movimento, concentrou neurônios na idealização de um "superintegralismo", no padrão mais agudo do conservadorismo brasileiro, moldado no fascismo italiano. Ele e o líder da AIB coincidiam na arquitetura básica de um estado fundamentalmente autoritário, vigilante e controlador da sociedade: "Precisamos de um regime de autoridade, pois sem autoridade não haverá justiça", argumentava. As discordâncias começavam nos detalhes da construção e se estendiam ao pleno exercício do poder.[5]

5. Para "merecido castigo", Plínio Salgado, artigo em *A Offensiva* sobre execuções de dissidentes nazistas no episódio de 30 de junho de 1934, conhecido como "A Noite dos Longos Punhais". Sobre a crítica ao burocratismo de Salgado no comando da ABI e o "superintegralismo" de San Tiago, ver Pedro Dutra, em *A razão vencida*, 2014. Para a questão racial no nazismo e o "regime de

O projeto comum para um Brasil integralista reservava papel central à milícia camisa-verde, como engrenagem de autodefesa. Garantiria a ordem para o progresso nacional idealizados, numa época de radicalização política que marcou a trégua entre duas guerras mundiais. "Vemos o regime como uma criação da vontade humana, como um esforço consciente para organizar e manter o bem comum", teorizava San Tiago. "Há, pois, ao lado das liberdades e da soberania, um terceiro bem a defender; esse bem é o regime. Ao lado da guerra civil e da desordem interna, há uma guerra social, que assume as formas mais graves e sutis, que se traduz em greves, em campanhas de descrédito, em formas incontáveis de sabotagem e de contrarrevolução. A força para esta guerra é a milícia, defensora da revolução naqueles inúmeros terrenos em que a luta contra ela não envolve a soberania", escreveu. Na premissa napoleônica de que o governante deve suspeitar de tudo e de todos, previa-se enquadrá-la no sistema de defesa do Estado futuro, como ocorrera na Itália de Mussolini e na Alemanha de Hitler (na América do Sul, a ideia foi resgatada sete décadas depois por Hugo Chávez, ao assumir a presidência da Venezuela no início do novo milênio).

Aos 23 anos, San Tiago era reconhecido pela elite do Rio e São Paulo seduzida pela alternativa autoritária como autêntica promessa de oxigenação da "reação" conservadora no Brasil. Ganhou uma cátedra no Departamento de Doutrina da "província" da Guanabara, depois que a Ação Integralista Brasileira, na reunião de 1934 em Vitória (ES), resolveu exprimir o seu "sentido revolucionário" em redesenho do mapa do Brasil.

Para o professor, o mundo se tornara pequeno demais para integralistas, comunistas e liberais. Sobravam os crentes na vida sob a liberal-democracia cuja morte estava anunciada, ele entendia, por incapacidade de apresentar "um corpo de doutrinas sociais e econômicas" compatível com as necessidades do país. "Tanto o integralismo como o comunismo", comentou em entrevista na época, "ainda não foram combatidos pelo governo e, provavelmente, não o poderão ser, porque todo o combate será aos comunistas ou aos integralistas, mas não às ideias que eles representam e que são muito mais fortes e duradouras que os seus interesses e as suas vidas. É preciso opor doutrina à doutrina." Aprisionara o futuro em "dilema fatal - ou o integralismo ou o comunismo".

---

autoridade", ver San Tiago em "O Brasil e a política", 1931, "Lições de Hitler", 1933, e entrevista ao *Diário de Notícia*, 1942.

Hábil no manejo de conceitos, mais ocultava do que revelava. Num texto sobre "a atitude que nos cumpre em face da Arte Moderna" incitava: "Há uma Arte moderna que é tradicionalista, neste último e grande sentido. Só ela é Arte Moderna, a outra não sendo mais que uma imbecilíssima pasquinada. Com tal Arte Moderna o Integralismo está de corpo e alma e engana-se quem pensa que há um esquerdismo infuso na sua concessão (...). O que procuramos, é mais simples exemplificar no terreno mais debatido da arquitetura, o que procuramos é a racionalidade dos prédios, é o poder criador da técnica moderna, cujo emprego pleno, eficiente e lógico, determinará para as construções de hoje uma Ordem".

San Tiago precisou de oito dos seus melhores anos para admitir a dimensão do naufrágio do fascismo brasileiro, fantasia que partilhara com Miguel Reale, Hélder Câmara, Menotti Del Picchia, Luís da Câmara Cascudo e Augusto Frederico Schmidt, entre outros. Deixou o integralismo na sequência de duas desastradas tentativas de levante para depor Getúlio Vargas.

Foi uma etapa da vida brasileira em que a democracia se tornou a alternativa mais desprezada pelas forças políticas. A direita buscava em Mussolini e Hitler inspiração para "reação" aos objetivos de uma esquerda autoanexada ao socialismo globalizado de Lênin e Stálin. Na essência, reivindicavam a autoridade de Estado fortalecido, nacionalista, centralizador e intervencionista segundo os respectivos manuais ideológicos. Numa ironia da história, todos contribuíram para pavimentar o caminho de Vargas, homem do poder, cujo único projeto sempre foi consolidar a própria ditadura.

Com ajuda dos tenentes de 1930, ele confrontou as oligarquias estaduais construtoras da Velha República. Participou do golpe civil-militar com o pretexto de eliminar eleições manipuladas (pelo voto à bico-de-pena), rasgou a Constituição, governou por decreto durante quatro longos anos de governo "provisório" e convocou uma única eleição, a da Constituinte de 1934, que acabou legitimando pelo voto indireto sua permanência na Presidência da República. Três anos depois, fechou o Congresso Nacional, suprimiu partidos e criou o Tribunal de Segurança Nacional.

Foi um ditador no pleno sentido da palavra. Transformou uma economia agrária e abatida pela recessão de 1929 em utopia alegre da abundância, promovendo a industrialização com leis trabalhistas favoráveis à formação de um proletariado urbano. Fomentou o culto à personalidade, com uso do rádio e de técnicas inovadoras de propaganda. Golpista em assembleia permanente, primava pelas combinações transitórias nas quais convertia aliados em inimigos, e vice-versa. Repressor, adotou a prisão e a tortura de adversários como método de silenciar a oposição.

Vargas ficou no poder durante uma década e meia, até ser deposto pelos mesmos tenentes que o empossaram em 1930. A alternativa democrática ressurgiu com o fim da Segunda Guerra, com a Constituinte de 1946. Quatro anos depois, ele retornou ao Palácio Guanabara, sede do governo, com mandato presidencial obtido nas urnas. Saiu em 1954, depois de perceber seu declínio e transformar a morte política em tragédia nacional - com um tiro no peito e dentro de um caixão, acompanhado em inédito cortejo por multidões até o túmulo no cemitério de sua cidade natal, São Borja (RS), a 1,7 mil quilômetros de distância do Rio.[6]

San Tiago começou a se render às evidências de uma outra etapa de mudanças em meio a duas guerras simultâneas, a interna de Vargas e a mundial. Em 1941 o campo de batalha parecia cada vez mais próximo do espaço territorial brasileiro: desde janeiro submarinos alemães caçavam navios do Brasil, e em maio, a 1.500 quilômetros da costa do Recife, um U-boat nazista pela primeira vez atacou e afundou um navio mercante norte-americano, o *SS Robin Moor*.

Revelou-se dominado pela angústia, durante celebração do cinquentenário da "Rerum Novarum" ("Das Coisas Novas"), encíclica do papa Leão XIII que formatou a doutrina social da Igreja. "Entre acontecimentos", disse, "cujo imprevisto nos oprime, e a cujo destino irremediavelmente estamos presos (...) todo exame do passado é, num momento desses, uma deserção temerária. Toda curiosidade que não se dirija para a frente é frívola. Toda comemoração, um ato de inconsciência, que faz pensar num insensato folguedo nas antessalas da morte". Começara a migrar para combate em outra

6. Contaram-se 7.056 as prisões nos 11 meses que antecederam o levante integralista, em 10 de março de 1938, segundo estatísticas do chefe de polícia, Felinto Müller apresentadas pelo *Correio da Manhã* e citadas por Lira Neto em "Getúlio (1930-1945): Do governo provisório à ditadura do Estado Novo". A tortura foi usual na era Vargas, frequentemente com requintes de sadismo, como ocorreu no caso do líder comunista Ernest Ewert, submetido a interrogatórios constantes enquanto era obrigado a assistir aos sucessivos estupros da mulher, Elisabeth - registram autores como Lira Neto, John W. F. Dulles, Stanley Hilton, Robert Levine, Fernando Morais e William Waack.

trincheira, a das "reformas viáveis" - dizia -, capazes de conduzir a uma "transformação substancial das instituições".

Naquele maio de 1941 muitos dobravam a aposta no futuro do fascismo, impressionados pela disposição de Hitler em guerrear em dois *fronts* simultaneamente, e, também, porque desejavam acreditar que a invasão germânica da União Soviética representaria o começo do fim do comunismo. San Tiago foi dos primeiros a pressentir a mudança.

Vargas também percebia e, por razões distintas, cuidava de alterar seu rumo. Discretamente, recolhia o estandarte da neutralidade no compasso acelerado do envolvimento dos Estados Unidos no conflito - nos quatro meses seguintes ao bombardeio do navio *SS Robin Moor*, o presidente Franklin Delano Roosevelt congelou os ativos alemães, italianos e japoneses, rompeu relações diplomáticas com o Império nipônico, uniu-se ao premiê britânico Winston Churchill e se aproximou de Josef Stálin.

Vargas surpreendeu civis e militares com um discurso no quarto aniversário do Estado Novo, em novembro de 1941, no qual dizia: "Somos uma democracia estruturada sobre novas bases, aberta à evolução dos princípios de autoridade e liberdade".[7] Menos de um mês depois, o Japão atacou a base de Pearl Harbor, devastando a Marinha norte-americana. Antes de dezembro acabar, Vargas só tinha duas opções: ou alinhava-se a Roosevelt ou assistiria à invasão dos EUA no Nordeste - Natal (RN) era o ponto de partida da rota aérea mais curta para o norte da África, vital para à logística de abastecimento as tropas aliadas. Quando a Escola de Samba Estação Primeira de Mangueira levou à avenida o enredo "A vitória do samba nas Américas", no Carnaval de 1942, o Brasil já havia rompido relações diplomáticas com o Japão, a Alemanha e a Itália. Para sobreviver no poder, Vargas refugiou-se na trincheira da luta contra o nazi-fascismo.

As razões de San Tiago eram mais singelas. Em outubro de 1942 multiplicavam-se evidências da derrota nazi-facista. O Brasil completava seis semanas de participação no *front* aliado e Vargas assinava decreto para prevenir aliciamentos, deserções e motins militares, no qual previa: "Pena - aos cabeças: morte, grau máximo". O professor testemunhava a derrocada da própria construção teórica, seu projeto para o fascismo brasileiro. Reconheceu, em entrevista, "a falência irremediável da direita no mundo

7. Getúlio Vargas, discurso 10 de novembro de 1941.

moderno". É possível que o nível de amargor que experimentava só tivesse similar na acrimônia provada anos antes pelos adversários comunistas, diante da notícia de que Stálin mandara pendurar suásticas nas ruas de Moscou para recepcionar o chanceler nazista Joachim von Ribbentrop.

San Tiago empenhou-se em propor a "assimilação" dos ex-integralistas, como ele, numa espécie de pacto político nacional. "Não podem ser considerados homens de direita no Brasil de hoje" - argumentou -, "senão quando as suas atividades ou manifestações de ideias mostram que lhes passou despercebida a radical transformação de sentido do movimento fascista mundial". Essa lógica, sugeria, deveria ser estendida aos comunistas.

Entrevia uma trilha para a democracia, a liberdade de escolha e de determinação, a partir da aliança "com os Estados Unidos, com a Comunidade Britânica e com os demais Estados aliados", num período em que ativistas cogitavam a vitória sobre o *Reich* como passo preliminar para um combate final ao comunismo soviético. A liberdade, ele escreveu, "é a primeira cláusula do Pacto das Nações Unidas, e, por conseguinte, é também a primeira do pacto da união dos brasileiros".

Completava-se o transe ideológico. Realizara a travessia teórica do fascismo para um ponto mais próximo do liberalismo, insistindo numa reforma social centrada na substituição da propriedade pelo trabalho. No caminho, construíra uma rede de relacionamentos singular e profícua o suficiente para se manter respeitável na luta pelo poder. Duas décadas depois, assumiu o comando do Ministério das Relações Exteriores, no breve período parlamentarista, e, na sequência da restauração do presidencialismo com João Goulart, dirigiu o Ministério da Fazenda.

Na manhã de 1.º de abril de 1964 estava no Palácio Laranjeiras, no Rio. Foi recebido pelo presidente da República, já acuado por uma insurreição militar deflagrada em Minas Gerais e conduzida por antigos tenentes no golpe de 1930 (agora generais, Arthur da Costa e Silva, Emílio Garrastazu Médici e Ernesto Geisel, comandariam metade do longo e novo ciclo militar que estava começando).

San Tiago advertiu Goulart: "Como o senhor deve saber, presidente, o Departamento de Estado norte-americano não sofre mais a influência política de Kennedy, sofre outras influências, bem diversas. Não é impossível que esse movimento de Minas venha a ser apoiado pelo Departamento de Estado. Não é impossível que ele tenha se deflagrado com o conhecimento e concordância do Departamento de Estado. Não é impossível que o Departamento de Estado venha a reconhecer a existência de um outro governo em território livre do Brasil".[8] Jango entendeu como recado da Embaixada dos Estados Unidos.[9] San Tiago conspirava há meses, depois de ver Leonel Brizola detonar negociações para um acordo político emergencial de sustentação do governo.[10] Foi sua última cartada no jogo do poder: morreu cinco meses depois, de câncer no pulmão.

Os escritos são uma seleta de textos de San Tiago publicados entre 1929 e 1945, coletada com sutileza pelo biógrafo Pedro Dutra. Compõem um retrato peculiar da construção política brasileira no último século. É História pelas lentes de um erudito professor de Direito, singular na curiosidade intelectual pavimentada no conservadorismo católico, hegemônico no período, e, sobretudo, apaixonado pelo debate. Vale a leitura, entre inúmeras razões, porque a observação do passado excita a percepção do futuro.

---

8. Para os tenentes de 1930, "Inventores do Brasil", 2016, documentário apresentado por Fernando Henrique Cardoso; para conversa no palácio, ver Elio Gaspari, *A ditadura envergonhada*; Hélio Silva, 1964 – *Golpe ou contragolpe?*

9. Elio Gaspari, *A ditadura envergonhada*; João Pinheiro Neto, *Jango*;

10. Elio Gaspari, *A ditadura envergonhada*; Marcílio Marques Moreira, *Diplomacia, política e finanças*, organizado por Dora Rocha e Alexandra de Mello e Silva; e, Telegrama do embaixador norte-americano Lincoln Gordon ao departamento de Estado em 13 de dezembro de 1963.

PERIÓDICOS

A Offensiva. Órgão divulgador da doutrina integralista. Jornal carioca inicialmente semanal, mais tarde diário e matutino, fundado em 17 de maio de 1934 por Plínio Salgado. Deixou de circular em março de 1938.

A Ordem. Revista católica fundada em 1921 por Jackson de Figueiredo e extinta em 1991. Em 1931 era dirigida por Alceu Amoroso Lima.

A Razão. Jornal diário fundado em São Paulo por Alfredo Egídio de Sousa Aranha, em 5 de junho de 1931. Seus principais redatores eram Plínio Salgado e Francisco Clementino de San Tiago Dantas. Foi empastelado em 23 de maio de 1932.

Acção. Órgão da Ação Integralista Brasileira. Lançado a 7 de outubro de 1936. Deixou de circular em 23 de abril de 1938.

Diário Carioca. Matutino fundado no Rio de Janeiro em 17 de julho de 1928 por José Eduardo de Macedo Soares. Deixou de circular em dezembro de 1965.

Diário da Tarde. Jornal diário publicado em Belo Horizonte. Fundado em 1930, extinto em 2007.

Diário de Notícias. Matutino diário fundado em 12 de junho de 1930 por Orlando Ribeiro Dantas. Saiu de circulação em 1974.

Hierarchia. Revista lançada no Rio de Janeiro por Lourival Fontes em agosto de 1931. Publicou cinco números até desaparecer em 1932.

Jornal do Comércio. Jornal carioca diário fundado em 1.º de outubro de 1827 por Pierre René François Plancher de La Noé. Deixou de circular em 29 de abril de 2016.

Mundo Ilustrado. Revista Fundada em 1931 pelo cronista Henrique Ponguetti.

Novidades Literárias. Jornal Fundado em 1930 por Augusto Frederico Schmidt.

O Jornal. Jornal carioca diário fundado em 17 de julho de 1919 por Renato de Toledo Lopes. Cinco anos após sua fundação, foi adquirido por Francisco de Assis Chateaubriand Bandeira de Melo, tornando-se o primeiro elo e o órgão líder da cadeia dos Diários Associados. Extinto em abril de 1974.

Revista da Escola Militar

Revista de Economia e Estatística. Criada em julho de 1936 pelo Ministério da Agricultura, a partir de 1940 passou a circular com o nome *Revista Brasileira de Estatística.*

Revista de Estudos Jurídicos e Sociais. Lançada em 1930 sob o nome de *Revista de Estudos Jurídicos*, por alunos da Faculdade Nacional de Direito, circulou irregularmente. Seu último número apareceu em 1932.

Revista do Brasil. Fundada em 1916 em São Paulo; extinta em 1927. Em 1938 foi reativada por Assis Chateaubriand.

Revista do Serviço Público. Lançada em novembro de 1937.

Revista Forense. Criada por Mendes Pimentel, Estevão L. de Magalhães Pinto e Edmundo Lins, a primeira edição data de 15 de janeiro de 1904. A partir de 1935, passou a ser dirigida por Pedro Aleixo e por Bilac Pinto.

BIBLIOGRAFIA

BELOCH, Israel; ABREU, Alzira Alves de (coord.). *Dicionário histórico-biográfico brasileiro:* 1930-1983. Rio Janeiro: Forense Universitária, 1984.

BERSTEIN, S.; MILZA, P. *Dictionnaire historique des fascismes et du nazisme*. Paris: Editions Complexe, 1992.

BETTERIDGE, Harold T. (ed.). *Cassell's German & English dictionary*. London, Cassell, 1966.

CARDOSO, Nuno Catharino. *Dicionário camoniano*. Lisboa: Tipografia L. C. G. G., 1950.

COHEN, J. M. e M. J. *The Penguin dictionary of quotations*. London: Penguin Books, 1979.

CORNU. Gérard. *Vocabulaire juridique*. Paris: PUF, 1987.

CORREIA DE MELO, Luís. *Dicionário de autores paulistas*. São Paulo: Editora Gráfica Irmãos Andrioli S.A., 1954.

CROCE, Benedetto. *Materialismo storico ed economia marxista*, Bari: Laterza, 1900

DANTAS, F. C. de San Tiago. *Palavras de um professor*. 2. ed. Rio de Janeiro: Forense, 2001.

DE GRAZIA, Victoria; LUZZATTO, Sergio (coord.). *Dizionario del fascismo*. Torino: Einaudi, 2005.

DUHAMEL, Oliver; MÉNY, Yves. *Dictionnaire constitutionnel*. Paris: PUF, 1992.

EATWELL, John; MILGATE, Murray; NEWMAN, Peter, (ed.). *The new Palgrave dictionary of economics*. New York: The Stockton Press, 1987.

EDWARDS, Paul, (ed.). *The encyclopedia of philosophy*. London: Collier/MacMillan Publisher, 1967.

FURET, François; OZOUF, Mona. *Dictionnaire critique de la révolution française*. Paris: Flammarion, 1988.

GEIGER, Von Harald; MÜRBE, Manfred; WENZ, Helmut. *Beck'sches Rechtslexikon*. Frankfurt: DTV, 1992.

GUILLIEN, Raymond; VINCENT, Jean. (dir.) *Lexique de termes juridiques*. Paris: Dalloz, 1981.

Hemeroteca Digital do Arquivo Nacional.

HONDERICH, Ted. (ed.). *The Oxford companion philosophy*. New York: Oxford University Press. 1995.

<https://pt.wikipedia.org>

KLEINHEYER, Gerd; SCHRÖDER, Jan. *Deustsche Juristen aus fünf Jahrhunderten*. Heidelberg: C. F. Muller, 1989.

KRIEGER, Joel. (ed.) *The Oxford companion to politics of the world*. New York: Oxford University Press. 1995.

Le Petit Larousse: grand format. Paris: Larousse, 1999.

LIEBERWIRTH, Rolf. *Lateinische Fachausdrücke Im Recht*. Berlim: UTBC. F. Müller, 1986.

MACHADO, José Pedro. *Dicionário etimológico da língua portuguesa*. Lisboa: Tipografia Antônio Jorge, 1956.

MACHADO, Luiz. *Pequeno dicionário jurídico alemão português*. Rio de Janeiro: Sistema CLC, 1981.

MANHEIM, Karl. *Diagnóstico de nuestro tiempo*. Londres: 1943.

MORAES E SILVA, Antônio de. *Dicionário da língua portugueza*. 7. ed. Lisboa: Tipografia Lacerdina, 1813.

PALMER, A. W. *A dictionary of modern history: 1789-1945*. New York: Penguin Books, 1964.

PARLAGRECO, Carlo. *Dizionario portoghese-italiano italiano-portoghese*. São Paulo: Martins Fontes, 1984.

RÓNAI, Paulo. *Não perca o seu latim*. Rio de Janeiro: Nova Fronteira, 1980.

SARAIVA, F. R. dos Santos. *Novíssimo dicionário latino-português*. 5. ed. Paris: Garnier, s.d.

SCHOELLER, Guy. (org.) *Dictionnaire des auteurs*. Paris: Robert Laffont, 1989.

__________. *Dictionnaire des oeuvres*. Paris: Robert Laffont, 1990.

SIMPSON, J. A.; WEINER, E. S. (org.). *The compact Oxford English dictionary*. New York: Oxford University Press.

TADDEY, Gerhard. *Lexikon der deutschen Geschichte*. Stuttgart: Kröner, 1983.

TULARD, J; FAYARD, J. F.; FIERRO. *Histoire et dictionnaire de la Révolution Française*: 1789-1799. Paris: Robert Laffont, 1987.

VERLAG, Alfred Metzner. *Grundwortschatz der Rechtssprache Deutsch-Englisch – Englisch-Deustsch. Basic vocabulary of legal terminology German-English – English-German*. Berlin: Metzner, 1992.

Webster's New Biographical Dictionary. Massachusetts: Merriam Webster INC. Publisher, 1988.

ÍNDICE ONOMÁSTICO

Esta obra foi composta nas fontes Minion Pro, corpo 11, diagramada por Brandão Design e impressa pela Grafica Geográfica em papel polen soft 80 g. e capa supremo 250 g. para a Editora Singular em Setembro de 2016.